秀威
文哲叢書
韓晗主編

羅素與中西思想對話

丁子江 著

秀威資訊・台北

「秀威文哲叢書」總序

　　自秦漢以來，與世界接觸最緊密、聯繫最頻繁的中國學術非當下莫屬，這是全球化與現代性語境下的必然選擇，也是學術史界的共識。一批優秀的中國學人不斷在世界學界發出自己的聲音，促進了世界學術的發展與變革。就這些從理論話語、實證研究與歷史典籍出發的學術成果而言，一方面反映了當代中國學人對於先前中國學術思想與方法的繼承與發展，既是對「五四」以來學術傳統的精神賡續，也是對傳統中國學術的批判吸收；另一方面則反映了當代中國學人借鑒、參與世界學術建設的努力。因此，我們既要正視海外學術給當代中國學界的壓力，也必須認可其為當代中國學人所賦予的靈感。

　　這裡所說的「當代中國學人」，既包括居住於中國大陸的學者，也包括臺灣、香港的學人，更包括客居海外的華裔學者。他們的共同性在於：從未放棄對中國問題的關注，並致力於提升華人（或漢語）學術研究的層次。他們既有開闊的西學視野，亦有扎實的國學基礎。這種承前啟後的時代共性，為當代中國學術的發展提供了堅實的動力。

　　「秀威文哲叢書」反映了一批最優秀的當代中國學人在文化、哲學層面的重要思考與艱辛探索，反映了大變革時期當代中國學人的歷史責任感與文化選擇。其中既有前輩學者的皓首之作，也有學界新人的新銳之筆。作為主編，我熱情地向世界各地關心中國學術尤其是中國人文與社會科學發展的人士推薦這些著述。儘管這套書的出版只是一個初步的嘗試，但我相信，它必然會成為展示當代中國學術的一個不可或缺的窗口。

韓晗
2013年秋於中國科學院

目　次

自序

　　「閱讀所有的優秀名著就像與過去時代那些最高尚的人物進行交談。而且是一種經過精心準備的談話。這些偉人在談話中向我們展示的不是別的，那都是他們思想中的精華。」這是近代哲學之父笛卡爾的經典訓示。讀羅素的書就是與一位思想偉人的交談。

　　羅素在訪華及與中國思想界的對話中，閃現出一個個精彩的歷史瞬間，一簇簇天才的思想火花；這些瞬間和火花，賦予人類一種燦爛的品質，更構成一種永恆的啟示。這本書作為《羅素：所有哲學的哲學家》（九州出版社2012年版）一書的姊妹篇，力圖將這些品質和啟示，完整地展開在讀者面前。

　　歷史語境，是對偉大思想追本溯源的入口。當年那場東西方文明的撞擊與融合，正是發生在中華民族整個社會轉型的歷史拐點。著者曾在浩瀚無際的歷史文獻中浮沉遊弋。本書闡述的羅素思想大都來自英文原作。一則因為雖不少羅素著述都譯成中文，而著者手頭並沒有那些譯本；二則更因為對原文的理解與那些譯者有所不同。為撰寫本書，著者訪問了中美英加四國，包括臺灣香港兩地不少著名圖書館，查閱了那裡大量有關羅素的中英文資料；不僅讀過大部分有關羅素的英文傳記，而且還查閱了不少英文歷史文獻作為旁證。一些中華精英與羅素的來往或對其的評述與批判過去是不為常人所知的。著者還探訪了羅素活動過的不少地方，找到了不少近乎立體的感覺。不可否認也會有一些資料得自今天鋪天蓋地的網路，若根本忽略這個功能，至少有非與時俱進之嫌，但其最大弊病就是似是而非、難查出處、人云亦云，甚至以訛傳訛；因此，必須查證確實來源，方可坦然用之。

　　為便於讀者理解，本書先簡述羅素的生平、成就及主體思想，然後較全面深入地探討了這位大哲與中國，與當時中華各種精英以及與中華思想文化的互動關係。與同類著作相比，本書有著不同的切入點與考證成果：即在東西方思想對話的歷史語境還原中重溫羅素；分析了這位大哲之所以有濃厚中國情結的前因後果；還審視了羅素與當時中國三類精英在某種意義上的「對話」：一、文人精英，如梁啟超、蔡元培、章太炎、胡適、丁文江、魯迅、郭沫若、林語堂、徐志摩、梁實秋、趙元任、楊端六等；

二、政治精英，如孫中山、譚延闓、毛澤東、陳獨秀、李大釗、張太雷、瞿秋白、周恩來、張國燾、張申府等；三、哲學精英，如梁漱溟、張東蓀、金岳霖、馮友蘭、李石岑、傅銅、張岱年、賀麟、洪謙、任華、沈有鼎、王浩、牟宗三、唐君毅、張君勱、徐復觀、方東美、殷海光等。除了上述老一代「超級精英」，本書還評述了其他一些後起知名或普通知識分子與羅素的某種「對話」，而這些散見於各種文獻中的資料也是不易挖掘的。本書探討了羅素的中華文化觀，其中包括他對道家、儒家以及佛家的評說，以及他對中國重建的看法等。很多有關這些方面的論述，並不僅表現在羅素的《中國問題》一書，而且還藏隱於其一生其他不少著述中。有一些資料鮮為人知，如當時中國佛教界著名的太虛大師，即呂沛林出國考察講學時，曾在倫敦與羅素有一次難得而絕佳的東西方直接對話。

羅素祖父，即約翰·羅素對中國的孽債——涉及兩次鴉片戰爭的決策等，亦在本書加以考證，並以此對比來烘托羅素濃郁的中國情結——作為「崇華派」而畢生對這個文明古國的友好；而正是這一點，卻為所有羅素研究者所忽略。本書考證了馬克思與約翰·羅素的書信來往以及對其評價；還考證了羅素較早系統地接受中國文化和思想的影響，主要是來自著名英國漢學家維爾內（E. T. C. Werner）和研究唐詩的漢學家韋利（Arthur Waley）。本書首次展示了羅素對英籍華人作家韓素音首部小說《目的地：重慶》的評價。此外，本書深入對比了羅素與杜威在幾乎同時訪華時的不同影響，並以此試圖理清當時思想領域中論戰的軌跡與張力。著者在羅素浩瀚的英文著述中，查閱到了這位大哲對毛澤東和周恩來的直接評價。本書在評析羅素訪華重大講演時，並非簡單複述，而是將中文翻譯與正式出版的英文著作作了一定的比對，並在與其整體思想的聯繫中加以把握和解讀。本書排查了自1920年以來，羅素著作中譯本的出版情況。經認真考證，除了提供羅素著作較為完整的列表和羅素生平年表之外，本書還提供了羅素有關中國的部分英文文章列表（1919-1927），羅素著作的中文譯本列表以及羅素訪華大事記等。本書英文參考文獻名稱以及所引用羅素英文著述的出處，都儘量翻譯成中文，並標明原文為英文版。本書圖文並茂，還收集了20餘張有關羅素及其訪華的圖片，其中一些十分罕見。

著者在青少年時期，印象最深的一個西方大哲就是羅素。最初是因為這個名字好記、好念。「羅素」的確是一個絕佳的中文譯名，「羅」這個姓氏，在中國歷史上叫得很響，如「羅成」等；而「素」則是一個意味很深，涵蓋頗廣的字，如「元素」、「因素」、「素質」、「素性」、「素

樸」、「素材」、「素淨」等。像很多人一樣，知道他是哲學家，並非讀他的哲學著作，而是讀著他的各種散文體寫作走近了他。那時，還沒有用「陽光」來形容一類人，如時下流行的「陽光青年」；而在眼前一亮之際，就把「陽光哲學家」的桂冠加在羅素頭上。一縷縷智慧、良知與正義的陽光，沿著白紙黑字，落進著饑渴的靈魂！在迎面而來的人生路標上，總是深深刻著陽光的印記。儘管它並不能將人世間一切陰暗暴露在光天之下，也無法曬除所有黴菌與腐誥，但感到了人文信念不可扭曲的硬度。再往後，走進「學術」生涯，感到自己就像一塊毛坯，不斷為被羅素的「知識之光」所淬煉。

　　羅素作為客座教授，在著者所就讀和工作過的北京大學進行近一年的講學，對中國思想界產生過重大影響。羅素回憶說：「我講課的北京大學是一所十分優秀的高等學府。校長與副校長都是熱衷推動中國現代化的人士。」當時羅素在北京的學術講演，尤其是專業性很強的講演，大多安排在北京大學；其餘較為通俗的課題，則安排在高等師範學校、女子高等師範學校等地。在任華教授和洪謙教授指導下，著者在北大的碩士論文就是研究羅素。羅素作為訪問學者，在著者攻讀博士的美國普渡大學哲學系作過精彩講演，至今那裡的老教授還記得其中一個題目是「思維的物理條件」，其中談了他對麥卡錫和聯邦調查局的看法；此外在這之前，他還撰文抨擊了美國與普渡大學所在地印地安納州的教育制度，因而有人攻擊他為「反美主義者」。據他所說：在那裡停留的時間「剛好夠躲避私刑」。羅素作為特邀教授，在著者所研讀過的美國芝加哥大學哲學系舉辦大型研討班，吸引了卡爾納普和莫利斯等人參加；研討很成功，但羅素不喜歡芝加哥的環境和氣候，也與那個校長相處得不很愉快。羅素作為訪問學者在著者研讀過的美國西北大學哲學系作過講演，那裡產生過好幾位羅素研究專家，如主編過研究羅素最重要文獻之一《羅素的哲學》一書的謝爾普（P. Schilpp）教授以及對羅素極力推崇的英語專家內瑟考特（A. H. Nethercot）教授等。編輯過《邏輯與知識》等羅素著述的馬什（R. C. Marshi）教授說道：「1944年，西北大學的內瑟考特教授向我推薦了羅素哲學。1951年，我以研究羅素哲學的論文獲哈佛博士學位。自那時起，我有幸常同羅素勳爵探討哲學問題。」羅素在著者目前工作和居住的美國洛杉磯和南加州地區居住了兩年，他非常喜歡這個人稱天使城之地常年的陽光燦爛。在這裡的學術界，他到處留下了活動的痕跡。羅素任客座教授的加州大學洛杉磯分校哲學系是本書著者學術交流很多的地方。

　　還有一件有意思的事，著者在北大當研究生時，為練習英語，為一位訪華美國教授當臨時翻譯。聽說著者正研究羅素，這位教授便興趣盎然地談起這位大哲在其所任教學校，因受迫害而引出一場舉世聞名的大風波。原來她就是來自所謂羅素案件的發源地——紐約市立大學（當時叫紐約市立學院）。對這個案件，著者曾在《羅素：所有哲學的哲學家》一書中較為詳細地評述過。後來，著者到美國留學後，到紐約拜訪這位教授，順便到這所當年鬧得沸沸揚揚的大學探視了一番。

　　本書是對羅素這位劃時代甚至超時代的思想大師進行閱讀、思考和評判後的結果。在著者多年的教研中，羅素是一個貫穿始終的靈魂人物，這是因為其智慧、知識、思想、閱歷以及人格的巨大張力，無論討論到什麼領域的主題，都能與他的探索與見解掛上鉤。自從早年對羅素產生興趣，著者曾涉獵了羅素大部分著作，有的是精讀，有的是通讀，有的是選讀，當然還有的只是草草的翻讀。

　　對著者寫這本書，有同行朋友勸阻道：在中國，有關羅素的東西已經太多，以致過濫；他名目繁雜的作品可說是翻譯最多的之一，他博大精深的思想也可說是最常引用的之一，他豐富多彩的生平更可說是為人們最津津樂道的話題之一；不但是哲學，而且另外不少領域，幾乎人人言必稱羅素；因此極難寫出精彩，寫出風格，寫出創意，再多出一本，也只會淹沒在書海中。

　　著者還是寫了。因為長期的積壓，若不加以釋放，是一件難以忍受的煎熬。也許寫羅素之難，就難在他寫的東西太多了，太雜了；從最技術最枯燥的，一直到最浪漫最奔放的。

　　在所有的思想家中，羅素恐怕是最多產的。很湊巧，1980年代初，北大碩士畢業後，留在外哲所從事研究，為了練習英語口語，著者利用暑假在國際旅行社當編外導遊時，接待過羅素的遺囑執行律師，他談了不少有關這位原當事人的著述情況。據他所掌握的數字，羅素共出版過至少80部著作以及5000多篇各類文章，此外還有大量私人信件，其中有不少遺失或毀掉。例如與羅素合著《數學原理》的著名哲學家懷特海去世後，他的夫人根據丈夫遺囑將所有羅素的來信通通焚燒了。根據著者本人的統計與收集，羅素成書的著作有97部（見本書附錄「羅素著作列表」），其中《西方哲學史》是兩卷本，《羅素自傳》是3卷本，《羅素文集》是29卷本；若全部相加就有129部。此外還有很多編者根據某種主題而編輯的羅素著作或小冊子，就難以計算了。

　　羅素並非聖賢，當然不會是一個完人，但基本上算是一個表裡如一的學人，而決非偽君子；他的所作所為並沒有違背自己的理論和學術良知，也從未以標榜自己的所謂道德高尚而刻意掩飾自己對人性弱點的真實體驗和揭示；即便是最為「正統」人士所詬病他的那些有關婚姻與兩性關係的主張，也在後來被證實為一種不可抗拒的社會潮流。

　　「思想永遠是宇宙的統治者！」柏拉圖這樣告誡世人。

　　「除了知識和學問之外，世上沒有其他任何力量能在人們的精神和心靈中，在人的思想、想像、見解和信仰中建立起統治和權威。」英國大哲培根大聲疾呼。

　　「我們所有的知識都開始於感性，然後進入到知性，最後以理性告終。沒有比理性更高的東西了」。德國大哲康德如此感歎。

　　自然與人文社會各種領域的任何研究上升到最高度就是思想的研究。例如自然科學觀中的相對論、量子力學、黑洞理論、大爆炸理論、反物質理論等等，最終都成了某種哲學思想的探討。所有文明和文化歷史社會傳承中的世界觀、科學觀、真理觀、審美觀、價值觀、經濟觀、政治觀、法律觀、教育觀、宗教觀、軍事觀、家庭觀等等，都是在思想的高度才得以形成與發展。文明與文明、文化與文化、國家與國家、人民與人民之間，不斷進行著撞擊與融合，最終都以各種形式和維度的「對話」得以互動、共存和發展。

　　所謂對話，有狹義和廣義之分。幾乎所有人類之間任何行為的交往和溝通都是一種廣義的「對話」。而只有最終上升到思想高度的「對話」，才能真正方向明確地引領人類社會；正如孔子所勸誡的：「學而不思則罔，思而不學則殆」；也如亞里斯多德所領悟的：「上帝所做的、勝過一切想像中的幸福行為，莫過於純粹的思考，而人的行為中最接近這種幸福的東西，也許是與思考最密切的活動。」每一種文化最高昇華的境界就是思想，因此，文化與文化交往與溝通的最高形式就是思想與思想的對話。只有對話，才可「化干戈為玉帛」，才可「相逢一笑泯恩仇」，才可「四海一家皆兄弟」！大劇作家蕭伯納笑談說：「你有一個蘋果，我有一個蘋果，互相交換，各自得到一個蘋果；你有一種思想，我有一種思想，互相交換，各自得到兩種思想」。這一比喻語調俏皮而意味深長，讓人在蘋果的清香中嗅到了思想的濃郁。思想互換的收穫與其他任何互換根本不可同日而語。讀者眼前的這本書，就是大哲羅素與中華文化所進行的一場思想與思想的互換與對話。

　　讀羅素一類哲學大師的意義遠遠超出哲學範疇。人類存在的所有特點，都可以從閱讀中領悟；人類全部的思想精華，都對讀者無限敞開；大師們指向的精神高度，能使我們從日常生活經驗中躍起、上升，點燃信念之燈，照亮深邃的生命。然而，在我們整個民族的文化習慣中，閱讀大哲並不普遍。據聯合國教科文組織的一項調查顯示：全世界每年閱讀書籍排名第一的是猶太人，一年平均每人是64本。上海在中國排名第一，只有8本。而中國13億人口，扣除教科書，平均每人一年讀書一本都不到。也就是說，猶太平均讀書量是中國人的64倍。這種持久的忽視，更使著者本人在埋頭於本書寫作時感到來自內心深處的催促。但願這種催促能夠企及更多的人，能夠在閱讀的荒原上點亮星星之火。如果可能，每個試圖瞭解有關大哲的人唯讀一遍，星星之火，也就有了燎原之勢。

　　著者本意不想把此書寫成枯燥無味的純學術論著，也不想無原則地追求市場效應。因此，希望本書能「深者見深淺者見淺」，「仁者見仁智者見智」，或「雅者見雅俗者見俗」。但倘若羅素特定的生平與思想，讓人產生「道者見道淫者見淫」，那也是無奈之事，並非所願。基於上述考慮，本書為觀點與材料的結合，強調雅俗共賞，深入淺出，寓學術性於趣味性，達到所謂「內行看門道，外行看熱鬧」的雙軌功能。先將大哲羅素還原為活生生的個人，再上升到思想巨匠的高度。盡可能立體和全方位地揭示思想偉人經歷，閱歷以及精神生活發展的各個宏觀與微觀層面。順便提及，本書每一章前面所引羅素名言，必須在一定的歷史語境下才能理解，否則就有斷章取義之誤導。

丁子江

2015年11月16日於美國洛杉磯

導言　在東西方對話的歷史語境中重溫羅素

我認為，為了使我們這個醉醺醺的時代恢復清醒，歷史學可以起到一種重大的作用。我不是說這應該由任何一種假定的「歷史教訓」，或者由任何一種易於用某種言語公式表述的東西來實現。歷史學所能夠做和應該做的，不僅是要為歷史學家們而且要為所有那些受過教育而具有開闊眼界的人，表現某種精神氣質，即關於當代事件及其過去和未來的關係的某種思想方法和感覺方式。——羅素[1]

「所有真歷史都是當代史（Every true history is contemporary history）」，哲學大師克羅齊（Bendetto Croce，1866～1952）給人類留下這樣一個發人深省的命題。[2]對此雖有爭議，但從歷史的延續性角度說，自有其高超的道理。重溫歷史，那場由羅素（Bertrand Russell，1872～1970）引發的東西方思想對話，曾鬧得轟轟烈烈，對今天的中華崛起仍有著現實的意義，正如一位西方學者所說的：「羅素於20世紀秋訪問中國，並在那裡停留了近一年時間，他所經歷的一切都顯示了東西方之間的碰撞。」[3]可以毫不誇張地說：羅素的訪華，是現代東西方思想直接對話的一次偉大嘗試。若要充分瞭解這場亙古未有的對話，最好先將其置於當時社會歷史文化的特定語境中，再來展開我們的比較與審思。西方有一些學者就注重影響羅素思想形成和發展的歷史語境問題。錢穆（1895～1990）在談歷史作用時指出：「英國哲人羅素曾說過：講哲學，至少有一個功用：即在減輕人一點武斷。我想講歷史，更可叫人不武斷。因事情太複雜，利弊得失，曆久始見，都擺開在歷史上。知道歷史，便可知道裡面有很多的問題。一切事不是痛痛快快一句話講得完。歷史終是客觀事實，歷史沒有不對的，

---

[1]　羅素：《論歷史》，何兆武、肖巍、張文傑譯，廣西師範大學出版社，2001版。第68-69頁。

[2]　Croce, Benedetto: *History, Its Theory and Practice*, translated by Douglas Ainslie, New York, Russell & Russell, 1960. p.12.

[3]　Suzanne P. Ogden.1982. "The Sage in the Inkpot: Bertrand Russell and China's Social Reconstruction in the 1920s," *Modern Asian Studies,* Vol. 16, No. 4，1982, p. 529.

不對的是在我們不注重歷史，不把歷史作參考。」[4]

1928年，號稱「20世紀最偉大經驗主義哲學家」[5]的萊辛巴赫（H. Reichenbach，1891～1953）曾指出：「羅素令人驚歎地將數理邏輯與和平主義以及反資本主義的倫理觀相結合，但對這一點，人們若審視他的心理根源就可以理解。他準備推翻邏輯上的陳舊傳統，同時用更多的資產階級自由，來揭露古代理念的虛幻特徵；並且毫無畏懼地擯棄那些過時的價值觀。」[6]這也是為什麼羅素在訪華時受到盛況空前歡迎的原因之一。由於在邏輯與認識論上的非凡建樹，在當時的中國，羅素已被譽為「世界上最著名的哲學家」。[7]有學者認為，在訪華時，羅素作為一個著名哲學家的聲名，十分有助於提高他的社會政治觀的可信度。實際上，羅素在這之前出版的一些著述，如《自由之路：社會主義、無政府主義和工團主義》（1919），《社會重建的原理》（1916）等，已經在歐洲得到廣泛的反響。[8]

與幾乎同期訪華的杜威一樣，羅素對中國的影響和衝擊是空前的，儘管不一定是絕後的；但歷數訪華過的西方哲人或著名學者，至今還沒有哪一位能達到這種熱烈程度。這種「空前」至少表現在：一、除了杜威，在羅素之前，歷史從未有過任何重要西方哲學家或著名學者（傳教士除外）來過中國；[9]二、綜合來說，當時羅素的博學智慧與文理皆通的學術造詣、思想的敏銳與豐富的閱歷、人格的力量與強烈的社會責任感，堪稱舉世無雙；三、當時的中國正處在辛亥革命和五四運動後社會轉型與重建的關鍵時期，也是動亂暫停百廢待興而相對和平發展的短暫階段，思想文化界和知識分子的理性、求知、包容、活躍，科學態度以及追求真理和批判探索精神是古今未有的；四、羅素在中國居住和工作的10個多月中，作過大量的講演，也進行了相當廣泛的社會接觸，特撰寫了《中國問題》這一專

4　錢穆：《中國歷代政治得失》，生活‧讀書‧新知三聯書店，2004 版。

5　Salmon, W., 1977a, Introduction in *Collected Works*, in Reichenbach（1977a），Volume 1.

6　H. Reichenbach. 1928. "An Early Appreciation." In R. Shoenman（ed）*Bertrand Russell: Philosophy of the Century*, Boston 1967, p133.

7　Chu Shih-ying. 1921. "Russell." *The Russell Monthly*. January 1921. P.1.

8　S. P. Ogden. 1982. "The Sage in the Inkpot: Bertrand Russell and China's Social Reconstruction in the 1920s." *Modern Asian Studies*.16,4, 1982,pp. 529-600.

9　在中國歷史上，西方傳教士曾不斷來華傳教，如利瑪竇（1552～1610）於1583年進入中國，此後一直在華居住。他與中國最早的「大學」——白鹿洞書院的學人們開創了直接思想對話，並後來與徐光啟翻譯了歐幾里得的《幾何原本》等。利瑪竇等無疑對西方思想在中國的傳播有著重大影響，但他畢竟是因來華以後的活動而歷史留名；而不像羅素在來華之前就已經名揚世界，並在中國最根本的社會轉型期進行了頗具規模和影響巨大的東西方對話。

著，並在後來的各種著作和場合經常提及中國，以致形成了獨到的中國觀與難以忘懷的中國情結。大哲羅素與中華文化難以割捨的關係，正是形成於中華民族亙古未有的社會轉型期，即新文化運動與五四運動剛剛發生的時期。

　　什麼是羅素訪華時最重要的社會歷史語境？有西方學者對此評析道：「從政治上說，中國正處於一個巨大變動的年代。被羅素與英國1868年光榮革命相提並論的辛亥革命，從理論上說，使這個國家成為了一個君主立憲的形態，但實際上，它變成了權力真空的狀態。在孫中山領導下帶有溫和社會主義色彩的國民黨，正是羅素和杜威所希望獲勝的力量。儘管為毛澤東等所質疑，但在1920年的中國，也存在著以非暴力革命來實現社會主義的可能性。在學生與政治進步分子中，出現了一種強烈而廣泛的要求，即渴望某種新的政治哲學。儘管有不少人試圖採取蘇俄式的方式，但仍有很多人來聽羅素的講演，希望這位《社會重建的原理》與《自由之路》的作者，能提供可與列寧和托洛斯基相競爭的學說。」[10]可以說，儘管也許有些偏見，但這種觀點代表了西方主流學術界的看法。就在杜威剛到中國不久，就有中國學者歡呼道：「我們在國內的人，居然有機會把世界第一流的學者請了來，聽他的言論，接近他的聲音笑貌，這樣的幸福是不容易得的。他所說的，我們多數人或者未必全能領會和瞭解，但在『觀感之間』所得到的，也就不少了。……這時候有一個大家尊仰的『論師』在我們中間，新思想就得了一個很好的指導，很有力的興奮。頑舊的人，能聽聽這樣名哲的議論，或者能受些感化，換些新空氣，也未可知。」[11]有學者評述道：「1919～1924年，在新文化運動發展的重要階段，先後有五位國際著名學者應邀來華講學：杜威、羅素、孟祿、杜里舒和泰戈爾。他們分別來自美、英、德、印四個國家。每人講學時間不等，長者兩年多，短者數月。主辦者為此作了精心的組織與宣傳：每位開講之前，都安排中國學者介紹其學說梗概，預為鋪墊；組織大江南北巡迴演講，配以高手翻譯，場場爆滿；媒體全程報導，許多報刊雜誌都闢有專欄與專號；講演中譯稿不僅全文刊發，且迅速結集出版，各地熱銷。因之，講學一時風行海內，盛況空前。在長達六年的時間裡，每年都有一位享譽世界的著名學者在華講學，每年都在學界與思想界形成了一個熱點；每位學者的影響自有

---

[10]　Ray Monk. 1996. *Bertrand Russell: The Spirit of Solitude*, 1872-1921, Volume 1. The Free Press, p. 592.

[11]　〈美國教育者杜威〉,《晨報》,1919 年 5 月 14 日，第 7 版。

不同，但作為整體，卻構成了歐戰後西學東漸的文化壯舉，成為新文化運動的一個影響深遠的重要歷史景觀。」[12]

一、羅素的訪華語境：東西方跨文化直接對話的溝通基礎

　　東西方對話的研究應當考慮四個方面：語境化、翻譯化、評估化與應用化。[13]我們對羅素的思想和著述也應當考慮這四個方面。在傳統文化又在多元化跨文化背景下，除了人類的共同性，羅素所作的東西方對話還體現了兩種特性，即歷史文化的偶然性與哲學語境的特殊性。一個類似但更複雜哲學反思的背景就是在現實社會。在全球化趨勢中，各國現代文化的發展既表現為同質性（homogeneity），也表現為異質性（heterogeneity）。

　　語境，從中文譯名講，顧名思義就是語言形式產生的環境。狹義而通俗地說，語境就是指口頭說話交流中的前言後語，或書面寫作表達中的上下文聯繫。所謂語境，實際上可看作語言的文化背景、歷史傳承、時空環境、心理訴求以及情緒景象等。語境有兩種功能：其一，它能將語言符號的原本多義性轉為單義性；其二，它又能從原本語言符號衍生出更多的歧義。由於語言符號本身包含兩種實際涵義，即賦予義和解釋義，並由此產生的語境意義甚至可超越語言符號本初的意義，而主導人類的交往與溝通。除此之外，語境也影響著交往主體，即使用者對語言符號的選擇與演繹。語境是構成語言表達與交流的主客觀環境或因素。客觀性因素有時間、空間、場景、物件、人事、社會關係、論題焦點等所有可能的外在條件；主觀性因素有思想、理念、性格、職業、修養、家教、處境、心情等所有可能的主體內在條件。為便於理解，語境也可分為狹義語境與廣義語境兩類。

　　從規範的角度看，比較法作為一種工具，對各種社會與文化現象的分類以及是否存在共有的現象，可用同樣原因加以解釋。對於許多社會學家和文化學者，比較法為探究和解釋社會和文化的差異和特殊性提供了一個分析框架。語境化（contextualization）和跨文化比較（cross-cultural comparisons）越來越強化地作為一種有效手段，以便更好地瞭解不同的社會及其結構。尤其20世紀70年代以來，這種方法伴隨著跨學科和社會科學網路與國際合作而得到。在一定意義上，羅素早在90多年前就使用了這

---

[12]　鄭師渠：〈五四前後外國名哲來華講學與中國思想界的變動〉，《近代史研究》，2012 年 02 期。

[13]　Don Garrest. 2004. "Philosophy and History in Modern Philosophy," *The Future for Philosophy*,ed Brian Leiter, Oxford University Press, p59.

些手段。對他來說，比較研究的重點已從先前單純描述性的，普遍性的和「免除文化（culture-free）」的研究轉變為對社會現象的研究。社會方式曾在現代工業社會學所揭示的各種關係中得到充分的闡釋，[14]這也意味著，在訪華時，作為現代西方「思想代表」的羅素已經試圖在不同的而且更廣泛社會語境（the social context）中，掌控社會規範和制度結構的特殊性，並尋求在更廣泛社會語境中的差異性。在東西方比較研究中，對語境化更加強調的另一個結果是，其具備了越來越多跨學科和多學科的性質，因為在盡可能低的分解（disaggregation）中，必須考慮更大範圍的多種因素。羅素訪華時所作的近20次的各種講演以及後來有關中國的各種論述，都是在跨文化和跨學科語境的對話以及比較研究中進行的，涉及到了科學、哲學、政治學、經濟學、社會學、歷史學、教育學、倫理學、宗教學、語言學等等幾乎一切重要的領域。

　　人類學家馬凌諾斯基（Bronislaw Malinowski，1884～1942）可謂語境說的始作俑者。1923年，也就是羅素訪華後的兩年，馬凌諾斯基曾將語境分為情景語境（context of situation）與文化語境（context of culture），或語言性語境與社會性語境（非語言語境）兩大類。認為，在整個文化語境的每一個方面，對民族地理的研究以及理論的發展都是不可缺少的條件。它的主要興趣是將文化當成一種普遍現象來加以研究，並在特定文化的研究中發展一種方法論框架，其中包括語境學說，並開闢了跨文化比較的系統研究。他強烈反對脫離文化語境的各種理論思潮。[15]「……多義詞和亞語言的表達能夠通過由馬凌諾斯基於1923年所引介的語境來解決。這種語境理論被後來的人類學家所發展和闡述。然而，在人類學中，語境化超越了進展情況，語境同樣也由參與者與觀察者的經驗以及與新經驗交織的性格所決定。」[16]作為基本概念的「情景語境」與「文化語境」經馬凌諾斯基提出後，弗斯（J. R. Firth，1890～1960）於1950年在其〈社會中的人格和語言〉一文中作了進一步的闡述。[17]弗斯還在其編輯的《人與文化：

[14]　參見 Maurice, M., Sellier, F. and Silvestre, J.-J. 1986. *The Social Foundations of Industrial Power: A Comparison of France and Germany*, Cambridge, MA, MIT Press.

[15]　Bronislaw Malinowski. *Anthropology*. Supplementary volume 1, pp131-140 in *Encyclopaedia Britannica*. 13th ed. Chicago: Benton, 1926; *Social Anthropology*. Volume 20, pp862-870 in *Encyclopaedia Britannica*. 14th ed. Chicago: Benton, 1929; *Culture*. Volume 4, pp621-645 in *Encyclopaedia of the Social Sciences*. New York: Macmillan,1931.

[16]　Ingrid Rudie.1994. "Making Sense of Experience," In Kirsten Hastrup and Peter Hervik（ed）, *Social Experience and Anthropological Knowledge,* Psychology Press, p21.

[17]　J. R. Firth. 1950. "Personality and Language in Society," *The Sociological Review*

對馬凌諾斯基著作的評價》論文指出：「一方面，時間語境與文化語境對歷史概念是重要的有效手段，另一方面，它們又引導研究過程中一般規則的形成，而且對任何重建工作都是必要的。」[18]對此，韓禮德（Michael Halliday，1925～）認為：「從本質上講，這意味著該語言只有在某種環境中運作時才會進入生活。我們沒有遇到孤絕的語言，倘若這樣做，我們不會將其識別為語言，它總是關聯到某一場景，某些人的背景以及從中獲得意義的行動和活動。這就就涉及到『情景（situation）』，因此，語言被看作『情景語境』的功用，而且對作為一個重要成分的任何考量，若不能建立在某種情景上，那就可能是人為和沒有回報的。」[19]

順便插科打諢一下，羅素與馬凌諾斯基有著學術以及某些私人來往。1930年11月間，這兩位大師之間有兩封關於棕色帽子的來往信件使人感到妙趣橫生，並讓人自然而然聯想和琢磨當時可能的情景與文化「語境」。

馬凌諾斯基的來信如下：

> 親愛的羅素：
>
> 　　在我訪問貴校之際，我將唯一像樣的棕色帽子留在了您的套房。我很好奇自那時以來，它是否有遮蓋英格蘭唯一大腦的特權，我謙虛地認為這個大腦比我的大腦更好；或者它是否已經用在一些青少年進行物理、技術、藝術或史前象徵主義的實驗中；或者它是否已從套房消失了。如果沒有這些情況，或者沒有這些假設發生，您能把它裝在一個棕色紙包或其他一些包藏的方式運到倫敦，並在明信片上告知在何處我可以取回嗎？我很抱歉我的粗心，這是高智力的特徵，但也向您暴露了這一切偶然發生的不便事件。
>
> 　　　　　　　　　　　　　　　　　　　　　您真誠的馬凌諾斯基

羅素的回信如下：

Volume 42, Issue 1, pp37-52, January 1950.

[18] J. R. Firth（ed）. 2002. Man and Culture: An Evaluation of the Work of Bronislaw Malinowski, Routledge, p100.

[19] Michael Halliday. Language as Social Semiotic: The Social Interpretation of Language and Meaning, p28.

> 親愛的馬凌諾斯基
>
> 　　我的秘書已經在酒店大堂發現一個漂亮的棕色帽子，我猜想就是您的，的確，看到它讓我想起了您。週一（17號）我正要趕往經濟學院去給學生會作一演講，除非我的記憶不好，而我的智慧同你的一樣好，我會把你的帽子託給經濟學院的門房，讓他按你的要求轉送給你。
>
> 　　　　　　　　　　　　　　　　　您真誠的貝特蘭・羅素[20]

　　有趣的是，若不清楚當時的情景語境，也許讀者不易理解這兩封信所包含的全部意思，如馬凌諾斯基所說的「英格蘭唯一大腦」，「這個大腦比我的大腦更好」，「這是高智力的特徵」，以及羅素所說「而我的智慧同你的一樣好」等。不過，我猜想，這兩位大師在別的場合一定對語境問題進行過切磋。有一點可以確認，羅素曾受到馬凌諾斯基的一定影響。例如，羅素曾聲稱，在母系社會，女性「同男人一樣具有放蕩的自由」，而這個主張正是來自馬凌諾斯基的著述。[21]有美國學者指出：佛洛伊德（Sigmund Freud）和榮格（Carl Jung）的精神分析學；馬凌諾斯基和博厄斯（Franz Boas）參與觀察者的人類學；羅素、弗雷格（Gottlob Frege）和維根斯坦（Ludwig Wittgenstein）的語言哲學；泰勒（Frederick Winslow Taylor）和福特（Henry Ford）的勞動管理技術；凱因斯（John Maynard Keynes）的經濟學等。所有這些思想家可以說已吸收了現代主義的精神，並以重要方式影響了同時代的藝術等領域。[22]

　　實際上，羅素也早對語境學說提出了理論準備。羅素從來對語言相當重視，曾說過：「我相信，語言的影響一直是深刻的，而又幾乎不被人們認識到的。」但他對語言意義的理解分兩個階段。在早期，羅素將語言的哲學研究看成是「哲學語法的構建」，也是形而上學（指玄學）的一個準備階段，即作為實現形而上學目標的實在特性的途徑。他說道：「語言的屬性能夠幫助我們瞭解世界的結構」。[23]後來，羅素把語言放在與邏輯、

---

[20]　Bertrand Russell: *Autobiography*, Routledge, p.414.

[21]　Rosalind Carey and John Ongley. 2009.*Historical Dictionary of Bertrand Russell's Philosophy*, Scarecrow Press, p111.

[22]　Susan Hegeman. 2010. "US Modernism." In David Seed（ed）A Companion to *Twentieth-Century United States Fiction*, Wiley-Blackwell. Pp.11-12.

[23]　羅素：《對真理與意義的探究》（*An Inquiry into Meaning and Truth*, Unwin Paperbacks, 1980），英文版第 341 頁。

認識論、本體論以及方法論的相互聯繫中加以考察。對他而言,我們必須關注邏輯形式,因為一個句子的語法結構會產生誤導,而掩蓋了其固有的邏輯結構。為了解釋邏輯結構,我們可以運用一定的方法。於是,羅素的「這些主張就涉及到了語境化。」[24]羅素明確聲稱自己的「中立一元論(Neutral monism)」既反對唯心一元論,也反對唯物一元論,而通常人們所稱作精神的東西與物理的東西的不同,「就在於安排與語境」。[25]在〈論指稱(On Denoting)〉一文中,羅素認為摹狀詞(descriptive phrases)應當被視為量詞集合與命題函項(propositional functions)。對他來說,它們作為符號只有在恰當的語境中才有意義,而在隔絕狀態中則毫無意義。[26] 近來,也有中國學者指出,指稱問題長期以來一直是語言哲學研究的熱點之一,但以往的研究大多是對羅素摹狀語理論的引進與解釋,較少把語境和人因素考慮在內,因而難以令人信服地解釋許多在實際語言運用中出現的指稱現象。因此應在語境視域中考察和反思羅素的摹狀語理論,旨在提出新的研究思路。[27]還有的學者專門討論了羅素有關語境的論述。[28]

羅素看到了有關語言的幾種關係:一、語言與經驗事實的關係;二、語言與形而上學的關係;三、語言與心理內省的關係;四、語言與其他語言的關係。羅素認為,語言有表達(expression)和交往(communication)兩種目的,但它們並非相互割裂的,甚至有時兩者密不可分。語言有兩種相互聯繫的長處:其一,它是社會的,其二,它對「思想」提供了公共的表達方式,否則,這些思想就永遠是隱私的。若無語言或某種先於並類似語言的東西,人們對環境的知識就會局限於感官所顯示的東西,加上那些先天生理構造帶給的推理方式。然而,由於語言的幫助,人們就可以明白他人所說的話,還可以說出在感覺上已非當下而僅存於記憶中的事物。若無語言,人們僅能傳達具有共同感覺的那一部分生活,而且也僅能傳達給那些由環境因素決定而有這些共同感覺的人。

羅素將語言的用途分為共有經驗與個人經驗兩類。這種區分部分依賴

[24] Carolyn Swanson. 2011. *Reburial of Nonexistents: Reconsidering the Meinong-Russell Debate*, Value Inquiry Book Series, Vol. 231. Rodopi , p.120.

[25] Bertrand Russell. 1984. *Collected Papers,* Vol. 7: *Theory of Knowledge: The 1913 Manuscript*, London, Boston, Sydney: George Allen and Unwin, p.15.

[26] Bertrand Russell. 1905. "On Denoting." *Logic and Knowledge,* ed. Robert Marsh, 1956.

[27] 高小麗:〈羅素摹狀語理論的考察與反思──以語境為維度〉,《外語學刊》,2009 年第 6 期。

[28] 陳道德:〈第一節弗雷格、羅素論語境與索引詞〉,《二十世紀意義理論的發展與語言邏輯的興起》,中國社會科學出版社,2007 年版。

生理學，部分依賴聲波和光量子的持續存在，並使說與寫兩種語言形式成為可能。語言不僅要依賴物理學，而且必須依賴因果聯繫才可能有物理學的知識。由於人們對能夠可感客體的共同感覺只是大致相似，因而從社會角度看，用於表達這些客體的語言就可能不夠準確。但羅素錯誤地主張即便沒有語言也可能有思想，甚至還可能有真假的信念。不過，他還是強調，凡是比較複雜的思想都必需語詞。對羅素來說，語言還有另外兩種很重要的用處，它可以讓人們應用符號處理與外界的相互作用，這些符號必須具有一、時間上一定程度的永久性，二、空間內相當程度的離散性（discreteness）。這兩種優勢在寫作上比言談更加顯著，但在言談中並非完全缺乏這兩種優勢。語言是一個有用甚至是必不可少的工具，但也是一個危險的工具，因為它是從提示客體具有一種確定性、離散性以及准永久性而發端，然而物理學則似乎表明客體並非具有這些特性。因而，哲學家就必須利用語言去擔當清除語言所提示的錯誤信念的艱難使命。有些哲學家為了避免這個使命中的各種問題、不確定性以及複雜性，他們寧願將語言視為一個自立的領域，並企圖捨棄語言的意圖就是與事實發生關係，以利於我們對付環境。羅素曾對一個詞「正確使用」是什麼意思，作過以下的界定：「當一個普通聽眾受到一個詞本來意圖的影響，這個詞就算正確使用。但這僅是有關『正確』的心理學定義，而非文字上的定義。文字的定義就是將一個普通聽眾代之以一個生活在很久以前並受過高深教育的人；這個定義的目的就是讓這個詞說得正確或寫得正確變得困難。一個詞與其意義的關係，就是支配我們使用這個詞以及聽到它而行動的因果律性質。」[29]

　　有不少西方學者仍然應用羅素的語言說來說明語境問題。如在研究用語境來理解有關虛構人物或民間傳說的名字時，就應用了羅素1905年發現的「摹狀論（The Theory of Description）」[30]再如在研究非存在物的語境問題時，也應用羅素的思想。[31] 有一些學者主張應用語境學說來討論羅素的思想。[32]例如有學者討論了羅素《物的分析》一書的歷史語境問題。[33]

[29]　羅素：《心的分析》（The Analysis of Mind, George Allen and Unwin LTD, 1956），英文版第198頁。

[30]　See "The need for Contexualization", Avant-Garde Critical Studies, 2011, Vol. 26, p101.

[31]　See Arolyn Swanson. 2012. Reburial of Nonexistents: Reconsidering the Meinong-Russell Debate, Grazer Philosophische Studien;2012, Vol. 85 Issue 1, p342.

[32]　See Michael K. Potter: Bertrand Russell's Ethics,MPG Books, 2006; also see Keith Green: Bertrand Russell, Language and Linguistic Theory, Continuum International Publishing Group, Nov 29, 2007.

[33]　M. Friedman. 1985. "Bertrand Russell's The Analysis of Matter: Its Historical Context and Contemporary Interest." Philosophy of Science, Vol. 52, No. 4（Dec., 1985）, pp. 621-639.

二、羅素的訪華語境：特定社會歷史文化的全方位還原

羅素訪華時的語境可看作是在當年進行東西方對話中所涉及的文化背景、歷史傳承、時空環境、經濟條件、政治生態、心理訴求以及情緒景象等。本來這種語境有兩種功能：一方面，它能將羅素與中國思想界和知識界交流所用觀念、價值觀和概念系統的原本多義性轉為單義性；另一方面，它又能從這些觀念、價值觀和概念系統中衍生出更多的歧義。由於進行對話的語言符號，即羅素主要所用的英文與中國思想界主要所用的中文本身包含兩種實際涵義，即賦予義和解釋義，並由此產生的語境意義甚至可超越語言符號本初的意義，從而主導東西方的交往與溝通。除此之外，中國與當時國際的語境也影響著交往主體，即羅素與中國思想界，也就是使用者對語言符號的選擇與演繹。

羅素與中國思想界精英所主導的東西方對話，其語境是構成思想與情緒表達和交流的主客觀環境或因素。客觀性因素有當時中國的時間、空間、場景、對象、人事、社會關係、論題焦點等所有可能的外在條件；主觀性因素有羅素與中國思想界和知識界各種人物，如孫中山、梁啟超、張申府、張東蓀、梁漱溟等的思想、理念、性格、職業、修養、家教、處境、心情等所有可能的主體內在條件。相比而言，東西方對話的社會語境比情景語境更為廣義。羅素訪華時的情景語境即構成東西方交流的直接環境，包括參與事件的屬性與類型，參與時空的形式，如大小遠近長短等，參與人員的關係、身分、地位、目的、心態等。[34]羅素與中國思想界所處的文化語境其實更有著無窮的變數，它涉及到當時對話活動的所有領域：社會、歷史、政治、經濟、法律、宗教、教育、哲學、文學、科技、價值觀、社會思潮以及思維與行為方式等等。不同的社會有不同的文化傳承和生活習慣，如各種文明、各個國家、各個地域、各個宗教等互不相同。羅素與中國思想界各自所代表的特定社會文化必定產生特定的文化語境。當時東西方對話所用的每種書面文體或口語方式都有其專門的社會交往功能，在特定的社會文化背景下，發展出約定俗成的圖式結構，格式和套語。這些圖式結構，格式和套語會因不同的文化背景而改變。因此，即使

---

[34] 情景語境通常由三個變數組成：一、語場（話語範圍）：即對話雙方之間話語或文辭表達與交流的內容隨主題而改變；二、語旨（話語基調）：即對話雙方之間表達者與接受者的關係，如地位的遠近、接觸的多寡、感情的親疏等，會影響語言的選擇；三、語式（話語方式）：即對話雙方之間所採用的口語和書面語，是語言的載體形式，隨著時空的距離或長短而改變。

在相同的情景語境下，由於文化不同，表達出來的文字與話語也不同，可見文化語境同情景語境一樣，對語言交流的發展有著決定性的影響。[35]我們現在重讀當時知識界對羅素各種講演的文本記錄，可以感受到那個歷史背景下的社會文化的烙印。

　　羅素與中國思想界進行東西方對話的語境是一個傳遞文本意思，即參與雙方傳遞思想理念的過程。從語言的角度，語境化是指在互動或溝通的情況下使用語言和話語的信號；從哲學的角度，語境化是指行動或表達可以在上下文中理解。例如，瞭解羅素及其特定的著作，不僅需要他所闡明的哲學論證，而且也需要瞭解在這羅素研究的特定語境及其特定的時代背景。人們常常在尋找普遍適用的理論與概念構架而忽略了當地的具體文化因素，即被稱為語境的現實。在東西方對話中，語境化是指雙方各自應用語言與話語來作為與互動或溝通場合相關的信號。伯恩斯坦（Basil Bernstein）主張在教學環境中重構科學知識時使用語境化或再語境化，例如在教科書中所做的。[36]古姆培茲（John Gumperz）以及其他學者在互動社會語言學中研究微妙的「語境線索（contextualization cues）」，比如語調（intonation），[37]並允許語言使用者從語境意義上來推斷話語的充分含義。[38]其實羅素在訪華的講演中，正是在中國特定的語境化與再語境化中，盡量用當時中國思想界與知識界在對話互動與雙向交流中，所能夠接受和理解的方式，重構哲學基本問題、科學知識架構以及社會人文理論。

三、羅素的訪華語境：跨文化的「最大公約數」與「不可翻譯性」

　　自由化的個人自主行動，實際上有著傳統的來源，如文化習俗，宗教或集體的歷史意義和道德權威的原因。正如羅素多多少少所提及的，民主的演變，人權的產生，科學的發展以及隨之而來的技術化（technologization），使人的生活世界和資本主義經濟帶來極度擴張。這些可以追溯到兩種觀念：一是特定文化社會的個人；另一是所謂「普遍的」人類理性。因此，現代性從一個特定文化社區或集體共用的意義上來

35　參見岑紹基《語言功能與中文教學（系統功能語言學在中文科教學上的應用）》，香港大學出版社，2003 年。

36　Bernstein, B. 1990. Class, codes and control. Vol. IV. The structuring of pedagogic discourse. London: Routledge.

37　Gumperz, J. J. 1982. *Discourse strategies*. Cambridge: Cambridge University Press.

38　Eerdmans, S., Prevignano, C., & Thibault, P. 2002. *Language and interaction. Discussions with J. J. Gumperz.* Amsterdam: Benjamins.

預構歷史進程。由於這個原因，現代性可以擴大跨文化，並有可能發展成為一個全球性的世界文化。然而，它並不能為人們提供那些帶有附加內容的，依賴于特定文化生存形式的意義和價值。這就是多元文化主義以及各種形式的文化相對主義。對西方中心主義和普遍主義加以接受的一個先決條件是有無完全超然的文化可以被研究、理解以及判定。文化相對主義通常包括更多的要求，也就是必須瞭解特定文化為先決條件。不同文化之間既有通約性，也會有不可通約性；從語言溝通的角度說，恐怕還存在著不可翻譯性（intranslatability）。[39]換句話說，不同文化之間有著最大公約數，即人類文明的共同性和相似性，但人類文明也有著不同型和差異性。然而，我們可以發現，跨文化的理解和翻譯有著很大程度的制約。例如羅素講演時由趙元任擔任口譯，某次羅素講了個笑話，只可意會不可言傳，無法翻譯，趙元任無奈便機敏地打個圓場對聽眾說，羅素剛才說了個笑話，大家就笑笑吧。楊端六曾經這樣解釋過為何羅素並不很熱心講演，原因有二：「一，聽眾只有此數，效難普被；二、翻譯及記錄常錯，遺誤於人，所以彼以為演講不如著書。」[40]有學者指出：「羅素對有關布爾什維克主義的三次講演經常出現自相矛盾。這可能是由於不完善的翻譯以及羅素本身思想的不一致性。」[41]各種語言之間，的確存在「譯不準」或「不可翻譯性」。例如中國語言中「中國人」和「華人」的意義與用法是有很大區別的，但若譯成英文「Chinese」一詞，對西方人來說，就很難發現它們之間的區別。重溫羅素，我們可以看到，他在與中華思想界和知識界的對話中，存在著語言與文化的雙重障礙，但他一生竭力尋求人類之間的最大公約數，並不斷試圖衝破這種制約。

　　語言及其對譯過程與效應的因素，在研究東西方社會文化上的差異是不容忽視的。不同語言的溝通在文化的交流上是先決條件之一。語言是有

---

[39] 在《科學革命的結構》（1962）一書中，科學哲學家庫恩（Thomas Kuhn）首次從數學中借用不可通約（incommensurability）這一概念來描述前後相繼前後科學理論之間的關係，從而說明科學革命的重要特徵是新舊範式之間的不可通約性。他指出，在革命後，科學家的知覺和視覺都發生改變，其面對的是一個迥然相異的世界，並與自己先前所居住的世界不可通約（參見 Thomas Kuhn. 1962. *The Structure of Scientific Revolutions*, Chicago: University of Chicago Press., P147-150）。60 年代末，為了澄清他人對不可通約性的誤解，庫恩逐漸從術語分類學（taxonomy）和語言哲學的角度來探討不可通約性，認為它與不可翻譯性（intranslatability）是等同的（參見 Joseph Margolis. 2003. *The Unraveling of Scientism: American Philosophy at the End of the 20th Century*, Cornell University Press, p159）。

[40] 楊端六：〈和羅素先生的談話〉，（長沙）大公報，1920 年 11 月 4 日。

[41] Jessica Ching-Sze Wang. 2007. *John Dewey in China: To Teach and To Learn*, State University of New York Press，p28.

效國際合作的一大障礙，因為它不單純是一個介質的概念，而是作為概念系統的傳送方式，反映思維過程，價值觀和意識活動，並表達一個主題。反觀當年的羅素與中國思想界對話的整個過程，不難看到雙方因某些溝通障礙所產生的諸多嚴重的誤解與隔閡。例如在1920年10月湖南省教育會組織的中外名人學術講演會上，羅素應邀於26～27日作了題為《布爾什維克與世界政治》的講演，在講演過程中出現一些誤譯誤記的問題，引起湖南聽者和閱者的爭論，可見講演的影響程度。《大公報》從10月31日起連續刊登由北京大學李濟民以及楊文冕記錄的羅素講演詞，這是介紹羅素講演的最有影響最直接的記錄，但與羅素講演的實際內容有明顯出入。[42]無論是講演者，還是記錄者，都是想讓聽者和讀者真切瞭解和研究布爾什維克主義。羅素在介紹俄國人對於布爾什維克的態度時，談到布爾什維克與共產主義的關係。他說：「俄人並不十分清楚，但他們有一共產主義的新希望，共產主義就是布林扎維克，不過名字不同罷了。」但翻譯卻說成共產主義和布爾什維克是兩件東西。記錄則以為這樣翻譯「錯誤的程度到了百分以上了」，因此「警告讀者和聽者，不要信了他的。」翻譯與記錄關於共產主義與布爾什維克是否同一主義的表述上存在矛盾，不知道是翻譯誤解羅素的意思還是記錄沒有直記翻譯的內容。不少聽者打電話或寫信給《大公報》，要求報館速即更正；許多人直說是記錄員記錯了。當日旁聽講演的記者張平子在《大公報》著文澄清這兩種議論的由來，認為「譯的記的都想是對於這兩種東西研究得好好的」；羅素所講的那句話明明是謂「布林扎維克是俄國的共產主義」，翻譯者傳述說「布林扎維克和共產主義是兩件東西」。筆述者又把翻譯員的話掉轉來，謂「共產主義即是布林扎維克」。[43]為此，記錄稿以「附記」形式列出羅素的底稿如下：「1. Bolshevism is simply a Russian form of Communism. 2. The Bolshevists would teach all school children Communism。第一句的意義：布林扎維克就是俄國式的共產主義。第二句：布黨必以共產主義教學校兒童。照第一句看來，布林扎維克就是共產主義，是極顯明的了；照第二句看來，布林扎維克如果和共產主義是兩種不同的主義，那麼，布黨怎麼把共產主義教學童咧？豈不是自相矛盾麼？所以我說布林扎維克就是共產主義，這句話是

---

[42] 李健美、江麗萍：〈還原羅素長沙講演對布爾什維克的真意論述〉，《江西社會科學》，2011年6月。

[43] 平子：〈答顏長毓君〉，（長沙）大公報，1920年11月24日。

不錯的。」[44]從上述報導看來，出現了誤譯。據當時報導，翻譯時有意不將羅素講演內容譯出的，也不乏其例。據李濟民、楊文冕的記錄，當羅素講「如果你想懂得布林扎維的『克』是什麼東西，你必須把他當作宗教看待。不要把他做政治看待；譬如回教徒之尊重回教一樣，然後才能明瞭他的內容。」翻譯員竟將其末尾兩句抹殺了，聽講者沒有聽出來。對此，時任記錄的鳳蔚也說：湘人最歡迎羅素講演，「但是湘當局深恐湘人傳染過激主義……頗有遏止意思，於是任翻譯底趙元任楊端六曾約農諸君，譯羅素講義，其中真意未能完全照譯。」[45]

語境化反映了東西方對話中特定事物或情感、意識、概念、觀點和思想的語言和話語，若無考慮其應用的範圍，就不可能被完全理解。忽視了此時、此地、此景、此情、此人的語境，發言者和聽眾就一定造成誤導或曲解。當年，作為演講者的羅素與中國聽眾通過兩種語言的對譯作為媒介來進行溝通。由於不同的人生經驗和歷史，因此每位與會的聽眾都有一個獨特的語言理解。人們依靠不同的線索，理解在一個特定背景下，某一特定語境中發言者所用詞句的正確含義。例如，羅素在講演中，或者翻譯者根據自己的理解，使用一個變化音，如在句末升調，就可表示對某一問題的肯定或否定，對聽眾的尊重或輕蔑，以及對自我信念的堅定或動搖。用詞的選擇也可以作為一個線索，尤其是主導代詞，可以表達對聽眾尊重或傲慢的態度。在特定的語境中，甚至非語言行為，如身體語言或特定的動作或行為也能發揮重大作用。如果沒有這些語境的線索，很難進行有效的溝通。

對於理解羅素著作的書面文字，語境也發揮了作用。讀者必須試圖瞭解當時羅素訪華時社會，政治，或歷史背景下的真實含義，而並非字面意思。這意味著不僅注意文字本身，還要重視作者羅素的態度、思想和社會背景。當談到歷史研究、文化研究、哲學研究以及宗教研究等的時候，語境化的概念尤其重要，否則反對者或持少數意見者就不可能存活至今。當解譯羅素某一著述文本時，讀者也會產生偏見。我們必須審察整個畫面來理解羅素的語言，演講或著述，而不僅僅是文字本身。這意味著應當試圖拋開自己的偏見，而同時考慮到羅素的獨特思維過程及其信念與個人歷史背景；也需要使用所有可用的線索，解釋羅素演講與著述背後的真實含

---

[44] 長沙《大公報》1920 年 10 月 31 日，第 9 版。

[45] 鳳蔚：〈長沙特約通信〉，（上海）民國日報，1920 年 11 月 14 日。

義，並試圖從虛構或個人偏見中分離出事實。鑒於每個人的經驗和觀點不斷在變化，在特定的時間點，當讀到或聽到由羅素作為同一演講者或著述者所說或所寫的東西時，文字可能有不同的含義。

根據蒙特羅斯（Louis A Montrose）的觀點，歷史是對過去的一個文本重構，因此它並不具有物質性的權威。[46]拉卡普拉（Dominick LaCapra）攻擊語境歷史主義，宣稱「語境本身是一個多種類型的文本……它不能變成還原的閱讀文本。」[47]拉卡普拉的論證提出了歷史著作中「多元互動的語境」，[48]對於所有的意圖和目的，這種語境適用於話語的史學元虛構（metafictions）。在其書中，他寫道，「文本之間及其與語境複雜方式之間的相互作用，以及對解譯的特定問題精確地表現在一個文本如何在假定的語境中產生。」[49]這是一個語境的修正概念，在這裡，文本與語境之間的關係是一個解譯問題。語境對歷史實踐來說是核心內容，這是因為，它是「歷史理解與實踐的主要問題」[50]如此可看出，僅語境本身並不能提供對羅素訪華一個完整的歷史理解，因為語境（歷史背景）本身是通過作為文本本身的歷史文件而得以創造。

文本所傳遞的資訊，可能因各種語境方面的問題而而遭到誤讀和誤解。例如羅素寫於1922年的《中國問題》一書，曾因其中提到「中國轎夫的幸福」而遭到魯迅的嘲諷，許多此前未讀全書的讀者，或許也因此對羅素抱有某種偏見。有中國學者提出了較中肯的看法，魯迅的誤讀，很可能與1924年的中譯本是個「節本」有關，因為涉及時事的內容因「避忌」而被刪除。這樣一來，羅素精深的分析在最迫切需要聽到的時間和最應該被讀到的地方，成了一份未被送達的厚禮。學林出版社近年出版的一個全譯本，彌補了這一缺憾。雖然時間早已過去了70多年，這一份時事報告略顯時過境遷，但重新聽一聽一位20世紀最傑出的智者對中國的關切和建議，想必是有益的。或許不少中國讀者會深深感動於羅素對中國的情有獨鍾。[51]

---

[46]　Montrose, Louis A. 1989. "Professing the Renaissance: The Poetics and Politics of Culture," in Veeser, pp15-36.

[47]　LaCapra, Dominick. 1983. *Rethinking Intellectual History*, Ithaca, N.Y.: Cornell University Press, p95.

[48]　同上，p91.

[49]　LaCapra, Dominick.1985. *History and Criticism*, Ithaca, N.Y.: Cornell University Press. P128.

[50]　Zammito, John. 1997. "Historicism, Metahistory, and Historical Practice:'The Historicization of the Historical Subject,'" ONLINE. INTERNET. 22.04.1997, p791.

[51]　張遠山：〈羅素的中國情結〉，2006 年 2 月 7 日三湘都市報。

四、羅素的訪華語境：跨文化「自我反思」的挑戰

在多元文化社會中的語境化是自我反思的需要，是對現在和未來的挑戰。在全球，對社會文化的研究應採用豐富多樣的方法。對跨文化與跨文明的研究可能是一個思維方式與行為方式語境化的理解方式。在這裡強調語境化，主要指的是「文化異質性」和「文化相對性」，或一種「文化多發音（the diverse articulations of culture）」，這更具挑戰性的，它不僅是反思和應用，而且是更廣泛和深入的闡釋和對譯。中國本身的傳統文化，外來的西方文化以及其他一切非西方文化形成了一種強大的合力，影響著羅素訪華時的中國社會。在羅素與中國知識界以及各種精英的來往中，建立了建設性的對話與溝通。像在所有多元文化的社會一樣，中國需要一個「自我反思的語境化」（self-reflective contextualisation）。[52]在多元文化背景下，對東西方文化的研究既不是絕對提升某一種文化唯一性、特權性或優勢性的位置；而是在自我反思語境化中，注重本國文化的超越性、多元性以及欠缺性。在這裡，我們特別強調「爭議性」（controversiality）這一概念。長久以來，西方的各種觀念都建立在歐洲中心論的基礎上，英文所講的「東方」（Oriental）在一定意義上是貶義詞，含有「非中心」的邊緣意味。因此在西方，有良知的人士儘量避免使用這個詞。重溫羅素的訪華演講以及後來有關中華文化的各種著述，可以看出這位大哲曾努力避開這種偏見。多年前，一些學者，尤其是神學學者喜歡用「適應性（adaptation）」、「本土化（inculturation）」以及「本根化（indigenization）」等詞，但近來越來越多的人願意採用「語境化」一詞。[53]在對羅素的研究中，我們應該將語境的社會科學化與語境的本土化這兩種方式結合起來。

歸納性的文化描述是有用的工具，因為它可在特定語境中尋求捷徑，並發現足夠的共同文化特徵來使語境化發生作用。對於文化研究者，語境化總是涉及各個領域的關係和分類的功能，從而彌補了社會文化。在語境化的結構中，真理或謬誤，正確或錯誤等都不是絕對的。值得注意的是，某些信仰和習俗在一個特定的文化發展中發揮了重要作用。正如人類學家巴尼（G. L. Barney）所指出的，「文化作為有機的整體，包含著相互依存

---

[52] 參見 W. L. van der Merwe.1998. "African Philosophy and the Contextualization of Philosophy in a Multicultural Society," in G. Katsiaficas / T. Kiros（ed.）: *The Promise of Multiculturalism*. London: Routledge.

[53] Charles H. Kraft, 2003. "Culture, Worldview and Contextualization." William Carey Library, p.389.

的部分。」[54]回顧羅素的訪華及其後來對中華文化與中國問題的各種著述，當然可發現他的眾多觀點瑕瑜互見，褒貶不一，很難定論。

以哲學為例，在西方人看來，「哲學」與古希臘如蘇格拉底、柏拉圖和亞里斯多德等的思想影響以及歐洲文化傳統有著不可分割的聯繫，並在啟蒙運動後，如受到笛卡爾、培根、洛克、休謨、康德的思想影響而得到加強。尤其自18世紀「新科學」的發展，更是產生了一個包羅萬象的牛頓自然觀，以及對人性、正義、道德、法律、經濟、宗教、國家等領域精確而又理性的社會觀。西方應當運用自己的眼光與哲學的合理性，伴隨著世界的其他部分，如亞洲、非洲、拉丁美洲以及伊斯蘭世界等的崛起與發展，從西方現代化假想的優勢和普遍性中清醒過來。因此，從一開始就在對「非西方哲學」是否是哲學的辯論中，不可避免地難以擺脫歐洲中心主義。更有極端的是，對於英美主流分析哲學界來說，甚至歐洲大陸任何代有思辨性的哲學都不應算作哲學。因此，至少在最初階段，當中國人試圖建立對中國哲學的自我認同（identification），西方哲學的歐洲中心主義，甚至英美中心主義的特殊主義是以普遍主義的偽裝形式曝光的。雖然羅素本人很難全然免除西方的偏見，但他多少還是願意盡可能地理解中國的文化與哲學思想。

在近代史上，中國哲學所反映西方哲學語境的三個發展階段需要提及。第一階段，自17～18世紀的西風東漸中，在當時的反思語境化下，由嚴復等人，西方的世界觀、認識論、方法論、倫理學、概念系統以及社會政治觀念，經過對歐洲文字以及對日文的翻譯，開始在中國傳播。這一階段可以認為是羅素與中華文化進行對話的先期鋪墊。第二階段，辛亥革命、五四運動、新文化運動，以及整個民國初期與中期，在當時特定的反思語境化下，中國知識分子，包括留歐、留美、留日學者，如胡適、馮友蘭、梁漱溟、金岳霖、季羨林等，廣泛深入地借用西方哲學概念和系統來重構、闡釋、界定、包裝中國傳統的哲學思想，當然同時也保留和嵌入固有的文化內涵與文化代碼。這一階段正是羅素與杜威兩位西方大哲，開了先河，身體力行地同中華文化做了直接的對話。第三階段，20世紀80年代以來，由於中國大陸的改革開放，對西方哲學思想的包容甚至推廣，以至在更廣泛而深入的反思語境中，中國哲學本身也得到相當發展。正如馬索

---

[54] Barney, G. Linwood.1981. "The Challenge of Anthropology to Current Missiology," *International Bulletin of Missionary Resarch*, Vol. 5 No. 4, p173.

洛（Dismas Aloys Masolo）所指出的，它的重要性，就在於「質疑人類學與哲學中那些概念主題與範疇未加批判的所謂中立性，並由此質疑西方科學的理性與方法論的客觀性與普遍性。」[55]這一階段可說是羅素思想以及整個西方思想與中華文化進行相對全方位對話的時期。

不少由歐美訓練有素或受到西方薰陶的中國哲學家作出了很多的工作。有的用羅素等所開創的英美分析哲學的方法，有的則用歐洲大陸現象學、存在主義、闡釋學、結構主義、後現代主義、結構主義和後結構主義等方法，進行哲學的整合或解構。如我們可試圖分析在羅素等現代哲學與科學的話語中，被西方文化所邊緣了的「其他」文化，從而討論話語的力量和知識的形成。應用這些方法，有可能解構某些民族哲學（ethnophilosophy），並由此重新獲得一個真實的中國傳統以及中國哲學話語的可能性。通過與西方大哲的對話來瞭解中國哲學的主要發展，這本身就是一個多樣化形式和方式的哲學思考，而且是一個經常與其他各種哲學相互批判和吸收的概念系統。

在當前，根本沒有任何一種哲學可以歸結為某種單一的認同，規範的方法，或有一組共用的前提。在一定意義上，中國哲學與任何其他哲學一樣，也許只在羅素所器重的維根斯坦的思想，如「家族相似性（family resemblances）」[56]的意義上與母體文化相關。維根斯坦思想源自摩爾的《倫理學原理》和羅素與懷特海合寫的《數學原理》。維根斯坦強調，能說的只是哲學的一部分，至於不能說的，則可在這一世界觀中顯示出來。這就是其前期哲學著作《邏輯哲學論》的主旨，此書明顯存在自相矛盾的地方。維根斯坦認為只有科學命題才有意義，但他的書中卻包含著大量非科學的論斷、神祕主義和唯我主義。一方面他劃定了可說和不可說的界限，另一方面他又說了大量不可說的東西。只有瞭解了維根斯坦的思想發展，才能解釋這種自相矛盾的哲學觀點。不過在羅素與中華文化的對話中似乎就存在著某種「可說」與「不可說」之間的矛盾。維根斯坦哲學研究的主要目標為語言，企圖揭示人們在交往中，表達自己時所發生的東西。他強調語言即哲學的本質，是人類思維的表達，也是所有文明的基石；因而哲學的本質只能存在於語言中，從而消解了傳統形而上學的唯一本質，為哲學尋得新的途徑。他的《邏輯哲學論》和《哲學研究》各自代表前後時期

[55] Dismas Aloys Masolo. 1994. *African Philosophy in Search of Identity*, Indiana University Press, pp124-146.
[56] 參見 Wittgenstein, Ludwig. 1953/2001. *Philosophical Investigations*. Blackwell Publishing.

的不同體系：前期基於解構，以語言學問題替換哲學問題，哲學就是說清問題；後期以建構重替解構，用哲學回歸哲學，用「遊戲」考察遊戲，在日常生活中處理哲學的本質。維根斯坦在《哲學研究》序言中稱自己前期犯了嚴重的錯誤，但也說應在對比中，以前期作為背景來理解後期哲學。維根斯坦思想前後轉變，除了他本人的思維特質外，也與羅素、摩爾等人直接或間接的影響分不開的。[57]

　　在對《邏輯哲學論》的導讀中，羅素建議，儘管在任何一種語言中都有一些語言所無法表達的東西，但總有可能構造一種高一層的語言將那些東西說出。在這種新的語言中，仍有一些東西無法說出，但能在下一種語言中說出，如此等等以至無窮。這種建議在那時是新穎的，而目前已成為邏輯上一種公認的東西了。至此，羅素堅信，這一來便清除了維根斯坦的神祕主義。從一定意義上講，羅素在與中華文化的對話中似乎或多或少貫穿了這種想法。對整個歷史文化爭論的話語涉及到對哲學的認同，因此，在本身具有異構性傳統的思考和談話中所提到的哲學，也許僅被視為通用名稱的一種示例。中國哲學可以尋求一個獨特的認同，但只能在某種特定的語境下才能實現。根據後現代主義的批判觀點，西方哲學主要與歐洲歷史與文化緊密相連，直到羅素所處的20世紀，它其實是作為一個家族名字，進行各種不同的嘗試來掌握在特定歷史和文化環境中意識、思維與價值觀。從這個角度看，「哲學」並非全方位的，統一的，普遍的，元敘事的某種經典。對於羅素一類現代主義的哲學家來說，在歐洲中世紀，儘管也侈談人類生存的終極意義，但作為神學婢女的哲學則成了相反的假像。有趣的是，在許多方面，當今的中國哲學是通過「西方哲學」，包括羅素哲學等的某些概念構架來進行表述。

　　從近代、現代以及當代的中國哲學往往體現某種歷史和文化的應急範式以及語境的特殊性。哲學思想日益構成了人們生活世界或日常生存形式之間的相互關係。文化多樣性反映了在社會背景下的切割。中國哲學在全球化中已經逐漸打破沉默，它在與其他哲學互惠的對話中不可避免帶有多

---

[57] 維根斯坦的學生兼密友馮・賴特（G. H. von Wright）認為，作為《邏輯哲學論》與《哲學研究》作者的維根斯坦，對於分析哲學的發展具有決定性的重要性，但將維根斯坦本人稱為分析哲學家是否正確，這幾乎是另一個問題。對考察典型的「分析」來說，《哲學研究》的思想有些反其道而行；而《邏輯哲學論》在某種程度上可視為分析哲學思潮的頂尖，而這種思潮是由羅素所掀起，後由維也納學派成員所推波助瀾而形成的。後期維根斯坦的觀點則與摩爾有某些相似。（參見 G. H. von Wright, "Analytical Philosophy: A Historico-Critical Survey," *Tree of Knowledge and Other Essays*, New York: E. J. Brill, 1993.）

樣性，這是由中國的文化，歷史和社會條件決定的。在概念的闡明，價值的嵌入，文化的實踐和語言的溝通等直接或間接的運作中，中國社會所通行的語言工具可更恰當地解釋，批判和改造自身的文化，並通過各種話語的西方哲學和傳統思想，其中包括20世紀羅素思想的傳播，來確定自己的「身分的認同」。多元文化主義的界定本身就是一個在哲學和人文科學中爭論的焦點。在政治哲學中，這可能意味著羅素當年所鼓吹的那種政治社會中的平等地位。對多元文化的一個中性，無所不包的描述性意義，就是指社會不同差異的存在，並強調這種差異是意義重大的。在這個意義上說，它表現了當前矛盾的性質，即全球化後現代主義的多元文化。這種自相矛盾的巧合，在實現現代世界文化多元化的同時，似乎高深莫測，但可用羅素等所推崇的現代性邏輯加以解釋。現代性的啟示被理解為是在普遍主義和普遍價值觀的基礎上所開發出來的。

五、羅素的訪華語境：跨文化對話的橋樑設計者與構築者

　　羅素並非超人的聖賢，但可稱為智者與仁者，對他這一類的大思想家說來，不同的文化都具有同等價值，每一種特定文化的完整性應得到尊重和維護，而且只有這樣，才能使一個多元文化的社會避免由於政治和地理而分離。這就促使哲學家，教育家和一般的知識分子從事文化間的對話，並在理論上探索跨文化哲學的可能性；羅素一生都在進行這種努力。通過這種對話和話語，相互瞭解各種文化之間共同性與差異性。在這個過程中，每一種文化都可以發現自身的缺陷與不足，每一種文化中的成員都可以導致和強化自身的主體性與自主性。像羅素一類的多元文化主義的哲學家，教育家和一般知識分子就可能成為橫向跨文化的溝通者與翻譯員。正如鮑曼所說的，這些人們都是社會各種複雜關係（the relational multiplexities society）的翻譯者，而他們所用的方式是由「意義社區（community of meaning）」的習慣與信念所決定的。[58]

　　加瑞特（Don Garrett）認為現代哲學史至少在四個方面創造了「機遇」：「一是從哲學的哲學，即大規模革命意識形態中獲得了相對的自由，如黑格爾的唯心主義，馬克思的歷史唯物主義以及邏輯實證主義等，都企圖系統地對以往哲學著作的解譯與評價（無論肯定或否定）進行了誤導。二是產生了更多更好的研究工具，它們加強了著名哲學家們的理解，

---

[58] Zygmunt Bauman. 1987. *Legislators and Interpreters*. Oxford: Polity, p4.

並激勵了哲學家為值得認識的東西進行更好的探索。三是對其他領域、作者和學科進行了更廣泛的拓展，因而為研究和語境化提供了新工作與新資源。四是在近代哲學史過去的50年中所進行的重要工作，為將來的事業提供了語境和動力，並為研究與論證的質量建立了高檔次的標準。」[59]不過，他同時也指出了某些「危機」：哲學史家分裂成兩大思想陣營，「其中一個是以哲學應用為代價，狹隘地強調語境化與歷史探索的作用；另一個則以語境化為代價，狹隘地注重哲學評價與應用的作用。這樣一來，所造成的後果是對雙方都不利。……更重要的是，近代哲學的語境化與應用化並非去引介解譯與評價，因而遭遇麻煩」[60]羅素等思想大師就是參與了創造上述的「機遇」，但也在上述的「危機」中得到困惑。

　　赫索格瑞夫（David J. Hesselgrave）和羅門（Edward Rommen）指出：一、「在真正的意義上，語境化、文化以及神學這三者都有一個同時的開端」；二、「一個新語詞需要我們調整文化語境的資訊……這個新語詞就是語境化」；三、「虛假的語境化產生某種未經批判的文化信仰形式」；四、「語境化是一種動態而非靜態的過程」；五、「語境化並不意味人民與文化的分隔……在多元的文化環境中，人民必須為獲得自身的認同而鬥爭，從而成為自己歷史的主體，而這一切都保留在語境的相互依賴中。語境化意味著更新的可能性必須首先在地域和特定境況中才能產生，而且總是在當代相互依存的構架中被引向過去、現在以及可能將來發生的問題」；六、「人類學家與社會學家大都關注『文化層面』上的語境化」；七、「語境化應當將自身看作『關係的中心』…真實的語境化承認人在文化中的異化」；八、「將動態範式當作與所有語境化相關活動的某種模式來應用」。[61]有學者對「語境」研究趨勢所作出的預測很是到位：「當今世界語言學的發展總趨勢是從抽象的結構系統的研究轉向語言應用理論的研究，由語言的靜態描寫轉向語言的動態功能的研究，從單純的科學型向社會人文型發展，由微觀的小語言向宏觀的大語言發展，由單科性向多邊緣交叉性、多方位性的綜合研究發展。在這種新潮趨勢的影響下，近半個世紀來，社會語言學、心理語言學、功能語言學、語義學、語用學、話語

---

[59]　Don Garrett.2004. "Philosophy and History in Philosophy," In The Future for Philosophy, edited by Brian Leiter, Oxford University Press, p63-64.

[60]　同上，p64.

[61]　David J. Hesselgrave and Edward Rommen.2000. Contextualization: Meanings, Methods, and Models, William Carey Library, pp27, 28, 31, 32, 53, 58, 62.

語言學、交際語言學、文化語言學、模糊語言學、資訊語言學等相繼興起問世。」[62]

縱觀歷史，正如16世紀利瑪竇與中國最早的「大學」——白鹿洞書院的學人們開創了直接思想對話一樣，大哲羅素與杜威可譽為現代東西方思想對話之間橋樑的卓越設計者與構築者。總之，今天重溫羅素，試圖還原當時社會與歷史的語境，並在迄今為止的歷史延續中，瞭解這位西方大哲與中國思想界的對話所帶來的影響，一定大有裨益。

我們從羅素與中國思想界對話因語境而產生的經驗教訓中，可以看到，東西方研究或跨文化研究中一個最大障礙就是語言溝通問題。在跨文化研究中，研究者和參與者之間存在語言障礙時就產生了跨語言的研究問題。語言障礙是經常在筆譯或口譯中出現，而是不同文化背景的對話者互相無法理解，甚至產生嚴重的誤解。因此，有學者提出必須加強跨語言的研究，其目的有三：一、審查有關跨語言方法的文獻；二、從這些文獻中，綜合出方法論的標準，用以評估筆譯者與口譯者；三、在跨語言研究中測試這些標準。[63]許多比較研究者都承認在進行跨文化研究中的困難和挑戰。大多數學者都認為在跨文化研究方法的設計存在很大問題，例如要求大多數研究人員僅表達負面意見。然而，儘管跨文化研究是具有挑戰性的，複雜的和耗時的，但研究人員決不能放棄和忽視這個重要的知識領域。從長遠的角度看，當今全球化的市場經濟，需要跨文化的專業管理人才以及業務管理機構。因此，儘管有挑戰，跨文化研究必須得到擴展是一個關鍵。此外，還必須承認文化語境的說法是一個日益重要，而需要解決的關鍵問題。最佳的跨文化研究應當考量四個關鍵領域，即儀器裝備的發展，資料獲取的方法，例證分析以及資料分析的問題。[64]

一些學者認為，東西方哲學之間沒有「可比性」，它們根本是兩種不同的思維方式、價值體系活精神文明的存在形式；東西方哲學各自的文本與話語系統之間存在無法逾越的「不可通約性」和「不可翻譯性」是進行比較的最大障礙。正是由於這個根本原因，羅素與中國思想界的對話很難獲得真正的成功。從另一角度看，哲學的一般性、普遍性與抽象性與現實

---

[62] 參見 http://baike.baidu.com/view/324020.htm。

[63] Allison Squires. 2009. "Methodological challenges in cross-language qualitative research: A research review." *International Journal of Nursing Studies*, Volume 46, Issue 2, February 2009, Pages 277-287.

[64] Uma D. Jogulu and Glenice J. Wood. 2008. "At the Heart of Cross-cultural Research: Challenges in Methodological Design." http://d08.cgpublisher.com/proposals/136/index_html#author-0.

各種社會文化的特殊性、個別性與具象性相脫節，易使東西方對話陷入徒勞；此外，哲學是智慧化、玄學化、主體化、群體認同化，還是知識化、科學化、客體化、個體認同化，都會陷入極大的困境。有印度學者指出：「自從1923年馬森奧塞爾（P.Masson-Oursel）《比較哲學》一書問世後，學者們對比較哲學的任務與方法進行了很多的研究和探討……我們發現比較哲學中的不少原則與方法在哲學上是站不住腳和沒有成果的。」[65]有學者向比較哲學提出了挑戰，在他看來，這種挑戰可成為一種「後現代主義的相對推力」。這種推力引起的挑戰構成了兩種主張：文化的依賴性與各種文化之間的不可逾越性。「之所以造成後者的那種障礙是由於非正統不可通約的概念方案，各種文化通過這個方案來觀察世界。這種觀念對很多哲學家來說是很有吸引力的。」[66]

著名東西方研究學者張隆溪指出：在二十一世紀初，世界政治、經濟和文化環境都在發生具有根本意義的變化，這是我們開展東西方研究極為有利的時刻，為研究東西方思想傳統和典章制度提供了極好的條件。在這個時刻，「我們重新審視東西文化交往的歷史，以窺見未來發展可能的途徑，也許是深化東西方研究必須邁出的一步。」[67]他如此總結道：當代西方理論對差異的強調，對我們也必然產生很大影響，而我們要在東西方研究上有自己獨特的看法，獨到的見解，就必須依據自己生活的實際經驗和對事物的真實瞭解，保持自己獨立的立場，達到自己獨立思考得出的結論，而不能人云亦云，生搬硬套西方理論的概念、方法和結論。這絕不是簡單地反對理論，恰恰相反，我們應該熟悉西方理論，但同時也必須注意其背景和必有的局限，更重要是在把握事實和文獻的基礎上獨立思考。沒有獨立思考，不是在平等對話的基礎上處理東西方的關係，卻機械搬用西方的理論和方法，那就不可能真正對研究和學術作出貢獻，也不可能引起國際學界的重視。「也許現在正是開展東西方研究最有利的時刻，西方學界已有打破西方中心主義的訴求，我們完全有可能在平等的基礎上，達到東西方跨文化的理解，在東西方研究中做出我們的貢獻。」[68]

---

[65] Joseph Kaipayil. 1995. The Epistemology of Comparative Philosophy: A Critique with Reference to P.T *Raju's Views*. Center for Indian and Inter-religious Studies. p.130.

[66] 參見Ewing Chinn. 2007. "The Relativist Challenge to Comparative Philosophy." *International Philosophical Quarterly*, Volume 47, Issue 4, December 2007, pp451-466.

[67] 張隆溪：〈東西方研究：歷史、方法及未來〉,《東西方研究學刊》第一輯，九州出版社，2012年，第 27 頁。

[68] 同上，第 36 頁。

第一章　亞里斯多德以來最博學的思想大師

> 三種簡約而又無比強勁的激情駕馭著我的一生：對愛情的渴望，對知識的探求，以及對人類苦難不可遏制的悲憫。這些激情，好似颶風一般，在浩瀚無邊的苦海上，瘋狂地把我刮來刮去，一直刮到瀕臨絕望的邊緣。……愛情和知識，盡可能地將我引入天堂，而悲憫總將我帶回塵世。悲慘呼號的回聲在我心中震盪，飢餓的兒童，被壓迫者拷打的受害者，為子女看作負擔的無助老人，以及遍佈孤寂、貧窮和痛苦的整個世界，都是對人類應有生活的譏諷。我祈求減輕那些邪惡，然而我無能為力，甚至連我自身也遭遇磨難。——羅素[1]

倘若外星智慧生物於20世紀來到地球，要求拜見人類知識界兩個最有智慧的代表，恐怕其中一個是愛因斯坦，另一個就是羅素了。

羅素是現代西方最負盛名的學者和社會活動家之一；可被譽為古希臘亞里斯多德以來西方最博學的哲學大師。麥茲（Rudolf Metz）在《英國哲學百年》一書中評價：羅素「是這個時代唯一贏得全球尊重的英國思想家」。[2]羅素為發展人類知識和世界正義事業做出了不懈的努力。他認為求知、愛情以及對苦難的同情是自己畢生的三大動力。作為學者的羅素孜孜不倦地吸取人類知識的精華，形成了自己的理論體系，並提出了不少很有價值的創見。儘管在各國的學術界、思想界對其社會觀和政治觀的評價還有爭論，但多數人都認同作為社會活動家，羅素對人類的苦難始終懷著不可抑制的同情。他強烈反對壓迫和獨裁，反對非正義戰爭和霸權主義，爭取民主自由，並立志改造不合理的社會。羅素的求知與同情感這兩個方面是密切聯繫在一起的。我們可以從羅素的全部著作中看出上述三大動力的發展線索。

---

[1] Bertrand Russell. 1956. "What I Have Lived For." The Prologue to the *Autobiography*. *The Autobiography of Bertrand Russell*. Routledge, 2009, p3.

[2] 轉引自謝爾普：《羅素的哲學》（*The Philosophy of Bertrand Russell*, Northwestern University Press, 1944.），英文版第 539 頁。

一、精彩紛呈的一生

羅素出生於英國一個顯赫的新貴族家庭，其祖父曾兩度當過英國首相。然而，羅素從小卻形成了對宗教的懷疑，並對傳統產生某種強烈的反叛精神。18歲時，羅素進入了劍橋大學。懷特海主持過他的獎學金考試，並把他引見給許多高他一、二年級的學生。結果在一周內，他便結識了不少成為自己終生朋友的人們。正如他自己所說的，從此為自己開拓了一個無比燦爛的新世界。他驟然發現，當他談出自己思想的時候，人們似乎都認為值得考慮。羅素來到劍橋後，懷特海主持過他的獎學金考試，並把他引見給許多高他一、二年級的學生。結果在一周內，他便結識了不少成為自己終生朋友的人們。羅素回憶到：「那一陣子我發現有許多同期同學都很有能力，認真勤奮，對自己專業以外的各種領域，如詩歌、哲學、政治、倫理甚至精神探索的整個世界也都滿懷興致。我們常常在星期六晚上爭論不休，直至深夜。而星期天又聚在一起吃早餐，然後一整天四處遊逛。那時，有才氣的青年人還沒有採取玩世不恭的超然態度。這種態度是若干年後在劍橋由L.斯特雷其首先時興起來的。在我們的眼裡，世界彷彿是穩固和充滿希望的。我們所有的人都堅信19世紀的進步將延續下去，堅信自己應該能夠做出有益的貢獻。當然，1914年以後的年輕人是很難想像出我們當時的那種快樂心情的。」[3]

羅素所共處的一幫同學，從黑格爾派哲學家麥克塔格特（McTaggart，1866～1925）那裡受到很大影響，他機智地介紹黑格爾，並教導說英國經驗主義是粗鄙的。那時羅素願意相信黑格爾，在較小的程度上也包括康德，具有洛克、貝克萊、休謨以及他心目中一貫正確的穆勒所沒有的深刻性。在劍橋的頭三年，羅素因太忙於研究數學，而沒有去讀康德或黑格爾的書；但在第四年，他全神貫注地鑽研了哲學。到了劍橋後期，羅素已不像剛到劍橋時那般羞澀書生氣了。大學四年級時，他變得快樂而輕浮。在讀了泛神論後，他向朋友們宣布自己就是上帝，於是他們在他兩邊擺上蠟燭，進行頂禮膜拜的儀式。羅素聲稱，「哲學總體上對我似乎其樂無比，我享受著那些偉大哲學家提供給想像，並以好奇方式所構想的世界。」在劍橋期間，羅素說自己最愉快的事就是同一個團體有聯繫，其成員稱之

---

[3]　羅素：〈我的思想發展〉，丁子江譯，載《哲學譯叢》，1981 年第 5 期，原載 P. Schilpp (ed). *The Philosophy of Bertrand Russell*, Northwestern University Press, 1944, pp. 3-20。

為「社團（The Society）」，而圈外人倘若知道它，則稱之為「使徒（The Apostles）」。這是一個很小的研討社團，每週六晚上聚會，平均每年級有一兩人作為成員。這個社團從1820年就已存在，從那時起，它的成員都是劍橋的智力傑出人士；為了讓那些被考慮的人選不能察覺此事，它以祕密的方式活動。正由於這個社團的存在，羅素很快結識了那些最值得結識的人。摩爾（G. E. Moore，1873～1958）也成了這個團體的重要成員。

1895年大部分，羅素在柏林研究經濟學和德國社會民主黨。他的第一人夫人阿莉絲是美國費城的一名貴格會教徒，因此，羅素夫婦便於1896年有3個月在美國。那時，他們訪問的第一處是美國詩人惠特曼（Walt Whitman，1819～1892）在新澤西州卡姆登的住處，阿莉絲十分熟悉他，而羅素也很欽佩他的人格與詩作。在羅素看來，這些訪問有利於克服劍橋的某些狹隘觀念。1894年至1898年，羅素認為有可能用形而上學來證明有關宇宙的各種事物。某種宗教情感使他相信這些事物是重要的。他決定，如果自己勝任，就將畢生獻給哲學，他的研究員學術論文，即關於幾何基礎的論述，試圖修補康德所謂時空形式是先天綜合判斷的理論，得到沃德和懷特海的賞識，這使他獲得了劍橋大學研究員的資格，否則他就會選擇在柏林研究過的經濟學。他的《論幾何的基礎》一書於1897年出版。1898年，羅素追隨摩爾衝破了康德（I. Kant，1724～1804）和黑格爾（G. W. F. Hegel，1770～1831）的思想窒礙。

羅素第一本哲學著作《萊布尼茲哲學》的產生是偶然的。1998年在劍橋，本應麥克塔格特講授規定萊布尼茲哲學，但他想去新西蘭探親，於是校方便聘請羅素代課，這對他來說是一件慶倖的事情。1900年7月，羅素與懷特海參加了在巴黎舉行的國際哲學大會。羅素稱這次大會是他心智生活的一個轉捩點，這就是從皮亞諾（Peano）的符號邏輯那裡受到了啟發。從1900到1910年，羅素與懷特海合作，將主要精力都放在三大卷《數學原理》（*Principia Mathematica*）的撰寫上。羅素寫於1902年的《數學的原則》（The *Principle of Mathematics*）成為《數學原理》的某種雛形。不過，二者的區別在於，前者還涉及與其他數學哲理的爭論。這兩位大哲之間10年智慧加友誼的合力，聚變成人類知識史上最野心勃勃的嘗試之一。1903年，當張伯倫反對自由貿易時，羅素以一種世界主義的態度撰文併發表演說來反駁他。羅素還積極參加了爭取婦女選舉權的鼓動工作。

1910年，《數學原理》完成後，羅素正遇上自由黨與上議院有關預算

和議會法案的爭論，他突然萌發參政的欲望。羅素希望競選議員，但如果當時自由黨選舉委員會沒有驚訝地發現他是一名自由思想者，那他就如願以償了；這是因為他在填一張問答露了「馬腳」：他不是英國國教的信徒；他是一個不可知論者；他連偶爾參加國教教堂活動都不願意；他的太太也不願意……。也正在這個時候，羅素接到了三一學院擔任數學講師的聘書。要不然，他真還處於兩難的選擇：是從政，還是從學。1910年至1914年，對羅素是一個很特別的過度期，如他所說就像浮士德碰到梅菲斯特之前與之後一樣。第一次世界大戰使羅素產生了新的興趣。他開始關注戰爭以及如何阻止未來戰爭的問題，他的這方面的著作使他成了被廣大公眾所熟知的人物。

羅素積極參加反戰運動，某次，他遭到一群男女暴徒的圍打，而員警則袖手旁觀，一位夫人讓他們出面保護，而他們不置可否；她說道：「他是有名的哲學家呀！」，他們毫無反應；她接著說道：「他是舉世聞名的大學問家呀！」他們還是無動於衷；她繼續說道：「他是一位伯爵的弟弟呀！」他們這才過來幫助，但動作太晚了，他是被一個年輕女子所救。

戰爭期間，在劍橋三一學院任教的羅素徵集同事的簽名反對英國參戰。一些和平主義分子形成反徵兵的組織，呼籲青年拒當炮灰；在當局逮捕了不少領頭人士後，羅素卻接任主席。他親自編寫傳單為拒服兵役的鄂內斯特·艾弗利特一案辯護，並當六名會員在散發傳單被捕時，他馬上出面承擔作者的責任。在法庭上，羅素為自己辯護說，自己出於「良知」而拒絕徵兵，結果判以反戰宣傳罪，罰款100英鎊；他不接受這個審判，也拒付罰款，故受到牢獄之災，並且部分財產遭沒收，圖書館的私人藏書也被變賣。堅信自己無罪的羅素，拒絕照當局的指令流亡美國。羅素身為工黨黨員，為了反對那些不願到前線作戰的年輕人去送死，他親手撕碎了自己的黨員證。由於因兵源吃緊，徵兵年齡提高，44歲的羅素也成了應徵物件，但政府怎麼也找不到他，因為忘了已將他關入大牢了，否則就因他拒絕當兵而罪上加罪；在此之前就有37個青年因拒絕參軍竟被判了死刑，而羅素也參加過營救，終於使他們免於一死。在這以後，他的行動受到限制，其教職也被三一學院解除。羅素始終堅持全球範圍的反戰活動，並與泰戈爾等國際知名人士合作，而為和平到處奔走。1916年威爾遜再度當選美國總統後，羅素立即在致他的公開信中，呼籲美國出面調停來解決國際爭端。戰爭期間，甚至在監禁中，羅素撰寫了《戰爭中的正義》（1915）、《人們為什麼戰鬥》（1916）、《自由之路》（1919）等三部

有關和平與反戰的論著。他出獄後，英國外交部拒發護照給他，尼克爾森爵士斥責他為「這個國家最有害的怪物之一」。由於他的國際聲望，1922年，羅素計畫去義大利參加一個和平會議，獨裁者墨索里尼得知後下令手下不准傷害羅素，但與羅素接觸的任何人均可實行暗殺。獲悉此事的羅素只得放棄前往這個法西斯策源地。戰爭幾乎改變了羅素全部人生，包括他的職業和人性觀，但也使他獲得對生命的一種新的熱愛。

在戰時，他覺得應該把和平的願望化成一種有理性的決心，以此來避免未來的大戰。然而，凡爾賽和約打破了他的幻想。他的許多朋友把希望寄託於前蘇聯，但當他1920年訪問前蘇聯時，卻發現並沒有什麼事物是值得他稱道和喜愛的。

1920年，羅素還應邀訪問了中國，並在中國逗留了近一年時間，被中國知識界譽為「德先生」和「賽小姐」的代表。他寫道：「我熱愛中國人民，但顯而易見，他們對軍國主義勢力的反抗必定導致摧毀自身文明中很多最有價值的東西。除了征服或者接受敵方許多邪惡的東西之外，他們似乎沒有其他的選擇。但中國也教會了我一件事（東方傾向於把這一點教給那些懷有強烈同情感的研究東方問題的歐洲人），即不要在眼前的逆境中產生絕望的念頭，而要用長遠的眼光來觀察問題。……陰雲日益籠罩著這個世界，就是這種習慣才使我感到這個世界稍可容忍。」羅素後來出版了名著《中國問題》一書，並始終關心中國的命運和前途。

隨著兩個孩子約翰和凱特的出生，羅素對兒童早期教育產生了興趣，並花費了極大的精力。1927年，夫婦倆人共同創立了一所教育實驗學校貝肯·希爾學校或稱燈塔山學校（Beacon Hill School）。由於教育理念與道德觀念的前衛，這所學校被稱為「荒誕的試驗」，最後而以失敗告終。

1940年，市政府所操辦的紐約市立學院實際上是羅馬教廷的附庸，而那裡的教授為了點綴一點學術自由的色彩而聘任了羅素當教授。這個消息立即引起宗教和衛道士們的抗議和抵制，有一神父申明羅素要為本地犯罪率負責，還有一位女士控告市政當局讓羅素危及了其女兒的貞操。那些傳統的衛道士們將羅素渲染成是一個「魔鬼的使者」，一個「異教徒的教授」，一個「來自英國的哲學上的無政府主義者和倫理上的虛無主義者」。其中一封化名「仇恨皮條客者」（Pimp-Hate）的在信中罵道：「你這可憐的老笨蛋！……你真可恥！這個國家每一個正派的男人女人都比你另外一些劣行更厭惡你的這種卑鄙作為，這都是你從你墮落的家族史

上繼承下來的……。」[4]羅素力求自己成為被告，但令人費解的是，當局願受控，而且希望自己敗訴就像那位原告希望勝訴一樣。原告律師在起訴書中歷數羅素的10項「罪名」：好色的、淫蕩的、色情的、性病的、性欲狂的、性變態的、褻瀆神靈的、狹隘精神的、充滿虛妄的以及道德淪喪的（lecherous, libidinous, lustful, venerous, erotomaniac, aphrodisiac, irreverent, narrow-minded, untruthful, and bereft of moral fiber）。最後當然是羅素敗訴，一個直接結果是聘約被撕毀，因為他在「道德上」無法勝任教授一職。

　　在羅素看來，這是一場典型的美國式迫害，羅素成了這個現代文明之國的眾矢之的。他突然失去了所有的謀生手段，既不能講課，也不能發稿，並且回國之路又因戰爭而阻絕，五口之家馬上陷入了絕境。雖有一些正義的知識分子包括學生出面聲援，如紐約市立學院的學生會就發表新聞聲明對他表示了支持。但人們都無法相信，一個號稱伯爵的貴族竟沒有衣食來源。與他曾一同訪華的著名哲學家杜威曾發信表示憤慨，並主編了一本書名為《羅素案件》的專集，組織九位著名教授揭露並分析了羅素的這場官司的來龍去脈，如有關它的內幕、審判過程、天主教會的態度、教育行政部門的作法、在民主制度中所引起教育問題以及與社區的關係等等，並指出它是一件違反正義的醜聞；[5]杜威本人親自還撰寫了其中一篇題為「與社會實情相對立的法庭政治虛構」的文章。針對教會和衛道士們的指控，一些支持學術自由，倡導以科學態度對待婚姻與性愛的有識之士，挺身而出為羅素辯護，其中就有愛因斯坦、杜威、艾耶爾等。愛因斯坦聲援羅素說：「偉人們都曾遭到庸人們的強烈反對。當一個人不盲從傳統偏見，而真誠無畏地使用其智慧時，庸人們根本無法理解他」。

　　1937年，羅素親筆寫了一篇自我訃告（Auto-Obituary - The Last Survivor of a Dead Epoch）：「他的整個一生雖任意妄為，卻保持與時代格格不入的一貫性，這令人記起19世紀初葉的那些貴族叛逆者們。他的原則就是好奇，並引導他的行動。在私人生活中，他顯示了並沒有用尖刻的話損害了他的寫作，而是一個友善並同情人類的健談者他是一個死亡時代的最後一個倖存者。」[6]據說他預測自己將於1962年去世，而讓泰晤士報在那一年登

---

[4]　羅素：《羅素自傳》第二卷（*The Autobiography of Bertrand Russell*, George Allen and Unwin LTD, 1968），英文版第 344 ～ 345 頁。

[5]　J. Dewey and H. M. Kallen. 1972. *The Bertrand Russell Case,* Da Capo Press.

[6]　Bertrand Russell. 1936. "The Last Survivor of a Dead Epoch," *The Listener (*1937); *Unpopular Essays (*1950).

出；結果他又多活了8年，直到他真正辭世，這家報紙才刊登了這個奇特的訃告。1948年，在從挪威奧斯陸到特隆赫姆大學的講演途中，羅素竟遭遇風暴而飛艇失事，掉入海中，後被救起。

1950年，羅素獲諾貝爾文學獎金。授獎原因在於他那些「倡導人道理念與思想自由的多產而有意義的著作」，以及作為「當代理性和人道主義的傑出代言人，西方世界言論自由和思想自由的無畏戰士」，而與諾貝爾本人的人生觀有著驚人的相似之處，因為「兩者皆為懷疑論者和理想主義者，他們對現存世界都抱悲觀的態度，但都又同樣深信人類的行為規範仍有可能實現」。BBC廣播電臺將他譽為」人道與自由演講的使徒」；《新政治家》雜誌稱他為：「最風趣和最純正的英文文體家（stylist）」。[7]在諾貝爾文學獎後，羅素又出版了約30多部著作以及大量文章。1960年代，羅素出版了自己的三卷本自傳（1967、1968、1969）。最值得一提的是，在80高齡時，羅素創作了第一部短篇小說集《郊區的撒旦》（1953）。1949年，羅素獲得英王六世頒發的不列顛最高聲望公民「榮譽勳章（the Order of Merit）」；此外，他還獲得加林卡獎（the Kalinga Prize，1958）、丹麥索寧獎（Soning Prize，1960）、德國奧西斯基獎（Ossietzky Medal，1963）、美國湯姆・潘恩獎（Tom. Paine Award，1963）、以及耶魯薩冷獎（the Jerusalem Prize）等。

20世紀50年代以後，他的注意力開始從哲學轉移到國際政治方面，如1954年他譴責比基尼氫彈試驗，隨後又發表《羅素-愛因斯坦聲明》；1958年他發動禁止核武器的示威運動。20世紀60年代後期，他開始猛烈攻擊美國的越南政策，並與法國存在主義者讓・保羅・薩特等人組織了國際戰爭罪犯審判法庭。

長壽以及個性的特徵也給晚年的羅素帶來了某種略帶悲情的孤獨。在他90高齡以後，所有的老朋友、老同事和老親人都已紛紛去世，他原來的世界已離他而去。在他身邊，甚至在他每年慶祝壽辰之際，除了第四任妻子，都只是圍繞著一幫為他的基金會服務年齡還不到25歲的年輕人；而在他孫女露西的丈夫（後來離婚）霍洛維茲看來，這些人並非他的朋友，僅是「從他的名字所看到的政治功利」。羅素周圍的社交圈子越來越小，與家人也都隔絕。為了與分離10多年的小兒子康拉德相見，他的大兒子約翰又離他而去。由於各種原因，他與多年的助手分道揚鑣。在生命中的最後

---

[7]　摩爾海德：《羅素一生》（*Bertrand Russell: A Life*, Viking, 1993），英文版第 466 ～ 467 頁。

一段日子裡，羅素越來越虛弱，耳朵也更聾了。

1970年2月2日晚7時，在英國威爾士的朋瑞德拉斯（Penrhyndeudraeth，Wales）一代大師羅素溘然長逝，當時只有第四任妻子愛蒂絲隨侍在側，而沒有其他家人在場。1966年，羅素曾立下遺囑：不舉行葬禮，不放音樂，骨灰撒在公眾無法知道的地方。羅素遺體安放在一具未加裝飾的橡木棺材裡，四天後運往考林灣火葬場。只有大約20人聚集在那棟紅磚小建築旁，有5個人抬著棺木。根據羅素遺願，沒有擺置鮮花，而在棺木上放了一個由水仙花與蝴蝶花編織的花圈，上面寫著一行沒有署名的話：「致以哀悼」。火化後，骨灰被撒在威爾士的群山當中。

作為大師的羅素並非一個不食人間煙火的完人，當然會有七情六欲，甚至還有人性和人格上的弱點。從羅素成名開始，不僅其學術和思想，而且其行為和人格就受到來自各個方面人士的抨擊和指責。羅素的家人和家庭生活充滿著不幸。他去世後，孫女露西在給祖母朵拉的信中寫道：「如果有魂靈在那裡，那麼就讓它們在那些雄偉的群山中伴隨我們的童年吧！」撒手人世的羅素留下了家族的「不幸」：前妻們遭受著「苦難」；與他脫離關係的大兒子約翰患上了精神分裂症，約翰的妻子蘇珊也有精神上的疾病，而他們的三個女兒，即羅素的三名孫女都感到自己被「躁動狂的幽靈」所困擾；後來羅素與他第四任妻子成了她們的法定監護人。1952年，羅素與相處不好的第三任妻子皮特離婚後，他們的兒子康拉德一直到1968年才見到父親，正由於這個原因，康拉德與自己母親的關係造成了永久的損害。

除了寫作、演講以及參加一些社會活動，羅素幾乎不能掌握任何機械性的設計，也不能親手操作任何最簡單的日常生活技能。很少有人像他那樣脫離物理世界的現實。恐怕他從來沒有自己做過任何一頓飯，或安裝過任何最平常的家具器皿。羅素喜飲茶而不會煮茶，他的第三任妻子皮特出門時，把煮茶的步驟一一寫清，放於廚房石板上，但他仍然操作失敗。到了老年，羅素開始耳聾，但他若無人相幫始終不會自己按上助聽器。人類社會與物理世界都在不斷地困擾著他；而人們常常會納悶，一個如此聰明的人對社會和人性竟如此盲目。這些人類精神的導師卻對遠離人類，陷於空談。尤其是羅素，他幾乎無所不包的寫作和演講，大至宇宙的演化，小至雪茄的挑選，都要為人們把握方向。羅素在成名之後便開始搶佔其他領域的「地盤」，誇大自己的知識和智慧，自詡包攬一切的專家權威，致使普通大眾盲目聽從，甚至因他的誤導，而走了彎路。他的第二任妻子就這

樣評價羅素：「儘管他熱愛大眾並為其苦難而悲憤，但他仍然遠離他們，因為他身上的貴族氣質，而同普通人缺乏接觸。」[8]

羅素的女兒凱薩琳一生都被人們問到這樣一個問題：有羅素作為父親，怎麼樣？她回憶、描述、分析、批評，甚至還「揭露」了自己的父親，如他的空談、自負、過分嚴厲以及對婚姻的不忠誠等等；但最後還是承認：「我將告訴整個世界，他是怎樣一個偉大的父親，多麼的智慧、風趣、慈善，而使孩子們總感到有趣；他們不會把他看作永遠是一個冷靜和理智的哲學家。為此，我思索著，並開始寫作。……他熱愛真理，你不能用謊編的記憶來抬高他，你必須處理好所有錯誤的東西，所有困難與失望的東西，然後你才能說：他是我迄今所遇到的最有魅力的人，這唯一我熱愛的人，我所遇到的最偉大、最風趣、最美好、最可愛的人。這是一個特權能知道他，感謝上帝，他就是我的父親！」[9]

二、跨學科與跨文化的一代大哲

被學術界公認的羅素研究專家伍德（Alan Wood）曾這樣評價說：「羅素是沒有哲學的哲學家，但這同樣的觀點也可表述為，他是所有哲學的哲學家。」[10]在早年，羅素就計畫一方面對科學哲學撰寫一系列的著作，從數學到生物學，使它變得越來越具體；另一方面撰寫一系列關於社會政治問題的著作，使其越來越抽象。最後，他還要在一種理論與實踐等量齊觀的百科全書中達到一種黑格爾式的綜合。的確，這個目標始終貫穿在羅素的全部著作活動中。他一生共寫了（或由他人編輯）大約100部著作和5000～7000篇文章。[11]除了最精確的數學、邏輯和哲學外，他還幾乎探討了人類的全部重要的知識領域，如歷史學、政治學、社會學、心理學、倫理學、教育學、宗教學、物理學、國際關係學以及東西方文化比較學等。他的著述活動也並不限於理論領域，甚至他在80歲高齡，還開始創作小說，如《郊區的撒旦》、《傑出人的噩夢》等，均受到文學界的好評。他曾樂

---

[8] 朵拉・羅素：《我對自由與愛情的探索》（The Tamarisk: My Quest for Liberty and Love, 1975），英文版第 245 頁。

[9] 凱薩琳・泰德：《我的父親羅素》（My Father Bertrand Russell, Thoemmes Press, 1975），英文版第 202 頁。

[10] 羅素：《我的哲學發展》（My Philosophical Development, Simon and Schuster），1959 年，英文版第 260 頁。

[11] 這僅是最低估計。本書作者於 1981 年曾遇到羅素遺囑的執行律師，據他講，羅素一生共寫了大約 5000 多篇各種形式的文章。

觀地說：「我一生中的前80年獻給哲學，而後80年可能獻給小說。」

羅素不僅注意繼承，更重要的是他還注意創新。他在各個領域中都做出了許多使那些領域的行家們也感到驚訝的獨特見解。他的不少著作都成為該領域很有價值的經典文獻。此外，他那出色而優美的文筆也成了現代英語的典範。愛因斯坦就認為讀羅素的書是一件極為愉快的事情，因為它具有其他科學家和作家所不能說明的東西。羅素善於吸取一切他認為有價值的東西，他從少年時起就渴望探知自然界和人類社會的奧秘。他在整個學生時代打下了堅實的自然科學的基礎，並廣泛涉獵了人文和社會科學的各個領域。在知識的廣度上，幾乎沒有任何西方學者能與他相媲美。勤奮治學和努力探索的一生，使他逐步成為博學多才、全書式的一代哲人。羅素曾對一位法國青年哲學家說：「學哲學的人必須瞭解世界，但不應該只在大學裡學以往哲學家的那些教導和體系。」事實上，在西方大哲學家中，很少有人像他那樣周遊世界、掌握第一手材料。羅素曾在四大洲講學，並在英美的許多名牌大學當客座教授。因此，他廣泛瞭解東西方文化中形形色色的問題。

儘管有人認為再也沒有比否定自己更為痛苦的了，但羅素將自己的學說與人類的精華對照之後，一旦發現陳腐和錯誤的東西，便毫不留情地拋棄。當然，這並不是說羅素可以完全正確地分清真理與謬誤，吸取的都是人類知識中真正有價值的東西，而是說他對於知識的態度是健康、積極和可取的。對人類文化的貢獻使羅素榮獲了1950年的諾貝爾文學獎和1957年聯合國教科文組織頒發的加林卡獎。由於羅素在知識上的成就和造詣，不少人把他與亞里斯多德、柏拉圖、伏爾泰、笛卡兒、康德、斯賓諾莎等大哲相提並論。也許有人會不同意這種讚譽，但無論如何，羅素作為一位博學多才的知識巨匠是當之無愧的。

在哲學史上，幾乎沒有人像羅素一樣經歷了那麼多的思想演變，用他自己的話說就是：我決不恥於變化。正如著名哲學家桑塔亞那（G.Santayana，1863～1952）所指出的，羅素的思想不斷地在變，他的每一部新著作或每一次新講演都在改變著自己學說的一部分。的確，多變性、過渡性和不穩定性正是羅素哲學的主要特點之一。為什麼羅素具有這個特點？為什麼他的哲學具有較強的生命力？最根本的原因是他基本跟上了自然科學的潮流，注意汲取人類知識的精華。

首先，羅素的思想是哲學史上三對發展線索的「交叉點」。

一

　　新現象主義（Neo-phenomenologism）與新實體主義（Neo-substantialism）
的「交叉點」。自然科學的發展要求不斷地得到哲學的概括和認識論的解
答，從而迫使哲學觀經常改換自己的形式，只要是守舊，都已不能夠應付
自然科學對於世界觀的挑戰。從1894年至1898年，羅素認為有可能用形而
上學（指玄學）來證明有關宇宙的各種事物。羅素最初傾向於新黑格爾主
義，以後轉為新實體主義和新實在主義，然後又從後者轉變成為多元的現
象主義。被分析哲學史為形而上學（玄學）的實體主義是亞里斯多德以來
傳統西方哲學的發展主流，一直到近代，休謨與康德以現象主義顛覆了實
體主義主宰。在分析哲學家中，羅素是最形而上學（指玄學）的一位。在
早期，羅素將語言的哲學研究看成是」哲學語法的構建」，也是形而上學
（指玄學）的一個準備階段，即作為實現形而上學目標的實在特性的途
徑。羅素雖然主張哲學不解決根本問題，卻又認為由於不可避免仍需要解
決。他就是以這種態度來對待所謂心物關係的。他還提到，雖然自己一直
相信哲學的基本工作都是邏輯的，但仍然以形而上學為論題。後來，羅素
的《心的哲學》和《我們關於外部世界的知識》是以馬赫感覺論為出發
點，根據當時數理邏輯的發展寫成的，同卡爾納普的名著《世界的邏輯構
造》一樣，企圖發展馬赫的現象主義。羅素把世界僅歸結為一種構造甚至
一種主觀的構造，這是其現象主義的典型表現。但羅素以某種構造入手考
慮問題仍不失為一種有益的方法。現代科學的發展使哲學物質觀必須適應
新的要求，而羅素等人對物質觀的探討是值得借鑒的。
　　一般來說，羅素並不直接認同「純粹的」唯物論，但從某一側面則肯
定了它的某些合理性，而經常用「實在論」來代替某種形式的唯物論，甚
至用實在論作為與唯心論對立的哲學範疇；例如他認為唯物論「在哲學家
中很少見，但在一些時期的科學家中卻很普遍」；[12]「唯心論主張，除了
思想沒有其他什麼東西能被認識，而我們所知的實在都是精神性的；相
反，實在論則強調，我們以感覺直接認識客體……」；[13]「……所有我主
張的是，避開那些困擾實在論和唯心論的難題，還要避開它們那些已被邏
輯分析所揭示出的歧義性概念。」[14]正是在哲學觀新舊形式的再一次交替

---

[12]　羅素：《心的分析》（*The Analysis of Mind*, George Allen and Unwin LTD, 1956），英文版第10頁。

[13]　同上，第19～20頁。

[14]　羅素：《神祕主義與邏輯》（*Mysticism and Logic*, Dover Publications, 2004），英文版第123頁。

之際，羅素利用自然科學的某些成果，試圖用一種所謂新自然主義與新中立主義的態度來解釋世界，即貫徹休謨的第三條路線，形成了自己的邏輯原子論和中立一元論思想。

二

新經驗主義（Neo-empiricism）與新唯理主義（Neo-rationalism）的「交叉點」。傳統經驗論發展到休謨（D. Hume，1711～1766）是一個頂點，而傳統唯理論發展到萊布尼茨（G. W. Leipniz, 1646～1716）也是一個頂點。由於它們把各自所執的一端片面化、凝固化和絕對化，因此，無法應付自然科學對於哲學認識論的挑戰。自然科學的發展初期必然從經驗開始，但到了20世紀初，由於相對論和量子力學的產生，科學已不滿足於經驗的描述，借助公設、定理比僅局限於經驗更為有益，因此，它更多地運用了複雜的邏輯思想和想像力。在這種情況下，唯理論必然興起，例如愛因斯坦的相對論單靠經驗是根本概括不出來的。羅素看到了上述兩派別所具有的優點與某些弊端，試圖把經驗論同數學和數理邏輯結合起來，把後者說成是經驗材料之間的最一般的聯繫。他一方面認為，經驗和常識可以供給哲學分析的材料，另一方面又宣稱自己的一個哲學成見就是不滿於狹隘的經驗論，認為從前人們過於強調經驗，幾乎沒有一個哲學家能理解「用不著知道任何單個的甲就可知道『凡甲是乙』的命題」。他自認激烈地傾向經驗主義，但卻不信「2+2=4」是從經驗獲得的一種歸納概括。人們從研究經驗的事實中知道蘇格拉底是人，而用不著經驗，便可知三段論在抽象形式中是正確的。因此，有一類命題與經驗得出的命題不相同，它具有重言式的特性。他承認雖然要想解釋怎樣才能獲得超經驗的知識是困難的，但否認有這種知識也是站不住腳的。他確信世界充滿著可能性，因此，邏輯的任務是推論未知物可能存在，不過最終判定其有無，還須靠經驗來驗證，即邏輯把無數日常未知的構造排列出來，讓經驗在邏輯所賦予的許多世界中選擇一個。

羅素指出：「有一個哲學上極為重要的問題，其中對科學與邏輯句法的仔細分析將導致一個對於我以及幾乎所有邏輯實證主義者們來說都很不愉快的結論。這個結論是：強硬的經驗主義是站不住腳的。除非假設某種不必依賴經驗而建立的推理的一般原則，否則就不可能從有限的觀察中推出一般的命題。」[15]然而，羅素並未擺脫經驗主義的束縛。他不能正確處

[15]　羅素：〈邏輯實證主義〉，丁子江譯，載《外國哲學資料》第7輯，商務印書館，1984年。英

理感性與理性的關係，例如他在晚年提出準永恆性的公設、分立的因果線公設、結構的公設等，並以此作為科學推論的基礎，但並沒有把它們深化到理性認識。結果，這些公設又與他早年提出的那種柏拉圖似的共相類似。

三

　　新實證主義（Neo-pocitivism）與新實在主義（Neo-realism）的「交叉點」。實證論從根本上說是英國經驗主義者由貝克萊（G.Berkeley，1685～1753）和休謨發端的。貝克萊公然鼓吹神學和上帝，是因為，1688年所謂「光榮革命」後，英國資產階級與貴族妥協，他們對地產投機買賣的興趣超過了工業，因而對發展自然科學尚無強烈要求，從而使英國的自然科學在牛頓力學建立後的幾十年裡相對停滯，表面上沒有對哲學造成威脅。18世紀中葉，工業資產階級羽翼漸豐，工業革命已進入準備階段，自然科學方開始向哲學敲起了警鐘。比貝克萊晚生27年的休謨正趕上了這一時期。他儘量與自然科學合拍，強調經驗與觀察，肯定數學的必然真理，也不公開否認客觀外界的存在，而採取了不可知論。孔德（A. Comte，1798～1857）與休謨相差七八十年，當時各門自然科學都有所發展，哲學也就必須押上自然科學發展的韻律，因此，在孔德看來，不應該迴避自然科學，相反應該通過它來說明哲學已進入了實證階段，從而反對神學和形而上學。斯賓塞（H. Spencer，1820～1903）活動時期正是達爾文學說盛行之時，因此，他提出了庸俗達爾文主義和社會達爾文主義的觀點，但隨著物理學的迅猛發展，他的思想很快就落伍了。19世紀末，馬赫（E. Mach，1838～1916）跟上物理學的發展，用物理學來說明哲學。他大講科學的統一、物理與心理的統一，而統一的結果是在思維經濟的原則下提出了中立一元論和要素論，從而進一步上了所謂第三條路線。但由於當時只有物理學單獨挺進，因此馬赫只把科學看作是經驗的描述，而不注重數學和邏輯的抽象思維。20世紀初，羅素悖論的發現導致了「數學危機」，這一危機既促使數學基礎和數理邏輯的發展，又要求從認識論上得到哲學的解答。到此時，老實證主義已無法擔負這個使命，必須進行第三次改裝。羅素在早年與摩爾（G. E. Moore，1873～1958）一道反判新黑格爾主義以後，便

文原作載羅素的《邏輯與知識》（*Logic and Knowledge*，George Allen and Unwin LTD, 1977）一書，英文版第 365～382 頁。

轉入了新實在論。

20世紀初的美國，出現了新實在論思潮。培理（R. B. Perry，1876～1957）等人的《六位實在論者的方案和初步綱領》一文的發表，就說明美國新實在論已形成了一種有組織的運動。不久，這些人又出版了一本很有影響的代表作《新實在論》（1912）。美國的新實在論公開聲明「新實在論主要是研究認識過程和被認識的事物之間的關係的學說」。[16]他們一般承認外界物理客體的存在，堅持認為被認識的事物是真實獨立的，而反對一些實用主義的主觀主義認識論。他們也像羅素那樣主張多元論、外在關係說、分析方法和柏拉圖式的「共相」，但他們強調一種直接呈現說，認為不用通過任何摹寫和媒介就可以直接認識外界事物本身，被認識的事物受到意識的作用就會直接變成意識的內容。因此，他們往往稱自己為「直接實在論」。

新實在論與馬赫主義細微的差別就是把感覺材料看作是既心又物的，不過比後者更重視邏輯和數學。羅素說道：「我喜歡將我的哲學描述為邏輯原子論，而不是實在論……」；[17]羅素不滿足摩爾的常識哲學以及其他新實在論者的那種柏拉圖式的客觀理念主義，決心更徹底地從邏輯和數理邏輯方面來研究哲學。於是，羅素思想的二重性，即繼承性和更新性，使他在實證論和新實在論的基礎上，開拓了一個新的哲學研究方向——分析哲學。

其次，羅素的思想始終沒有走向極端。現代分析哲學有兩個重要特徵，一是經驗主義，一是形式主義。經驗主義走向極端主要表現為「證實原則」，而要做到這一點，本身是非常困難的，其結果勢必會輕視理論抽象思維和邏輯推理以及科學的假說，以致跟不上自然科學的發展而衰落下來。於是，結構主義作為經驗主義的反動便開始興盛起來了，因為它比較注重唯理論。形式主義走向極端，主要表現在拒絕研究除了語言和邏輯以外的任何問題。這樣就遠離了自然界、社會和人，勢必也會衰落下去，而使存在主義得以盛行。本來，在20～30年代，由於物理學和數理邏輯的發展，反對科學思潮的存在主義很難涉足於哲學。在邏輯實證主義一度統治之後，當極端的形式主義令人厭惡之時，存在主義大談人的問題便立即受到歡迎。此外，結構主義強調從整體上研究哲學以及從自然科學上來研究

---

[16] 霍爾特（E. B. Holt）等：《新實在論》，中譯本第 8 頁，商務印書館，1912 年版。

[17] 羅素：《邏輯與知識》（*Logic and Knowledge*，George Allen and Unwin LTD, 1977），英文版第 323 頁。

哲學，也打破了形式主義的某些狹隘性。這就迫使分析哲學改變方式，例如美國實用主義分析哲學家蒯因（W. O. Quine，1908～2000）在其引起強烈反響的〈經驗主義的兩個教條〉（*Two Dogmas of Empiricism*）一文中指出：「現代經驗主義受兩個教條的束縛：一個是它相信不依賴事實的分析真理與以事實為基礎的綜合真理之間有著本質的區別；另一個是它強調還原論，即主張所有有意義的陳述都等值於以指稱直接經驗的名詞所組成的某種邏輯構造。」[18]再如分析哲學家克里普克（K. Kripke，1912～2000）也反對把哲學僅限於語言，他還批判了羅素等人的摹狀詞理論，而提出了「歷史因果命名理論」。[19]

　　由此看來，分析哲學在早期和晚期並不極端，只是在中期很極端。羅素完整地經歷了這三個發展時期，但他始終沒有走向極端，他分析的物件和探討的問題較為廣泛，即是因為他比較善於跟上自然科學的發展潮流。卡爾納普（R. Carnap，1891～1970）斷言，現代哲學就是邏輯，其任務不包括物質與意識的關係問題。他指出：「形而上學（指玄學-作者）的危害就是它的欺騙性，因為它給人們以虛假的知識，而非真正的知識，這就是我們為什麼要反對它的原因所在。」[20]他起初研究物理學，並使之與哲學研究相結合，但後來卻拒絕研究語言以外的東西，提出科學哲學的任務只是通過對語言體系或命題系統的邏輯分析，徹底清除科學中全部沒有意義的論斷和偽命題，從而為之建立一個理想的邏輯構造。如此一來，卡爾納普便忽略了自然科學的實際應用和發展。

　　第三，羅素善於吸取一切他認為有價值的東西。他從少年起就開始渴望探知自然界和人類的奧秘。他在整個學生時代打下了堅實的自然科學基礎，並廣泛涉獵了人文和社會科學的各個領域，在知識的廣度和深度方面，幾乎沒有任何現代西方學者能與其媲美。勤奮治學、努力探索的一生，使他逐漸成為博大精深、百科全書式的多產作家。有人認為再沒有比否定自己更為痛苦的了，然而羅素將自己的學說與人類知識的精華對照之後，一旦發現陳腐和謬誤，便毫不留情地拋棄。當然，我們不是說羅素可以完全正確地分清真理和謬誤，並且吸取的都是人類知識中真正有價值的

---

[18] 蒯因：《從邏輯的觀點看》（*From a Logical Point of View*, Harvard University Press, 1980），英文版第 110 頁。

[19] 克里普克：《命名與必然性》（*Naming and Necessity*, Harvard University Press, 2006），英文版第 96 ～ 136 頁。

[20] 卡爾納普：《語言的邏輯句法》（*Logical Syntax of Language*, Harcourt, Brace, and Company,1937），英文版第 31 頁。

東西，而是說他對於知識的態度是健康、積極和可取的。[21]

　　然而，在羅素多變的思想發展中也蓄含著基本不變的東西。羅素在晚年時總結說儘管早年思想發生過許多轉變，但有幾點卻始終毫不動搖，「我一直堅持外在關係說及多元論，而這兩者是互相結合的；我一直堅持一個孤立的真理可以為真；我一直堅持分析並非虛假」。[22]可以說，多元論、外在關係說和分析方法是三位一體的和密切相關的，它是羅素哲學的主脈和其世界觀、方法論的具體體現。如果撇開或孤立地觀察其中任何一點，都無法瞭解羅素的整個學說。因此，我們從這具有相對穩定性的三點來研究羅素變動不居的總體思想以及整個分析哲學運動的發展是有益的。

　　羅素從小就對數學有著特殊的愛好，自始至終都陶醉於研究數學基礎問題。早在1897年，羅素就完成了他的第一部數學專著《論幾何學基礎》。1906年是羅素學術思想的一個轉捩點。他在巴黎國際哲學會議上，受到了匹阿諾（Giuseppe Peano，1858～1932）符號邏輯的啟發，認為它有可能以數學特有的精確性來解決哲學的難題。羅素創立了用符號來表示關係的方法，並與懷特海合作建立了級數、基數、序數的定義，試圖把算術還原為邏輯。

　　1901年，羅素發現了以他的名字命名的悖論，引起了所謂第三次數學危機，促使人們對數學基礎問題進行深入一步研究，從而推動了人類認識的發展。不久，羅素提出了邏輯類型論，為解決悖論做出了卓有成效的嘗試。1903年，羅素獨自發表了一卷本《數學原理》，建立了邏輯主義學派。接著，他又和懷特海合作，經過10年的艱苦勞動，寫成了三卷巨著《數學原理》，這在數學史上是一個重要的里程碑。正像羅素自己所說的，他的黃金年華都傾注在這部巨著上了。當付印時，由於缺乏經費，他們自己掏了50鎊。羅素風趣地說：「整整十年苦幹，我們掙了負的50鎊。這打破了失樂園的紀錄。」

　　羅素總結了前人在數理邏輯上的成就，創立了一個十分豐富的邏輯公理系統，為數學的嚴格化做了有益的工作，擴大了邏輯的研究範圍，使得

---

[21]　羅素在1945年出版的《西方哲學史》的現代部分，提到柏格森、詹姆斯、杜威以及邏輯分析哲學派的各種人物，但竟然隻字未提當時已產生了巨大影響的胡塞爾現象學以及海德格爾存在主義，這種態度似乎不很客觀，也欠公正。這也說明羅素存在著嚴重的門戶之見。對此，西方有人評述說，海德格爾是存在主義運動的中心人物，雖然他的著作和生平受到很大爭議，但他的哲學一方面征服了德國和法國，另一方面卻被維也納學派以及羅素和艾耶爾（A. Ayer）等英國哲學家斥為「垃圾」。

[22]　羅素：《我的哲學發展》（*My Philosophical Development*, Simon and Schuster），英文版第63頁。

推理的功用超過了三段論。他陳述了邏輯演算的內容，進一步研究了事物的類、關係、基數、序數、級數，較之亞里斯多德的邏輯，在某些方面要嚴密、系統、精確得多，甚至可以根據它來分析某些舊形式邏輯所無法解決的複雜問題。

羅素的數學觀是與哲學緊密聯繫在一起的。年輕時，他就發現康德與經驗主義者都不能令人滿意，他既不喜歡先驗的綜合，也不認為算術來自經驗歸納。羅素把數學基礎和數理邏輯看作是自己哲學的最重要的科學前提，他試圖把數學和數理邏輯當作嚴格的科學方法，用來研究哲學，甚至他的分析方法也直接來自純粹數學和數理邏輯的某些內容。在他看來，數學能使哲學中的許多令人困惑之處被耐心和明晰的思維所澄清。

當然，羅素也有他所面臨的困境，這就是他一方面把整個數學都歸於邏輯，另一方面又認為這種方法的嚴格就在於它含有真實度很高的「先天的知識」，或者說是一種先驗的演繹系統。所以，人們在探討世界時，也要定出與公理、公設、基本概念和命題相當的東西，由此再一步步推導和構造整個世界。1934年，由於數學上的成就，他獲得了英國皇家學會的西爾威斯特獎和皇家數學會的德摩根獎。

多變性、過渡性和不穩定性是羅素哲學的重要特點之一。例如他最初傾向於新黑格爾主義，以後轉為新實在主義，然後又從後者轉變成為多元的現象主義。從消極的方面講，這種不穩定性的來源在於他兼收並蓄了歷史上和同時代的許多派別，如柏拉圖主義、馬赫主義、維根斯坦主義等。但從積極的方面講，這也反映了他在某種意義上注意吸取人類知識的精華，一直嘗試盡力跟上自然科學發展的潮流。

羅素從1906年發表《萊布尼茨哲學評述》第一部哲學著作時開始，就顯示了他的哲學才能。從那時一直到逝世，他寫了大量哲學著作，其中最重要的有《哲學問題》、《我們對於外界的知識》、《心的分析》、《物的分析》、《對意義和真理的探討》、《人類知識及其範圍和限度》等。這些著作幾乎探討了哲學的全部問題，但其中最重要的還是認識論和方法論問題。追求精確、清晰和完善的知識，是羅素一生的心願，而《哲學問題》這部書的完成，標誌著他真正開始形成了自己的哲學思想。他在這部書的第一段便提出了這樣的問題：「世界上有沒有一種如此確定的知識，以至於一切有理性的人都不能對它加以懷疑呢？」這以後，經過36年的探索，他在其最成熟的著作《人類知識》的最後一段裡對這個問題給予了回答：「所有的人類知識都是不精確、不肯定和不完善的。」也就是說，他

承認了自己是失敗的。羅素不可能解決人類認識中相對與絕對的關係問題，但無論如何，他在探索中為人類認識的發展做出了有益的貢獻。

羅素試圖把實體論與現象論、經驗論與唯理論、實證論與新實在論結合起來，從而提出了邏輯原子論、中立一元論、邏輯構造主義和分析方法。羅素稱自己的多元論是物理學、生理學、心理學及數理邏輯四種科學結合而成的，而採取邏輯原子論是他一生中最大的「革命」之一。這個理論認為世界是可分體，它的終極構成要素就是邏輯原子。後來，他又進一步把邏輯原子完全變成了一種不分主客的「中立」要素，指出心與物的差別只在於二者的構造而不在其構成成分。這就產生了中立一元論和邏輯構造主義的思想。羅素的哲學雖然多變，但多元論和分析法的根本思想卻始終沒有變。

德國哲學家萊辛巴哈指出：「羅素憑藉清晰、精確和認真的分析以及對神喻的否定而獲得成功，如果沒有他的卓越成就，現代的邏輯和認識論簡直很難想像。」這個評價也許有些誇大，但羅素在西方哲學中的地位和影響卻是不容抹煞的。如果說笛卡兒是近代西方哲學的一位奠基人，那麼，羅素就是現代西方哲學的一位開拓者。這是因為，他為經驗論提供了嚴謹的邏輯系統、新穎的數學觀和科學化的哲學設想，並且是西方第一個系統闡明、論證和實踐分析方法的人。正是這個方法，使整個傳統經驗論發生了巨大的變革，使休謨等人的某些思想萌芽迅速長成了繁茂的大樹，從而產生了新實在論、邏輯實證論和語義分析學派，並從反面強烈觸動了大陸理性派和德國思辯哲學傳統。它不僅對西方，而且對東方也產生了很大的影響。羅素在中國講學時，有人認為他對中國學術界的貢獻就是分析方法，他很高興地說：「我也是這樣想。」的確，羅素倡導的科學方法對「五四」運動以後的中國哲學界和科學界都曾有著很大的魅力。

我們應該肯定羅素哲學在人類認識史上的作用，他的世界觀和方法論都有很高的價值。他試圖用高度發展的科學成果來說明世界的構造，並對宇宙事物相對靜止的一面進行邏輯分析，力求獲得精確、清晰的知識。這種嘗試是積極的。然而，人們同時也不能不看到，由於羅素的哲學偏見，由於他的世界觀、方法論以及這二者之間的矛盾，使的目的和手段之間產生了很大的矛盾。他一方面沒有一條正確的途徑來讓他完全達到所希望的一切，甚至某些合理的目標也達不到；另一方面，他所希望的許多東西本身就未必合理，即使有一個正確的方法，也無法達到。

羅素最初聲明自己並無企圖要解決人類命運的問題，但不久便否定了

這個說法。他認為自己一生的一個重大轉折，就是從抽象的哲學轉到了對人類社會問題的研究。羅素在費邊派的影響下很早就對社會主義發生了興趣。青年時期，他在柏林專門研究了馬克思主義和德國社會主義運動。他認真鑽研了馬克思的《資本論》，並在讀過《共產黨宣言》之後指出，這是歷史上最卓越的政治宣言之一，對推廣社會主義的發展具有不可估量的意義。他還認為這兩部著作摒棄了一切傳統思想，憎惡正統的道德和宗教，並充滿敏銳的洞察力。不過，他所受的新貴族傳統的薰陶和所特有自由派的立場，使他在同情包括馬克思主義在內的各種社會主義和贊成社會主義某些原則的同時，又對馬克思主義進行了批判。

從根本上說，羅素的整個社會政治觀主要體現在對自由、權力和理想社會的看法上。他在這方面的主要著作有《政治理想》、《自由之路》、《自由與組織》、《社會重建的原理》、《權力：一種新的社會分析》等。

自由在羅素思想中是一個最重要的字眼。他認為人和植物一樣，為了生存，就應有合適的土壤和足夠的自由。一切美好的東西必須體現在個人身上，一個理想的政治制度的最終目標是個人的自由發展。但他並不主張絕對的自由，他認識到自由和約束之間有一種相互依存的關係。他指出，自由顯然是最偉大的政治福利，但若絕對沒有約束，也不能保證自由，因為這樣一來，「強者就可以任意壓迫弱者」。同時他又認為，只有通過說服而不是強制，才能建立起自由的社會。羅素認為權力欲是戰爭和壓迫的根源，必須反對權力集中、防止獨攬大權的資本家和官僚，否則，如果私有財產和國家的權力過大，將會有害於社會生活。富翁們的發財勾當對社會的危害比窮人所犯的罪過要大得多，但法律卻代表他們的利益，而使他們逍遙法外。法律和政權在某種意義上講是禍害，只有在它能夠阻止其他更大罪惡和維護善行時才有價值。國家權力不能廢除，但必須消除它的許多弊端。社會原理的基本概念是權利而不是財富。因此，合理的社會應該是人人都有平等的權利，政府必須是民主的，並且必須能以某種方式來約束官吏。

羅素所憧憬的是這樣一種理想社會，即在物質和精神條件的保障下，使人性、自由、和平等得以充分的發展。他認為肉體和精神的需要都得到滿足是人類幸福不可缺少的條件。從物質上說，為了建立一個人們所嚮往的社會，就必須實現某種公有制來克服財產的不平等。私有制對人性有惡劣影響，但公有制卻相反，它的分配原則是為任何人提供可維持生活的最低收入，即「懶漢津貼」，但又要考慮到讓那些有益於社會的人得到更

多。在社會主義社會裡，人們沒有貧困的恐懼和發財的欲望，也沒有階級差別。從精神上說，它可以增加人類本能的喜愛而減少嫌惡，它挖掘人的創造性、智慧，使生活變得快樂。在這樣的社會裡，生活的動力已不再是維護財產或搶奪他人財產的欲望，而是建設。在這樣一個不受壓抑、生活愉快、精神旺盛的社會裡，人們將會變得更銳敏和更具有創造性。羅素進一步指出，要想建立起一個完善的社會，就必須克服自然和人為兩種障礙。自然障礙可通過科學得以克服，人為障礙則需通過政治和社會組織來克服，這就是以生產者和消費者的劃分代替階級的劃分，成立分別代表這兩者的代議機構。在這兩種機構的協調下，社會就能得到最快的發展。羅素所鼓吹的只是一種混雜著費邊主義和基爾特主義的改良思想。

羅素的自由論、權力說和理想社會的描述不能說正確，但他對被壓迫者的同情、對不公正社會各種罪惡的揭露和鞭撻，以及他力圖改革社會的善良願望，仍是十分真誠的。羅素對各種社會問題的分析中不少是有啟發性的，他的一些預見，例如對中國在世界上的重要作用的估計等，已被後來的歷史發展證明是符合實際的。

羅素並非聖賢，當然不會是一個完人，但基本上算是一個表裡如一的人，而決非一個偽君子；他的所作所為並沒有違背自己的理論和學術良知，也從未以標榜自己的所謂道德高尚而刻意掩飾自己對人性弱點的真實體驗和揭示；即便是最為「正統」人士所詬病的那些有關婚姻與兩性關係的主張，也在後來被證實為一種不可抗拒的社會潮流。

第二章　終生的中國情結

> 倘若中國革新家在使得中國力足自衛時，便適度而止，不進一步向外求勝，既得安然自處便轉移其為列強所迫致的實利主義作為（譯注：似指軍備競賽等）而致力於科學與藝術，建成良好的社會經濟體系，中國於是乃真盡其在世界上所應有的職責，為人類當前極緊要時期，開出一全新希望。此即我想奉以勉勵于青年中國者。此希望是能夠實現的，正為其必可能實現，中國在一切愛重人類者來說，應受到極高的尊崇。──羅素[1]

羅素從小就有嗜讀之愛，終生博覽群書。至於最早他讀過什麼樣有關中國的書或什麼時候開始接觸中華文化，恐怕已無從考證。不過，生於1872年的羅素，在其成長的年代，一些漢學家早已撰寫了相當數目的著述來引介中國與中華文化；因此像他那樣將求知、愛情和同情人類苦難作為畢生三大動力的公共知識分子，或多或少讀過某些有關中國的文字資訊。1894年的甲午戰爭，1898年的戊戌維新運動，1900年的義和團運動，1911年的辛亥革命，1919年的五四運動等，這一切震動世界的事件，不可能不引起羅素一定的關注。我們將在第九章還要談到羅素祖父是兩次鴉片戰爭的重要決策者，可以說甚至他的家族與中國有著不解之緣。我們可以借此對羅素之前的東西方思想對話，作一歷史畫面的簡要重播。

一、與中國不解之緣的「暗結」

在近現代，「西學東漸」與「東學西漸」形成了東西方思想對話的雙向大格局。西方逐漸形成了「崇華派」（sinophilia）與「恐華派」（sinophobia）兩大陣營，當然還會有遊移於這兩派的中間分子。[2]這兩個術語，不僅在17～18世紀，而且也是近年來在中國開始崛起時國際上常用的

---

[1] 梁漱溟：讀羅素著《中國之問題》，當代中國出版社，2008年版，第220頁。

[2] 有人將這兩個術語譯成「中國之友」何「中國之敵」。以本書著者看，將Sinophobia譯成中國之敵恐怕過重，若譯為「恐華派」或「恐華症」更為恰當，因為不喜歡中國文化的人，並不一定是敵人；相應而言，Sinophilia則可譯為「崇華派」。

一種二分法（*dichotomy*）。從羅素訪華與訪華之後的思想脈絡來看，他無疑屬於崇華派，甚至還相當熱狂。

　　東西方研究學者葉揚深刻揭示了東西方思想對話中的困惑與挑戰。他首先對於中國對於外來文化的引進、介紹與翻譯（可簡稱之為「西風東漸」）以及中國文化在歐美各國的傳播與弘揚（姑簡稱之為「東風西漸」）分別作歷史回顧，並以若干具體事例，指出中國文化在與西方文化的「貿易」上，存在巨大的「逆差」及「赤字」。造成這種「逆差」和隔膜的原因十分複雜。因此」深入探討這種文化交流、傳播中種種問題的肇因與癥結所在，並提出因應之道，是對『文化中國』成員的嚴峻挑戰。尤其是在歐美從事中國文研究的華裔學者，更應在樹立南宋批評家嚴羽所謂『正法眼』這一點上，發揮外國學者無法取代的作用。這可能需要幾代人持之以恆的努力。」[3]

　　我們從早期漢學在西方的傳播，也可從側面瞭解到東西方思想對話的大致線索。義大利當代漢學家蘭茨奧提（Lionello Lanciotti）意味深長地感歎：「義大利漢學研究在歐洲是最古老，同時也是最年輕的。」[4]對此，很多西方漢學家很是贊同。說到漢學的鼻祖，當然必屬最早到中國傳教的義大利耶穌會會士利瑪竇（Matteo Ricci，1552～1610）和羅明堅（Michele Ruggieri，1543～1607）。作為天主教在中國傳教開拓者之一的利瑪竇，也是第一位接觸中國文學並對中國典籍加以考察的西方學者。[5]他一邊宣揚天主教教義，另一邊廣交中國官員和社會名流，傳播西方天文、數學、地理等科學技術知識。利瑪竇在南昌生活期間（1595～1598）與以章潢為首的白鹿洞書院師生的交往與面談，可以說是中西方知識分子思想的第一次直接對話。他的著述既極大促進了中西交流，又對日本和朝鮮半島上的國家推介西方文發生過重大作用。羅明堅可稱為歐洲的第一位漢學家，曾將《四書》譯成拉丁文。[6]義大利教士衛匡國（Martino Martini,1614～1661）

3　葉揚：〈東風西漸的困惑與挑戰〉，《東西方研究學刊》第一輯，九州出版社 2012 年，第 45 頁。

4　轉引自杜築生：〈儒學與中華人文精神——歐洲儒學研究之現況〉，《國際儒學研究》第 17 輯，2011。

5　早在 16 世紀，西班牙籍歷史學家門多薩（Juan Gonsales de Mendoza, 1545～1618）根據到過中國南方福建等地的三位來自西班牙、葡萄牙的傳教士、商人和水手的報告，撰寫了《大中華帝國史》（*The History of the Great and Mighty Kingdom of China and the Situation There of*），於 1585 年用西班牙文首版，1588 年又出了英文版，至 16 世紀末，共用 7 種歐洲文字重印了 46 次，為歐洲學者瞭解、研究中國所廣泛利用，成為此後歐洲漢學興起的奠基性著作。參見 *Wikipedia, The Free Encyclopedia*。

6　以上參見 Wikipedia, The Free Encyclopedia。

於1655撰寫的《中國新圖志》和1658年的《中國上古史》等書，均為早期西方中國研究的經典之作。尤為稱頌的是，衛國匡的《中國上古史》也討論了儒家哲學，甚至還展示了伏羲的八卦和64卦圖。很遺憾，這些著述長期遭到中西方學術界的忽視。

法國傳教士金尼閣（Nicolas Trigault，1577-1629）於1626年將《五經》譯成了拉丁文。義大利耶穌會士殷鐸澤（Prosper Intorcetta，1626～1696）與葡萄牙耶穌會士郭納爵（Ignatius Da Costa，1650～1650）於1662～1669年合譯了《大學》，改稱《中國的智慧》（Sapientia Sinica）並於歐洲出版。他又獨譯了《中庸》，這兩本書於1672年在巴黎再版，書後附有《孔子傳》和孔子畫像。此外，殷鐸澤還與郭納爵合譯了《論語》。1687年，比利時神父柏應理（Philippe Couplet，1623～1693）等人出版了《中國哲學家孔子》一書，將中國宋代的新儒家哲學引介給歐洲。在此之前，還有曾德昭（又名謝務祿Alvaro Semedo，1585～1658）於1641年推出的《大中國志》；葡萄牙教士安文思（Gabriel de Magalhães，1609～1677）於1668問世的《中國新志》；1692年，法國耶穌會士李明（Louis le Comte，1655～1728）在巴黎出版了《中國近事報導》，但此作既給作者本人帶來聲名但也帶來厄運。後來，法國神父馬若瑟（Joseph de Premare 1666～1736）著有《書經以前之時代及中國神話》、《中國經學研究導言略論》和《經傳議論》等，其中《經傳議論》曾經康熙皇帝御覽。上述著述極大促進了中國文化與思想在歐洲的船舶，並由此興起了「中國熱」；隨後「漢學（中國學）」（Sinology）也以顯學的勢頭，成為一門正式的學術領域。

到了18世紀，法國神父湯尚賢（Pierre Vincent de Tartre，1669～1724）的《易經注》，對歐洲學術界產生重大影響；法國神父錢德明（Jean-Joseph Marie Amiot，1718—1793）的《孔子傳》、《孔子弟子傳略》等，對「中國熱」更是加油添柴。這一切種種努力有效地搭建了對中國研究的平臺。在《利瑪竇箚記》之後，龍華民（Nicholas Longobardi，1559～1654）、艾儒略（Jules Aleni，1582～1649）、柏應理（Philippe Couplet，1623～1693）、閔明我（Domingo Navarrete,1618～1689）、馬若瑟（Joseph de Premare 1666～1736）、巴多明（Dominique Parrenin，1663～1741）等旅華傳教士與歐洲之間大量通信來往起到推波助瀾的效用。據統計，僅法國所編纂的此類通訊集就有34卷之多，其中有約10卷來自中國。[7]

---

[7]　見朱靜：《洋教士看中國朝廷》，賈植芳《序》第 2 頁。上海人民出版社，1995。

這些都給歐洲學者瞭解中國提供了依據，成為歐洲18世紀法國著名中國學專家杜赫德（Jean-Baptiste Du Halde，1674～1743）編寫《中華帝國志》的重要素材。基於這種文化傳播的背景，當時的歐洲頂尖級的學者，無論其對中國的看法如何，但都無法迴避中國這個話題，多多少少都要對中國和中國文化發表一些看法，從培根到萊布尼茨，從康德到歌德，無一例外——因為這是當時歐洲學術界的一種時尚。[8]18世紀，歐洲學者研究中國文化和哲學的著作不斷湧現，影響所至逐漸超過中國經典原著本身，直至今天，人們還能在梵蒂岡圖書館看到14種西人研究《易經》的著作。在17至18世紀的歐洲學者評介和研究中國哲學的著述中，影響最巨者當推柏應理的《中國哲學家孔子》一書，該書的中文標題是《西文四書解》，說是《四書》，獨缺《孟子》。值得注意的是該書的《導言》部分，它對中國哲學的儒、釋、道三家分別進行了評介，並附有《周易》六十四卦圖，介紹了宋代朱熹的理學和易學以及朱熹注的《五經大全》、《四書大全》和《性理大全》等書目以及「太極」、「理」等新儒學概念。1691年泰勒（Randal Taylor）以柏應理的《中國哲學家孔子》和法國人薩夫亥（Pierre Savouret）的《孔子的道德，中國的哲學》為藍本，改編為英文版的《中國哲學家孔子的道德》（The Morals of Confucius, a Chinese Philosopher），該英譯本後來被多次印刷，成為當時英語世界普通讀者瞭解孔子和中國哲學的主要資訊來源之一。

　　1711至1713年，義大利拿波里耶穌會神父馬國賢（Matteo Ripa，1682～1746）曾在康熙宮庭中擔任畫師。因禮儀之爭，清廷驅逐外國傳教士，1724年，馬國賢帶了四名中文教師回國，並奉教皇克勉十二世（Pope Clement VII）之命，在拿波里創辦中國學院（Collegio dei Cinesi）培養通曉中國語言及文化的義大利年輕傳教士，赴華傳教。此為歐洲大陸第一所研習漢學的學校，即今日的拿波里東方大學（Università degli studi di Napoli）。義大利漢學在17世紀後就一蹶不振，主要因為義大利直到1870年才完成統一，故影響了對中國的興趣。[9]19世紀末，在佛羅倫斯開設了第一個中文講座。義大利的漢學研究從第二次世界大戰後才真正開始復甦。1814年，法國法蘭西學院（Collège de France）設立漢文及滿文講座，雷慕

8　參見張允熠、陶武、張弛：〈論儒家思想與近代歐洲哲學〉，時代出版傳媒股份有限公司，2010年版。

9　圖莉安（Antonella Tulli）：《義大利漢學研究的現況》（The Current Situation of Sinological Research in Italy），天主教輔仁大學華裔學志漢學研究中心，2004年。第4-7頁。

沙（Jean-Pierre Abel-Rémusat，1788～1832）成為歐洲第一位漢學教授。沙皇俄國的第一所漢語學校則由俄國漢學家比丘林（Nikita Bichurin，1777～1853）於1837年在莫斯科創立。同時英國倫敦大學（University College, London）也聘請紀德（Rev. Samuel Kidd，1797～1843）擔任第一位中文教授。[10]德國的第一位漢學教授則是威廉·碩特（Wilhelm Schott，1807～1889），其著《中國文學述稿》（1854）是德國最早的一部研究中國文學史的著作。[11]在英國，理雅各（James Legge，1815～1897）於1841年開始著手翻譯中國經典，出版《中國經書（*The Chinese Classics*）》五卷一共八本包括《論語》、《大學》、《中庸》、《孟子》、《書經》、《詩經》及《春秋左傳》。1879～1891年又出版了《中國經典（The Sacred Books of China）》六卷包括《書經》、《詩經（與宗教有關的部分）》、《孝經》、《易經》、《禮記》、《道德經》、《莊子》等；他於1876年擔任牛津大學第一任漢學教授，長達21年。[12]在德國，加貝倫次（Hans Gorg on von dGablntz，1840-1893）於1878年擔任萊比錫大學（University of Lipzig）的遠東語言教授，也是德國第一位漢語教授，所撰《中國文言語法》（Chinsisch Grammatik，1881）至今仍受重視。曾於1925年擔任法蘭克福歌德大學中國研究所所長的衛禮賢（Richa Wilhlm，1873～1930）是位基督教傳教士，曾在青島傳教二十餘年，將中國經典《論語》、《道德經》、《列子》、《莊子》、《孟子》、《易經》等書譯成德文。[13]

　　由耶穌會士引入的中國思想文化對啟蒙運動有巨大影響，啟蒙學者依照對中國的態度分成「崇華派」和「恐華派」兩大陣營。前者包括伏爾泰、魁奈、萊布尼茲和沃爾夫等，後者包括赫爾德、孟德斯鳩、盧梭、孔多塞等人。18世紀下半葉，由占主導地位的崇華派轉向了恐華派。恐華派人士將中國看成停滯與專制社會的原型。德國哲學家赫爾德（Johann Gottfried Herder，1744～1803）在批判中國文明上起到了帶頭作用，竟將中國當作「缺乏生命力和變化能力的『防腐木乃伊』」。[14]康德屬於哪一陣營呢？人們的印象中似乎康德是「崇華派」，因為他說過：「孔子是中

---

[10] 姜祥林：〈儒學在國外的傳播與影響〉，齊魯書社，2004 年版。

[11] 參見《國學海外漢學》，北京國學時代公司。

[12] 參見 *Wikipedia, The Free Encyclopedia* 以及刁名芳：《國際漢學的推手》，天下遠見出版公司，臺北，2008 年，第 188 ～ 189 頁。

[13] 以上參見 Wikipedia, The Free Encyclopedia。

[14] Chunjie Zhang. 2008. "From Sinophilia to Sinophobia: China, History, and Recognition," *Colloquia Germanica*, 2 (2008). p. 97-110.

國的蘇格拉底。」[15]然而，根據康德整體思想來看，他恐怕還是屬於第二個陣營。

在16至18世紀，歐洲人對中國的印象「最典型的傳送方式就是透過在東方的教士之書信，托寄回在歐洲的教士。這些書信結集出版後，成為18世紀歐洲士人間大量流通的讀物。書志編纂學者對這些書信集散布的狀況加以研究（研究的項目包括：購書者系何人？收藏這些書信集的是哪家圖書館？哪些書商），結果顯示散布之廣相當可觀——從波蘭到西班牙都有所發現。……有關中國的知識已成為文化界的常識，……18世紀任何一名受教育的士人對中國文化的認識，會遠勝於今日一名受過一般教育的知識分子。……透過兩大學說之間的爭論而尤為突出。一派學說是基督教主張的啟示說；一派主張18世紀所謂的『自然道德律』或『理性』說，此說可溯其源古典希臘羅馬。這個爭論是西方本土固有，但這個本土爭論卻為吸收中國思想預先鋪設好路途。……儒家思想家象徵純粹哲學，不摻雜一絲神啟痕跡，正是人類反觀自省的探索而得的成果，西方很自然地以儒者為哲學家的模範。……直到18世紀中葉，一般都認為中國遠勝於歐洲，不論在科技或在經濟上皆然。或許實情亦復如此。」[16]

17至18世紀在西方逐漸興盛的漢學無疑對不少西方大哲與大思想家有著相當的影響。德國大哲萊布尼茲（Gottfried Wilhelm von Leibniz，1646～1716）對中國相當推崇，在其《致德雷蒙先生的信——論中國哲學》中提到：「中國是一個大國，它在版圖上不次於文明的歐洲，並且在人數上和國家的治理上遠勝於文明的歐洲。在中國，在某種意義上，有一個及其令人贊佩的道德，再加上有一個哲學學說，或者有一個自然神論，因其古老而受到尊敬。這種哲學學說或自然神論是自從約3000年以來建立的，並且富有權威，遠在希臘人的哲學很久很久以前；而希臘人的哲學卻是第一個，地球上的其餘地方還沒有什麼著作，當然我們的《聖經》除外。因此，我們哲學後來者，剛剛脫離野蠻狀態就想譴責一種古老的學說，理由只是因為這種學說似乎首先和我們普通的經院哲學概念不相符合，這真是狂妄之極！再說，除非用一場巨大的革命，人們似乎也摧毀不了這種學說。因此，如果能夠給它以一種正確的意義，那將是非常合理的。」[17]

15　參見何兆武、柳卸林主編的《中國印象—世界名人論中國文化》，廣西師範大學出版社，2001年版。第164頁。

16　艾德蒙・萊特斯：〈哲學家統治者〉，《中國哲學史研究》。1989年第1期。第91、92、96頁。

17　Leibniz, Gottfried Wilhelm. *Writings on China*. Ed. Daniel J.Cook and Henry Rose-mont. Chicago

他還說道：「我認為這是命運的一個奇妙安排，今天人類的生養和完善應該集中在我們亞歐大陸的兩個極端，即歐洲與中國……。也許是上天的安排，使最文明和最遙遠的兩種人民各向對方伸出了自己的手。這兩者之間的人們可能逐漸引向一個更美好的生活方式。」顯然，萊布尼茲將中國與歐洲視為具有同等的文明程度。「16世紀至18世紀中葉，萊布尼茲成了崇華派的最重要代表。在這段時期內，對於宗教、倫理、藝術以及科技等方面，中國在歐洲知識界扮演了中心的角色。」[18]法國漢學大師若阿基姆・布韋（Joachim Bouvt，漢名白晉，1662～1732）向萊布尼茨介紹了《周易》和八卦的系統，他們兩人一直是好朋友。在萊布尼茨眼中，陰與陽基本上就是他的二進位的中國翻版。[19]另一位德國大哲沃爾夫（Christian Wolff 1679～1754）也指出，早在17世紀前的幾百年間，西方世界就讚頌著「中國哲學」，此外他還探討了如何研究中國哲學的問題。

對「法蘭西思想之父」伏爾泰（Voltaire 1694～1778）而言，中國是改造歐洲的一個積極的參照系。伏爾泰很推崇中國儒家思想，並將中國的政治體制看作最完美的政治體制，因為中國的文官制度能讓下層階級人民得以晉升為統治階層。[20]他曾評價道，「那個聖人是孔夫子，他自視清高，是人類的立法者，絕不會欺騙人類。沒有任何立法者比孔夫子曾對世界宣布了更有用的真理。」[21]在伏爾泰看來，『中國人是最有理性的』，而中國人的『理』可稱為「自然之光」。為了推廣「中國精神」，伏爾泰根據元曲《趙氏孤兒》，寫出了劇本《中國孤兒》。法國大哲狄德羅（Denis Diderot，1713～1784）指出：「中國民族，其歷史的悠久、文化、藝術、智慧、政治、哲學的趣味，無不在所有民族之上」[22]他還特為《百科全書》撰寫了「中國哲學」（Philosophiedes Chinois）一節，不僅強調「中國哲學」的概念，並簡述了中國哲學史。另外一位法國大哲霍爾巴赫（Paul-Henri Thiry, baron d'Holbach，1723～1789）認為：「中國可算世界上所知唯一將政治的根本法與道德相結合的國家。而此歷史悠久的帝

and La Salle, Illinois: Open Court, 1994. P.78.

[18] Chunjie Zhang. 2008. "From Sinophilia to Sinophobia: China, History, and Recognition." *Colloquia Germanica* 2 (2008). p. 97-98.

[19] 杜築生：〈儒學與中華人文精神——歐洲儒學研究之現況〉，《國際儒學研究》第17輯 2011年。

[20] 參見何兆武、柳卸林主編的《中國印象—世界名人論中國文化》，廣西師範大學出版社，2001年版。

[21] 轉引自杜築生：〈儒學與中華人文精神——歐洲儒學研究之現況〉，《國際儒學研究》第17輯，2011。

[22] 轉引自朱謙之：《中國哲學對於歐洲的影響》第301頁。

國，無疑乎告訴支配者的人們，使知國家的繁榮須依靠道德……歐洲政府非學中國不可」。[23]事實上，當時所有翻譯工作都是由耶穌會會士用法文所做的，英國皇家學院也都是透過法國而認識中國。[24]康德對中國哲學以及儒家思想基本持否定態度，曾提及：「人們也崇敬孔夫子這個中國的蘇格拉底。」[25]有學者認為，他本來就對蘇格拉底並無推崇之意，在這裡其實是一種負面評價。[26]康德還批判說：「孔子在他的著述中只為王孫講授道德學說的內容……並且提供了許多先前中國王孫的例子……但是美德和道德的概念從未進入中國人的頭腦中。……他們的道德和哲學只不過是一些每個人自己也知道的、令人不快的日常規則的混合物……整個儒家道德是由一些與倫理相關的格言、諺語組成的，這些諺語、格言是令人難以忍受的，因為任何人都可以一口氣把它們背誦出來。」[27]康德對道家也提出嘲諷：神祕主義「寧可耽於幻想，而不是像一個感官世界的理智居民理所應當的那樣，把自己限制在這個感官世界的界限之內。因此，就出現老子關於至善的體系的那種怪誕。至善據說就在於無……中國的哲學家們在暗室裡閉著眼睛，努力思考和感受他們的那種無。因此，就出現了（西藏人和其他東方民族的）泛神論，以及後世從泛神論的形而上學昇華中產生的斯賓諾莎主義。」[28]此外，他還對中國的文化和民族性表示了某種厭惡。黑格爾讀過傳教士翻譯的朱熹的《通鑒綱目》，但對儒家持蔑視態度，說過：「為了保持孔子的名聲，假使他的書從來不曾有過翻譯，那倒是更好的事」。[29]他在《歷史哲學》中一方面對中國文化的懷疑和批判，另一方面也表現了對中國的推崇，甚至將其譽為「歐洲的樣板」，並主張「歷史必須從中華帝國說起，因為根據史書的記載，中國實在是最古老的國家。」[30]

不過在東西方思想對話中，由於各種背景原因，也不斷遭遇不少逆流。本來，經過利瑪竇等在華西方傳教士的不懈努力，1692年，即康熙三十一年，康熙下達一道容教令：「查得西洋人，仰慕聖化，由萬里航海

23　同上，第 274、275 頁。
24　魏思齊（Zbigniew Wesołowski, S.V.D.），《不列顛（英國）漢學研究的概況》，pp.3 ～ 7.
25　李秋零主編：《康德著作全集》，第 9 卷，北京，中國人民大學出版社，2010。第 381 頁。
26　趙敦華：〈論作為「中國之敵」的康德〉，中國人民大學學報，2010 年第 6 期，第 145 頁。
27　成中英、馮俊主編：《康德與中國哲學智慧》，北京，中國人民大學出版社，2009。第 58 ～ 59 頁。
28　李秋零主編：《康德著作全集》，第 8 卷，北京，中國人民大學出版社，2010。第 339 頁。
29　黑格爾：《哲學史講演錄》，第一卷，北京，商務印書館，1981 版。第 119 ～ 120 頁。
30　黑格爾：《歷史哲學》。上海：上海書局。1999 年版。第 122 ～ 123 頁。

而來。現今治理曆法，用兵之際，力造軍器、火炮，差往俄羅斯，誠心效力，克成其事，勞績甚多。各省居住西洋人，並無為惡亂行之處，又並非左道惑眾，異端生事。喇嘛、僧等寺廟，尚容人燒香行走。西洋人並無違法之事，反行禁止，似屬不宜。相應將各處天主堂俱照舊存留，凡進香供奉之人，仍許照常行走，不必禁止。俟命下之日，通行直隸各省可也。」[31] 但由於基督教本身的種種矛盾以及西班牙與葡萄牙的利益衝突，發生了「中國禮儀之爭」，也就是康熙與傳教士就儒家崇拜引發的一場大爭論。天主教教皇克勉十一世認為儒家的祭孔及祖先崇拜違反天主教教義，支持當時主要由西班牙背景的道明會，打壓主要由葡萄牙背景的耶穌會，結果引發清朝朝廷反制，嚴厲限制傳教士活動。1721年，即康熙六十年，康熙閱取教廷特使嘉樂的《自登基之日》禁約後，下旨曰：「覽此條約，只可說得西洋等小人如何言得中國之大理。況西洋等人無一通漢書者，說言議論，令人可笑者多。今見來臣條約，竟與和尚道士異端小教相同。彼此亂言者，莫過如此。以後不必西洋人在中國行教，禁止可也，免得多事。欽此。」[32] 儘管耶穌會教士企圖補救，設法附加了八條變通的辦法，但康熙皇帝不為所動，傳旨曰：「中國道理無窮，文義深奧，非爾等西洋人所可妄論。」[33] 康熙之後，雍正繼續下令禁教；乾隆朝代，傳教士仍受很高禮遇，但傳教仍屬非法；蕭規曹隨的嘉慶、道光兩朝也始終奉行禁教政策。當然，西方列強通過鴉片戰爭還是打破了這種禁教狀況。不過，直到1939年，羅馬教廷才撤銷禁止中國教徒祭祖的禁令，儘管其並不承認當時的這個禁令是錯誤的。教宗庇護十二世頒布「眾所皆知」（*Plane compertum est*）通諭：「允許教徒參加祭孔儀式；可以在教會學校中放置孔子之肖像或牌位，並容許鞠躬致敬；如果教徒必須出席帶有迷信色彩的公共儀式時，必須抱持消極的態度；在死者或其遺像、牌位之前鞠躬，是被允許且是適當的。」這場禮儀之爭的一個後果是，就連當時不少不明究底的西方大哲和思想家也對中國產生了負面的印象，如康德、黑格爾、尼采等。

在17至18世紀，從整體上歐洲人對中國持正面看法，因為他們看到了中國長處。其中最重要的是中國對「自然法」或「自然秩序」的堅持。同樣，西方人認為中國的問題和缺陷與其成就相比是無足輕重的。然而，到了18至19世紀，歐洲的態度經歷了一個幾乎完全的逆轉。中國被普遍描繪

---

[31] 見黃伯祿編，《正教奉褒》，第116～117頁。
[32] 北平故宮博物院編：《康熙與羅馬使節關係文書影印本》，1932年，第41～42頁。
[33] 楊森富《中國基督教史》，第140頁，臺灣商務印書館，1978年。

為一個落後，停滯的國家。到18世紀結束，中國在一個以歐洲為中心世界觀的框架下被加以闡述。正當歐洲人試圖瞭解擴展了的世界及其自身的位置，中國——中央之國作為一個相對陌生的先進文明，在啟蒙思想中佔有一個獨特的地位。在近代早期，歐洲的中國觀已被廣泛研究。當占主導地位的範式分析經歷了一個從崇華心態轉為恐華心態轉變時，對這種轉變的範圍，性質和時機的看法分歧表明，剛性並置（the rigid juxtaposition）可能並不總是有用的。為了突出18世紀歐洲思想中有關中國構建這一特定論題的重要性，有西方學者專門考察了中國的政府制度。對中國先進文明中中國政府的討論興趣可與啟蒙綱領中對文明和進步意義的界定、解釋和反思聯繫起來。人們發現了一個令人驚訝的共識，即崇華心態與恐華心態的傳統並置。此外，18世紀的歐洲觀察者也無法設想中國優勢；相反，在他們觀念裡具有一定程度的文明相對主義，並將中國視為有益的借鑒。這種做法同樣讓我們考慮啟蒙思想家沒有尋求答案的那些問題，並為這種遺漏的找出原因。中國作為一個有用的模型被拋棄了，因為在許多方面它被認為是無法成為歐洲啟蒙運動普遍模式的一個特例。[34]

　　順便提及，在東西方思想的對話中，曾對古代中國有無哲學發生了激烈的爭論，這涉及到對哲學這一概念的主觀界定，甚至或許只是一個偽論題。本書著者不打算在這裡深入討論。但無論如何，目前至少沒有太大爭論的是，中國古代有「思想」。[35]

　　英國大科學史家李約瑟（Joseph Terence Montgomery Needham，1900～1995）曾感歎：「當余發現18世紀西洋思潮多系源於中國之事實，余極感欣慰，彼18世紀西洋思潮潛流滋長，因為推動西方進步思想之根據⋯⋯吾人皆知彼啟蒙時期之哲學家，為法國大革命及其後諸種運動導其

---

[34] Millar, Ashley E. 2010. "Revisiting the sinophilia/sinophobia dichotomy in the European enlightenment through Adam Smith's 'duties of government." Asian Journal of Social Science, 38 (5). pp. 716-737.

[35] 中國學者苗潤田有以下闡述：說到「中國無哲學論」，我們馬上會想到黑格爾、文德爾班、德里達之屬。其實，早在他們之前某些西方學者就持有這種思想偏見。就可見的文獻資料看，從利瑪竇開始，一些西方學者就認為「中國哲學」是一種「道德哲學」而不是「思辨哲學」。康德（1724~1804）也說，孔子雖然是「中國的蘇格拉底」，但他並非哲學家，在整個東方根本沒有哲學。黑格爾重述他們的觀點，認為哲學的起點是思想的自由，只有當人類超脫了自然階段而達到思想自由時才產生了哲學。但是，能稱之為「哲學」的只有希臘哲學和日爾曼哲學。後來的文德爾班繼續其思路，將「東方精神」視為束縛個人創造性的同義語。直到今天，法國哲學家德里達到中國訪問，仍說「中國沒有哲學，只有思想」，並修正說這絲毫沒有文化霸權主義的意味，哲學與思想之間也沒有高低之分，因為西方的哲學是一個特定時間和環境的產物，它的源頭是希臘。（苗潤田：〈中國有哲學嗎—西方學者的「中國哲學」觀〉，《中國思想史研究通訊》第一輯），2007 年。

先河者，固皆深有感於孔子之學說，而曾三復致意焉」。[36]瑞典學者漢內斯·阿爾夫（Hannes Alfvén，1908～1995）宣稱：「如果人類要在21世紀生存下去，必須回頭二千五百年，去吸取孔子的智慧」。[37]湯瑪斯·福斯（Thomas Fuchs）如此評述道：

> 在海外宣教神學「頌華」姿態的激勵下，1650年之前歐洲已經出版了大量有關中國文化及社會的作品。這些作品參與了啟蒙運動關於宗教、政治以及國內社會事務的討論。告解時期（confessional period，即「三十年戰爭」）的殘酷暴行所留下的創傷使歐洲人將中國設想成一個比自己無限好的世界。……對中國文化的讚賞在最初就產生了一種特定的評價標準，中國文化被解釋得博大精深。在18世紀反對教權的討論中，這種解釋的意義就很有轟動性了。……這種觀點——同歐洲相比，中國雖然在科學技術上的發展上滯後，但他們卻有更發達的倫理——是對中國進行評價的決定性因素之一。……在啟蒙運動早期，自然法問題對於如何評價中國是至關重要的。中國這一實例則似乎就是自然法觀念之普遍性的一種情形。這樣，某種「頌華」的法律理論就與某種「頌華」的政治理論結合起來，它以中國的倫理和政治為標準來衡量歐洲的國家制度。顯然，中國當時擁有18世紀的歐洲知識分朝思暮想的東西：一個強大且按理性標準行事的中央政府。[38]

歐洲漢學研究到了20世紀，世俗的研究者就逐漸取代了神職人員的地位。儘管不算漢學家，但羅素就是在20世紀20年代成為了一位中國問題的熱情研究者。

第一次世界大戰爆發後，羅素的一些最好的朋友，包括懷特海夫婦都成了好戰分子。使他最難過的是，近百分之九十的人竟享受殘酷的屠殺感，這使自己修正了從前對人性的正面評判。過去他以為，知識分子是熱愛真理的，但眼下發現這樣的人不到百分之十。他歎道：「作為一個熱愛真理的人，所有交戰方的民族主義宣傳都讓我噁心；作為一個熱愛文明的

---

[36] 轉引自朱謙之：《中國哲學對於歐洲的影響》第301頁。

[37] 轉引自《走向世界》雜誌1989年第5期第18頁。

[38] 湯瑪斯·福斯：《歐洲人眼中的中國：從萊布尼茲到康德》，載成中英與馮俊主編《康德與中國哲學智慧》2009年卷第1輯，中國人民大學出版社，第42頁～43頁。

人，向野蠻主義回歸令我驚恐；作為一個受過父母情感挫折的人，對年輕人的血腥屠殺撕扯我的心房。」[39]對羅素而言，當務之急是尋求一條和平主義的道路來化解人類的危機，而也許東方文明的方式可以有所幫助。

就在這一時期，譯過《論語》、《道德經》和唐詩的漢學家亞瑟・韋利（Arthur Waley，1889～1966）寄給羅素一首白居易的七言絕句〈紅鸚鵡〉：「安南遠進紅鸚鵡，色似桃花語似人。文章辨慧皆如此，籠檻何年出得身？」也許這也是羅素與後來與中國不解之緣的一個「暗結」。韋利曾是羅素在劍橋大學時的同學。他的第一本書於1916年出版，並分發給了自己的50位朋友，其中包括羅素。[40]1917年，韋利出版《中國詩歌170首（*A Hundred and Seventy Chinese Poems*）》；1919年，他又出版了《更多中文譯文（*More Translations from the Chinese*）》一書。當然羅素也曾先睹為快。有學者曾詳細地討論了中國與羅素等之間的聯繫，而認為這些都是確立韋利地位的關鍵。[41]後來羅素曾對韋利所譯白居易的另一首詩借題發揮說道：「儘管中國發生很多戰爭，但中國人本初的觀點是和平的。我不知道會有任何其他國家會在一首詩中，就像亞瑟・韋利先生所譯的白居易的〈新豐折臂翁〉那樣，將一位為逃避軍事服役而自殘的人當成英雄。」[42]

1919年，羅素專為著名漢學家維爾納（E.T.C. Werner, 1864～1954）[43]的《中國人的中國（*China of the Chinese*）》一書撰寫了書評〈一個英國人的中國〉。他寫到：一個對中國藝術和文學熱愛，但從未到過中國的人，不可能對這個國家的人民形成正確的看法。在世界上，中國是一個自古就保持自己傳統的國家。根據維爾納先生的觀點，中國可靠的歷史大約開始於西元前2353年。就像文藝復興前亞里斯多德在歐洲一樣，「孔子在中國，對保守主義、傳統主義和權威主義有著至高無上的影響。」羅

---

[39] 羅素：《羅素自傳》第二卷（*The Autobiography of Bertrand Russell*, George Allen and Unwin LTD, 1967, 1968, 1969），英文版第7頁。

[40] Sin-Wai Chan, David E. Pollard. 2001. *An Encyclopaedia of Translation: Chinese-English, English-Chinese*, Hong Kong: Chinese University Press, p421.

[41] Laurence, Patricia. 2003. Lily Briscoe's Chinese Eyes: Bloomsbury, Modernism, and China. Columbia, South Carolina: University of South Carolina Press.

[42] Bertrand Russell: The Basic Writings of Bertrand Russell: 1903-1959, p553.

[43] 維爾納（E.T.C. Werner，1864～1954）曾是英國駐滿清政府的外交官兼漢學家。他於1880年代作為一名學生譯員到達北京，並在那裡一直居住到1914年。他的主要著作有：*China of the Chinese*(1919); *Myths & Legends of China*(1922); *Dictionary of Chinese Mythology*(1932); *Weapons of China*(1932)。

素在談到儒家及其經典後，又提到了道家的老莊。他指出：維爾納先生的書對中國的民眾和社會生活進行了膾炙人口的描述，不僅對其人格，而且也對其制度、習俗以及興衰做了考察。「可以感受到，這本書告知讀者，真相與印象是錯綜複雜而又充滿矛盾的，就如真理往往並非簡單地來自某一中心的理念。」他接著認為：數千年來，在中國文學的知識與詩詞的寫作可以成為獲取權力的進身之階。然而這種成功並不意味能理智而有效地執掌權力，而來自外來的壓力卻可造就政府的有效性。羅素在列舉了中國傳統社會的一些長處與弊端後，頗帶詩意地議論了一下中國傳統所追求的「美（beauty）」。他最後總結道：「當前中國發生的情況，僅是自從工業革命以來文明世界所一直發生的一個案例。在一個相互爭鬥的世界中，『美』是柔弱不堪的，它必將每況愈下。對此有可能發現補救的方式，但人們必須首先有意願去做。」對此，羅素用一句問話結束了他的評論：「在那些文明的國家裡，尋求美的強烈願望何在？」[44]從這篇書評可以看出，羅素對儒家道家為代表的中華文化以及對當時中國的時局及發展道路，已初步形成了一定的真知灼見，儘管還不算成熟。

羅素對戰爭的根源以及人類好戰的原因不斷作了多方面的探索和考察。在《自由人的崇拜》（1903）中，他談到了在對抗黑暗勢力中產生美好的生活。在《人類為何戰鬥》中，他揭示戰爭的心理根源，即人類的全部活動包括戰爭都來自衝動和欲求，而所謂衝動又可分為侵略衝動（包括抗禦侵略的衝動）與佔有衝動兩類。在《自由之路》（1917）中，他指出，權力的集中能夠引發戰爭，反過來，後者也可引起前者；並探索了資本主義和社會主義兩種制度都能促發戰爭的動因。在《政治理想》（1917）中，他揭露專制國家獨裁者的反人類行為，倡議建立「國際議會」，而用和平和外交手段保障正義，解決爭端；鼓吹組織「三權分立」的世界政府以及國際軍事力量或「國際員警力量」來制止國際暴力和衝突。

戰爭期間，俄國爆發了十月革命，當時的羅素對此還感到歡欣鼓舞，也為這點被加了某種罪名。1920年，羅素到西班牙講學後，有機會隨一個工人代表團訪問了革命後的俄國。羅素說道：「第一次世界大戰使我產生了一種新的興趣。我非常關心戰爭以及如何阻止未來戰爭的問題，這方面的著作使我成了為廣大公眾所熟知的人物。在戰時，我覺得應該把和平的

---

[44] Bertrand Russell. 1919. "An Englishman's China," Review of E. T. C. Werner, *China of the Chinese*, *The Athenaeum* no. 4,658(Aug 8 1919), pp715-6; *Uncertain Paths to Freedom: Russia and China, 1919~22*, Routledge, 2000, pp70-73.

願望化成一種有理智的決心，一次避免未來的大戰。然而，凡爾賽和約打破了我的幻想。我的許多朋友把希望寄託於蘇聯，但我1920年訪問那裡時，並沒有什麼事物是值得稱道和喜愛的」[45]他在那裡見到了比自己年長兩歲的列寧，但對其很失望；這位領袖「資質智慧有限」、「堅持偏狹的馬克思主義正統」、「有某種殘暴人格」等等。

羅素稱自己去俄國的之前，有共產黨人的信念；但一旦同貨真價實的共產黨人謀面後，卻對共產主義產生了懷疑。羅素對這個紅色的國度看法十分負面，在那裡度過的時間就像一場惡夢；恐懼隨著每一天的到來而日益加劇；一切有價值的東西都為了取媚於某種淺薄而狹隘的哲學而遭到毀滅。他認為，儘管眼下俄國高級領導人大多數是真誠的共產黨人，也許會為這個主義獻身，但那些投機者總有一天會為私利濫權。後來，羅素在《布爾什維克的實踐和理論》詳述了自己對俄國的觀感和分析。他對這個國家作了這樣的預見：社會形成新貴勢力，以致建立一個無所不包，滲透一切，而比壟斷資產階級政權更不合理的政權。此時的羅素，沒想到華夏那條開始驚醒的睡龍，竟向他張開了熱情的歡迎。

二、熱情的「崇華派」：大哲難忘的中國之戀

當羅素離開俄國之後，卻發現後來成為他第二任妻子的朵拉也跑到俄國去了，並且與他正好相反，她對俄國充滿了好感。此時，羅素接到中國講學會的邀請信，到那裡講學一年，他提出必須同時邀請朵拉同行，否則就不去了，結果中方答應。他就設法通知朵拉，結果她終於趕回；5天後，他們就一起動身前往中國，於1020年10月8日到達上海。在船上，羅素曾擔憂過英國特工有所行動；這是因反戰的「罪行」，英國當局怕他「公開發表同情布爾什維克的言論，並流露出反英情緒」。英國領事館的人早已盯梢他了，並與英國外交部、國防部去電商議，幾乎要把他押送回國。還有一個小插曲：由於溝通的問題，羅素發現到達上海港時，竟沒有主人來接，以為是中國人開了一個國際玩笑，事後才知道是一個「烏龍」。後來，總算主人得知有誤，急忙趕來迎接貴賓。

第二天，江蘇教育總會、中華職業教育社、新教育共進社、中國公學、時事新報、申報、基督教救國會等團體在大東旅社召開歡迎晚會，超

---

[45] 羅素：〈我的思想發展〉，丁子江譯，載《哲學譯叢》，1981 年第 5 期，原載 P. Schilpp(ed). *The Philosophy of Bertrand Russell*, Northwestern University Press, 1944, pp. 3-20。

過百位的各界人士蒞臨。羅素發表即興演講，在談了訪華初感後，便希望中國能開拓新路，不要不分好壞抄襲別國，並要警惕西方近代商賈主義，並認為在進行中國社會改造時，教育為先。羅素在〈對中國的第一印象〉一文中，談到自己被中國人的殷勤接待印象深刻，「熱烈的歡迎令我驚訝與感動，到處都是深情厚意。人們很自然希望我能幫助他們解決中國的問題，而我卻被那些問題的複雜性與困難性所困惑。對一個不懂中文的新來乍到者，根本不可能瞭解這些問題。只要這種情況存在，我就無法擺脫表面性與無知性。」[46]羅素後來還回憶到：「……我應邀訪問了中國，並在那裡逗留了近一年時間。我熱愛中國人民，但顯而易見，他們對軍國主義的反抗必定導致摧毀自身文明中很多有價值的東西。除了被征服或者接受敵方許多邪惡的東西之外，他們似乎沒有其他的選擇。但中國也教會了我一件事（東方傾向於把這一點教給那些懷有強烈同情感研究東方的歐洲人），即不要在眼前的逆境中產生絕望的念頭，而要用長遠的眼光觀察問題。二十年來陰雲日益籠罩著這個世界，就是這種習慣才使我感到這個世界稍可容忍。」[47]

據《申報》、《時事新報》等載，羅素於10月14日遊覽上海華界，「不願注意租界內情形，往滬南閘北，途中所見事事物物一一詢問，而于苦力工人生活，注意特甚，屢令停車，步行觀察」。《申報》記者在對羅素採訪後，寫道：「盎然有學者風，一手持煙斗，坐安樂椅上，與記者談話」，「煙斗之煙，縷縷而上，羅素博士之思潮，亦如湧而至，所發之議論，均細微靜切，為常人所未曾道所不敢道」。「談話時，博士還隨時與記者以煙茶，殷勤和藹，毫無種族之見、階級之分，則博士之言行，均含大同之精義，固非常人所能及也」。不過，由於羅素下船伊始，不明究裡，故對中華傳統文化溢美有加，如提到「中國固有之文明，如文學美術皆有可觀，且有整理保存之必要。」[48]這就迎合了一些守舊人士的心態，故周作人一針見血地指出：「羅素第一場演說是勸中國人要保重國粹，這必然很為中國人上自遺老下至學生所歡迎的。羅素這番話，或者是主客交際上必要的酬答也未可知。羅素初到中國，所以不大明白中國的內情，我希望他不久就會知道，中國的壞處多於好處，中國人有自大的性質，是稱讚

---

[46] Bertrand Russell. Uncertain Paths to Freedom: Russia and China, 1919-22, Routledge, 2000, p250.

[47] 羅素：〈我的思想發展〉，丁子江譯，載《哲學譯叢》，1981 年第 5 期，原載 P. Schilpp(ed). *The Philosophy of Bertrand Russell*, Northwestern University Press, 1944,pp. 3-20。

[48] 〈滬七團體歡迎羅素記〉，《晨報》，1920 年 10 月 16 日。

不得的。」[49]

羅素在上海發表了三次講演，即1920年10月13日，應江蘇教育會、中國公學、《時事新報》等團體的邀請在上海大東旅社發表「中國應保存固有之國粹」的演講；10月14日，在上海的中國公學發表題為「社會改造原理」的演講以及10月16日，在上海中華職業教育社等三團體的會上，發表了題為「教育之效能」的演講。接著，他訪問了杭州，做了講演。羅素在南京大學作了「關於哲學」的講演，倡導以邏輯推理與科學方法求知，在南京另外還講了「愛因斯坦引力說」，居然來了七百多人聽講。羅素在訪問漢口後到達長沙。1920年10月26日，羅素在長沙發表題為「布爾什維克與世界政治」的演講。羅素於1920年10月31日到達北京。1920年11月7日，羅素在北大發表「哲學問題」；在此之後，他一連發表了「心之分析」、「物之分析」、「社會結構學」以及「數理邏輯」的系列講演，號稱「羅素五大講演」。11月9日，在北京講學社的歡迎會上，發表有關中西方文化比較的演講。同月，羅素在北京女師大發表「布爾什維克之思想」的演講；12月10日，在中國社會政治學會，發表「未開發國的工業」；這一期間，在北京師大，發表「物質是什麼？」的演講。此外羅素還發表過「宗教的要素及其價值」、「教育問題」等演講。當時知識界成立了羅素學說研究會，當年12月14日，21日以及28日，羅素參與了「真理的客觀性」和「共產主義何以不能實現於現在的中國」的討論。1921年7月6日，在教育部會場舉行歡送大會上，發表題為「中國的到自由之路」最後演講。

順便提及，1921年3月14日，羅素在河北保定的育德中學演講時受到風寒，感染了肺炎。他在一家德國醫院治療多日，3月26日瀕於死亡。同在北京的杜威還為他擬好了遺囑草稿。羅素掙扎著簽了字。消息傳回英國國內，倫敦報紙曾報導羅素已病逝。他在給波蘭公爵的妹妹——即情人奧托琳（Ottoline Morrell，1873～1938）的信中這樣悲蒼地寫到：當望著窗外的太陽時「我不知道明天是否還能看到他！」[50]但在4月17日，羅素竟奇跡般地好起來了。此時，勃拉克已經有了身孕，羅素決定回國。在羅素垂死時，有人建議將其葬西湖邊上，並蓋座廟供後人朝拜。羅素聽聞後，以其慣有的英式口吻說，中國人要像供神那樣供我，而我又是個無神論者，

---

[49] 周作人：〈羅素與國粹〉，沈益洪：《羅素談中國》，浙江文藝出版社，2001年版，第367頁。

[50] Ray Monk: *Bertrand Russell: The Spirit of Solitude*, 1872-1921, Volume 1, The Free Press, p603.

這可如何是好？一家日本報刊報導了他已去世的消息，並始終不願更正這個消息。總體來說，羅素對日本的印象和看法都不很好。羅素回國取道日本，那家報社又來採訪，他便吩咐給每個記者一張印字條，寫著：「羅素先生已死，無法接受採訪。」

從1920年10月8日抵達中國到1921年7月11日離開中國，羅素的訪華約9個月之久。這位西方大哲發表上述演講時，「中國正處於十字路口上，而且內部張力和外部拉力都前所未有，中國知識界在中國應該選擇何種政治模式、經濟模式和文化模式這些大是大非問題上深深地陷入了分裂。」[51]

羅素在告別演講中感歎：「歐洲文化的壞處，已經被歐洲大戰顯示得明明白白……所以決計不是一味效法西方，中國人才能為他的國家或世界謀幸福。」他尤其對於中國人民復興民族與文化，寄予厚望：「不特中國，即是世界的再興，也要依靠你們的成功。」[52]

《羅素與中國》一書的作者馮崇義曾評述說：

> ……羅素不是「東方不敗」，到了東方便不盡如人意。他1920年10月12日到1921年7月11日的中國之行，是一次乘興而來敗興而歸的酸楚經歷。他乘興而來，因為他從第一次世界大戰的野蠻廝殺中對「西方文明」感到絕望，以政府嘉賓的身分對蘇俄一個多月的實地考察，也使他感到困惑，他因而熱望能夠從中國這個東方文明古國中學到拯救「西方文明」的某種智慧。他敗興而歸，情由頗為複雜。這絕不是因為他行非其時。恰恰相反，他應邀到中國講學的「五四時期」，既被稱為中國的「文藝復興」，也被稱為中國的「啟蒙運動」。在這黃金般的「五四時期」，古今中外各種思潮相互激蕩、奔騰咆哮；社會的思想觀念像風馳電掣般突飛猛進、一日千里；人們以極為開放的心靈像海納百川一樣吮吸新知。羅素的酸楚也不是因為東道主對他的行程安排不周。發函邀請羅素來華講學的是尚志學會、新學會、北京大學、中國公學四個團體，後由1920年9月專門成立的「講學社」具體安排，主事的是梁啟超、蔡元培、蔣夢麟等學界泰斗。羅素曾遊歷上海、杭州、南京、長沙等地併發表演說，但主要的講學活動則安排在位居全國之冠的文化中心

51　馮崇義：《羅素與中國——西方思想在中國的一次經歷》，北京：三聯書店，第163頁。
52　羅素：〈中國到自由之路〉，《羅素在華講演集》，第301頁。

北京大學。在北京大學講的是《哲學問題》、《心的分析》、《物的分析》、《社會結構學》和《數學邏輯》五個系列講座。在上海等地公共演講的題目則包括《社會改造原理》、《教育之效用》、《愛因斯坦引力新說》、《布爾什維克與世界政治》和《中國到自由之路》（臨別贈言）等。羅素得到的是當時中國最頂尖的聽眾，而且無論他的公開演講還是專題講學，都在當時中國的報刊上廣為宣傳。東道主給他的待遇也相當優厚，負責他的所有旅差費、給他配了專門翻譯（趙元任）、給他的酬金使他在北大講學期間能夠租住一所寬敞的四合院並雇用專門的廚師、車夫和家僮……。[53]

那麼到底他的酸楚是什麼原因呢？馮崇義的結論是：「……羅素的酸楚主要是因為知音難尋及方方面面對他的誤解。羅素在他自己的國家是被政府視為激進的危險人物來打壓的，旅華期間則一直被新知識界部分人士作為保守人物來攻擊。而且，當最初的新鮮和興奮過去之後，羅素本人也很快喪失了原來的激情。他在給幾位友人的信中一再抱怨北京氣候的惡劣、抱怨人文環境的冷酷、抱怨他的中國聽眾沒有足夠的知識積累來與他進行高層次的交流以砥礪學問……。」

不過酸楚歸酸楚，也許訪華的成果不盡人意。從中國回去以後，羅素還是對這個古老的國度及其文化產生了終生的情感與關注。他於1922年出版的《中國問題》一書，引起極大的反響。這是「其第一部歷史研究的著作，也是其訪華的豐富成果」。[54]徐志摩稱：「羅素這本書，在中西文化交融的過程中，確實地新立了一塊界石。」[55]英國歷史學家兼中國研究權威費茲格拉爾德（C. P. Fitzgerald）曾評價說：從任何標準來看，《中國問題》是一部值得稱道的著作，這本書充滿著「敏銳的洞見」。[56]在《中國問題》中，羅素就曾一針見血地指出：一旦兩派軍隊開戰，而其中一方即將獲得完勝時，日本人就會出面扶持快要失敗的另一方，以此讓中國內亂延續不斷。1927年5月3日，當北伐軍節節勝利時，日本人就製造了震驚中外「濟南慘案」，屠殺了中國軍民6000多人。這個歷史悲劇驗證了羅素的

53　馮崇義：〈羅素中國之行的歷史反思〉，2009 年 12 月 15 日，鳳凰網。
54　John Slater. 2009." Introduction," *The Basic Writings of Bertrand Russell*, Routledge, pix.
55　徐志摩：〈羅素與中國──讀羅素著《中國問題》〉，載沈益洪：《羅素談中國》，杭州：浙江文藝出版社，2001 年版，第 388 頁。
56　See Alan Wood: *Bertrand Russell, the Passionate Sceptic*. Routledge, 1969, p. 13.

先見之明。此外他還發表了大量與中國有關的文章與評論。

　　羅素曾回憶道，他訪華回英以後，英國政府準備解決庚子賠款的問題，當時美國早已明智地決定放棄這筆錢，英國卻不願這樣做，而採取某種折中變相的方式繼續索款。所謂「庚子賠款」，是「八國聯軍」向清政府索取的「戰爭損失費」。1900年是庚子年，「八國聯軍」以鎮壓義和團為由攻佔北京後，於1901年與清政府訂立《辛丑合約》，要求賠償白銀4億5千萬兩（按當時中國的人頭算，每人一兩），年息4厘，分39年付清，每年從關稅、鹽稅中扣除，按一定比例分付各國。1908年，占賠款總數7.31%的美國，為緩和與中國的矛盾，恢復擴大遠東貿易市場，決定用賠款設立留美預備學校（清華大學前身），逐年輸送中國學生到美國留學。占賠款總數11.24%的英國在14年後，即1922年12月才宣布：「以後中國應付逐期庚款預備悉數退回。」此時，滿清皇朝早已垮臺了11年。然而在華的英國教會和英國商人卻提出退款應用於英國在華所辦的教育和醫學事業。為此，中英雙方爭執不休。1924年1月，對華態度比較溫和的首相麥克唐納決定成立一個專門委員會管理庚款，特邀羅素作為該會的教育委員。相當興奮的羅素便推薦了丁文江和胡適為中方成員，並立即提交了《備忘錄》，批駁在華英國教會和商人的建議，強調將庚款應全數用於中國教育的五點理由：「一、此乃最有益於中國之用途；二、別種用途不能贏得中國人心；三、英國之利益在贏得中國人心之基礎上方能有所保障；四，美國早就將庚款移用於中國教育，英國若採用別種用途，過於相形見絀；五、主張採用別種用途之論據皆出於腐敗之動機，即通過政府之權力謀取私人之利益。」[57]

　　對於羅素的義舉，蔡元培寫給羅素的感謝信中說：「工黨執政後，您曾經就庚款問題致函首相，這使我寄希望於您這位中國的偉大友人致力於借教育挽救處於危難中的古老文明。」在英國國內為庚款用途激烈爭論之際，旅英的北大師生組織了留英學生退款興學會，並與在巴黎考察的老校長蔡元培聯繫。與此同時，國內教育改進社等機構也敦促北洋政府授權蔡元培為特命代表，與英國交涉。1924年3月27日，蔡元培抵達英國，並在3月30日由留英學生退款興學會及留英工商學共進會組織的歡迎會上疾呼：「庚子賠款問題，其為特別性質而關係全國」，「此番由法國來英，本專為庚子賠款一事」。蔡元培立即進行了各種外交活動，接觸媒體，

57　參見單濱新：〈蔡元培與羅素〉，《文史天地》2012 年第 06 期。

拜訪社會名流。1924年4月4日下午，蔡元培試圖拜訪羅素，但因其仍在美國講學，出面接待他的是曾與羅素一起訪華，後成為第二任夫人的布萊克。4月14日，蔡元培在布萊克的陪同下會晤英國外交部東方司司長瓦特羅勒，力陳庚款應用於中國教育事業，後者表示將參考這個建議。蔡元培曾說道：「經（羅素）夫人介紹，我會見了一些令人尊敬的英國朋友，他們的親切會晤使我甚為感動。我相信，如果沒有這種熱情幫助，我很難瞭解到英國官方人士、學界權威和眾議員對庚子賠款問題的意見。我利用這次機會，同他們就這個問題進行了初步的、但卻是十分認真的討論。」4月15日，到達比利時布魯塞爾的蔡元培草擬一份《處理退還英庚款的備忘錄》，分別呈交英國國會以及外交部。這份《備忘錄》要點是：一、此款主要部分用來建立一所大型的科學館；二、一部分用於資助某些著名大學建立或擴展科技系、科；三、一部分配給某些國立大學用以購置研究英國科學、藝術、文學的設備（包括聘教授、購圖書、設獎學金）；四、一部分設立基金，用作派遣我國大學教師、畢業生赴英學習費用；五、一部分用作邀請英國學者來華研究中國文哲等學科費用；六、一部分用於購回陳列于大英博物館的中國藝術品；七、一部分用於英中兩國互派教授，進行學術交流。[58]

1924年7月15日，蔡元培致信羅素說道：「在工黨政府還沒有贊同我們的觀點之前，您就採取行之有效的辦法來促使他們理解。英國政府在一項提交議會的議案中，決定將賠款基金給予我國教育事業，這一對英中關係的明智措施正是您倡導的結果。目前，還需要通過相互瞭解來推進這項政策。……希望能獲得您全力支持，並允許中國人民將您視為自始至終真誠關心這一教育運動的第一人，此運動在中國各方面發展中無疑會取得成功。」他還將《備忘錄》的抄本寄給羅素。經羅素積極努力在英國各界開展活動，1926年年初，英國國會終於通過退還中國庚子賠款議案，並規定用之于教育文化事業。1933年開始公開招考第一批庚款留英學生。[59]

在北伐戰爭期間，1926年9月，英國軍艦悍然炮轟四川萬縣，屠殺中國軍民近幹人，這就是震驚世界的「萬縣慘案」；對此，羅素萬分憤慨，發表《中國的白禍》等文章加以聲討。

1928年，在《懷疑論集》一書中，羅素專門將其中第8章題为「東西

---

[58]　同上。

[59]　同上。

方的快樂觀」，主要闡述了中國有關快樂的觀念，在結尾寫道：「中國的體制有一個嚴重的缺陷，就是說，它缺乏能力讓自己抵禦好戰的國家。如果都像中國，整個世界都可以是快樂的。只要其他國家好戰，而野心勃勃，那麼中國要維護自己的民族獨立，也就不能再隔絕，而將被迫在一定程度上複製我們西方的惡習。」[60]這說明，根據以往列強的侵華史，羅素已預見到了日本軍國主義勢力日益逼近的危險。日本在甲午戰爭崛起，接著加入八國聯軍攻戰北京，隨後又在東北發動日俄戰爭。這一連串的行動使之變本加厲以達到完全霸佔中國的野心。

羅素不斷地發表文章或演說，為中國的重建出謀劃策。羅素堅決反對日本、英國及歐美各大國對中國侵略與壓迫的政策，尤其是在1931年「五卅運動」發生後，他揭露真相，抨擊英國媒體混淆是非的伎倆，指出這場運動乃是中華民族謀求獨立的運動，而非排外活動，從而給予中國人民反列強鬥爭以很大的精神支持。1936年11月22日，以沈君儒為首的著名七君子遭蔣介石逮捕後，羅素與愛因斯坦、杜威、羅曼・羅蘭等紛紛發電給蔣介石、孔祥熙、馮玉祥，要求釋放這些人士。七七事變後，1937年8月，羅素同杜威等人連署公開信，嚴厲譴責日本的侵略罪行。1937年12月13日，南京淪陷的當日，即「南京大屠殺」的同一天，羅素又聯合杜威、愛因斯坦、羅曼・羅蘭等國際知名人士共同發布《我們對於日本侵略中國的態度》的宣言，譴責並呼籲國際社會制裁日本軍國主義。這一期間，羅素格外關注中國的時局，包括各種報導，甚至小說。1938年，羅素在讀完英籍華人作家韓素音的首部小說《目的地：重慶》（Destination Chungking）說到：「這是一本極有價值和信息量的書。花一小時閱讀她的小說所獲得對中國的認識，比在那兒住上幾年還要多」。[61]

1946年，羅素在《損害人類的觀念》一文中指出：種族傲慢比國家傲慢更有害。他提到在中國時，感到自己有幸遇到的那些有教養的中國人比任何其他人更文明；而許多粗鄙無知的白人僅因為黃種膚色而看不起優秀的中國人。總體來說，在這方面，英國人比美國人更應受到譴責，但也有例外。他還講了一個故事：有一次，自己同一位受到過東西方良好教育的中國友人去租車；而車店店主是一個很壞的人，竟然視這位中國友人為糞土，輕蔑地稱他為日本人，「這種無知加惡意的態度使我怒火

---

[60] Bertrand Russell. 1928. *Sceptical Essays*, Routledge, p79.

[61] John Gittings. "Han Suyin Obituary", *The Guardian*, Sunday 4 November 2012 13.38 EST。

中燒。」[62]1950年夏，羅素在紐約的一次記者招待會上強烈要求西方國家承認新中國，並說西方世界「假如早一點善待新中國，世界局勢當已好轉」。1951年，在《當前的困惑》一文中，他對朝鮮戰爭中的美國總司令麥克亞瑟（MacArthur）斥責道：「我們必須都必須回到鴉片戰爭的年代，在我們屠殺數百萬中國人之後，那些倖存者還要接受我們道德的高尚性，還要將麥克亞瑟作為救世主加以歡迎。」[63]1959年，羅素撰寫了一部插圖通俗讀物《西方的智慧（*Wisdom of the West*）》，竟題詞道：「將此書獻給毛澤東」。50年代末，羅素還出面要求聯合國恢復中華人民共和國的合法席位。

1962年，中印邊界發生衝突，這也是當時國際最複雜和敏感的問題之一；除了直接的領土問題，它還涉及了西藏問題，中印兩國綜合利益問題，美蘇兩大超級大國爭霸問題以及中國本身的國際地位問題等；有的西方學者甚至認為它是亞洲兩大文明之間的衝突問題。戰爭分兩個階段，即10月20日至28日，11月16日至21日，中國贏得了重大軍事勝利，而印度舉國上下陷入恐慌。羅素致電周恩來和他的劍橋校友兼老朋友尼赫魯，敦促雙方盡速停火撤軍，通過外交途徑化解爭端；並建議印尼蘇加諾總統、加納總統恩魯瑪等參與調停。中國總理周恩來和印度總理尼赫魯很快對他進行了回復，並都派大使館官員拜訪了他。

據一份題為「中華人民共和國國務院總理周恩來十月二十二日給英國羅素先生的信」的外交部解密文件，周恩來曾這樣寫道：「尊敬的羅素先生：我非常高興地從報紙上看到你十月十四日在倫敦發表的揭露和譴責美帝國主義對越南和世界其他地區的侵略罪行的演說；在此之前，我還收到你就越南局勢問題給我的來信。當此美帝國主義正在瘋狂地擴大對越南的侵略戰爭……中國一貫致力於和平解決邊界問題，中國政府並不灰心，願意向前看。不管眼前的情況怎樣複雜，中國政府謀求和平解決中印邊界問題的決心是堅定不移的。只要還有一線希望，中國政府將繼續尋求和平解決的途徑，主動創造有利於停止邊境衝突的條件。」周恩來接著又於11月16日覆電羅素，並於11月24日再寫了一封長信給羅素。[64]

---

[62] Bertrand Russell." Ideas that Have Harmed Mankind," *Unpopular Essays*, Routledge, 2009. Routledge, 2009. pp. 142-161.

[63] 羅素：〈當前的困惑〉（1951），《羅素重要文選》（*The Basic Writings of Bertrand Russell, 1903-1959*, ed. by R. Egner and L. Denonn, Simon and Schuster, 1961），英文版第 694 頁。

[64] 《中華人民共和國對外關係檔集（1962）》第九集，1964 年 7 月第 1 版，第 163 ～ 164 頁。

　　周恩來與尼赫魯一樣都還接見了他的代表舒恩曼（R. Schoenman）和鮑特爾（P. Pottle）。不過，這個舒恩曼僵化的作法有辱使命，羅素後來說道：兩位代表「在第一次與周恩來總理見面時，氣氛是有禮、友好而有益的；但第二次會面因為他們的行為以及愚蠢的輕率而受到中國方面嚴厲地譴責。作為他們的贊助者，很自然我受到了質疑；對我的苦惱以及我們工作嚴重的困擾來說，我一直未能恢復與中國政府溫暖而友好的關係。」[65]舒恩曼是一個有點驕橫氣傲的人，在印度，主人問對這個國家的第一印象是什麼，他以問為道：「在這麼熱的地方怎麼做愛？」在中國，主人帶他到湖上划船，他竟脫衣下水游泳；他想見毛澤東，等不耐煩了，便在下榻的房間裡拿起電話叫道：「毛主席是一條神牛！」後來周恩來代替毛澤東接見了他們。但因各種原因，兩位代表遭到了「驅逐」。[66]不久，尼赫魯改變了不結盟政策，從而向美國求援；1962年11月，甘迺迪決定介入戰爭，並援助印度軍隊。中國方面則迅速撤軍並歸還了全部繳獲的武器。

　　在《墨脫的誘惑》一書中，中國軍旅作家金輝這樣評論道，「勝利者和失敗者是十分明確的。但是，經過了近三十年之後，結合現在再來看那場戰爭及其結果，卻完全是另一種情況了——勝利者除了沒有失敗的名義，卻具備了失敗者的一切；失敗者除了沒有勝利的名義，卻得到了勝利者的一切。勝利者因為勝利的飄飄然，以至連對勝利成果的徹底喪失和巨大的屈辱都無動於衷。失敗者因為唯獨還沒有得到勝利者的虛名，所以一直在摩拳擦掌，發誓要報一箭之仇。也許這就是歷史的嘲弄，如果當年印度取得了勝利，那麼現在他們在這一地區肯定不會如此占盡便宜，如果當時中國在此地失敗，那麼現在反而大概不會這麼被動和可憐。」在《印度對華戰爭》（India's China War）一書中，西方記者麥斯威爾（N. Maxwell）也感歎：「當中國軍隊取得重大勝利的時候，中國政府突然宣布單方面無條件撤軍，這與其說讓全世界都鬆了一口氣，不如說是讓全世界都目瞪口呆。世界戰爭史上還從沒有過這樣的事情，勝利的一方在失敗者還沒有任何承諾的情況下，就單方面無條件撤軍，實際上也就是讓自己付出巨大代價來之不易的勝利成果化為烏有。」當然，這一切是由於當時各種實際情況決定的，其中有些內幕恐怕很難明瞭。

　　不過，當時的羅素顯然洞察到了問題的嚴重性，並相信這場衝突有可

---

[65]　轉引自克拉克：《羅素生平》（*The Life of Bertrand Russell*, Knopf, 1981），英文版第 606 頁。
[66]　摩爾海德：《羅素一生》（*Bertrand Russell: A Life*, Viking, 1993），英文版第 533 頁。

能引起世界大戰。他說道：「戰火將繼續，首先對中國有利。美國與英國將出面援助印度，但會發現除非動用核武器，它們無法擊敗中國。它們將要動用這種武器。中國將顯示自己與俄國的不同，而俄國同樣也會動用核武器，不止對付印度，而且對付西方。在很短的日子裡，整個世界將變得與現在的喜馬拉雅山一樣空曠而荒涼。」[67]

羅素所作的預言並非空穴來風。43年以後，據2005年8月26日《紐約時報》報導，8月25日甘迺迪總統圖書館與博物館公布了新近解密的錄音帶，表明在1963年5月，甘迺迪和他的顧問討論過如果中國第二次襲擊印度美國使用核武器的可行性，以及怎樣防止印度成為共產主義的多米諾骨牌中另一張倒下的牌。在錄音帶中，國防部長麥克拉瑪納說：「在我們認真幫助印度不受中國入侵之前，我們要意識到，如果我們真的想幫助印度抵抗中國的襲擊，我們必須使用核武器。中共對於那個地區任何部分的攻擊都會使美國有必要使用核武器，這總比調動大量的美國軍人好。」甘迺迪說：「我們應當保護印度，所以（如果印度遭受攻擊）我們將會保護印度的。」布魯金斯研究所的高級研究員史蒂文‧科恩說：「談話的背景是甘迺迪非常非常非常傾向於印度。他把印度看是中國的天然制衡力量。」科恩回憶了當時的政治氣氛，他暗示說甘迺迪的顧問們提到可能使用核武器也許還有一個動機。他說：「我們在韓戰打了個平手，我們很擔心蘇聯。可見他們提到了『核武器』是因為他們不想讓甘迺迪在印度做任何事情。這種方式是把賭注拔很高，以至於你不可能選擇它。」據印度分析人士說，他們被錄音帶的公布驚得目瞪口呆。哈佛大學南亞歷史教授博斯（S. Bose）說：「很顯然，1963年和2005年不乏相似之處。主要基調是怎樣遏制中國。」不過分析家指出，美國即使考慮過所謂的核武器選擇，在下一年也一定會放棄了，因為1964年中國成功的爆炸了第一顆原子彈。

1963年7月21日，周恩來致信羅素，並致印度、錫蘭兩國政府備忘錄。說明兩次與羅素的秘書會談的情況。同日，在接見錫蘭駐華大使佩雷拉時說：羅素的秘書是要中國在中印邊界問題上再讓步，我已告訴他中國做不到。希望大使回國後將情況報告總理。

由於羅素對中國有著很深的情結，故他這樣說過：「中國人待我不薄，我不願意揭他們的短處。但是出於對真理負責，也出於對中國人的考

---

[67]　轉引自蒙克：《羅素：熱狂的幽靈》（*Bertrand Russell: the Ghost of Madness*, Free Press, 2000），英文版第450～451頁。

慮，隱諱不是好主意。只是我希望讀者記住，中國是我所接觸的國家中最好的之一，然而卻遭受如此的虐待，我要對世界上每一個強國發出更嚴重的聲討。」[68]有時，羅素為了保持某種英國紳士的風度，相當注意某種禮貌，例如在書中和在私人信中對中國的印象還是有著區別，他在信中寫道：「中國人沒有心腸、懶惰、不誠實。他們將賑災事務全部推給歐洲人，而且他們的政府極端腐敗。絕大多數學生愚蠢而又膽小。我並不真的認為我在此間所做的一切有什麼價值。杜威夫婦在此待了一年，他們已完全失望。」[69]

著名翻譯家何兆武回憶說：「毛澤東、周恩來聯名請羅素到中國來訪問，羅素同意了，可是一直身體不好，就把他的《西方哲學史》送給毛澤東。當時商務印書館找我來翻譯這本書，我還不知道這是上邊交的任務。」[70]

1965年10月22日，周恩來致函英國哲學家羅素，稱讚他在公眾集會上譴責美國侵略行徑、不畏強暴的豪邁氣概，支持他為國際主義與和平事業所作的努力。11月30日，羅素覆信周恩來，表示將全心全意支援亞非拉各國人民的反美鬥爭。

時隔44年，即1966年，《中國問題》一書在英國重印，羅素在此再版序言中寫道：「中國人曾歷經磨難，但他們的英雄主義拯救了他們，他們應該成功。願成功是他們的！」此時的中國正爆發「文化大革命」。在此之後的4年中，90多歲高齡的老者羅素一直冷眼旁觀這場史無前例的「社會政治運動」。

文革前的17年，中國共產黨對羅素採取了思想上一定的批判，學術上一定的介紹，政治上一定的肯定。建國初期，受蘇聯影響，1952年第8期的《新建設》上發表〈羅素──新世界戰爭哲學化的挑撥者〉（〔蘇〕波莫葛耶娃著）的批判文章；1956年《學習譯叢》總61期上發表〈羅素、艾爾和資產階級道德〉（〔蘇〕彼得·佛雷爾著）；反映出當時國內追隨蘇聯哲學界對於西方哲學的所謂戰鬥性的黨性原則。一些著名學者也陸續發表了主體批判中多少帶有一定客觀介紹的文章，除了上面提過的賀麟、任華文章外，還有陰法魯的〈胡適、杜威、羅素是怎樣開始破壞中國的新文化運動的？〉（新華月報，1955年4月1日）；金岳霖的〈批判唯心

---

[68]　羅素著，秦悅譯，《中國問題》，學林出版社，1996年12月第1版，第164～165頁。
[69]　〈羅素致柯莉的信〉，1920年12月3日，原件存羅素檔案館。
[70]　參見 http://baike.baidu.com/view/650496.htm。

哲學關於邏輯與語言的思想（對羅素的批判之一）〉（北京大學學報：人文科學版1956年總第3期）；范楊的〈羅素哲學思想的演變〉（人民日報1962年4月13日）和〈略談羅素的分析哲學〉（文匯報1962年5月15日）；以及全增嘏的〈羅素和維根斯坦的「邏輯分析」方法〉（復旦大學學報：哲學社會科學版1963年第一期）。在政治上，最引人注意的是作為重要學術領導人的郭沫若發表了〈祝羅素先生解放〉一文（光明日報，1965年10月17日）；此外作為官方最主要喉舌的人民日報發表了一系列有關羅素的正面報導和評論，如〈赫魯雪夫發表公開信答復羅素主張蘇美會談討論共處條件呼籲各國人民更加宏亮地發出和平呼聲〉（人民日報，1958年1月9日）；〈英國哲學家羅素發出信件譴責美國在南越進行「毀滅性戰爭」〉（人民日報，1963年4月11日）；〈羅素譴責美國軍事冒險政策強調重開十四國會議刻不容緩〉（人民日報，1964年7月2日）；〈羅素譴責美國明目張膽干涉多明尼加〉（人民日報，1965年6月13日）；〈羅素譴責詹森宣布美軍參戰呼籲美國人組織向華盛頓進軍〉（人民日報，1965年6月15日等；英國著名哲學家羅素發表聲明，譴責美國轟炸越南水壩的萬惡行動（人民日報，1965年8月26日）；〈我對外友協負責人設宴招待羅素基金會兩位理事〉（人民日報1971年7月1日）等。並對羅素逝世也作了報導。

　　胡錦濤在訪英提到：「英國著名哲學家羅素曾經說過：『不同文明之間的接觸在過去常被證明是人類進步的里程碑。』羅素先生的話，強調了不同國家、不同民族、不同文明開展對話和交流、加強理解和借鑒的重要性。在世界多極化和經濟全球化的趨勢深入發展的當今時代，世界各國人民要促進各自國家的發展，共同建設一個持久和平、共同繁榮的和諧世界，必須加強相互瞭解，增進相互信任。」[71]

---

[71]　胡錦濤：〈在倫敦金融城晚宴上的演講〉，2005 年 11 月 10 日。

第三章　羅素與中華文人精英

> 中國人，即使是最先進的知識分子，也在向白人民族（尤其是美國）尋求道德格言以代替孔子的語錄。他們還沒有想透徹一般人民的道德都是差不多的。——羅素[1]

　　當然，作為思想家和哲學家的羅素，不可能像好萊塢的影星，或後現代時期那些歌星球星那樣，對中國的普通民眾有什麼直接影響，而只局限於知識精英圈子，但無疑是這個階層人們的一個良師；不管你是否贊同他的某一觀點，你都會感到一種知識與批判的力量。作為中華精英的良師，羅素究竟產生了什麼影響的效應？中華精英們與羅素之間是一個良性互動的雙向交流過程。本章與下面幾章試圖從中國精英的羅素觀與羅素對中國精英的某些評價及其中國觀兩個方面找出答案。而中國精英的羅素觀又從文人精英、政治精英與哲學精英等三個群體的各自角度來探討上述問題。

　　這所謂三種精英的分類，並一定完全合理，也許僅是為了行文「操作」和讀者閱讀的方便。其實不少精英具「兩棲」甚至三重身分。其中梁啟超就是最典型人物，其頂上的桂冠就有：光緒時代的舉人，戊戌變法的領袖，維新派的領頭人，北洋政府的高官，近代中國的思想啟蒙者，近代文學革命運動的理論倡導者，「詩界革命」和「小說界革命」的發起人，「新民體」的創立人，傑出的社會活動家，頗有造詣的著名國學家，民初清華大學國學院四大教授之一，著名新聞報刊活動家等等；他在哲學、文學、史學、經學、法學、倫理學、宗教學等領域均有非凡的成就，其中以史學尤為顯著，故可無愧地譽為中國歷史上百科全書式的人物，並能在退出政治舞臺後仍能在學術研究上取得巨大成就的少有人物。再如張申府也是兼具多種身分的「戲劇性」歷史人物，北京大學、清華大學著名教授，哲學家，數學家以及羅素研究專家，中國共產黨主要創始人之一；曾介紹張國燾進入北京共產主義小組，介紹周恩來加入中國共產黨；並與周恩來聯名介紹朱德加入中國共產黨；北伐時期當過黃埔軍校政治部副主任，

---

[1]　羅素：《中國問題》，秦悅譯，學林出版社 1996 年版，第 62 ～ 63 頁

「一二九運動」的重要組織者和領導者；後來成為1957年右派分子以及改革開放後全國政協常委等。鑑於中國文化中文史哲不分家的傳統以及「官本位」的理念，對上述三大精英的劃分的確有著其模糊的界限。

一、梁啟超、蔡元培、章太炎、蔣夢麟

羅素來華講學的背景頗有意味，竟然主要是由文化界代表保守勢力的梁啟超（1873～1929）等人出面張羅的。正如馮崇義所評價的：「也許有點令人沮喪的是，邀請羅素來華講學的總負責人，不是創辦《新青年》並在五四新文化運動中打頭陣從而博得新文化運動『總司令』雅號的陳獨秀，不是主政並革新北京大學、倡導『相容並包』宗旨從而為五四新文化運動的主將們提供舞臺的蔡元培，不是借狂人之口控訴『吃人的禮教』、發出振聾發聵之音的魯迅，不是呼喚『赤旗的世界』和馬克思主義從而將一批激進的知識分子引上新征途的李大釗，也不是因為倡導『文學改良』與『文藝復興』而頓成明星的胡適，而是發表了悲涼的《歐遊心影錄》從而有『守舊復古』之嫌的梁啟超。而且，由於梁啟超曾是民初『進步黨』的黨魁，在五四時期還領導著由『進步黨』演化而來的『研究系』，因而人們通常也說梁啟超邀請羅素是為了他所代表的政治勢力張目助威。」[2]不過在一定意義上，羅素來華的得以實現，恐怕雖以梁啟超為主，但還是梁啟超與蔡元培（1868～1940）的互補聯手行動。梁啟超為首的研究系在新文化運動中也有一些不同凡響的動作。由梁啟超的進步黨演變來的研究系，後又有張東蓀等人的加入，曾企圖形成第一大黨而參與1918年的國會選舉，但敗於段祺瑞皖系軍閥所支持的安福俱樂部，從此放棄直接的政治活動，而轉為思想界，並於1919年9月，在上海創辦《解放與改造》雜誌由張東蓀任主編。1920年9月，梁啟超與蔡元培、汪大燮共同發起成立講學社，羅素成為講學社聘請的第一位學者。梁啟超在對張東蓀的信中提道，為講學社事，專門入京，「忽費半月」。[3]徐新六曾告訴他，胡適諸人對於聘請羅素事，意有不釋，當有所溝通。1920年8月30日，胡適在日記中寫道：「梁任公兄弟約，公園，議羅素事。」[4]既然從政治運作轉為思想探索，組織職能就得為宗旨服務。梁啟超本來對哲學很青睞，再加上研究系中張東蓀、張君勱等都對哲學也極感興趣。據說當時邀

2　馮崇義：《羅素與中國》，生活讀書新知三聯書店，1994年版，第92、102頁。
3　丁文江、趙豐田編：《梁啟超年譜長編》，上海人民出版社1983年版，第917～919頁。
4　《陳獨秀文章選編》上，生活讀書新知三聯書店，1984年版，第512、516頁。

請的第一人選是這些人最感興趣的「生命哲學」的開山始祖柏格森，但因故未能成願。於是王敬芳、傅銅等提議以羅素代之，梁啟超認可，並與成立講學社的決定同時推出。當時為促進新文化運動而設立機構主要有：後來與松坡圖書館合併的讀書俱樂部；收集政治、經濟、軍事、文藝多種書稿，並交商務印書館出版叢書的共學社；由梁啟超、蔡元培、汪大燮三人共同發起的講學社，它計畫每年邀請一位世界知名學者來華講學。[5]

為什麼說羅素來華是梁蔡聯手的結果？有一種說法：就連蔡元培的北大校長之任也是梁任公力薦之果。這兩位當時被譽為「影響近二十年全國青年思想」的領袖人物，儘管社會理念不盡相同，但在文化與教育救國的目標下，逐漸走到一起。1918年冬，蔡元培等教育界人士力圖利用一次大戰後的有利國際形勢，拜請梁啟超在遊歐時，敦促西方列強退還庚子賠款用於現代教育的重建與振興。梁啟超肩負眾望極力遊說呼籲，但竟惹上麻煩，被控「干擾和會，企圖賣國」。幸虧蔡元培等聯名在《申報》等各報上為梁啟超辯誣，從而扭轉輿論，洗清了後者的不白之冤。

飽受挫折的梁啟超下決心擺脫官場上那種「迷夢的政治活動」，而「換了一個新生命」，這就是用思想文化進行中國社會的重建。有學者認為，梁啟超的轉變不僅僅因為政治上的不得志，也與蔡元培開新北大改革之風，促使社會進步所帶來的影響有關。從這以後，梁啟超及其手下便與蔡元培一直保持著較為密切的合作，如當商議怎樣辦好上海中國公學時，蔣百里提議：「吾輩對此只能取蔡鶴卿之於北京大學的態度」。不久，梁啟超等計畫創立編譯新書的「共學社」，邀蔡為發起人之一，後者報以積極回應。接著，梁啟超發起成立「講學社」，為此，徐新六向任公建言：「大學一部分人必邀其幫忙」；這實際上指的是蔡元培、胡適等北大學者教授。果然，蔡元培被聘請為講學社董事。就在這一期間，作為京師大學堂轉變為中國現代最高學府——北京大學的第一任校長，蔡元培在出發去歐洲考察臨行前做了一個重大的活動，就是與梁啟超等人共同發起邀請英國大哲羅素來華講學。在梁蔡兩人為主的倡導下，當時很快掀起了一股「羅素熱」，如「羅素研究會」的創立與《羅素月刊》的創辦。蔡元培出國前還應湖南教育會的邀請，與杜威、羅素和章太炎、吳稚暉、胡適等中外著名學者，專程去長沙參加學術演講活動。當時長沙《大公報》特請毛

---

[5] 汪大燮為招待會主持人；蔣百里任總幹事。杜威、羅素、泰戈爾、杜里舒等國際知名認識來華，均由講學社出面邀請的；杜威是北大邀請而由講學社轉請的。

澤東等人作記錄，供該報自行刊布。師生倆又一次見面了，毛澤東還為他親錄了兩篇演說詞。毛澤東此時已擔任第一師範附小主事，正在祕密組建湖南共產主義小組。「鑒於蔡元培和已故老師楊昌濟的友誼，毛澤東每天陪伴左右，談的十分投機。」[6]

1929年初，蔡元培在上海祭弔梁啟超的輓聯寫著：「保障共和，應與松坡同不朽；宣傳歐化，寧辭五就比阿衡」；並在國民黨中央政治會議提議，因梁啟超對中國學術的貢獻，政府應明令褒揚撫恤。對此反對的胡漢民，指責「梁與黨的立場衝突，反革命，反國民黨」，故使此案未獲通過。40年代初期，梁漱溟曾說：「蔡、梁兩先生比較，蔡先生好比漢高祖，他不必要自己東征西討，卻能收合一般英雄，共圖大事。任公無論治學行文，正如韓信將兵，多多益善。自己衝鋒陷陣，所向無前。他給予人們的影響是直接的，為蔡先生所不及」。梁漱溟還說，在個人風格上，任公熱情天真，蔡先生則含蓄深厚，因而，論對中國社會的影響，任公在空間上大過蔡，而在時間上不及蔡。

雖然羅素來華是主要由梁啟超一派所為，當時左翼力量也有推波助瀾的架式。1920年7月11日，《申報》披露了羅素來華講學的消息，並將羅素列為世界四大哲學家之一，稱其是大數學家轉而為大哲學家，「現在歐洲主張社會改造學說，風動全世界」。《新青年》雜誌八卷二號和三號比較集中地介紹了羅素的生平、思想以及被譯成中文的羅素的著作；在前一號的封面上刊有羅素的半身像，圖注是「很快就要來到中國的大哲學家」；在後一號上登載了張申府編輯的《試編羅素既刊著作目錄》。《新青年》雜誌在新文化運動中是執牛耳者，是新文化運動的指導性的刊物，它對羅素的介紹當然會在社會上產生了極大的影響。另外一些刊物如《東方雜誌》、《民鐸》、《改造》、《晨報》等也都集中力量對羅素進行了很有力度的宣傳和介紹。

1920年10月12日，羅素抵達上海。第二天，有江蘇省教育會、中華職業教育社、新教育共進社、中國公學、《時事新報》社、《申報》社和基督教救國會等七個團體聯合設宴為他接風。羅素第一個正式演講《社會改造原理》是在研究系把持的中國公學舉行的。11月19日，羅素到達北京，梁啟超代表講學社致歡迎辭，說道：「我們對於中國的文化運動，向來主張『絕對的無限制儘量輸入』……至於講學社，是一個介紹的機關，只要

---

[6]　陳軍：《北大之父蔡元培》第五章〈鼓天下之氣〉。

是有價值的演說，我們不分門戶，都要把他介紹進來。好像我們開一個大商店，只要是好貨，都要辦進，憑各人喜歡買那樣就買那樣。我常說中國學問的衰弱，由漢朝的表彰六藝、罷黜百家。無論他表彰的、罷黜的對不對，總是把思想的自由錮蔽了。所以我們要大開門戶，對現代有價值的學說都要歡迎、都要灌輸，這就是講學社的宗旨。」這番話與蔡元培的「相容並包」有異曲同工之妙。接著，他又舉出邀請羅素的兩個理由：一、「我們認為往後世界人類所要求的，是生活的理想化，理想的生活化。羅素先生的學說，最能滿足這個要求」；二、羅素具有「真正學者獨立不懼的態度。這是真正為人類自由而戰的豪傑」。最後，梁啟超風趣地比喻道，我們不僅要羅素點的「金」，更要羅素像呂洞賓那樣點石成金的「手指」，即把「研究學問的方法」，毫無保留地傳授給中國人。

1920年，羅素訪華時在中國公學前的合影。

在此以後，羅素的講學地點主要被安排在北京大學，雖然實際的事務工作多由講學社中如總幹事蔣百里及梁的其他一些重要助手來處理。羅素回憶說：「我講課的北京大學是一所十分優秀的高等學府。校長與副校長

都是熱衷推動中國現代化的人士。」[7]中國最初的印象對羅素無疑是美好的，他回憶道：「西湖的古文明，其絕頂之美，賽過義大利。一至此我才瞭解，文明的中國人是全世界最文明的人！」「與歐洲相比，我們覺得中國充溢著哲理的、平和的氣氛。」「中國應當保存文明和禮貌、坦誠和謙和的脾性，這是中華民族的特質，此外還需加上西方的科學知識，並把這些知識應用於中國的實際問題。」

梁啟超本人當然對羅素訪華有著較為深刻的體會，後來他指出：

> 英人羅素回國後，頗豔稱中國的文化，發表的文字很多，他非常盼望我們這占全人類四分之一的特殊民族，不要變成了美國的「醜化」。這一點可說是他看得很清楚。美國人切實敏捷，誠然是他們的長處，但是中國人即使全部將他移植過來，使純粹變成了一個東方的美國，慢講沒有這種可能，即能，我不知道諸君怎樣，我是不願的。因為倘若果然如此，那真是羅素所說的，把這有特質的民族，變成了醜化了。我們看得很清楚，今後的世界，決非美國式的教育所能領御。現在多數美國的青年，而且是好的青年，所作何事？不過是一生到死，急急忙忙的，不任一件事放過。忙進學校，忙上課，忙考試，忙升學，忙畢業，忙得文憑，忙謀事，忙花錢，忙快樂，忙戀愛，忙結婚，忙養兒女，還有最後一忙——忙死。他們的少數學者，如詹姆士之流，固然總想為他們別開生面，但是大部分已經是積重難返。像在這種人生觀底下過活，那麼，千千萬萬人，前腳接後腳的來這世界上走一趟，住幾十年，幹些什麼哩？唯一無二的目的，豈不是來做消耗麵包的機器嗎？或是怕那宇宙間的物質運動的大輪子，缺了發動力，特自來供給他燃料。果真這樣，人生還有一毫意味嗎？人類還有一毫價值嗎？現在全世界的青年，都因此無限的懷惶失望。知識愈多，沉悶愈苦，中國的青年，尤為利害，因為政治社會不安寧，家國之累，較他人為甚，環顧宇內，精神無可寄託。從前西人唯一維繫內心之具，厥為基督教，但是科學昌明後，第一個致命傷，便是宗教。從前在苦無可訴的時候，還得遠遠望著冥冥的天堂；現在呢，知道了，人類不是什麼上帝創

---

[7] 羅素：《羅素自傳》第 2 卷（*The Autobiography of Bertrand Russell*, George Allen and Unwin LTD, 1968），英文版第 183 頁。

造，天堂更渺不可憑。這種宗教的麻醉劑，已是無法存在。講到哲學嗎，西方的哲人，素來只是高談玄妙，不得真際，所足恃為人類安身立命之具，也是沒有。[8]

中國近代思想泰斗章太炎（1869～1936）先生也與羅素有過一定的來往。1920年，章太炎在長沙與當時正在那裡訪問、講學的杜威、羅素不期而遇，他們是真正意義上的學術大師，他們也最有資格進行一次最高水準的東西方文化對話。對這次對話，當時有一段記載：「昨日下午二時，雅禮會與湘雅醫學會在湘雅醫院歡迎杜威、羅素、章太炎等名人，到會者有中國軍政教各界長官及學紳兩界重要人物、外國各領事、教師、教員、醫士等共數十人。在醫院三層樓聚會，隨意取用茶點，完全照外國人聚會辦法，並無中國開會的一定儀式，男女雜遝，極盡談笑之暱樂。會中章太炎先生與羅素先生講譯員談話。章先生主張各省分權，即外交權亦應歸之各省，不應由中央獨攬。如山東問題，盡可由山東人自己向外人交涉。較之中央代謀，當勝一籌。羅素先生謂先生之言甚有興味，鄙人領教甚多，但初到中國，情形未諳，尚不能置答。章先生又謂北京空氣甚壞，此次晉京，幸勿為其所惑。羅素先生答謂，幸希望北京教師不同北京各界空氣一樣。張溥泉先生隨用法語與羅素先生交談資本問題，因有他人與羅素先生談話，未得結果而散。會者偕楊君續蓀旋與張溥泉先生談自治問題。張謂對於自治問題，只有最簡單之一語，即縣知事民選，倘聞事不能辦理，無自治之可言，⋯⋯。」[9]同日晚六時，湖南教育會等湖南演講會組成單位為了歡送當晚將離開長沙的羅素，特在教育會內舉行歡送宴會，列席者除演講名人外，尚有軍政各界高級官員、各團體代表及湖南紳士若干人，由長沙曲園餐館提供西餐六十餘份。[10]作為湖南方面的重要客人和重要的演講者之一，章太炎應該參加了這次歡送宴會，只是他沒有機會再與羅素等人交談而已，或曾經交談而不曾記錄下來。[11]不過，章太炎與羅素的這次對談對雙方都沒有留下什麼印象，在此後的歲月中，他們二人似乎從來都沒有提及過他們的會面，以致所有的研究者都不知道這兩位東西方首屈一指的學術大師曾在長沙有過短暫的會面。可以說，由於雙方知識背景、學術關懷

8　梁啟超：〈東南大學課畢告別辭〉（1923年1月13日），《梁啟超文集》，陳書良編。

9　〈雅禮會與湘雅醫學會歡迎中外名人紀事〉，1920年10月28日長沙版《大公報》。

10　〈演講會今晚置歡宴〉，長沙《大公報》1920年10月27日。

11　〈教育會歡宴各講演名人〉，長沙《大公報》1920年10月28日。

的不一致，致使這次原本最有意義的東西方學術大師的對話索然無味。[12]

　　蔣夢麟（1886～1964）中西學養具佳的傑出教育家，他幼年在私塾讀書，12歲進入紹興中西學堂，開始學習外語和科學知識；後在家鄉參加科舉考試，中秀才；1908年8月赴美留學，次年2月入加州大學，先習農學，後轉學教育，1912年于加州大學畢業；隨後赴紐約哥倫比亞大學研究院，師從杜威攻讀哲學和教育學；1917歲3月，獲得哲學及教育學博士學位後即回國。「五四運動」爆發後，由於被誣「煽動學生」，蔡元培憤然辭職，而由一向穩健的蔣夢麟代理北大校長之職。蔣夢麟曾總結道：「然而『五四』之起因，實為第一次世界大戰後，歐洲帝國主義之崩潰，以及日本帝國主義的猖狂。所以畢竟還是與西潮有關。」

　　他還如此回憶到：暴風雨過去以後，烏雲漸散，霽日重現，蔡先生也於九月間重回北大復職視事。北大再度改組，基礎益臻健全。新設總務處，由總務長處理校中庶務。原有處室也有所調整，使成為一個系統化的有機體，教務長負責教務。校中最高立法機構是評議會，會員由教授互選；教務長、總務長，以及各院院長為當然會員。評議會有權制訂各項規程，授予學位，並維持學生風紀。各行政委員會則負責行政工作。北大於是走上教授治校的道路。學術自由、教授治校，以及無畏地追求真理，成為治校的準則。學生自治會受到鼓勵，以實現民主精神。此後七年中，雖然政治上狂風暴雨迭起，北大卻在有勇氣、有遠見的人士主持下，引滿帆篷，安穩前進。圖書館的藏書大量增加，實驗設備也大見改善。國際知名學者如杜威和羅素，相繼應邀來校擔任客座教授。這兩位西方的哲學家，對中國的文化運動各有貢獻。杜威引導中國青年，根據個人和社會的需要，來研究教育和社會問題。毋庸諱言的，以這樣的方式來考慮問題，自然要引起許多其他的問題。在當時變化比較遲鈍的中國實際社會中自然會產生許多糾紛。「國民黨的一位領袖胡漢民先生有一次對我說，各校風潮迭起，就是受了杜威學說的影響。此可以代表一部分人士，對於杜威影響的估計。他的學說使學生對社會問題發生興趣也是事實。這種情緒對後來的反軍閥運動卻有很大的貢獻。羅素則使青年人開始對社會進化的原理發生興趣。研究這些進化的原理的結果，使青年人同時反對宗教和帝國主義。傳教士和英國使館都不歡迎羅素。他住在一個中國旅館裡，拒絕接見

---

[12]　馬勇：〈章太炎1920年長沙之行考實〉，《一九二〇年代的中國》，社會科學文獻出版社，2005年版。

他本國使館的官員。我曾經聽到一位英國使館的官員表示，他們很後悔讓羅素先生來華訪問。羅素教授曾在北京染患嚴重的肺炎，醫生們一度認為已經無可救藥。他病癒後，我聽到一位女傳教士說：『他好了麼？那是很可惜的。』我轉告羅素先生，他聽了哈哈大笑。」[13]同為杜威的弟子，但蔣夢麟與胡適不同，因其沒有故意對羅素冷落。在羅素訪華期間，他負責接待，並始終給予相當熱情的捧場。後來，羅素離華後，蔣夢麟在參加1922年2月召開的華盛頓會議後，取道歐洲歸國；在英國停留時，還專門與羅素、經濟學家凱恩斯、政治學家拉斯基等人多次討論中國文化問題。

1920年，羅素與朵拉‧勃拉克到達北京後的留影。

二、胡適、丁文江

在對待羅素的問題上，作為新文化運動主要領袖之一胡適（1891～1962）的立場極不明朗，最難讓人揣測；他明顯表現出揚杜抑羅的心態。

---

[13] 蔣夢麟：第十五章〈北京大學和學生運動〉，《西潮與新潮》，東方出版社，2006年。

這大概有四個原因：一是他把心思主要放在當時也正訪華，自己在美國哥倫比亞大學的導師杜威身上了；二是他對梁啟超為首的講學社出面邀請羅素恐怕心有芥蒂，文人相輕，看重文化領袖的權爭，故表現出不以為然的樣子；三是他對羅素的整體思想不甚瞭解，尤其是邏輯和分析哲學方面更是一竅不通；四是他與梁啟超等人有根本政治社會理念的不同。

1920年，梁啟超歐遊返國後，立即創辦共學社和講學社，其宗旨是編譯新書、獎勵名著、出版雜誌、選派留學生。而胡適和陳獨秀也有編譯《世界叢書》等類似打算，因而認為梁啟超的舉措是唱對臺戲。此外，梁啟超等人將《改造》改為《解放與改造》雜誌，胡適更感到是向《新青年》挑戰。甚至將梁啟超等邀請羅素來華講學也覺得是示威。

胡適對羅素來華講演幾乎不發一詞，甚至沒有出席過任何一場羅素的講演會，他在日記中透露：「羅素與勃拉克女士今晚在教育部會場為最後的演說，我本想去的，為雨後泥濘所阻，不能進順治門，故不能去了。羅素的講演，我因病中不曾去聽，後來我病癒時，他又病了，故至今不曾聽過。今日最後的一次，乃竟無緣，可惜。」1921年7月11日，杜威與羅素二人同日離京前，胡適連夜趕寫出〈杜威先生與中國〉一文，以示總結恩師之行的成果，並帶著幼子祖望親往車站餞行，「心裡很有惜別的情感」。而同日下午羅素動身時，胡適卻因與友人陳慎侯談論文法問題，錯過送行時間。數日後，直到南下上海時，胡适才於車中作一白話詩，題為「一個哲學家」，竟這樣宣洩某種不滿：「他自己不要國家，但他勸我們須要愛國；他自己不信政府，但他要我們行國家社會主義。他看中了一條到自由之路，但他另給我們找一條路；這條路他自己並不贊成，但他說我們還不配到他的路上去。他說救中國只須一萬個好人，但一兩『打』也可以將就了——我們要敬告他，這種迷夢，我們早已做夠了！」不過，在一個月後，胡適似乎又採納了羅素的建言，在一個題為「好政府主義」的講演中，他提出「要一班『好人』都結合起來，為這個目標作積極的奮鬥，好人不出頭，壞人背了世界走！」[14]

胡適對西方哲學多少有所瞭解，也積極提倡科學方法；他在哥倫比亞大學的博士論文就是關於先秦名學的，而且他與羅素一樣積極地主張自由主義，本來其思想與羅素總有一定相通之處。但除了對梁啟超不滿外，他對羅素哲學也不贊同。1922年9月，在《五十年來之世界哲學》一

---

[14]　陳文彬：〈五四時期知識界的「挾洋自重」〉，《故鄉》，2006年8月7日。

文中，他就對羅素哲學有間接的批判，而說道：「我們看新唯實論者的著作，總不免有一種失望的感想：他們究竟跳不出那些『哲學家的問題』的圈子。」在他看來，這其中就包括羅素。[15]胡適引用羅素《神祕主義與邏輯》中〈哲學裡的科學方法〉一文的某些觀點，來批評羅素的哲學方法。他認為，邏輯是哲學的本質，邏輯只管一些普通的原理，只管「邏輯的法式」的分析與列舉。胡適批評道：「我們要問，如果科學不問『經驗的證據』，他們更從何處得來那些『普遍的原理』？他們說，須用分析。然而分析是很高等的一個知識程度，是經驗知識已進步很高的時代的一種產物，並不是先天的。人類從無量數的『經驗證據』裡得來今日的分析本事，得來今日的許多『邏輯法式』，現在我們反過來說『哲學的命辭須是不能用經驗上的證據來證實或否證的』，這似乎有點說不過去罷？」[16]羅素認為，哲學命題「必不可論到地球上的事物，也不可論到空間或時間的任何部分」，胡適則相反，認為人類今日的最大責任與最需要是把科學方法應用到人生問題上去。顯然他是堅決地反對羅素把所謂的科學方法與解決人生的實際問題脫離開來的傾向的。他進一步反對羅素的重分析而輕綜合的方法論的特色。根據以上種種理由，胡適指出，不能認為羅素的哲學是「代表時代的哲學了」。杜威在很大程度上推崇羅素哲學，而胡適則基本上否定羅素哲學；這就表明在如何評價羅素哲學的問題上，胡適與其師杜威是各抒己見的。

據趙元任晚年回憶，講學社聘請他擔當羅素的翻譯，胡適卻企圖勸阻而警告他對梁啟超要有所戒備。1920年，胡適在致陳獨秀的一封信中，這才表露無遺：「你真是一個魯莽的人！……何以竟深信外間那種絕對無稽的謠言！……你難道不知我們在北京也時時刻刻在敵人包圍之中？你難道不知道他們辦共學社是在《世界叢書》之後，他們改造《改造》是有意的？他們拉出他們的領袖來『講學』──講中國哲學史──是專對我的？（他在清華的講義無處不是尋我的瑕疵的。他用我的書之處，從不說一聲；他有可以駁我的地方，決不放過！但此事我倒很歡迎，因為他這樣做去，於我無害而且總有點進益的。）你難道不知他們現在已收回從前主張白話詩文的主張？（任公有一篇大駁白話詩的文章，尚未發表，曾把稿子給我看，我逐條駁了，送還他，告訴他，「這些問題我們這三年中都討

15　胡適：〈五十年來之世界哲學〉，《胡適文集》第三卷，第 300 頁，北京大學出版社，1998 年。
16　胡適：〈五十年來之世界哲學〉，《胡適文集》第三卷，第 301 ～ 302 頁。

論過了，我很不願他來「舊事重提」，勢必又引起我們許多無謂的筆墨官司！」他才不發表了。）你難道不知延聘羅素、倭鏗等人的歷史？（我曾宣言，若倭鏗來，他每有一次演說，我們當有一次駁論。）」[17]胡適對羅素的態度有失公平。而羅素又對他是什麼態度呢？顯然，後者要坦蕩和公正。著名歷史學家余英時在2004年年第七期《萬象》上發表〈從《日記》看胡適生平的幾個疑案〉一文，以聯經版《胡適日記》為據，澄清了胡適的博士學位疑案和哲學造詣問題。

金岳霖說過「同時西洋哲學與名學又非胡先生之所長，所以在他兼論中西學說的時候，就不免牽強附會。」[18]在另一場合，金岳霖又曾經這樣來評價胡適，他說：「這位先生我確實不懂。我認識他很早的時候，有一天他來找我，具體的事忘了。我們談到necessary時，他說：『根本就沒有什麼必需的或必然的事要做。』我說：『這才怪，有事實上的必然，有心理上的必然，有理論上的必然……』。我確實認為他一定有毛病。他是搞哲學的呀！還有一次，是在我寫了那篇《論手術論》之後，談到我的文章，他說他不懂抽象的東西。這也是怪事。他是哲學史教授呀！哲學中本來是有世界觀和人生觀的。我回想起來胡適是有人生觀，可是，沒有什麼世界觀的。看來對於宇宙，時空，無極，太極……這樣一些問題，他根本不去想；看來他頭腦裡也沒有本體論和認識論或知識論方面的問題。他的哲學僅僅是人生哲學。」[19]

從上述評論以來，學術界似乎普遍接納了這一說法。但是歷史學家余英時認為不能因此低估胡適的哲學知識，他在美國最後三四年所受到的哲學訓練已達到了當時的一般水準，足夠他研究中國哲學史之用了。余英時以《日記》中保存的一篇羅素書評為證。1923年著名哲學家羅素為美國著名雜誌《國家（Nation）》寫了胡適所著的《先秦名學史》的書評，起首便說：「對於想掌握中國思想的歐洲讀者而言，這本書完全是一個新的開端。歐洲人很難同時是第一流的漢學家，又是合格的（competent）哲學家，這是不足驚異的。……胡適博士對西方哲學的精熟好像是一個歐洲人，英文寫作之佳則和多數美國的教授沒有分別，至於翻譯古代中國文本的確實可靠，我想任何外國人都很難趕得上。」可見在羅素眼中，胡適

17　胡適：《胡適書信集》（上），耿雲志、歐陽哲生編，北京大學出版社1996年版，第262頁。
18　金岳霖：〈馮友蘭《中國哲學史》審查報告〉，《金岳霖文集》第一卷，第628頁，甘肅人民出版社，1995年。
19　劉培育主編：《金岳霖的回憶與回憶金岳霖》第29頁，四川教育出版社，1995年。

的西方哲學至少是「合格的」。胡適生前從來沒有向任何人提起過羅素的書評。如果不是他把這篇文字附收在《日記》中，這件事便將根本埋沒了。[20]的確，羅素曾在其他場合也高度評價胡適：「就個人所知，在中國現存人物中必具智慧者，我願意引介胡適博士為例，他具有強烈的求知欲，廣博的文化學識，令人難忘的精力以及對改革的無畏膽略；他的母語寫作在進步中國人中激發了熱情。他願意吸收西方文化的一切優點，但並非這種文化的奴性崇拜者。」[21]看來羅素並不清楚胡適對自己的真實態度，也不瞭解他的真正思想理念。

五四時期與蔡元培、陳獨秀、胡適齊名的著名科學家丁文江（1887～1936）對羅素情有獨鍾。1921年8月4日，由梁秋水當社長而雇傭外國人當主編的英文報紙《北京導報》有一篇社論，稱羅素的思想並未為中國的青年所歡迎，故他對中國並未產生深遠的影響。丁文江即於第二天致信這家報紙，要求其撤回這篇評論。丁文江指出，羅素在哲學和社會思想方面必將在中國造成既深且遠的影響，正是羅素使中國人第一次認識到哲學應該是對所有科學進行綜合的結果，社會改造必須以豐富的知識和深思熟慮為前提。「羅素學說研究會」的成立、羅素演講錄的廣泛刊載和流傳、羅素患病所引起的普遍憂慮、羅素發表告別演說時聽眾的擁擠程度，「都表明羅素深深地打動了中國人的心靈」。[22]

由於英文很好，丁文江似乎與羅素個人交誼不淺。他曾回憶道：羅素在北京的時候，聽說有人要請柏格森到中國來演講，「即對我說，『我很奇怪你們為甚麼要請柏格森。他的盛名是騙巴黎的時髦婦人得來的。他對於哲學可謂毫無貢獻；同行的人都很看不起他。』」[23]曾當過北大校長的著名學者傅斯年回憶說：丁文江曾說起自己留學英國時飽讀彭加勒、馬赫、普朗克、愛丁頓、皮爾生、羅素等人的著作，他還吩咐一個英國出版者，凡威爾斯（H. G. Wells）、羅素、金斯（J. M. Keynes）的書，一出來，即寄來。他愛這三人全不是偶然的。傅斯年問他覺得蕭伯納（Bernard Shaw）怎樣，他說，「他是一個極不負責任的態度，活脫了愛爾蘭人。」傅又問他嘎爾斯沃斯（John Galswothy），他說，「專門描寫英國中等階級

---

[20] 余英時：〈從《日記》看胡適生平的幾個疑案〉，《萬象》2006 年 7 期。

[21] 羅素《中國問題》（*The Problem of China*, New York: The Century Co., 1922），英文版第 249～250 頁。

[22] 丁文江：〈丁文江致《北京導報》編輯部〉，1921 年 8 月 5 日，原件存羅素檔案館。

[23] 丁文江：〈玄學與科學──評張君勱的〈人生觀〉〉，《科學與人生觀》。

之最上層沒有大意思。」當羅素（Bert randRussell）來中國時，他做了總招待。大家只知此君可佩，人云亦云，然而知道此君是怎樣一個來頭的有誰呢？眾人正在歡喜這位「民眾聖人」時，他對羅素說，「羅素先生，你乃真正的是英國貴族產生的精品。」「我想羅素自己恐怕要是最同情這個批評的。羅素後來對英國人說，『丁文江是我所見中國人中最有才最有能力的人。』」[24]

　　可惜這位大學者英年早逝，甚至死因還引起了某種爭論，有人說由於他盲目崇洋，而不信中醫的結果。臺灣張起鈞在《儒林逸話》講述了丁文江病死的原委。「丁先生終身不看中醫，……好像要看中醫，就失去了科學家的品格一樣，不料這一點，後來竟成了送命的原因，原來他在二十四（五？）年到湖南去踏勘地質，突然病倒，病本不嚴重，但他在窮鄉僻壤，不僅沒有醫院，也沒有西醫，大家只好給他請中醫診治了，不料他抵死不要，因此竟爾送了命。醫藥本是救命的方法，而他竟為了方法，不惜送命，可謂本末倒置，人家有殉道的、殉國的、殉教的，丁先生這算殉的什麼呢？」[25]另外令人遺憾的是，在中國大陸，人們對這位當年舉足輕重的人物幾乎遺忘了。

1921年，羅素登上長城後的留影。

[24]　傅斯年：〈丁文江一個人物的幾片光彩〉，《獨立評論》第一八九號（1936 年 2 月 23 日北平出版）。

[25]　張起鈞：〈丁文江拒醫喪命〉，《儒林逸話》。

三、魯迅、郭沫若、林語堂、徐志摩、梁實秋

魯迅（1881～1936）似乎對羅素來華並不十分以為然，而正與他熱戀中的學生許廣平（1898～1968）則有點迷狂。魯迅卻用羅素還幽了一默，戲稱她的作文有一大半是羅素的話，批閱道：「擬給90分，其中給你5分（抄工3分、末尾的幾句議論2分）、其餘的85分都給羅素。」在致魯迅的一封信中，許廣平真附了以下這篇短文，題目就叫：「羅素的話」：

> ……讀羅素近著《中國之問題》的人們，大概還記得他是十分的讚美中國以反映英國的一種加倍寫法罷。不管他說話的動機，姑且看他的那本書上說的抽出幾句抄下來，給留心於滬案的交涉的人們注意：1、一八九四年——一八九五年之中日戰爭，……中國人易於擊敗，又易於大敗，自此日以至於今，除私人如拳匪外，不敢以兵力反抗外國（見《歐戰前之日本與中國》）2、雖中國歷史上，屢有戰爭，而人民天然之眼光，則甚和平，……是以不若西洋國家有進步之觀念，而養成動作活潑之習慣。……今日中國守舊之文人所言者，仍不脫古聖賢之語氣。假如有人告以如，則無甚進步，彼此答曰：「予等已臻完美之地位，何故再求進步？」3、中國人大抵不善於戰爭，何則，以出師之原因，往往為彼所不直，故不屑戰爭也。4、中國人之寬容，恐非未至中國之歐人所及料。（以上見《中西文化之異同》）5、初至之歐人，迷見中國之災害；若乞丐，貧苦，疾病，以及政治之紊亂與腐敗，等，無為顯然。至奮發有為之歐人，初皆以為是等災害，不可不設法排除之。第中國人即為上述可免災害之犧牲者，對於歐人之熱心鼓吹，仍漠然於所動無其中，靜俟災害之自形消滅。而遊歷稍久之歐人，乃為之大惑；初則憤中國人之麻木不仁，繼則……起以下之疑問：兢兢然防備將來之不幸為得計，可真謂之智乎？以將來或有之患難為憂，而失現在各種之愉樂，可得謂之深慮乎？雖建設大廈，而結果仍無暇棲寓，吾人當如是以度一生乎？。6、中國人……對個人或國家之事，不主張無理之要求；……雖自認兵力，較西洋衰弱，但不以精巧殺人之技藝，為個人或國家最重要之利器。……此種意見，苟以中國人文化價值之標準觀之，非不合於論理。但西洋人則不能承認此意見，……模範之西洋人，欲時時為改變環境之主動

力，而模範之中國人欲享受自然美之人，此即為中國與操英語國家大不同之原因。7、中國自非無奢望之人，但有之而不及吾人之多。彼之奢望，與吾人不同而不更善。安樂與權力二者，彼寧取安樂而舍權力。8、中國人之愛「互相讓步」，與尊重輿論。使予不能忘。衝突之趨於極端而最終用殘忍之手段者甚鮮。（以上見《中國人之性質》）9、中國苟不自強。則日本之傾崩，或在遠東得無上之優勢，皆足為中國之大害，二者恐必有一於此。且世界列強最終之利益，幾皆與中國之幸福，中國文化最良發達之方法，不能並容。是以中國人須以自己之能力，而圖自救，斷不能倚賴任何外國之慈善，以為得計。（見《中國之前途》）

　　……羅素的話我們不能承認他是「金科玉律」的不能移易，但上面所舉的也確有他真的見地。他是英國人，他看透我們的弱點，我也可以說凡世界的人，也多能看透我們的弱點，所以上海和各地近來發生的交涉，絕非「偶發事項」。我們還想做一個頂天立地的人嗎？還有些兒未涼的血嗎？則誓雪「不敢以兵力反抗外國」之恥，起來作正義，人道國權之戰爭。直至四萬萬人全沒有一些兒氣息然後止。我們為什麼要「故步自封」，在刀縫下偷活而仍然望「和平」，不希望有戰爭呢？這種「寬容」的態度，是否可以對付狼子野心，猛獸噬人的強悍的帝國主義者？任禍害之來而「漠然無所動於中」，仍不失「現在各種之愉樂」的委靡不振，麻木不仁的未來的亡國奴的中國人的態度呀？你們雖則「寧取安樂而舍權力」，而「西洋人則不能承認此意見」，現時就是他們起來「取而代之」的時候了！你雖則想「互相讓步，無如人家得步進尺，絕不放鬆，於此外交危急的時期中，以宗教，文化的侵入，而希圖拜金主義的成功；表面以友善為名的某國，新來的公使態度已有幾分灰色了！其餘的國度，能不替自己「最終之利益」打算麼？所以這回對待外交，一味設法「以自己之能力，而圖自救，」，是超渡「奴隸」而入「人」的境域的不二法門……。[26]

　羅素《中國問題》中有一節叫〈中國人的性格〉，羅素特別提及自己

---

[26] 魯迅：〈一九二五年七月十五日魯迅致許廣平〉，《兩地書》，《魯迅全集》第十一卷，人民文學出版社，2005年版。

在華坐轎子的經歷：「我記得在一個炎熱的夏天，我們幾個人坐在轎子裡，被抬過山丘，道路崎嶇難行，轎夫非常的辛苦。到了山頂後，我們停下來十分鐘，讓他們休息一會兒。轎夫們立刻並排坐下來了，抽出他們的煙袋來，又說又笑，好像一點憂愁都沒有似的。」魯迅對此嘲諷道：「至於羅素在西湖見轎夫含笑，便讚美中國人，則也許有別的意思罷。但是，轎夫如果能對坐轎的人不含笑，中國也早不是現在的中國了。」他還繼續沉痛地說道：「這文明，不但使外國人陶醉，也早使中國一切人們無不陶醉而且至於含笑。因為古代傳來而至今還在的許多差別，使人們各各分離，遂不能再感到別人的痛苦；並且因為自己各有奴使別人，吃掉別人的希望，便也就忘卻自己同有被奴使被吃掉的將來。於是大小無數的人肉的筵宴，即從有文明以來一直排到現在，人們就在這會場中吃人，被吃，以凶人的愚妄的歡呼，將悲慘的弱者的呼號遮掩，更不消說女人和小兒。這人肉的筵宴現在還排著，有許多人還想一直排下去。掃蕩這些食人者，掀掉這筵席，毀壞這廚房，則是現在的青年的使命！」[27]對此，前面提到過，有學者提出了較中肯的看法，這也許正是因為文本的語境問題而造成的誤解。

對羅素，當時年輕的郭沫若（1892～1978）是矛盾的：一方面以詩興的熱狂，另一面又以哲思的冷漠。1919年，郭沫若在他著名的詩作〈匪徒頌〉中，謳歌了當時大逆不道的幾個人物：「倡導社會改造的狂生，瘐而不死的羅素呀！倡導優生學的怪論，妖言惑眾的哥爾棟呀！亙古的大盜，實行波爾顯威克的列寧呀！西北南東去來今，一切社會革命的匪徒們呀！萬歲！萬歲！萬歲！」「五四」洗禮後的神州，經過羅素等西方思想的撞擊，鳳凰涅槃，浴火重生，在郭沫若的心目中「就像一位很蔥俊的有進取氣象的姑娘」。他還將羅素等人與孔子相提並論。1922年10月，郭沫若發表一篇文章，表達了自己對泰戈爾來訪的看法。在文章中，郭沫若對當時國內熱熱鬧鬧請文化名人杜威、羅素來華演講，表示不滿。他以為，一般國人對這些名人的思想並無精到研究，請他們不過是虛榮心的表現。在他看來，這熱熱鬧鬧的活動就像演辦的一次次「神會」一般；而當時準備請泰戈爾訪華，亦不過是又一次「神會」罷了。郭沫若的這一舉動，竟掀起了後來的「反戈逆流」，與徐志摩大唱對臺戲。[28]

---

[27]　魯迅：〈燈下漫筆〉，《魯迅全集》第一卷，人民文學出版社，1959年版，第316頁。

[28]　郭沫若：〈泰戈爾來華的我見〉，《創造週報》，1923年10月4日。

　　著名文人林語堂（1895～1976）回憶道：羅素，雖然年事已高，還機敏靈活，目光閃亮。「我記得是在朋友的公寓住宅裡遇見他的。不幸的是，他娶了一個美國菲列得爾菲亞城的小姐（大概是他第三個，也許是第四個妻子），這位妻子太以她的『爵士羅素』為榮而時時炫耀。每逢說話，她就一個人包辦。很多朋友願向羅素提問題，這位太太便插嘴代答。大家感到興趣的是聽羅素說話，沒人喜歡聽她的。所以朋友們見面也是人人感到失望。」林語堂對羅素的哲學也有點興趣，他提到：邏輯之為物，善於剖竅導窾，分析毫釐，但是功夫愈精，愈近于堅白同異之論。就使不談本原，單講事實，但是一加分析，窮究起來，什麼叫做事實？這一問題，也就變成哲學的問題。事實是零片的、間斷的，（術語叫做atomistic）如劍橋羅素所主張。「……世事茫茫渺渺，惟數學與邏輯為可靠的工具，所以現代哲學思想乃為數學所統制。17世紀的巴斯葛就是數學巨擘，笛卡兒出身，也是以科學與哲學合一為職志，近人若羅素及A. N. Whitehead更是明顯的例。羅素自身以數學名，他的企圖就是要把數學歸入邏輯範圍，或者整理邏輯，使能容納數學。」[29]

　　林語堂慣用其特有的幽默調侃說：理想大學應該是一大班瑰異不凡人格的吃飯所，是國中賢才薈萃之區，思想家、科學家集之處。這裡學生日日與這些思想家科學家交遊接觸，朝夕談笑，起坐之間，能自然的受他們的誘化陶養引導鼓勵。「理想大學應該不但是這裡有一座三百年的古閣，那裡有一片五百年的頹垣，並且是這裡可以碰見一位牛頓，那裡可以碰見一位佛羅特，東屋住了一位羅素，西屋住了一位拉思基，前院是惠定宇的書房，後院是戴東原的住所。……在學堂方面即所以借這些人以造成一種濃厚的講學的空氣。」[30]美國著名作家賽珍珠在給羅素的信中，就認為林語堂對羅素一些觀點的看法是正確的。[31]林語堂聽說一條有關羅素的新聞後，便寫了《羅素離婚》一文，十分感歎地說到：「初想這位現代聖人，倒也有切身的痛苦。前聽志摩講，住在他家裡時，看見他也曾發怒打小孩屁股。這在《教育與好生活》之作者及具有新教育理想傾家辦私塾之偉人，倒很耐人尋味。」他又從羅素夫婦允許對方有短期外遇的觀念，聯想到人們為補救婚姻不足所作的力不從心的努力。接著從婚姻的困惑而借題

---

[29]　林語堂：《林語堂自傳》自敘第 11 章，自傳拾遺第一輯〈我的信仰〉。
[30]　林語堂：《談理想教育》。
[31]　羅素：《羅素自傳》第二卷（*The Autobiography of Bertrand Russell*, George Allen and Unwin LTD, 1968），英文版第 255 頁。

發揮，招出耶穌、釋迦、穆罕默德、蘇格拉底和孔子等。還拿孔子的話題大作文章，談孔子對吃穿如何講究，說服侍他太難，孔妻因此而改嫁的可能很大。最後又書歸正傳，談新式婚姻的弊端和離婚造成的男女實際上的不平等，認為中國舊時男子娶妾而保留妻在家庭中的主婦地位，反而在某種意義上維護了婦女的權利。但文章也表示這裡面問題很多。「總之，對女性而言，離婚不離婚都吃虧。這就是文章最後的結論，其時並無結論。」[32]

林語堂在西南聯大作過一次講演，談到：我們聽見羅素恭維中國的文化，人人面有喜色；但要知道：倘使羅素生在中國，他會是攻擊東方文化最大膽、最徹底的人。羅素認為中國文化有三點優於西方文化：一是象形文字高於拼音文字，二是儒家人本主義優於宗教的神學，三是「學而優則仕」高於貴族世襲制，所以中國文化維持了幾千年。但儒家倫理壓制個性發展，象形文字限制國際交往，不容易彙入世界文化的主流，對人類文明的客觀價值有限，所以應該把中國文化提升到世界文明的高度，才能成為世界文化的有機成分。[33]在《關睢正義》一文中，林語堂幽默地拿羅素與希特勒加以對比：「這不僅僅是一件意外的事情。有些人的面孔像三角形，三角形闊的一面生在下面（獨裁者和實行的人），而有些人的面孔卻像顛倒的三角形（有智慧的人和思想家，例如羅素）。智慧的人和實行的人是屬於兩種完全不同的類型的。德國民族能夠宣誓效忠於『上帝和希特勒』，可是，如果一個英國的納粹黨要宣誓效忠於『上帝和羅素』，羅素一定要慚愧得無地自容。歐洲要是一直給這三個闊大而有力的下顎的人統治，要是她樂於給有闊大有力的下顎的人統治，歐洲一定要繼續依照她目前的發展路線下去，向著她現在所向著的深淵前趨。」[34]

林語堂對羅素推崇備至，曾用「現代聖人」、「智者」和「思想家」稱譽他，二人最突出的共同點是對自由、快樂和幸福人生的探索。當然，林語堂與羅素也有差異：後者樸實、平易、散淡，少宗教情感；前者浪漫、飄逸、精粹，多宗教的神祕氣息。作為生活在相同世紀的人，林語堂也受到羅素的不少影響。「在林語堂身上，我們隨時可見羅素思想的光芒在閃動，它們有如陽光之下的湖水一樣波光瀲灩。羅素生於1872年，比生於1895年的林語堂大23歲，不過他們都曾沐浴在19世紀的餘輝中，雖

[32] 謝友祥：〈論林語堂的閒談散文〉，《中國現代文學研究叢刊》，2003 年第 4 期。
[33] 許淵沖：〈南聯大的名師們〉，摘編自《過去的教師》，商友敬主編，教育科學出版社出版，2008 年版。
[34] 林語堂：《關睢正義》。

然林語堂只有短短五年的時間；羅素於1970年逝世，比1976年去世的林語堂早6年，可以說他們都經過了20世紀70年的漫長時光，而且又都在70年代棄世了。自然的時間與空間，使得羅素與林語堂這兩位20世紀偉人有了比較和言說的前提與可能。最直接將羅素與林語堂銜接的紐帶可能還是他們對東方文化的熱愛。」[35]有趣的是，林語堂與羅素曾一度成了「競爭對手」：他的運氣似乎不太好，被提名當年諾貝爾文學獎由於二次戰爭被迫中斷停止頒發，直到1944年才恢復。1950年，他被再次提名，但是惜敗給了大名鼎鼎的英國哲學家羅素。[36]也許是愛屋及烏，1929年，林語堂翻譯了羅素夫人的《女子與知識》，並對此文推崇備至，從以下語句可見其對林語堂女性觀念的影響：「我們是反抗自有史以來不斷的以男性壓迫我們的制度的叛徒。」「從來沒有女子教育預備我們做母親，現在這種教育急應開始。」「我們可以說，除非有最重要的理由，社會永遠不可禁止男女做父母的機會。所以兩年以上無子女的結婚，如有一方願意，即可解除婚約。」「生活與調和，寬大與和平，這是婦女運動所提倡的最好的理想。」[37]

　　在所有新型文人中，徐志摩（1897～1931）恐怕是最感性地，並用最浪漫筆調來追捧羅素的人。他操著詩化的語言將羅素著作描繪為猶如「夏日黃昏時穿透海上烏雲的金色光芒——冷靜、銳利、千變萬化。」在〈我所知道的康橋〉一文中，徐志摩說：「我到英國是為要從師羅素。羅素來中國時，我已經在美國。他那不確的死耗傳到的時候，我真的出眼淚不夠，還做悼詩來了，他沒有死，我自然高興。我擺脫了哥倫比亞大博士銜的引誘，買船漂過大西洋，想跟這位20世紀的福祿泰爾認真念一點書去。」1920年9月，徐志摩獲得哥倫比亞大學經濟學碩士後，便捨棄在此校繼續攻讀博士學位的機會，計畫進入劍橋大學跟師從羅素，早在1916一次大戰期間，羅素就因倡導和平，被劍橋大學三一學院除名。據羅素自己回憶「整個1920年我幾乎都在旅途中」，中間訪問過蘇聯，回到倫敦便發現了一封中國講學社的邀請信。徐志摩計畫赴英時，羅素確在倫敦，等他趕到倫敦，羅素早已踏上了去中國的途程。8月間離開英國，中間還在法國停留了20餘日，10月間到達中國。當時，徐志摩也許以為羅素的訪問不

[35]　王兆勝：〈林語堂與羅素〉，《山東社會科學》，2003 年 5 期。

[36]　〈諾貝爾文學獎解密 50 年前的檔案　林語堂曾兩次獲提名〉，《中國青年報》2013 年 1 月 16 日。

[37]　林語堂：〈譯羅素夫人文《女子與知識》〉，《林語堂名著全集》第二十七卷，第 5 頁，第 17 頁，第 42 頁，第 47 頁。

過一兩個月，誰知前前後後竟持續一年多。徐志摩無奈只得改讀倫敦大學政治經濟學院，在該校並未認真地念書，而全然違逆父願，改以文學為志趣，並創作新詩。徐志摩說自己「正迷上尼采」，但畢生受到影響的是羅素；旅美期間，他已讀了不少羅素著作，被這位大哲的人格魅力與博學智慧所深深吸引。他決定到英國，既無預先辦理任何劍橋的入學程序，也未與羅素本人接洽，更非知悉羅素的動向，真可謂是激情的驅趕。「徐志摩沒有想到，他告別美洲大陸，是他人生道路上的一個重大轉折。他放棄了做漢·密爾頓的理想，丟掉了實業救國的抱負，中國少了一個政治家、經濟學家，多了一個詩人、文學家。」[38]

1923年初，徐志摩翻譯了羅素〈教育中的自由──拒斥機械論〉一文，在譯序中，他聲稱，羅素所倡導的每一句話都是心靈的自由，而所最憎恨的是思想的束縛。可以說羅素是徐志摩一生的精神導師。1923年底，徐志摩發表了《羅素又來說話了》一文，稱羅素的思想言論如同閃電霹靂般擊向、震撼著資本主義那一聳入雲際的高樓，因為他揭露了資本主義的本質：「工業主義的一個大目標是『成功』（Success），本質是競爭，競爭所要求的是『捷效』（Efficiency）。成功，競爭，捷效，所合成的心理或人生觀，便是造成工業主義日趨自殺的現象，使人道日趨機械化的原因。」這種殘酷的生存競爭必然引發唯利是圖、爾虞我詐的人生觀念，它使人性墜落，人格淪喪，人所應有的意志自由、性靈自由，即人文精神，或曰人的「詩性」、「神性」，就漸漸地淪落，慢慢地被扼殺了。「這就是說，現代的社會趨向於侵蝕，終於完全剝奪合理的人生應有的餘閒，這是極大的危險與悲慘。」徐志摩以當時英國社會為例，像中產階級之頑愚、嫉妒、偏執、迷信，勞工階級之殘忍、愚暗、酗酒的習慣，等等，都是生活的狀態失去了自然的和諧的結果。因此，他對資本主義的工業文明始終持否定、批判的態度：「我們只要想起英國的孟騫斯德、利物浦；美國的芝加哥、畢次保格、紐約；中國的上海、天津；就知道工業主義只孕育醜惡、庸俗、齷齪、罪惡、囂厄、高煙囪與大富賈。」在文章的最後，他歸結道：「歸根的說，現有的工業主義，機械主義，競爭制度，與這些現象所造成的迷信心理與習慣，都是我們理想社會的仇敵，合理的人生的障礙。」[39]在各個方面，徐志摩都受到羅素的影響，比如他在〈羅素於幼

---

[38] 劉介民：《風流才子徐志摩》，第一節遊學美英的啟迪。廣東人民出版社，2002 年版
[39] 俞兆平：〈徐志摩論科學與人文〉，《福建論壇》2005 年 4 期。

稚教育〉一文中提到：「一個人品格教育的形成是在六歲以前，不是以後」。在論及羅素的《中國問題》時，他評價說：「羅素這本書，在中西文化交融的過程中，確實地新立了一塊界石。」[40]

此外還有一些在中國文化發展中有一定地位的知識分子或文人，如當時嶄露頭角，後遭魯迅偏激斥為「喪家的資本家的乏走狗」的梁實秋（1903～1987）等，都多少受到羅素的影響，並從這位大哲那裡各取所需。梁實秋在一篇文章引述了羅素「自由的思想與官方的宣傳」中的一段話，「俄國的壓迫思想比起無論哪一個資本主義的國家都嚴酷」，布爾什維克強迫著名詩人亞歷山大勃洛克「從馬克斯的觀察點」來教美學，「美學上的節奏學說如何能與馬克斯主義發生關係，他實在沒有法子辦，但是為了免於餓死，他也只好盡力地去發現那種莫須有的關係。」最終卻未能免於窮困而死的下場。對此，梁實秋贊同地說：「天下最專制的事無過於壓迫思想，我們小的時候做『秦始皇焚書坑儒論』的時候，大概都可以知道這是秦始皇的愚民政策」。[41]對這一點，他進一步指出，俄國屬行專制主張思想統一的，據羅素告訴我們說，有一位美學教授在講述美學的時候也要從馬克思的觀察點來講！美學而可以統一在馬克思主義之下，物理化學數學音樂那一樣不可以請馬克思來統一？這樣的統一，實在是無益的。在政治經濟方面，也許爭端多一點，然而在思想上有爭端並無大礙，凡是公開的負責的發表思想，都不妨容忍一點。「我們要國家的統一，是要基於民意的真正的統一，不是懾於威力暫時容忍的結合。所以我們正該歡迎所有的不同的思想都有令我們認識的機會。」[42]梁實秋回顧道，中國在未開海禁以前，所有經天緯地的聖經賢傳、禍國殃民的邪說異端，大半是些本國的土產。「杜威、羅素的影響也似乎不在孔孟以下，然而我們暫且撇開古今中外的學問的是非善惡的問題不論，為命名清晰起見，把本國土產的學問叫做國學，這卻沒有什麼不可以的。」[43]

四、趙元任、楊端六

在羅素訪華期間，與梁啟超、王國維、陳寅恪並稱清華國學院四大導

[40] 徐志摩：〈羅素與中國——讀羅素著《中國問題》〉，《羅素談中國》，沈益洪編，浙江文藝出版社，2001年。

[41] 梁實秋：〈羅素論思想自由〉，《梁實秋文集》第6卷，鷺江出版社，2002年版。

[42] 梁實秋：〈論思想統一〉，《梁實秋文集》第6卷。

[43] 梁實秋：〈灰色的書目〉，《晨報副刊》，1923年10月15日。

師，又被譽為「漢語言學之父」的趙元任（1892～1982）恐怕是風頭最盛的場面人物。

為了準備羅素來華講學，在梁啟超主導的講學社中，由蔣百里、蔡元培、丁文江、陶履恭、秦景陽等人商定，結果選中了應清華之邀任教，但還未返回國內的趙元任。這位人物真乃一個多面的一代奇才，他曾在美國康奈爾大學專攻數學，多年保持了該大學平均成績的最高紀錄；除主修外還兼讀物理，另外還選修語言、哲學和音樂等。他說到：「我在美國的第五年和前四年頗有不同，主要的變更是改變我的主修課程，從數學轉到哲學，我獲得哲學研究獎學金」而進入哈佛大學，那時「羅素、裴瑞（Ralph Barton Perry）和若伊思（Josiah Royce）的著作，我看了很多。第二年中期，我才開始想到博士論文的題目，最後決定的題目是《連續：方法論之研究》（Continuity: Study in Methodology），在論文中我提出這樣一個問題：何時算是程度上的區別，何時算是品類上的區別，品類上的區別能否減低成為程度上的區別等等。……還有整個數學，如懷特海（Whitehead）和羅素所做過的，他們的傑作當然是《數學原理》（Principia Mathematica）。惟我以及多數學生覺得在數學和哲學內外，其先驅，羅素著的《數學原理》（Principles of Mathematics）遠較可讀。」趙元任就是以這篇論文獲哲學博士頭銜；這一期間，他還選修了心理學和科學史等。後來，他回到母校康奈爾大學作過物理教師。清華請他講授數學，到校後加教英文，後又改教中國史和哲學，最後定為講授心理學和物理。趙元任對羅素的哲學和數學早有一定的研究，他提到：「我讀了許多羅素的著作。我寫一篇哲學論文，竟得了獎」。1914年7月10日，在讀了羅素的《哲學論文集（Philosophical Essays）》後，他在日記中寫道：「極符合我的想法。」

1920年8月19日，在南京的趙元任，從「三胡」，即胡敦復、胡明復及胡適處聽說，梁啟超、張東蓀等人領導的進步黨要他為即將訪華的羅素作翻譯，他們警告他不要被該黨利用提高其聲望，以達成其政治目標，並勸說不可讓他們把他僅僅當作譯員看待。趙元任同意小心行事，同時也歡迎有此機會會晤這位學者並為其任譯員，因為羅素的著作對他在哈佛的工作具有極大影響。蔣百里向清華校長金邦正借他做翻譯，得到許可，因此，趙元任在清華沒教幾天書，就得南下去接羅素，於是便請朋友王賡在他離開清華期間，用他的講義大綱代課。在趙元任為羅素當翻譯之前的1919年，對這個海歸的新式才子讀書人，有段個人生活的插曲使他傷得腦

筋和費得時間，「比為羅素翻譯要麻煩得多」，那就是他家在其雙親逝世後為其訂的親，即成了從未見過的江陰女孩陳儀莊（譯音）的未婚夫。那一期間，趙元任為解除那個舊婚約須付兩千元代價的事，成為人們的閒談的話料。但因禍得福，令他詫異的是合於邏輯呢還是偶然呢？那晚他邂逅了「五哥」和敦敏的在日本同學李貫中和楊步偉兩位女醫生，這二位在絨線胡同合開了一家「森仁醫院」；這個院名有一個「典故」，原來她們一起學醫的同學林貫虹早死，因三人各自的姓都屬木部，三木故成「森」；但既然其中一人已去，僅剩兩人，因而稱「仁」，這便造就了「森仁醫院」的名稱。第二天，這兩位醫生請「五哥」和敦敏在中央公園吃飯，趙元任是住在「五哥」家裡的客人，當然也在被請之列。趙元任在日記上說這兩位女主人百分之百的開通，楊大夫也有個家庭安排的未婚夫，那個婚約被她解除了。這以後便成就了終生的鴛鴦好事，有情人終成了眷屬。趙元任幸福地回憶到：「全體人員飯後去到醫院，被招待吃法式西點和美國巧克力糖。敦敏和五哥唱昆曲，我則唱Annie Laurie歌。第二天早晨我想回清華趕上八點鐘課，可是沒趕到，我的手錶慢了一刻鐘。此後我幾乎每兩天去森仁醫院一次，到了9月25日我向兩位大夫告別說，我恐怕太忙，如果我不能再來，希望她們不要介意；可是當晚我又去了。聽到外面出了車禍找醫生，我隨著她們跑到大門，匆忙中我踩到花盆，打破一盆菊花。自那時以後，每年在你們知道是誰的生日，我便買一盆菊花。」

　　1920年10月13日趙元任看到「波多斯」（Porthos）號輪船停泊在上海，料想羅素一定大駕已到。其實之前有個小意外，1920年10月12日，羅素等人抵達上海，起初無人接待，羅素說自己一直懷疑是一場鬧劇，為了證明誠意，他還讓中方預付了旅費，難道真有人用125英鎊開一場玩笑？後來才弄明白是中國朋友將時間搞錯了。第二天，趕到上海的趙元任終於見到羅素。在當天的日記裡，趙元任記載說：羅素與自己從照片及描述中得到的印象極為吻合，但似乎顯得更強壯，更高，儀態更為優雅。這以後，趙元任就幾乎遊刃有餘地發揮了語言的天分、知識的功底以及哲學的造詣。由於他與羅素在哈佛有共同朋友、所以易於結識後者。當天在上海，次日在吳淞有盛大的宴會和歡迎會。在歡迎會上，隨同羅素來的朵拉·勃拉克女士（Dora Black）也講了話。歡迎詞以及羅素和勃拉克的答詞都由趙元任翻譯，通常是講完一段翻譯一次。他發覺客氣話極難翻，不過以後翻譯學術演講就比較容易，尤以事前他能看到講演大綱的更是如此。在上海短暫停留後，趙元任隨羅素一行經杭州、南京、漢口、長沙，然後

北上去北京，沿途盡遇各種趣事。在女子高等師範講演的時候，人們興趣濃厚，有一千五百人擠不進講堂，遺憾的是，那個年頭沒有有效的音響設備將講詞播放於場外。對語言格外有偏好的趙元任趁機演習方言；在杭州西子湖畔，他竟用杭州方言翻譯羅素和勃拉克的講詞，杭州方言實際上是一種吳語，因曾為南宋（1127～1279）首都，也稱臨安，故帶官話語彙。在去湖南長沙途中，在江永（S・S・Kiang Yung）船上，趙元任遇到了湖南贊助人之一的楊端六，他從後者那裡學了一點湖南方言。10月26日晚，趙元任學了不到一周的湖南腔翻譯了羅素的講演；講完後，一個學生上前詢問：「你是哪縣人？」很有意思，他誤認這個翻譯是不會講官話的湖南人，實際上滿擰，這個人是說一口好官話，而現學現賣湖南話的留洋大博士。趙元任覺得這件事很有趣，常常講給親友們聽。第二天有幾次集會和餐會，趙元任得的機會晤見蔡元培和比他年長的同鄉吳稚暉。在湘督譚延闓請宴席上，他為譚翻譯，楊端六則為羅素翻譯。那晚月全蝕，羅素在講詞中特別提到兩位古代天文家因未敲打盆鍋和放爆竹，嚇走試圖吞下月亮的天狗，而被處決。可是楊端六只翻譯他說的客氣話，而未翻月蝕的事。

回到北京後，蔣百里在東城遂安伯胡同二號找到一處四合院，趙元任居東廂房，羅素與勃拉克小姐住在北上房，書房則在西廂房。在那個年頭，別說未婚同居，就連青年男女見面都違逆傳統（《自由結婚》小說是1900年代印行的），讓趙元任驚訝的是，羅素和勃拉克小姐同進同出竟未引起什麼議論。對此，羅素本人也有過一段難堪，這就是很難解釋勃拉克的身分，中國人似乎都將她當作他的夫人，當得到否認之後，他們又為先前的誤認而惶恐。不過羅素還是希望中國人將她當作他的夫人對待，結果他們在報紙上特別發了一個聲明，並且後來果然對這位女士相當以禮相待。[44]校長金邦正同意將趙元任「借與」「講學社」一年，於是他便從清華搬進城內。11月5日進步黨領導人梁啟超先生來訪，那是趙元任第一次會晤這位著名學者和大人物，他回顧到，在1900年，每個月年輕人都引頸盼望閱讀這位名人所主編的《新民叢報》。

---

[44] 《羅素自傳》第二卷（*The Autobiography of Bertrand Russell*, George Allen and Unwin LTD, 1968），英文版第 179 頁。

羅素與朵拉與1920年10月31日到達北京後，住在東城逯安
伯胡同二號。這是一個寬敞的四合院，羅素和朵拉住在北上
房，為羅素當翻譯的趙元任住在東廂房，西廂房是書房。圖
為朵拉在院子裡為羅素留影。

羅素在北京時所住過的東城逯安伯胡同二號
院門，上面的對聯在文革破四舊中被塗抹掉
了，僅留下了沒有完全磨滅的印記。

　　羅素在北京大學講演，通常是在三院，而在師範大學則在順治門（宣武門）外。第一次演講，約有一千五百人出席。趙元任在11月10日第二次講演後的日記上寫道：「我照著己意大加引申說明……以譯員的身分講，比主講人講，更有樂趣，因為譯員講後才引起聽眾反應。」在自傳中他這樣回憶：羅素在師範大學講哲學問題，講到老問題，詼諧地說：什麼是物質？不足掛齒！什麼是心意？無關重要！（Matter? Never mind! Mind? It doesn't matter!）翻譯起來頗覺困難，只能說那是一種英文文字把戲。「需要大加思考以證明沒有思考」（It required a good deal of thought to prove that there is no thought）這句話還較易翻譯。勃拉克在中國的演講多是婦女和社會改革等問題，也由趙元任做翻譯；那時，胡適做杜威的翻譯，但當他有事無法出場時，必請趙元任代譯。有一次勃拉克小姐在師大演講，提到未婚男人和未婚女人。中文的「婚」字，男子是「娶」，女子是「嫁」，他給翻擰了，成了「男不嫁、女不娶」。聽眾當然大笑，勃拉克莫名其妙，他只得小聲對她說：「現在沒時間解釋，以後再告訴你。」和羅素講演有關的一連串活動開始進行了。11月，蔣百里創刊《羅素月刊》，由瞿世英任編輯。不久，羅素贊助人之一的傅銅創立一個「羅素研究組」，第一次聚會是在「西方回國學生俱樂部」舉行的，有時也在其他處所。當時商務印館發行《羅素月刊》以配合羅素講學，專門登載羅素演講的中文翻譯筆記稿，以及介紹羅素學生、生平事蹟等文章，該刊啟事說明，凡刊登的稿件「經趙元任先生鑒閱後才發表，故可定為信本」。

1921年，羅素在北京寓所的留影。

　　趙元任在繁忙中不忘浪漫，搬進城內與羅素同住後，便和兩位女醫生朋友在森仁醫院見面的機會更多。她們常請他吃涮羊肉，或在醫院，或在附近的小館。這以後，趙元任與兩位女醫生之間有了一些朦朦朧朧的三角戀愛關係，最後還是選擇了楊大夫。提到這個楊大夫，陳寅恪回憶說：「她跟元任相識很有意思。那個時候，趙元任正替羅素翻譯，有一天完了事跟他的表姐馮織文一起去吃飯，就在楊步偉工作的醫院。那個醫院從醫生到護士都是女的，元任偏生又靦腆得很，坐在那兒吃飯就是不開腔。楊步偉是馮織文的同學，就開玩笑問元任是不是啞巴。趙元任受激也不生氣，馮織文卻不服氣了。就叫元任唱歌。元任唱了一段ANNIE LAURIE，席間氣氛就融洽起來了。元任為人很拘束的，他要照美國規矩，不肯一個人先走，吃完飯就在桌邊坐著，等楊步偉她們。那天羅素在高等師範講學，站在講臺上等半天，趙元任不來。後來來了，卻帶了個年輕女子進去。羅素一看就大怒，對著趙元任連說Bad man，bad man！（壞男人）」羅素本人曾這樣回憶：「中方專門安排了一位正式翻譯來關照我們，……在整個旅行期間，我成了他的密友。他與一名中國姑娘訂了婚，我也曾相助他克服了阻礙其婚姻的一些麻煩。我至今還常常得到他的一些資訊，他們夫妻倆曾一兩次來英國探訪我。」[45]

　　羅素雖演講大都在北京，但有時也到天津河北一帶；其中有一次是1921年3月間保定育德中學的演講。儘管羅素思想激進，但在日常習慣上，卻始終保持彬彬有禮的英國紳士風度；他在無取暖設備的大禮堂講演，一向堅持脫掉大衣。結果，他回到北京即發高燒，住進德國醫院，由狄博爾（Dipper）大夫診治。到了3月26日，左右兩肺均發炎，身體極為虛弱，朋友們考慮請他簽字委託書給勃拉克小姐，因為他們還未正式結婚。杜威為他擬好草稿。他雖然虛弱，可是卻頗清醒，口中喃喃而言，「委託書？」然後試著簽字。醫生恐怕他辦不到，可是他還是潦草的簽了。他仍然認得趙元任，小聲叫他「尺先生」（Mister Ch'）。他叫杜威的名字說：「我希望所有我的朋友不離開我。」翌日，艾瑟（Esser）大夫說羅素先生情況「更壞了」，但是杜威夫人則說魯濱遜（Robinson）大夫不那麼悲觀。到了4月17日，他已無危險，5月3日已能接見訪問者。同時倫敦報紙報導說羅素業已逝世。聽到這個消息，他說：「告訴他們，我的死訊太過誇大其詞。」他的健康恢復得很好，在回英國前，還作過若干次講演，並

45　同上，英文版第 182 頁。

參加幾次盛大宴會。

　　趙元任與楊韻卿（步偉）戀愛日深，需要趕快解決老問題。他的舅父和叔祖作中間人，兩方同意男方給女方「教育費」兩千元。他特別去到南方安排此事。終於正式解除了婚約。胡適曾回憶起：「趙元任常到我家來，長談音韻學和語文羅馬化問題，我們在康奈爾讀書的時候就常如此。以後我注意到他來的沒有那麼勤，我們討論的也沒有那麼徹底。同時我也注意到他和我的同鄉楊步偉（韻卿）小姐時常來往。有一天，元任打電話給我問我明晚是不是有時間來小雅寶胡同四十九號和他及楊小姐，還有另一位朋友朱春國（Chunkuo，湘姊朱征的號）小姐一塊吃晚飯。城裡那一帶並沒有餐館或俱樂部之類用餐的處所，我猜想是怎麼一回事。為了有備無患，我帶了一本有我注解的紅樓夢，像禮物一樣，精緻的包起來。為防我猜錯，在外面加包一層普通紙張。那晚，我們四個人在精緻小巧住宅裡，吃了一頓精緻晚餐，共有四樣適口小菜，是楊小姐自己燒的。茶後，元任取出他手寫的一張檔，說要是朱大夫和我願簽名作證，他和韻卿將極感榮幸。趙元任和楊步偉便這樣結了婚。我是送給他倆禮物的第一人。」

1921年，羅素、朵拉等人合影，左起第三人為趙元任。

在趙楊寄給親友的通知書上，說接到這項消息的時候，他們已在1921年6月1日下午三點鐘東經百二十度平均太陽標準時結了婚。除了兩項例外，賀禮絕對不收。例外一是書信、詩文或音樂曲譜等；例外二是捐款給中國科學社。在通知書上定的結婚時間，他們其實是在郵政局寄發通知書和照片呢。第二天《晨報》以特號大字標題《新人物的新式結婚》。後來趙元任問羅素先生他的結婚的方式是不是太保守，他答稱：「足夠激進」。

趙元任有一次舉行屋頂花園聚會，請羅素、勃拉克和英國公使館的班奈特（E. S. Bennett）。他回憶起自己冒昧地對羅素說，那天其相片極似「發怒的獨居人」（Mad Hatter），後者說不那麼妙想天開的比喻也許更為適切。為羅素、勃拉克及杜威送行的宴會多不勝數，趙元任發現翻譯那些客氣話比翻譯數學的哲學要難得多，常常須相機靈活處理，尤其杜威的格調極難表達。例如，他提到的「談話、討論及會議」（talks, discussions and Conferences）。[46]1921年7月，在羅素與勃拉克最後一次演講之後，梁啟超在中央公園舉辦盛宴為其餞行，還是趙元任為眾人熱情洋溢的講話做翻譯。至此，羅素訪華劃上句點。但趙元任與羅素之間的私交卻延續終生。

一年的幾乎朝夕相處，趙元任與羅素結下了友誼。羅素在自傳中特別將他的一封信附於中國回憶那一章之後；信中結尾很是溫馨：「我的太太正於200公尺外的家裡等候我，麵條快涼了，我還正溫著一小杯酒……」。除去趙元任後來在回憶錄中重點提到這一段交往外，1926年時，趙元任的好友胡適到倫敦，在向羅素致函中，還特別有一句：「趙元任博士托我向你致候。」趙元任於1924年、1939年、1954年，1968年親切會見羅素。最後那一次，趙元任還與妻子楊步偉前往倫敦拜訪了已96歲高齡的羅素先生。當時陪同的還有女作家凌叔華和她的丈夫陳源，大家與羅素及夫人合影，留下了珍貴的紀念。1972年，趙元任為羅素紀念期刊特寫了一篇《與羅素在中國》的文章。從羅素先生一方來說，與趙元任等傑出的中國文化人的接觸，的確增進了他對中國的感性認識。他後來長期關注並努力為中國的和平事業呼籲，應當與此有相當聯繫。[47]

46　參見趙元任：〈為羅素任翻譯及結婚〉，《從家鄉到美國》，關鴻、魏平譯，商務印書館。
47　楊建民：〈趙元任與羅素〉2003年第12期《人物》雜誌。

1973年,從美國回來的趙元任與夫人楊步偉重訪當年羅素居住的東
城逐安伯胡同二號。

1973年,趙元任與夫人楊步偉訪問北京大學。

　　1982年，已近九十高齡的梁漱溟，在與美國學者艾愷的對話中，曾有專門的對趙元任的評價（簡稱梁、艾）：梁：當時他是清華國學院的四個導師之一，他的知識很豐富，聽說他有這樣一個本事，就是他一般跟我們一樣講普通的北京話，但是他如果到一個新地方，比如到了福建，到了廣東，他住這麼一天，兩天，他就能講那個地方的話。艾：是這樣，我也聽說了。梁：因為他懂得那個地方人講話，從音韻上，從利用口齒上，他住上一、兩天就曉得怎麼樣，就講當地的話，人家告訴我是這樣。艾：是。當時在伯克萊的時候也請教過，研究這本書的時候，是關於羅素，因為他是陪著羅素做翻譯的。梁：有一段，本來翻譯是另外一人，後來不行，後來羅素講的東西那個人翻譯不了，還是請趙先生去翻譯。艾：是啊，我也聽說別的關於他的本事的故事，就是他可以把一個什麼話倒講，後面的幾個音先講，一大段話就是這個樣子，錄好以後就把錄音帶倒放，還是正常的話，他正是有語言的天才。[48]

1968年，羅素和第四任夫人艾迪斯與趙元任（第二排右）合影。

　　說到趙元任，就自然會提到另一個在羅素訪華時也擔任過譯員的楊端六（1885～1966）。在20世紀上半葉，作為著名經濟學家楊端六也是一個穿梭在學界與政界之間的風雲人物。他曾留日，並曾在英國留學七年，

---

[48] 引自《梁漱溟全集》第八卷附錄。

後又留法留德。楊端六到長沙代表中國公學和北京大學等4團體陪同到中國講學的杜威和羅素巡迴演講。他自己也對長沙聽眾講了「社會與社會主義」、「同業組織問題」和「介紹羅素其人——與羅素一夕談」3個專題。毛澤東當時是新民學會負責人兼任長沙《大公報》的 特約記者，特把楊的演講記錄下來，用「楊端六講，毛澤東記」的署名，登在1920年10月31日長沙《大公報》的第十版上。楊端六之女楊靜遠在回憶文章上提及，當年其父是與來長沙講學的羅素進行了深入談話的。「事實是，羅素在北京的活動，是由趙元任陪同並擔任翻譯，而他從上海去長沙的一段，則是由楊端六陪同並擔任翻譯。」[49]對這一點，似乎有些不同意見。前面提到趙元任在《從家鄉到美國——趙元任早年回憶》一書中，說自己在長沙翻譯了羅素的講演，而且用的是湖南方言。不過書中，他又提到：「在湘潭譚延闓請宴席上，我為譚翻譯，楊端六則為羅素翻譯。」據《曾寶蓀回憶錄》記載，曾寶蓀的堂弟曾約農也是譯員之一。羅素離湘赴京後，楊端六在長沙的演講中，談到自己問羅素：「這次訪華，你是來研究中國的哲學呢，還是中國的社會狀況？」後者回答說：「研究哲學並不是我的目的，我是來研究中國的社會狀況的。」楊問：「中國應提倡資本主義，還是應反對資本主義？如應反對資本主義，又用什麼方法呢？」羅答：「要弄好中國，唯一的法子，是發達實業。」羅素主張，若想實業發達：「一、委其權於資本家，任資本家去經營組織，將實業發達。二、委其權於國家，使產業歸之國有，由國家經營，發達實業。三、由勞動界自己經營，發達實業。」楊端六與羅素討論的結果是：「只有『用中國資本家開發中國實業』之一法」。楊還問道：「世有越過資本主義一階級國家麼？」羅答：「無」。羅素並進一步指出：俄國就是因實業不發達，缺少資本，所以他們的共產主義難於成功。假設像美國，就可成功了。「羅素以為與其反資本不如提倡資本」。[50]在演講中，楊端六曾主張應當理性地看待羅素及其他西方哲人的學說。[51]

---

[49] 楊靜遠：《羅素・毛澤東・楊端六》，2004 年第六期《萬象》雜誌。

[50] 楊端六：〈在羅素離湘赴京之後在長沙作的一次演講〉1920 年 10 月 31 日長沙《大公報》。

[51] 後來楊端六又自己撰寫了〈和羅素先生談話〉一文，登載在《東方雜誌》第 17 卷，第 22 期。

1921年，羅素和勃拉克女士與《羅素月刊》同人合影。後排：瞿世英、趙元任、王贗、孫伏園（從左到右），前排：蔣百里、勃拉克女士、羅素（從左到右）。

五、其他文人精英

　　當時的普通的年輕大學生以及普通知識分子對羅素有是如何呢？羅素與杜威在南京的東南大學講演完後，在師生們的要求下，校園裡建立起了羅素館和杜威院。北師大程俊英教授回憶說：「……我參加了北大的羅素研究會、杜威研究會……。不久，羅素研究會開晚會……羅素和他的情人勃拉克也來了，在餘興時，勃拉克跳拉船舞，年輕貌美，博得熱烈掌聲。」[52]羅素對當時中國的新一代知識分子還是相當肯定和提攜的，如他在《中國問題》中提到一個年輕學者的論文讓他「得到了某些頗有啟發的見解」，並大段引用了這篇論文。這名年輕人就是中國考古學之父李濟，他在哈佛大學讀博士學位，成為當時哈佛大學人類學研究院第一位外國留學生。李濟的博士論文是《中國民族的形成》（The Formation of the People of the Middle Kingdom），主要論點認為中國民族的主要成分有五種：一、黃帝子孫：圓頭窄鼻；二、通古斯：長頭窄鼻；三、藏緬族群：長頭寬

---

[52]　程俊英：〈回憶女師大〉，《程俊英紀念文集》朱傑人等編，華東師大出版社，2004 年版。

鼻;四、孟－高棉語群:圓頭寬鼻;五、撣語族群。此外,還有三個次要成分:一、匈奴族系;二、蒙古族系;三、矮人。1923年6月,李濟獲得哈佛大學人類學博士學位,他的論文得到的評語是「極佳」,後來在哈佛大學正式出版。一位歷史學家說:「自後中外學人凡論及中國民族及人種問題的,大都徵引其書」。[53]

1920年,由曾國藩曾孫女曾寶蓀和曾孫曾約農創辦的長沙藝芳女子中學,曾舉辦過一次文化盛事,那就是杜威、羅素等國際知名學者和章太炎、蔡元培、張東蓀等國內一流學術大師來長沙講學。那時記者的報導用了」萬人空巷,聽者如潮」這樣的詞語。湖南學界的組織者想到的翻譯人是曾國藩二兒子曾紀澤的長孫,從英國留學回來的海歸曾約農。第一場報告開始,羅素隆重出場,西裝革履,紳士派頭,叼著根很大的煙斗,含混不清的英文單詞在他的喉嚨裡滾動。英國人天生的傲慢態度真有點令人望而生畏。接著,曾翻譯出來了,不到三十歲的樣子,個子不高,雖然樸素無華,藹然謙遜,但一件灰布長衫土裡土氣,尤其是蓬著頭,鬍子也沒剃。觀眾開始竊竊私語:「這樣的鄉巴佬,如何能當羅素的翻譯?」不料,接下來約農先生的同步翻譯沉著淡然,理明詞達,使滿座的專業和非專業人士都不得不驚服!羅素在長沙做了四場學術報告,他的學術觀點和思想得到了很好的傳播,引起了強烈反響。臨走時,他感慨地說,他很驚奇地發現,原來落後的中國竟然有一批世界上最有教養的文明人。[54]

羅素影響了後來好幾代中國知識分子。著名學者曹聚仁「自認他的思想,一半來自羅素,一半來自魏晉」;他「精神上受到了羅素和章太炎的影響,自由與狂狷之氣都散落其間,與左派文人及右翼文人比,少了衝動的東西。」[55]著名學者張中行指出,教育的成功就在讓人不信;外界對他的評價很多,什麼雜家、學者、語言學家,但他認為自己首先是思想家,因為他一生清醒、不糊塗、不盲從,或者說,就是不信,凡事都存疑,就不容易受騙;他曾告誡年輕人要「多念書,少信宣傳」,還推薦羅素的《懷疑論集》;他自己說他「是羅素的懷疑主義和康德理性主義的結合」。[56]中國著名鐵路工程專家和教育家王竹亭,於1919年進入保定育德

---

[53] 李光謨:〈被淡忘的中國考古學之父李濟〉,《三聯生活週刊》,2006年7月31日。

[54] 羅慧:〈曾國藩後人曾約農〉2012年12月6日《三湘都市報》。

[55] 章念馳:〈章太炎・曹聚仁・魯迅〉,《曹聚仁先生紀念集》,《上海文史資料選輯》第九十六輯,2000年6月版,第92～100頁;孫郁:〈文學史的深與淺——兼評夏志清《中國現代小說史》〉,《中國圖書評論》2006年第03期。

[56] 〈女兒眼中的張中行:平淡中有坎坷〉,《中華讀書報》,2006年2月22日。

中學，也就是羅素在那裡染病的中學讀書，當時正值「五‧四」運動高潮，加之該校擁有潘梓年、劉仙洲等一批優秀教師，校方還經常聘請一些社會名流來校演講，如當時的北京大學校長蔡元培、英國哲學家羅素等，受到很大的影響，並樹立了「科學救國」的終身抱負。梁實秋的暢談夥伴兼胡適忘年小友的旅美學者陳之藩，就評價羅素是「清洌如水，在人類迷惑的叢林的一角，閃著一片幽光。」有人回憶著名歷史學家王栻曾「特別崇拜羅素」。著名考古學家夏鼐，在其《日記》中，就記載羅素講演的情景。

　　當然也有不以為然的，1924年2月13日《上海民國日報》「編輯余墨」指出，「羅素近著《中國的將來》一書，『以為中國人現在要救亡，非（一）速組正式政府，（二）提倡實業，（三）振興教育不可。』這等念頭，本極普通，原不是奇謀異策。中國國民，人人都能想得到說得出，本不要羅素那樣的大哲學家來告訴我們。」周作人說過：「羅素第一場演說是勸中國人要保重國粹，這必然很為中國人上自遺老下至學生所歡迎的。羅素這番話，或者是主客交際上必要的酬答也未可知。羅素初到中國，所以不大明白中國的內情，我希望他不久就會知道，中國的壞處多於好處，中國人有自大的性質，是稱讚不得的。」[57]李澤厚提到，羅素是在中國正處於非常時期來到中國的，就五四時期乃至中國近現代而言，啟蒙是重要的，但更重要的是救亡，而且「救亡壓倒啟蒙」。[58]

　　文學大師矛盾的短篇小說《創造》（1928）就反映了當時知識青年受羅素影響的情形：「……嫻嫻最初不喜歡政治，連報紙也不願看；自然因為她父親是風流名士，以政治為濁物，所以嫻嫻是沒有政治頭腦的遺傳的。君實卻素來留心政治，相信人是政治的動物，以為不懂政治的女子便不是理想的完全無缺的女子。他自己讀過各家的政治理論，從柏拉圖以至浩布士、羅素，甚至於克魯泡特金、馬克思、列寧；然而他的政治觀念是中正健全的、合法的。他要在嫻嫻的頭腦裡也創造出這麼一個政治觀念……。」

　　據說號稱文中奇才的李敖，在大學讀書時，以「偉大」和「獨異」嚴格要求，極其殘酷地進行自我鍛鍊。他說，「鍛鍊的方法，不論是東海聖人的，還是西海聖人的」，都「一網兜收」。據初步統計，他引為榜樣的人物有一百二十多個，引用胡適最多，共七次，居第一位，其次是羅素和

58　李澤厚：《中國思想史論》下冊，安徽文藝出版社，1999年，第842頁。

王陽明，各五次。[59]在宣布參選的時候，李敖對於自己是否能當選「立委」毫不在乎。他說，如果當選了，就是牛頓；如果沒選上，就是羅素。李敖解釋說，大哲學家羅素曾選過兩次國會議員，結果都落選，羅素當年的話是：「當選了很快樂，落選了一樣快樂。」

不過，羅素的影響也可從一些文人作家的嘲諷中看出。人們常常為《圍城》的幽默所折服，在這本書中的眾生象中，錢鍾書幾乎對每個角色出場都對其肖像進行了一番漫畫式描繪，如，那位僅露面一次的「哲學家」，說他的名氣是靠與外國著名哲學家通信和會面獵取來的；當他洋洋得意自誇同羅素會面的對話時，實際上自揭空虛與無聊。

作家劉德桂在《宣統皇帝》一書中有這樣一段栩栩如生的描繪，也許只是一種加工後的演繹，但也可看出一些羅素訪華的某些側面，先摘錄如下：

> 「皇上，起來吧，我有要事。」莊士敦（溥儀的英國老師）對著溥儀的臉道。
>
> 溥儀翻開眼皮道：「有什麼要事？」
>
> 「有一位世界上現如今最聞名的思想家要到宮中來。」
>
> 「噢。」溥儀的眼睛睜得大了點。
>
> 「他的名聲還在現在的法美總統之上，其他的國家元首就更不用說了。」
>
> 「是誰？」溥儀坐了起來。
>
> 「是羅素。」
>
> 「他不是來了好幾個月了嗎？記得是梁啟超邀請的。」
>
> 「是的，皇上，可他還在中國，沒有走，他不見到皇上他是不走的，他說若是這樣的話就等於沒來中國。」
>
> 溥儀在以前埋於報紙堆中，是知道羅素的，他來中國引起了中國的轟動，那時候，不論大報小報，都報導羅素的行止，他的學說被廣泛介紹。今天聽莊士敦說他要到宮裡來，不能不說這是一針興奮劑。
>
> 「莊師傅，這事是你安排的吧？」
>
> 「說對了一半，這主要是羅素的意願。」

---

[59] 董大中：〈李敖與胡適〉，《書屋》2003 年第 4 期。

……

「聽說有個叫羅素的要來，是怎麼回事？」端康問載灃道。

「我已問過了陳師傅和莊師傅，羅素的名聲很很大，能來宮中拜拜拜見皇帝，也是咱們的榮榮榮耀，陳師傅說，這對皇帝養身子也有好好處。」

端康太妃道：「既然陳師傅這麼說了，那應該是妥當的。不過，我聽他們讀報時是經常讀到他的名字的，這個人主張什麼社會主義，要什麼自由，會不會對皇帝有不好的影響呀？」

「陳師傅說過這事了。說這羅素主張在中國社會主義是不能實現的。又說，這羅素反對階級鬥爭，階級鬥爭是罪罪惡。」

「這話倒是對的——什麼社會主義皇上也不懂吧？」

「不會懂的。」

端康太妃道：「那好，宮中要好好接待他。」

羅素訪問紫禁城，受到上自太妃王爺皇帝，下到內務府、宗人府、師傅乃至太監們的歡迎，這在紫禁城的歷史上是少有的——因為他是個有爭議的人。

御花園的樓閣上，溥儀端坐著，他的面色由於興奮而有些紅潤，眼睛也有了神采。

他頭戴瓜皮黑帽，戴著眼鏡，穿著一般的袍褂，顯得很樸素。

不一會兒，羅素到了。

「皇上，這位就是偉大的哲學家羅素博士。」莊士敦指著走在前面的高個子長臉大腦門的英國人道。

「歡迎歡迎。」

溥儀站起身，往前走幾步。羅素忙上前握住溥儀的手道：「莊士敦師傅過獎了，不過，他在皇帝陛下面前這樣誇獎我，我是非常高興的。」

「先生來中國已很長時間了，在中國引起的轟動，我是知道的……」

「皇上，」莊士敦道，「還有其他客人呢。」

溥儀笑起來：「我和羅素先生一見如故。」

莊士敦介紹了同行的人：勃拉克女士、趙元任教授，孫伏園教授、蔣百里教授，還有……

溥儀道：「這位就不用介紹了。」

「梁啟超叩見皇上。」說罷，他跪下來。

溥儀連忙道：「快起快起，這樣太不好了。」

梁啟超站起身來。溥儀道：「以後就不要行這些禮節了，不然，還以為我又怎樣怎樣了呢。」

梁啟超道：「我永遠忠於皇上，是臣子！」

溥儀道：「坐吧。」他轉身向羅素說道：「先生見此，有何評價？」

羅素道：「猶如我見到了女王陛下，自有崇敬之情。」

說得溥儀喜滋滋的，道：「我哪裡能和女王陛下相比，猶如太陽和星星。」

「皇帝陛下，我從你的氣色身體，看到陛下的高貴，也看到了陛下的憂鬱，甚至還有恐懼、自卑，等等。剛才陛下的話也反映了這一點，我是不是說的太過分了點兒？」

「我從莊師傅身上早就學會了直率。」溥儀面向其餘的人道：「各位學界泰斗都是學貫中西的，恐怕都不喜歡曲徑通幽處的那種談話方式。」

大家笑起來。

趙元任道：「我確沒有想到皇上秉賦有如此高的才華。」

梁啟超道：「中國若沒有奸賊紛亂，不至於到此地步。」

溥儀道：「羅素先生對中國有何看法？」

羅素道：「對中國，我還是一貫的看法：對中國，不適合社會主義，當開發中國資源，社會主義只適用於實業已發達的國家。我更反對所謂的階級鬥爭，今日的世界，最危險的兩件事體，就是愛國主義與階級鬥爭。」

「可是中國卻四分五裂，干戈四起。這種局面，恐怕還會愈演愈烈。」溥儀道。

羅素道：「從根本上說，中國沒有更先進的思想，人們沉迷在低層次的欲念之中，想的是吃、喝、住、穿和女人。人類應放棄為私人幸福所作的爭鬥，按去短暫欲望之一切熱心，帶著熱情，為永恆的事物而點燃自己——這就是自由人所達到的精神美的境界。

可是在中國，不僅不能放棄個人的私人的幸福，而且，對幸福意義的理解是原始的，是低層次的。中國正在倒退，其思想境界，遠不如幾千年前。」

「我也贊成這種說法，「莊士敦道，「孟子就有許多很自由很民主的思想，可是現在，在中國卻人欲橫流。」

「那麼，」蔣百里道，「用鴉片叩開中國的大門是什麼層次的欲望呢？」

莊士敦笑道：「也不是什麼高層次的欲望。」

羅素道：「還是不談這些吧。我想說的是我剛才說過的話，皇帝陛下確實生活在恐懼、猶豫之中——莊博士，你給皇帝陛下講過生命的本質嗎？我想，在中國師傅那裡，恐怕不會有科學的解釋。」

莊士敦道：「我並沒有講。」

「那麼，皇帝陛下，看到你這樣，我要多說幾句。在無從計算的時間裡，灼熱的星雲產生的太陽系——喏——天下有千千萬萬個太陽，這是一個系統……」

「這個皇帝陛下是知道的。」莊士敦道。

「那麼，好，有了太陽系，又產生了地球，地球上的生靈。人是多麼渺小呀——中國的莊子也說過這種話。人面對的是一個陌生而無情的世界，在行動上、欲望上，人不得恒久地馴服於外在世界的暴虐踐踏之下；但是，人的思想卻是自由的，我們的思想中，充滿了對外在世界狂暴力量的反抗。我們每個人都面對過死亡、痛苦、貧乏或責任，我們要明白的是，當不幸降臨時，我們要用勇氣去將心思從無用的悔恨、恐懼中扭轉開來，而不必抱怨希望之幻滅。我們人類自被上天所創造之日起，就面對著殘酷的外在世界，問題是，人類總是在進步！為什麼？因為人類用勇氣將他們的思想，從徒勞的懼怕悔恨中扭轉開來！」

大家鼓起掌來，羅素道：「我說的話看樣子引起了大家的共鳴。」

梁啟超道：「我就是在痛苦中活到現在的。聽了先生的話，我會鼓起勇敢的風帆，在生活的苦海中繼續前行。」

羅素見大家來了興致，自己也滔滔不絕地道：「人的生命，是短暫而虛弱的；命運早晚會將無情和黑暗降臨到他身上。在善惡上盲目的，對毀滅上漠不關心的全能者，在它的冷酷之途上進行著；對人說來，今天他註定要失去他最摯愛的人，他自己明天就要經歷黑暗的門扉。在不幸早晚降臨前，能使他們短暫的生命顯得高貴的

高傲思想，有待珍惜。要藐視命運的奴隸之懦怯的恐懼，崇拜自己親手所建的靈地；不沮喪於機運的主宰，而從主宰我們的外部世界的反覆無常的暴虐中，存有心靈的自由。人類要不屈不撓，獨自撐持著他自己的理想所鑄造的世界，不顧那無意識力量的蹂躪行進。」

眾人談話的興致越來越高，以至豐盛的筵席，又成了講演的宴會。

羅素的來訪猶如給溥儀打了一針強心劑，他又增了些活力，添了些生活的勇氣，多了些開朗。

第四章　羅素與中華政治精英

　　當然，中國也有抱負遠大、雄心勃勃的人，只是不像在西方那樣普遍。而且他們的抱負和雄心採取了不同於西方——並不優於西方的表現形式。他們選擇了由偏愛享受權力而產生的一種形式。正是這種貪婪氾濫，導致了中國人由強變衰。金錢意味著能帶來享樂，因而中國人把金錢作為強烈渴求的對象。對我們西方人來說，人們渴求金錢，只是把它看作爭取權力的工具。政治家追求獲得權力，並非看重金錢，因此經常滿足於個人寒愴拮据的生活。在中國，權柄在握的官僚們，幾乎總是用權去滿足自己的唯一欲望——搜刮大量錢財。他們的主要目的是在適當時候身持巨額財富逃往國外安享餘年。事實上，逃離後喪失了權力對他們來說根本無所謂。顯然，這樣的中國政客們所造成的社會災難僅限於他們管轄的範圍以內。而我們西方政府則不然，為了在選舉中獨佔塑頭，不惜損害包括本國利益在內的全世界所有人的利益。——羅素[1]

　　我們在這裡所提及的所謂中華政治精英主要指的是孫中山、譚延闓以及羅素訪華時中國共產黨的創始人。前面提到的梁啟超具有文人精英、政治精英和哲學精英三重身分，他曾出任段祺瑞北洋政府財政總長兼鹽務總署督辦，因此在一定意義上，儘管退出政治舞臺，但廣泛的人脈與資源，他可算是北洋政府的某種「官方代表」。至於其他政治精英等，因材料和篇幅有限等原因而姑且不多作評述。說實在的，當時北洋政府與國民黨高層還沒有多大閒工夫過多捲入思想和政治清談，幾乎找不到多少文獻資料涉及到這些人士與羅素的來往。相反，具有共產主義思想苗頭的激進知識分子卻相對關注羅素，甚至與之進行了論戰。儘管中國共產黨的創始人大都對當時訪華講學的羅素持批判態度，但建國以後並未將他與杜威歸為一類。甚至在建國以後還幾度邀請羅素再次訪華。章立凡這樣透露：「老先生（張申府）回憶說：『五十年代有一次在碧雲寺舉行的孫中山紀念儀式

---

[1]　羅素：《中國問題》，秦悅譯，學林出版社，1996 年版，第 16 頁。

上遇到周恩來』，他說，『我告訴你一個好消息，羅素要來了。我們談笑敘舊後握別，後來羅素因年高未能成行。』」[2]

　　平心而論，羅素離開中國以後，始終保持對這個文明古國的友好態度，並主持正義，尤其對左翼運動和人士有著相當的支持。羅素提及」羅素哲學研究會」的成員時說：「除一位遜位皇帝的侄子外，全都是布爾什維克分子」。他本人對布爾什維克分子還是很同情，並利用自己的特殊身分幫助過中國學生進入蘇俄。[3]從他的小冊子《共產主義理想》曾被上海的中國共產黨人當做傳單印發，甚至可以推測他已知悉中國共產黨當時在上海的創建活動。[4]也許是一種巧合，杜威和羅素，這兩位中國思想界最有名的客人，都選擇了1921年7月11日這天從上海離開中國。「他們在中國的思想旅行，並沒有得到他們期望的結果。當他們帶著遺憾、失望和不解，登上歸國的輪船時，他們決不會想到，就在這同一時刻，一群先進的中國人正從四面八方齊聚上海。十幾天後，這些先進的中國人從上海來到嘉興南湖一艘普通的遊船上，正式宣告中國共產黨誕生了。」[5]

　　在這裡先提一下，羅素傳記作家克拉克（Ronald Clark）記述道：「在北京，羅素作了五大正式講演……毛澤東與周恩來出席了聽講。」[6]羅素最後的秘書法麗（Christopher Farley）也如此肯定說：「青年毛澤東與周恩來聽了羅素的講演。」[7]說法僅是部分正確，因為根據新考證的資料，毛澤東確實聽過羅素的講演，但並非在北京，而是在湖南長沙（我們在後面將要詳細提及）。周恩來有一定的可能出席過羅素在上海的演講會，因為羅素是1920年10月12日到達上海，並於10月14日至16日作了三次正式講演，而周恩來於1920年11月17日也在上海乘法國波爾多號郵船去的法國勤工儉學。[8]這在時間上有可能。據羅素的第二任夫人朵拉·勃拉克致華人學者周策縱的信中提到，她自己在中國見過周恩來（詳述見後）。以此推理，羅素也應當見過周恩來。本書著者則認為，這些說法僅為可能，但無其他更

[2]　章立凡：〈翻開塵封的歷史——記張申府先生〉2004年11月18日《南方週末》。

[3]　〈Chen Ting-Fan致羅素〉1922年12月，本信專門感謝了羅素的幫助，原件藏羅素檔案館。

[4]　參見《先鋒日報》（Dairy Herald），1921年10月19日。

[5]　文字摘自中央電視臺2001年播出的八集大型文獻專題片《使命》。

[6]　Ronald Clark, 1981. *The Life of Bertrand Russell*，Knopf，1981,p.389.

[7]　Christopher Farley.1976. "Bertrand Russell: Reminiscences and Reflections" in *Russell in Review*, ed. J. E. Thomas and K. Blackwell, Toronto: Hakkert, p. 20.

[8]　順便提一下，周恩來於1920年12月13日抵達馬賽港，隨即去巴黎，並於1921年1月5日又乘船渡過英吉利海峽到倫敦，住在羅素廣場附近的伯納德35號，有趣的是，這個廣場就是以羅素祖父命名的。

多的資料佐證，因為朵拉寫信時已相當年邁，恐記憶有誤。

　　本書作者本以為羅素沒有直接談論過毛澤東和周恩來，後來經過考證，發現他曾多次提到這兩個中國紅色領袖，儘管包含一定的批評。1955年，羅素在〈實現與破滅的希望〉一文中，提到：「這個世界上的人類是生存還是毀滅，就依賴馬林科夫、毛澤東以及杜勒斯的決定，而不是我們這樣的芸芸眾生。」[9]「一個新的強大的人毛澤東建立了一個新的朝代。」[10]在「東方的危險」一信中談及：「艾森豪維爾與周恩來這兩個強人當前將人類置於繼續存在的緊迫危險中」。[11]

一、孫中山、譚延闓

　　羅素到達上海時，當時也在那裡的孫中山（1866～1925）曾邀請他赴晚宴，「但令人永遠遺憾的是，宴請的日期定於我離開上海之後，因此，我只能婉言謝絕。在這不久，他在廣東發動了統一整個中國的革命運動。由於我沒有機會也到廣東，故始終未能同他見面。」[12]羅素後來還說過：在法國和英國這樣具有傳統教育制度的國度，關幹知識的功利主義的觀點，只是在某些方面盛行。例如它們的大學雖然有中文教授，會讀中文古典作品，而對開創現代中國的孫逸仙的著作並不熟悉。[13]從孫中山這一邊看，也非常熱望同羅素探討中國的前程，他對這一時期羅素的言論動向顯然相當關注，他在民族主義第6講中對羅素頗有好評，認為「外國人對於中國的印象，除非是在中國住過了二三十年的外國人，或者是極大的哲學家像羅素那一樣的人有很大的眼光，一到中國來，便可以看出中國的文化超過於歐美，才讚美中國。普通外國人，總說中國人沒有教化，是很野蠻的。」[14]

　　一般說來，孫中山在五四運動後，對羅素、泰戈爾、托爾斯泰等世界文壇鉅子稱頌中國文明的言論，始終加以肯定。有學者對孫中山與羅素的關係作了一些側面的描述，認為，孫中山晚年對中國儒家傳統道德和政治

9　　羅素：〈實現的與破滅的希望〉（1955年），《羅素文集》（The Collected Papers of Bertrand Russell, Routledge, 2000），第 28 卷，英文版 137 頁。

10　羅素：〈中國沒有暴君的位置〉（1955年），《羅素文集》（The Collected Papers of Bertrand Russell, Routledge, 2000），第 29 卷，英文版 274 頁。

11　羅素：〈東方的危險〉（1955年），《羅素文集》（The Collected Papers of Bertrand Russell, Routledge, 2000），第 28 卷，英文版 256 頁

12　羅素：《羅素自傳》第 2 卷（The Autobiography of Bertrand Russell, George Allen and Unwin LTD, 1967, 1968, 1969），英文版第 180 頁。

13　羅素：《贏得快樂》（The Conquest Happiness, Liveright Publishing Corporation, 1996），英文版序。

14　《孫中山全集》第 9 卷，第 248 頁。

哲學的襃揚與其對西方社會哲學的批判是聯繫在一起的，明顯受到羅素和辜鴻銘思想的影響。不過，很有意思的一點應當指出，新文化運動及五四運動以後，孫中山察覺自己鼓吹的民族主義受到了強大的挑戰，但他並未明確指出究竟誰是論敵。據有學者推測：具體所指外部淵源主要是英國的羅素、俄國的無政府主義者克魯泡特金和德國的社會主義者馬克思；而內部則幾乎涵蓋國家主義以外新文化陣營各個派系的代表，甚至包括一度傾向社會主義的國民黨人如戴季陶等。世界主義自清末取代以天下觀為主導的大同思想進入中國，由於「西方」在中國人的觀念世界中地位日益上升，以及歐戰宣告國家主義破產，世界主義在以西為尊的新青年中漸成流行趨勢。經過與外力壓迫下不斷高漲的愛國情緒相融合，形成「世界的國家主義」或「世界主義的國家」觀念，與孫中山改造後的民族主義雖有分歧，亦存在溝通的基礎。隨著民族危亡的日趨嚴重，越來越多的新文化派重新回到民族國家的立場。世界主義與民族主義的取捨，始終是困擾後發展國家的兩難選擇。[15]有研究者從反對帝國主義的角度解釋演講的內容，指出反對世界主義是孫中山在他後期活動中為了宣傳民族主義而進行的思想批判之一。[16]

1921年6月21日至30日，孫中山在廣東省第5次教育大會發表演說，提到：「有謂歐洲各國今日已盛倡世界主義，而排斥國家主義，若我猶說民族主義，豈不逆世界潮流而自示固閉？不知世界主義，我中國實不適用。因中國積弱，主權喪失已久，宜先求富強，使世界各強國皆不敢輕視中國，賤待漢族，方配提倡此主義，否則漢族神明裔冑之資格，必隨世界主義埋沒以去……故兄弟敢說中國欲倡世界主義，必先恢復主權與列強平等；欲求與列強平等，又不可不先整頓內治。所以眾「夥計」今日要行積極民族主義，更要如日本之大隈、井上之兩位苦志學生，方能有用，方能為中國主人，方能去提倡世界主義。」[17]1924年2月，孫中山在三民主義演講的民族主義第3講時，再度詳細闡述了對世界主義的全面反批評，他說道：「英俄兩國現在生出了一個新思想，這個思想是有知識的學者提倡出來的，這是什麼思想呢？是反對民族主義的思想。這種思想說民族主義是狹隘的，不是寬大的；簡直的說，就是世界主義。現在的英國和以前的

15　桑兵：〈世界主義與民族主義──孫中山對新文化派的回應〉原載《近代史研究》2003年第2期。

16　張磊：〈論孫中山的民族主義〉，《孫中山：愈挫愈奮的偉大先行者》，廣東人民出版社1996年版，第102頁。原載《北京大學學報》1957年第4期。

17　《孫中山全集》第5卷，中華書局1985年版，第558～559頁。

俄國、德國，與及中國現在提倡新文化的新青年，都贊成這種主義，反對民族主義。我常聽見許多新青年說，國民黨的三民主義不合現在世界的新潮流，現在世界上最新最好的主義是世界主義。究竟世界主義是好是不好呢？如果這個主義是好的，為甚麼中國一經亡國，民族主義就要消滅呢？世界主義，就是中國二千多年以前所講的天下主義……大凡一種思想，不能說是好不好，只看他是合我們用不合我們用。如果合我們用便是好，不合我們用便是不好；合乎全世界的用途便是好，不合乎全世界的用途便是不好。世界上的國家，拿帝國主義把人征服了，要想保全他的特殊地位，做全世界的主人翁，便是提倡世界主義，要全世界都服從……如果民族主義不能存在，到了世界主義發達之後，我們就不能生存，就要被人淘汰。」[18]

在此演講的第4講中，孫中山進一步進行了批判：「強盛的國家和有力量的民族已經雄占全球，無論什麼國家和什麼民族的利益，都被他們壟斷。他們想永遠維持這種壟斷的地位，再不准弱小民族復興，所以天天鼓吹世界主義，謂民族主義的範圍太狹隘。其實他們主張的世界主義，就是變相的帝國主義與變相的侵略主義……我們今日要把中國失去了的民族主義恢復起來，用此四萬萬人的力量為世界上的人打不平，這才算是我們四萬萬人的天職。列強因為恐怕我們有了這種思想，所以便生出一種似是而非的道理，主張世界主義來煽惑我們。說世界的文明要進步，人類的眼光要遠大，民族主義過於狹隘，太不適宜，所以應該提倡世界主義。近日中國的新青年，主張新文化，反對民族主義，就是被這種道理所誘惑。但是這種道理，不是受屈民族所應該講的。我們受屈民族，必先要把我們民族自由平等的地位恢復起來之後，才配得來講世界主義。」[19]

1931年，雷海宗先生在武漢大學講授世界通史時曾將19世紀至20世紀30年代以前的世界主義，分為三類，即大同主義（Cosmopolitanism）、國際主義（Internationalism）與和平主義（Pacifism）。第一類有英國小說家、文明批評家威爾斯（Herbert George Wells）、美國社會學家、經濟學家魏伯倫（Thorstein Veblen）、英國政治、經濟評論家、諾貝爾和平獎獲得者安吉爾（Norman Angell）、德國科學社會主義創始人卡爾·馬克思（Karl Marx）等；第二類又擔任過美國總統、並獲得諾貝爾和平獎

---

[18] 《孫中山全集》第9卷，中華書局1986年版，第216～217頁。
[19] 《孫中山全集》第9卷，中華書局1986年版，第223～226頁。

的威爾遜（Woodrow Wilson）等；第三類有俄國作家列・托爾斯泰（Leo Tolstoi）、法國作家羅曼・羅蘭（Roman Rolland）和英國哲學家羅素（Bertrand Russell）等。[20]為此，有學者進一步推測，孫中山批評的對象主要為突出英國與俄國，尤其是英國，首當其衝地為1920年10月至1921年7月來華講學的羅素，因其一貫信奉和平主義和人道主義，反對民族主義與民族戰爭，尤其是針對第一次世界大戰暴露出來的威脅人類生存發展的嚴重問題做出反省，對民族、國家、宗教等進行深入探討和深刻批判。在「社會結構學」的系列演講中，有「實業制度國家主義互相影響」一節，其中羅素揭示了「民族主義的崛起攔腰斬斷了工業大生產自然地國際化的去路。而且，根源於『非理性的本能』的愛國心和民族主義在現代世界與工業大生產奇異地結合在一起，一方面，民族主義激發著工業大生產以國家為單位進行殘酷的競爭，另一方面，工業大生產中激烈競爭又使民族主義這種『合群／敵對本能』發展到了前所未有的程度……世人如果沒有及時醒悟過來，共同建立新的世界秩序，人類在不遠的將來就會在民族戰爭中自我毀滅。」[21]羅素一般性地反對民族主義的鮮明態度，使得後來學者在概括其來華的全部演講內容時，甚至將「宣揚帝國主義的世界主義」列在首位。[22]

羅素的演講詞刊登於1921年4月5～6日的上海《民國日報》上，同年分別由北京大學新知書社和《晨報》社出版單行本。1923年，羅素離華後，在《社會結構學》系列演講上，加寫了《向國際主義的轉變》、《發達國家的社會主義》、《不發達國家的社會主義》等8章，合為《工業文明的展望》一書在倫敦出版，在此書中，羅素及進一步揭露「民族主義的本質是人們將本民族與他民族對立起來的一種敵對情緒」，他既反對壓迫民族的民族主義即帝國主義，也反對被壓迫民族的民族主義即民族自決，認為民族自決原則下的愛國主義與帝國主義原則下的愛國主義界限相當模糊，一旦依靠愛國主義激情獲得民族自決，這種激情很容易轉化為對外侵略和謀求霸權的動因。同時，世界各民族很難達到或保持長期的均衡，訴諸民族自決原則只會使各民族之間無休止地戰鬥下去。民族主義或愛國主義歸根結底是有害的，醫治民族主義的惟一藥方就是消滅民族主義，使人

---

[20] 雷海宗撰，王敦書整理、導讀：《西洋文化史綱要》，上海古籍出版社2001年版，第294～295頁。

[21] 馮崇義《羅素與中國》，第74～77、138～139頁。

[22] 彭明：《五四運動史》（修訂本），人民出版社1998年版，第565頁。

類的精力和情感不再服務於民族對立。理想的辦法是人類自覺地組成一個具有最高權威的「世界政府」，按照工業大生產本身的需要，合理地解決原料和能源的分配問題、移民問題、民族之間的領土問題，為此需要大力提倡國際主義。[23]

　　羅素來華及其演講，在青年學生中引起很大反響，1924年北京大學以學生為主要物件所做的民意調查顯示，作為「中國之外誰是最偉大的人」，羅素僅在列寧和威爾遜之後，排列第3位，比先其來華演講、名列第11位的杜威（J.Dewey）高得多。[24]其反對民族主義、鼓吹世界主義的主張，在崇尚西方文明並開始嚮往社會主義的青年學生當中引起不少共鳴。孫中山幾度針對世界主義反對民族主義論調的公開演講，與羅素來華演講及其相關著作的出版在時間順序上如此吻合，恐怕反映了一定的因果聯繫。[25]儘管羅素信奉和平主義與世界主義，反對包括民族自決在內的一切形式的民族主義，他為中國設計的發展道路卻是統一、獨立、實行國家社會主義，以及在吸收西方文明優秀成分的基礎上發展道德文化，這與孫中山的主張大致吻合。後來羅素在商團事件中旗幟鮮明地支持孫中山。[26]像杜威一樣，羅素還是希望孫中山的溫和社會主義運動能夠在中國獲得成功。[27]

　　在當時的政治生態中，堪稱「政治不倒翁」的湖南督軍譚延闓是一個另類的政治人物，恐怕他是絕無僅有與羅素直接打過交道的一位現任當權者。當時，為了粉飾太平，表示驅張以後，勵行文治，同時也正是湘軍準備「倒譚」之際，這時譚延闓故示暇逸，邀請了羅素、杜威，以及國內名流章太炎、蔡元培、吳稚暉和張繼等來湘講學，大開「學術講演會」，造成一片升平祥和的景象。譚延闓不但動用省政府的財力物力人力邀請羅素來湘講學，而且在1920年10月26日下午，羅素開始講演時，他親自出面主持並作專門介紹。羅素在晚上和27日上、下午連做了四場演講，講題是《布爾什維克與世界政治》。27日晚，譚延闓又親自出面宴請羅素。在長沙時，羅素對譚延闓的開明感到詫異，竟然稱其不比任何歐洲地方官員差，當然他也認識到，這位譚督軍也許僅為個例，其能否能代表所有中國

23　參見桑兵：〈世界主義與民族主義——孫中山對新文化派的回應〉，原載《近代史研究》2003年第2期。

24　《北京大學日刊》1924年3月4～7日。

25　參見桑兵：〈世界主義與民族主義——孫中山對新文化派的回應〉，原載《近代史研究》2003年第2期。

26　馮崇義：《羅素與中國》，第29頁。

27　Ray Monk：*Bertrand Russell: The Spirit of Solitude*, 1872-1921, Volume 1, The Free Press, p592.

官員的水準，還無法下定論。譚延闓在1920年10月26日的日記上談到了自己對羅素的看法：「遂至尊道會，作演講會主席。杜威來，演說教育，語皆平實，老生常談也。四時，羅素來，演說博爾雪維（多數主義）主義與世界政治，於俄過激黨歷史甚詳盡，惜楊端亦不善譯。」在1922年1月17日的日記上，譚延闓又寫道：「呂滿去。將晚飯，任修本歸，同吃，與談學問甚久，渠謂羅素之哲學能令算學為一，高於杜威，然不如法之白爾克心，他日或將及之，視德之紐文則並駕矣。又論羅素平日主張去婚姻制，殆近方與剝拉克女郎結婚，因女郎將生子，不結婚則子非羅素有也，不能舍一子而破壞己之學說，亦可笑者云云。自古文人言行不能一致者多矣，牧師但知其國人耳。」[28]可以看出，羅素的講演及其思想對譚延闓還是有著相當觸動。

二、毛澤東、陳獨秀、李大釗

中國中央電視臺八集大型文獻專題片《使命》第二集《旗幟》有以下這樣幾段解說詞：⋯⋯在湖南省圖書館，《使命》攝製組找到了1920年羅素等人來長沙講演的有關報導。從中可以看到，毛澤東擔任了其中三場的記錄。羅素的講演讓他深感失望，他作出了一生中最重大的抉擇。他在給朋友的信中寫道：「我對於羅素的主張，有兩句評語，就是理論上說得通，事實上做不到⋯⋯。」⋯⋯也許是一種巧合，杜威和羅素，這兩位中國思想界最有名的客人，都選擇了1921年7月11日這天從上海離開中國。他們在中國的思想旅行，並沒有得到他們期望的結果。當他們帶著遺憾、失望和不解，登上歸國的輪船時，他們決不會想到，就在這同一時刻，一群先進的中國人正從四面八方齊聚到了上海。十幾天後，這些先進的中國人從上海來到嘉興南湖這艘普通的遊船上，正式宣告中國共產黨誕生了⋯⋯。這是當今中國典型的主旋律說法。

中國共產黨的創始者們，恐怕除了張申府之外，幾乎都對羅素持批判態度。1920年11月20日，就在羅素來華的一個多月後，《共產黨》雜誌正式創刊，李達任主編，編輯部就設在他所住的法租界陳獨秀寓所的一個小小的亭子間；每期由《短言》、正文和《世界消息》三部分構成。[29]1920年12月7日，就在中國共產黨誕生前夕，也是羅素已經來到中國已快兩個月

28　〈筆墨譚心——譚延闓日記〉，臺灣中央研究院數位典藏網。
29　段樂川：〈李達的編輯活動與馬克思主義在中國的傳播〉，《出版科學》，2005年第四期。

了，《共產黨》發布了第二號短言，中間有兩段是這樣寫的：「……日本《批評》雜誌十一月號上說：『羅素未來日本以前，我們不能不從支那文翻譯羅素的思想。西洋思想經由日本再輸出支那最近的現象雖是如此，照此時日本這樣的思想大逆轉行，我們以為不得不由支那輸入文化之時代漸漸有到了』。我們對於日本諸君這些話有兩種感想：（一）我們明明知道他們是一種刺激青年的話，而我們中國人聽了都萬分慚愧！羅素來中國全是由於政客利用他出風頭擴張黨勢，和中國思想界關係很少。」[30]

　　1920年10月26日，羅素在湖南長沙作了題為《布爾什維克與世界政治》的演講，其中強調社會主義優於資本主義，並終將代替資本主義制度。社會主義可消除貧富兩大階級的不平等，可以免除戰爭，不再有勞逸不均和生活相差懸殊。當時，毛澤東（1893～1976）被長沙《大公報》邀任此次報告會的特約記錄員，並由此造成了自身思想的轉變。1920年12月1日，毛澤東在給蔡和森、蕭子升等的信中寫道：「我於羅素講演後，曾和蔭柏、禮容等有極詳之辯論。」毛澤東還參與了對講演稿記錄版本的選擇和修訂工作，並在聽取或記錄楊端六、李石岑、張東蓀相關講演後，又進一步瞭解了羅素的思想主張。從當時記錄來看，羅素講演是「最為湘人歡迎」的。羅素曾聲明布爾什維克不是過激主義，世界本無所謂過激主義，過激主義的名詞完全是被捏造出來的謔號。羅素講演宣傳的「布爾什維克主義」或「過激主義」在長沙引起很大的反響。毛澤東聽了講演之後，與新民學會會友多次討論羅素講演的問題。毛澤東領導的文化書社銷售《羅素政治思想》、《羅素社會改造原理》等書籍。羅素報告對共產主義的稱讚以及對俄國「勞農專政」的批判確實引起了毛澤東的興趣。但聽了羅素提出的共產主義可以不用暴力革命，而用教育和啟蒙方式實現的觀點，在給法國的蔡和森信中明確表示反對，他指出：「羅素在長沙演說，意與子升和笙同，主張共產主義，但反對勞農專政，謂宜用教育的方法使有產階級覺悟，可不至要妨礙自由，興起戰爭，革命流血。」他認識到「俄國式的革命，是無可如何的山窮水盡諸路皆走不通了的一個變計」，得出的結論是：「我於子升、和笙二兄的主張，不表同意。而於和森的主張，表示深切的贊同。」[31]他認為中國的學校和報紙都掌握在資本家手裡，如果只是溫和地等待，革命將是遙遙無期。但對一些浪漫的自由派知

30　《共產黨》第二號短言，《一大前後》（一），人民出版社，1980年版。
31　毛澤東：〈給蕭旭東、蔡林彬並在法諸會友的信〉（1920年12月1日），《一大前後》（一），人民出版社，1980年版。

識分子，羅素卻是最讓他們發狂的偶像。

在新民學會1921年1月2日舉行的聚會上，有人提出：「第一步採過激主義，因俄國人的自由因平等而犧牲，所以第二步要採用羅素基爾特社會主義」；還有人指出：「對於採用俄國勞工政府的辦法非常懷疑。主張用羅素的溫和辦法，先從教育下手，作個性之改造。俟大多數人都瞭解，乃實行全體改造。」[32]毛澤東指出：「世界解決社會問題的方法大概有下列幾種：一、社會政策；二、社會民主主義；三、激烈方法的共產主義（列寧的主義）；四、溫和方法的共產主義（羅素的主義）；五、無政府主義。我們可以拿來參考，以決定自己的方法。社會政策，是補苴罅漏的政策，不成辦法。社會民主主義，借議會為改造工具，但事實上議會的立法總是保護有產階級的。無政府主義否認權力，這種主義恐怕永世都做不到。溫和方法的共產主義，如羅素所主張極端的自由，放任資本家，亦是永世做不到的。激烈方法的共產主義，即所謂勞農主義，用階級專政的方法，是可以預計效果的，故最宜採用。」[33]

作為中國共產黨主要創始人的陳獨秀（1879～1942）雖參加了北京七團體歡迎會，但這以後對羅素講演，例如基爾特社會主義[34]一類的理論逐漸產生反感。1920年12月1日出版的《新青年》第八卷第四號，刊登了張東蓀的文章和駁張東蓀的文章，還刊登了陳獨秀與張東蓀的往來信件，共十三篇。陳獨秀在這組文章之前，加上了「關於社會主義的討論」的醒目標題。這一批判不僅僅只是批判張東蓀，陳獨秀還發表了致羅素的公開信，對這位「世界名人」進行批判，因為張東蓀的文章中販賣的是羅素的貨色。他質疑羅素：中國要發展教育及工業，「這是不待討論的；但是有一件要討論的事，就是還仍舊用資本主義發達教育及工業，或是用社會主義？……近來中國有些資本家的政黨的機關報屢次稱讚你主張中國第一宜講教育，第二宜講開發實業，不必提倡『社會主義』，我們不知道這話真是你講的，還是別人弄錯了呢？我想這件事關係中國改造之方針，很重要，倘是別人弄錯了，你最好是聲明一下，免得貽誤中國人，並免得進步的中國人對你失望。」[35]

---

[32] 新民學會會務報告第二號（1921年1月），《一大前後》（一），人民出版社，1980年版。

[33] 毛澤東：〈在新民學會長沙會員大會上的發言〉（一九二一年一月一日、二日），《毛澤東著作選讀》，1986年版。

[34] 基爾特是英文 Guild 的譯音，意思是行會。基爾特社會主義來自英國，它認為無產階級的社會主義革命是不必要的，只要依靠職工的行會組織就可以改變資本主義國家的性質。

[35] 陳獨秀：〈致羅素先生底信〉，《新青年》8卷4號，《陳獨秀文章選編》，三聯書店，1984年。

　　陳獨秀還深入批判說：哲學雖不是抄集各種科學結果所能成的東西，但是不用科學的方法下手研究、說明的哲學，不知道是什麼一種怪物！杜威博士在北京現在演講底「現代的三個哲學家」：一個是美國的詹姆士，一個是法國的柏格森，一個是英國羅素，都是代表現代思想的哲學家，前兩個是把哲學建設在心理學上面，後一個是把哲學建設在數學上面，沒有一個不採用科學方法的。用思想的時候，守科學方法才是思想，不守科學方法便是詩人底想像或愚人底妄想，想像，妄想和思想大不相同。哲學是關於思想的學問，離開科學談哲學，所以現在有一班青年，把周秦諸子，儒佛耶回，康德黑格爾橫拉在一起說一陣昏話，便自命為哲學大家，這不是怪物是什麼？羅素也不反對宗教，他預言將來須有一新宗教。「我以為新宗教沒有沒有堅固的起信基礎，除去舊宗教傳說的附會的非科學的迷信，就算是新宗教。……前幾天我的朋友張申甫給我的一封信裡也說道：『宗教本是發宣人類的不可說的最高的情感（羅素謂之精神Spirit）的，將來恐怕非有一種新宗教不可。但美術也是發宣人類最高的情感的（羅丹說：『美是人所有的最好的東西之表示，美術就是尋求這個美的』。就是這個意思）。而且宗教是偏於本能的，美術是偏於知識的，所以美術可以代宗教，而合於近代的心理。現在中國沒有美術真不得了，這才真是最致命的傷。社會沒有美術的趣味，所以社會是乾枯的，種種東西都沒有美術的趣味，所以種種東西都是乾枯的；又何從引起人的最高情感？中國這個地方若缺知識，還可以向西方去借；但若缺美術，那便非由這個地方的人自己創造不可。』」[36]陳獨秀還引用羅素在《中國人到自由之路》裡的話說：「中國政治改革，決非幾年之後就能形成西方的德謨克拉西。……要到這個程度，最好經過俄國共產黨專政的階段。因為求國民底智識快點普及，發達實業不染資本主義的色彩，俄國式的方法是唯一的道路了。」「羅素這……話，或者是中國政黨改造底一個大大的暗示。」[37]不過，羅素對當時中國那種陷於學術爭論中的社會主義，十分反感，寫道，那些人「兩手抱胸，高談闊論社會主義，而日本人、俄國人、英國人、美國人則都忙於掠奪中國的富源」。[38]

　　儘管陳獨秀對羅素作過批判，但後者在關鍵時刻還是伸出援救之手。1932年10月15日，陳獨秀在上海公共租界寓所被工部局巡捕逮捕，經第一

---

[36]　陳獨秀：〈新文化運動是什麼？〉，《新青年》7卷5號，《陳獨秀文章選編》，三聯書店，1984。
[37]　陳獨秀：〈實行民治的基礎〉，《陳獨秀著作選》，任建樹等編，上海人民出版社1993年版。
[38]　〈羅素致柯莉〉，1920年年12月24日。

特區法院略事詢問,即將同案人犯引渡給上海市警察局。接著蔣介石命令將陳等解押南京(同案尚有彭述之、濮一凡、王武、王兆群、何阿芸、王子平、郭鏡豪、梁有光、王鑒堂等),交軍政部部長何應欽派軍法司司長王振南審理。這時全國各地報紙紛紛發表消息,國內和國際的著名學者如蔡元培、楊杏佛、羅素、杜威、愛因斯坦等人都打電報給蔣介石,要求釋放陳獨秀。蔣介石在國內外的輿論壓力下,被迫批示,由軍法司移交地方法院審理。於是,陳氏等由軍法司看守所移至江寧地方法院看守所羈押(因軍事法院審理不公開,不得請辯護人。地方法院則反是,故蔣氏為平民憤,而將陳氏改由地方法院審理)。

中共共產黨主要創始人之一的李大釗(1888~1927),對羅素進行了批判。他指出:「自從羅素說了一句『中國需要振興實業』的話,就有人大吹振興實業。誠然,中國經濟之厄運已至,實業確有振興之必要,但謂振興實業而必適用資本主義,其謬已極。」[39]中共創始人之一的周佛海[40]也對羅素批評道:「自從羅素到中國之後,我預想談社會主義的,一定會要大加勇氣,大吹大擂地來談了。那曉得結果實得其反。因為羅素有『中國須發展實業,振興教育』的兩句話,反引出反對社會主義的討論來了。……在現在狀態下面,發展實業,只有四個辦法:一、由國家來辦;二、由資本家來辦;三、由勞動者集資來辦(這是羅素說的);四、用協作社來辦。」[41]

三、周恩來、張太雷、瞿秋白、惲代英、張國燾

1960年,旅美學者周策縱出版了55萬字的英文版《五四運動史》,隨後又編輯了《五四運動研究資料》,書中詳列「五四」時期出版的近千種報刊及其他資料,注明其出版地點、出版日期、編輯人員及撰稿人名單,並包括中文及外文譯注。有意思的是,這本書出版後同時成為大陸和臺灣的禁書,上世紀80~90年代後又同時為兩地開禁,而成為這方面研究的經典之作。1978年12月,哈佛大學出版社給周先生轉來英國著名哲學家羅素第二任夫人朵拉·勃拉克·羅素,即那位隨羅素訪華的那位女士的親筆信,信中說:「敬愛的周策縱先生:我不知道這封信能否寄到你處,

---

[39] 李大釗:〈社會主義下之實業〉,《一大前後》(一),人民出版社,1980年版。

[40] 周佛海(1897~1948),中國一大代表,於1924年退黨,後與汪精衛一起成為漢奸。

[41] 周佛海:〈實現社會主義與發展實業〉(1920年12月10日),《一大前後》(一),人民出版社,1980年版。

也不知道你是否還在史丹福大學或哈佛大學，或者甚至你是否還活著？但是當我讀你的書《五四運動史》時，我就立刻覺得必須寫封信，並且設法寄達你，因為我要為你這書而感謝你。如你所知，我於1920年和羅素一同訪問中國，事後就和他結了婚。作為一個外國人，我當時未能知道中國正在進行的活動的詳情，這些詳情你在你書裡是那麼美妙地敘說了。但我自己也確感覺到那個時代和當時中國青年的精神與氣氛。這種精神和氣氛似乎穿透了我的皮膚，而且從那時起我就說過，我已從中國的那一年裡吸收到了我的生命哲學。現在讀到這全部歷史故事，和那些參與者的一生、時代與活動，而一部分參與者，如胡適、梁啟超和周恩來等，我又曾親身會見過，這樣讀了真使我感覺非常痛快……我只希望目前英國能像當年中國青年的年輕一代，希望能有像蔡元培校長等人一樣的大學首長，願意支持他們的學生。最後，我必須恭維你在你的書中所表現的學問和研究。」周策縱先生接信後評價道：「她這些話，以這樣年邁的西方婦女改革運動先驅者如此說來，真令人感動。這不但使我個人感到惶恐，它更可能是『五四』青年一種意外的安慰了。」[42]在訪華時，倍受爭議的勃拉克懷了孕，返英不久兩人正式結婚；雖近六十載逝去，但這位女性始終保留中國情結，看來當時中國青年的精神與氣氛真的「穿透了她的皮膚」，並在中國真的「吸收到她的生命哲學」。從這封信還可以作出各種層面的解讀。其中之一就是羅素與周恩來曾經見過面，這在別的資料上似乎沒有確切記載。不過，根據與周恩來有關的南開校史記載，羅素曾在梁啟超的引介下在這所學校作過講演。

　　還有多處有關周恩來（1898～1976）與羅素間接有關的記載。一處是周恩來早年批判羅素一類觀點是提到：「由無政府主義思想影響的法國工團主義和英國行會社會主義，他們在政治上的見解至今還無法相容，但在經濟制度上卻有一個相同之處，便是都主張產業自治，都反對生產集中。……行會社會主義在社會主義各派中要算最狡猾最調和的，其壞恰如受資本主義之毒最深的英國人性。以中國情形，要用他的方法來開發實業，也只好讓那些到了湖南才知中國窮的張東蓀輩閉著眼睛坐在屋裡亂講去罷。好壞都與貧民無關，本來他們都是些英國紳士派的模仿者啊！」[43]顯然，這裡所說的英國紳士派就是羅素。另一處是周恩來本人曾提到：

---

[42]　轉引自劉作忠：〈浮海著禁書──周策縱和《五四運動史》〉，《書屋》，2004 年 11 期。

[43]　周恩來：〈共產主義與中國〉（1922 年 8 月 16 日），《一大前後》（一），人民出版社，1980 年版。

「我感謝劉清揚（張申府原夫人）和張申府，是他們兩人介紹我入黨的。張申府的思想很雜，研究羅素哲學著了迷，他想把孔子、羅素、馬克思、弗洛依德、愛因斯坦的思想熔於一爐。」[44]再一處是1963年人民日報報導說「周總理接見英哲學家羅素的代表」；還有一處是人民日報報導：1973年5月13日晚上9點，周恩來總理、人大常委會副委員長郭沫若、國務院教科組組長劉西堯在人民大會堂會見了美籍中國學者趙元任和夫人楊步偉及其子女。參加會見的還有周培源、吳有訓、鄒秉文、黎錦熙、竺可楨、呂叔湘、丁西林、趙樸初等，共約50人。81歲的趙元任和85歲的夫人楊步偉是4月21日抵達北京的。自1938年離開昆明出國，這是35年後他們第一次返回內地。二女兒一家在內地，他們已經分別27年。對於楊步偉來說，除了見許多親戚、朋友，看看當年生活和工作過的地方外，她還想瞭解一下祖父楊仁山居士創辦的金陵刻經處的情況。大家隨便聊天，除了大外孫女婿林邁不是中國人，其他都是中國人，因此會見不用翻譯。「周總理在談話中說道，趙先生執教清華大學時，他曾考慮去跟先生學語言學，後來先生給羅素做翻譯暫時離開了清華大學，所以沒能去學，也就不曾見著先生。趙元任聽了非常高興，說，幸虧沒有跟我學語言學，不然中國可就少了一個好總理。大家聽了周總理和趙元任先生風趣的談話，不時爆發出歡快的笑聲。」[45]

中國共產黨早期重要領導人之一的張太雷（1898～1927），除了參加批判持基爾特注意觀點的梁啟超和張東蓀外，還直接與基爾特社會主義創始人之一的羅素作過辯論。在一次辯論會上，張太雷登臺批駁羅素的「現代社會裡最先進、最有益於進步階級是『智力的無產階級』，即知識分子，而『體力的無產階級』，即雇傭工人，則僅僅是社會進步的輔助力量。」的觀點。當時由於受到羅素組織職工行會、資本家與工人和諧發展改造社會的思想的影響，香港工人聯合會以及幾位工程師出身的工人運動領袖，想引導工人走與資產階級合作制的空想社會主義道路，他們按照美國和英國的資本主義佔有方式，由工人創辦自己的工廠企業，然後工人參與分紅。香港工人聯合會籌集了五百萬墨西哥元，組織工人創辦了模範鑄造廠，按五十元為一股，共分十萬股，每個工人至少應分擔一股，初次交納十元，其餘的按每月工資10％來交納。在1920年底，已經採用這種方

---

[44]　周恩來：〈論知識分子問題〉（1962 年 3 月 2 日），《周恩來選集》（下卷），1980 年版。

[45]　朱洪：趙樸初趙元任的三次交往，中華讀書報，2006 年 04 月 05 日

式，湊集了五萬多元資金，並且還為建造廠房找到了一塊合適的地皮。張太雷對此事作了認真的調查研究，並發表文章，向工人說明組織這種工人參與「利潤分紅」的私有合作制工廠的實質。不過值得提及的另一件事是：1924年9月24日，擔任《嚮導》雜誌編委的張太雷，在84期上發表「羅素與字林西報」，認為羅素所講中國軍閥互相爭奪，使得列強得以干涉中國政治，是講了真話，批評《字林西報》對羅素這名話的錯誤指責。張太雷曾經批駁過羅素，但這次後者說話有理，張太雷不僅同意他的觀點，並且在他受到錯誤指責時，替他辯護，這充分說明了張太雷的為人。[46]

中國共產黨早期領導人也參加了對羅素「社會主義」的批判。瞿秋白（1899～1935）在1923年《新青年》季刊上發表的〈評羅素之社會主義觀〉一文，他也在各種場合提及羅素的思想，如1920年他指出：「中國社會思想雖確有進步，還沒有免掉模糊影響的弊病。經濟上雖已和西歐物質文明接觸了五六十年，實際上已遵殖民地化的經濟原則成了一變態的經濟現象，卻還想抄歐洲工業革命的老文章，提倡『振興實業利用外資』。這是中了美國資本家新式經濟侵略政策的騙，及聽了羅素偶然的一句『中國應當振興實業』的話，所起的一種很奇怪的『社會主義』的反動。」[47]

青年時期的惲代英（1895～1931）也受到過羅素的一定影響。有學者考證說，惲代英與余家菊等是武昌學生界的中心人物，由於他們的影響，「在五四運動前，武昌學生界充滿嚴肅的氣象」。成年後，受羅素的影響，余家菊頓覺解放。[48]以此推理，其同窗好友的惲代英想必也是如此。惲代英後來在自己編輯的《少年中國學會叢書》中，將馬克思以及羅素、杜威、安那其等學說編排在一起。不過，他批評了那些盲目追隨的人「亦有些人，看見杜威這樣受人歡迎，便要研究實驗主義的哲學了。看見羅素這樣受人尊敬，便要研究政治理想的學理了。」[49]

另外中國共產黨早年領導人之一的張國燾（1897～1979）也指出：「知識分子的政治運動大體上可以分為三派：一、民主主義運動；二、基爾特社會主義；三、無政府主義運動。民主主義運動的擁護者沒有任何固定的組織。而基爾特分子只有少數擁護者，因而，影響也小，為了宣傳他們的混亂不堪的思想，他們隨便地利用已出版的報紙和其他定期刊物，甚

46　赫赫：《太空驚雷——張太雷》，中國戲劇出版社出版，2000年版。
47　瞿秋白：《餓鄉紀程》，《瞿秋白文集》第1卷，人民文學出版社，1953年版。
48　鄧軍：〈「苦行嗟誰及」：惲代英與宋學的道德嚴格主義〉，《開放時代》，2012年第7期。
49　惲代英：〈怎樣創造少年中國？〉，《少年中國》月刊，1920年。

至無政府主義者也沒有這幫傢伙走得遠。拿起任何一張報紙，即使是軍閥
們出版的報紙，都可以找到通篇是各種混亂思想同民主主義、基爾特社會
主義和無政府主義等學說的大雜燴的文章。當然，這種運動所使用的手段
是不會達到目的的。……我們刊登了一些翻譯文章和原著；當羅素教授在
上海講學，並宣傳基爾特社會主義時，我們組織了公開辯論，並作為其論
敵發表了意見。」[50]

四、張申府

在當時中國共產黨創始人中，甚至在所有中國知識分子中，張申府
（1893～1986）恐怕是對羅素最癡迷的一位，而本人的經歷又是最傳奇的
一位，在某種意義上，其一生就是兼具文人、政治、哲學「三位一體的精
英」。

張申府，原名張嵩年，字申甫，出生於河北獻縣。鮮為人知的是，他
乃北京共產黨早期組織的三個主要創始人之一，當過周恩來、朱德等人的
入黨介紹人。1908年，張申府考入順天高等學堂中學班。1913年，考入北
京大學。張申府剛進北大時在預科班學習數理，按規定無文憑的學生只能
考北大文科，因而先考入哲學系，學習了幾周後又走關係轉到理科數學
系。從此遊走在哲學與數學之間。1917年，張申府以助教名義教預科數學
和邏輯，由此結交了北大圖書館主任李大釗，並通過後者又認識了時任北
京大學文科學長的陳獨秀。在李大釗若出差的時候，就數度由張申府代理
圖書館主任。張申府在談紅樓和藏書樓時，曾回憶道：考進北大後，「有
一天，我發現了一本裝幀精美的書，是精裝本，1914年美國出版，書名是
《我們的外界知識》，英國羅素著。翻看一遍，覺得很有意思，又坐下來
接連看了兩遍，真有點愛不釋手了。由此我發現了羅素，並對之產生了興
趣。30年代，我一度再任北大講師，專講羅素哲學，這也可以說是與北大
藏書樓的幫助分不開的。」[51]

同時代的老人在談張申府回憶到：「五四學人的命運，大多和這座紅
樓有關。《知堂回想錄》、《負暄瑣話》迷人的地方，也恰是談及五四

---

[50] 引自中共第一屆黨代會〈北京共產主義組織的報告〉。據專家考證，作者為出席中國共產黨第
一次代表大的北京代表張國燾。

[51] 張申府：〈從藏書樓到紅樓〉，《文化名人憶學生時代》，鄧九平主編，同心出版社，2002年1
月版。

的部分。知堂[52]談紅樓，多注重人物的佚事，有些掌故，倘不是他描述出來，老北大的許多舊事大概就會消失於時光的空洞裡了。張中行是知堂的弟子，他的《紅樓點滴》，分明就受到了老師的影響，連韻味兒也相似得很。在文體上和境界上，均有沖淡之氣，和紅樓的色調庶幾近之。不過，張中行寫紅樓，畢竟多了一點哲思，他的不同於知堂，乃是有羅素式的反詰，峰迴路轉之間，走到形而上的路上，紅樓歷史因他的敘述，有了哲學與詩的味道。」[53]

　　張申府開始系統研究羅素主義時，年僅25歲。據說「羅素」這一譯名就是由張申府拍板而定。羅素曾在給一位法國友人的信中說：「中國的張申府先生，比我還瞭解我的著作。」

　　1918年，毛澤東由倫理教授楊昌濟，即第一任毛夫人楊開慧的父親介紹來擔任北大圖書館登錄室的工友。毛澤東對北京大學圖書館這一段經歷印象很深：「我連大學都沒有上過，我只是中學畢業，在北京大學圖書館當一個小職員，一個月八塊大洋，張申府就是我的頂頭上司。」據說張申府對毛澤東的管理相當嚴格，甚至有點苛求。

　　張申府的女兒張燕妮這樣回憶到：父親約在90歲的時候對友人說：「我吃虧在沒有寫出一本大書來」。她也談到父親最早對羅素發生興趣是在北大藏書樓的往事，說他從此就對羅素發生了濃厚的興趣，開始廣泛搜集羅素的文章和著作，並推薦給他的同學。她還作了以下的敘述：1919年至1920年間，父親先後翻譯了羅素的《我們所能做的》、《哲學之價值》等文章，還撰寫了若干介紹羅素的文章，發表在當時的《新青年》和《每週評論》上……1920年10月，羅素來中國講學，父親得知後9月中旬就從北京趕到上海迎接羅素。羅素在中國的第一次講演在上海舉行，由趙元任先生擔任翻譯。他的演說平易暢達，語皆中的……父親說羅素的講話很像「玉泉山水的爽人宜人，清冽乾脆」……在與羅素交談的過程中，父親更多是作為一個學生，向羅素請教哲學問題，這是他們都感興趣的。……父親前半生參加的活動太多，始終沒有辦法埋首書齋，五四運動也好，抗日救亡也好，他都是積極投身其中……後來在父親的晚年，美國的歷史學家舒衡哲多次訪問父親並撰寫了一本口述史《張申府訪談錄》，舒衡哲當時就問父親：作為一個學者，為什麼要投身於轟轟烈烈的革命活動之中呢？

---

[52]　周作人，魯迅之弟，著名學者和北大教授。
[53]　韓三洲：〈「說實話的時間不多了」——讀《張申府訪談錄》〉。http://www.newsmth.net/nForum/#!article/People/24593。

父親當時就說：知識分子就應該以天下為己任，承擔歷史的責任感和使命感。這種良知使他自己的學術生涯出現了缺憾，父親在晚年檢討自己的學術生涯，說自己「用心過分，淺嘗輒止」。……「有一次我和周穀城先生的孫女聊天，她說，如果父親能夠研究學問，那麼在學術上的建樹恐怕會超過我的叔叔張岱年。叔叔在學術上確實受了父親很大影響。我在給父親整理文集時也看了叔叔早年的一些文章。叔叔早年對羅素以及馬克思哲學產生興趣，引路人應該說就是父親。所以後來有學者說父親沒有完成的著作由我叔叔完成了。」[54]

從各種層面都可看出張申府對羅素的癡迷。他稱羅素是「最哲學而又最科學的科學哲學家」，「……現代西洋哲學家最懂得科學方法最能用他的，要數羅素第一，杜威也知重之，便差遠了。」[55]章乃器之子章立凡曾回憶說：「申府先生曾將自己的書齋命名為『羅名女人許之齋』，『羅』即羅素，『名』則名學（邏輯），『女』是《列女傳》，『人』為《人物志》，『許』乃許刻本。他一生讀書的愛好集中於此，而以羅素排位第一。老先生對我說：『羅素、馬克思的觀點是我在北大圖書館時接觸到的。當時比較重視馬克思，主要是蘇俄革命的影響。』[56]除了『五四』期間在《新青年》、《每週評論》、《少年世界》等雜誌上，向國人介紹馬克思主義外，申府先生也是最早將羅素哲學介紹到中國來的學者，這項工作直到1949年以後才中斷。羅素在1920年9月來華講學，他曾代表北京大學前往上海迎接；不久羅素來到北京，申府先生行將赴法留學，梁啟超先生曾感歎：『羅素來了，你卻要走了！』行前兩位學者又曾多次見面。此後一直保持著通訊關係，老先生還珍藏著羅素的信件。申府先生在『五四』時期經常用『赤』、『赭』為筆名，1922年巴黎共產黨小組創辦刊物《少年》後，他常用『R』為筆名發表文章。這個字母有三個涵義：『俄國』（Russia）、『紅色』（Red）和『羅素』（Russell）。老先生說：取這個筆名，就是『我是紅色的羅素』的意思。但這三個『R』最終無法調和，從革命的激情重歸理性的學術，這正是我認為需要研究的『五四』知識分子現象。我曾問老先生：『如果早年你沒有退黨，或者1948年沒有發表《呼籲和平》，是否就不是現在這樣了？』他說：『事已至此，也無可

---

[54]　張燕妮：〈一度輝煌　半生暗淡〉2004 年 4 月 13 日新京報。

[55]　張申府：〈英法共產黨——中國改造〉（1921 年 6 月 12 日），《一大前後》（一），人民出版社，1980 年版。

[56]　張申府：〈我對羅素的敬仰與瞭解〉，《所憶》，中國文史出版社，1993 年版第 66 頁。

如何了。』我又問：『你當年呼籲和平，是否因為受羅素的影響？』（羅素是和平主義者，在歐戰時曾被英國政府拘禁）他答：『是的。』」[57]

1911年，他為京津同盟會的刊物《民國報》撰稿時，給自己起名張弓，號見素，這「素」不知是否與羅素有關。張申府對羅素的偏好，恐怕與對數學的熱愛不無關係，他在中學時期對數學很感興趣，受到當時北大數學系主任馮祖荀先生的提攜，準備學習數學。他說：「1914年我考入北大，當時預科尚未畢業，按規定無文憑的學生只能考北大文科，我就是先考入文科哲學系，又通過馮先生的關係轉到理科數學系的。沒想到這樣一來，我又對哲學發生了濃厚的興趣。」他還回憶說：「到了數學系，我又不能忘情哲學。所以對數學正課常用心理會，而縱情讀哲學書，尤其邏輯書。」因而自己所最重視的「是兼乎數學與哲學的，也是介乎數學與哲學的，是數學與哲學之間的東西」。[58]

有學者評述說：「張申府的人生道路，與許多五四時期知識分子所走過的路大致相似，都是有著許多的希望與憧憬，在經歷過辛亥革命、五四運動之後，最終成為追求民主自由科學的新一代知識分子。其間，張申府曾經歷過一次個人的人生危機，原配妻子分娩後去世，為擺脫喪妻之痛，他開始大量閱讀所見新書，最後發現痛苦心靈的解藥，竟是英國的羅素和縝密的數學。在這一點上，倒與他的朋友梁漱溟是相通的。後者則是在父親沉湖自盡之後，透過佛學研究獲得了心靈的藥方。後來，這兩位年輕人都通過個人的努力追尋，建立起自己的學術地位並獲得社會的認可。1917年，北大校長蔡元培對這兩位年輕人均破格錄用，先後邀請他們來北大任教。不過，張申府在訪談中承認，在革命的激流中，他只是同情者與支持者而已，最終也只能成為革命的同路人，『在這方面，我很像羅素，支持正義，但同時不偏不倚，保持邏輯頭腦。』五四運動後，張申府開始用羅素的文字，提醒學生進行政治運動時，應以自我解放為目的，而不是通過政治來推動制度的改變，因為政治運動固然重要，但不能替代批判性思考；如果國家藉口需要人民替它效忠，而可以禁止思想自由的話，愛國熱情是一樣可以達到這個目的。張申府稱這兩種傾向都不可取，中國需要的是『新思想』，這才是打倒傳統價值和愚忠的唯一力量，這種『新思想』就是人的『內心解放』，是為了自己的『去思去想』。他甚至給胡適去

---

[57]　章立凡：〈翻開塵封的歷史──記張申府先生〉2004 年 11 月 18 日《南方週末》。
[58]　張申府：《所憶》，中國文史出版社，1993 年版第 84 ～ 85 頁。

信，反對新文化運動提倡者的激進方式。」

1948年，張申府在《論紀念孔誕》一文，仍堅持28年前的主張：一、「合孔子、列寧、羅素而一之」；二、「打倒孔家店救出孔夫子」；三、「國於天地，必有與立」。張申府在其《續所思》中宣稱：「羅素一生最反者乃是宗教，但卻有人說他的行動是『宗教的』，這是不無意義的。什麼是宗教的精神呢？宗教的精神之一點便是把一切生死毀譽等等都置於度外而力行自己之所信。」

與毛澤東同歲（1893出生）的張申府，青年得志，在北大當助教時曾替李大釗當圖書館當代理主任而當過見習生毛澤東的頂頭上司，後來他回憶說，某次為一件重抄卡片的小事得罪了毛澤東，以致帶來以後的種種麻煩。張申府有一系列輝煌的正面經歷：中國共產黨的早期創建人之一；中共旅歐支部的負責人；周恩來、朱德的革命引路人兼入黨介紹人；以中共黨員身分當過黃埔軍校第一任政治部副主任；周恩來成為黃埔軍校政治部主任最關鍵的推薦人；「一二・九」運動遊行總指揮兼被捕入獄者；民盟創建人；清華哲學系四大名教授之一；錢鍾書、張岱年[59]等著名學者的學術導師；晚年得到平反後任全國政協委員；逝世後《人民日報》訃告稱他為「黨的老朋友」。還有一系列是「不光彩」的負面經歷：1925年中共四大宣布而退黨者；《觀察》雜誌上因發表《呼籲和平》之文向國民黨妥協而遭民盟開除者；1957年的右派分子等等。然而，無論是非得失，有一點始終令他格外自豪的，就是他是以羅素專家著稱于學界，常自詡乃中國唯一瞭解羅素的人。不過，據牟宗三先生的看法，張申府先生最崇拜羅素，對羅素生活的情調與思考問題的格調很熟悉，但是羅素本人的學問，張先生卻講不出來。所以，羅素那一套哲學沒有傳到中國來。[60]

1979年至1984年，經過特許，研究中國現代啟蒙運動史的著名美國女學者舒衡哲（Vera Schwarcz）多次與張申府深入交談，先後共採訪了70多個小時。她先是於1991年發表一篇題為「在羅素與孔夫子之間：記中國羅素專家張申府（Between Russell and Confucius: China's Russell Expert Zhang

---

59　順便提及一下，本書作者某次因有關1920年張申府接待羅素訪華的史料，專門訪談了張岱年先生。原名張崧年的張申府就是張岱年先生的親兄長。張崧年對自己的這個小弟極為推崇，稱他與錢鍾書先生並稱為中國的「國寶」。張岱年先生對羅素的思想也有相當的瞭解，並為作者詳細分析了為什麼這位西方大哲的哲學分析方法對中國影響並不大的原因。

60　王興國，〈牟宗三論中國現代哲學界〉，加拿大《文化中國》2000年3月號和6月號，第七卷第1～2期，總第24～25期。

Shenfu）」的文章，談了訪談的來龍去脈。[61]第二年，她又編成《說實話的時間不多了：張申府訪談錄》（*Time for Telling Truth is Running Out: Conversations with Zhang Shenfu*）一書，於1992年由耶魯大學出版社推出。這個別有含義的書名正是張申府受訪的一句名言。2001年北京圖書館出版社出了中文版，書名所暗藏的鋒芒得到抑制，而只取了原來的副標題，改為《張申府訪談錄》。這本書以張申府的談話為主幹，加上他所發表的文章，有關他的原始檔案，以及親友與相關人士的描述；再輔以作者自己的觀察、分析，如對張申府致羅素信中「我崇拜你」這樣一句話所作了深入的引證和分析等等。本書的確有助於我們較全面地瞭解這位中國現代史傳奇人物。

　　這本書作者在原序將張申府稱為：「風流成性的婦女解放運動者、癖好數理邏輯的共產主義者、宗師羅素卻又景仰孔子的哲學家、愛好學院式哲學的政治活動者」。在訪談中，張申府如此自我估價：一生中從未正式完成過學業，總是從一班跳到另一班；「世界觀一變再變，先由數理邏輯變為辨證唯物主義，再由辨證唯物主義變為一種融和孔子和羅素的個人哲學」；不但「總是從一個哲學科目跳到另一個哲學科目」，而且還總是「從一個女人跳到另一個女人，從一個政治活動跳動另一個政治活動。」他知道自己是「太雜：想得太闊而又無可無不可。」他坦率地承認：「我有三好：好名、好書、好女人……我犯了舍我其誰的個人英雄主義。」這三好他從未放棄，並為此付出了沉重的代價，但「他享受他的弱點，至死不悔。」這似乎是羅素「求知」、「愛情」以及「同情苦難」三大動力的張氏通俗版。1925年的退黨，也許是他深受羅素自由主義影響，而不拘束縛的後果；1948年10月23日的那篇導致結束他個人政治生命的《呼籲和平》，看來也是追隨羅素的反戰和平主義的產物。張申府是個「雜家」和「啟蒙者」，強調自己「我追求的是世俗而不是完美」，「情不自禁地隨著自己的廣泛興趣走」，「只要不斷嘗試新觀點便行」，「總之是新的東西我都愛」，就連對崇拜的羅素也是零散之作，並未形成系統專著；他將羅素等大哲西方思想介紹給摯友梁漱溟，卻不如後者「人多勢眾」，終成學術氣候。他自鳴得意地說：「在中國，一些西方最重要的新的理論與人物最先由我介紹。現在流行的好些名字和著作，是由我最先翻譯和解釋

---

[61]　Schwarcz, Vera.1991. "Between Russell and Confucius: China's Russell Expert, Zhang Shenfu," *Russell: the Journal of Bertrand Russell Studies*, Vol. 11, pp.117-146.

的，」「這是我對中國的一個主要貢獻。」的確，他涉獵過羅素、佛洛德、愛因斯坦、維根斯坦、羅曼羅蘭等思想巨匠；但淺嘗輒止。張申府最愛自詡「羅素專家」，但比他精專的比比皆是。張申府「對一切美的事物都有好奇心」，「追求感官享受，尤其對女性和生活品味方面。『他』對羅素的哲學家形象背後不甚道德的『小人物』私生活，也很有興趣」，甚至自己也變成了「標榜女權主義的風流人物」，「我不知道我的感情為什麼轉變得這樣快。在女人方面，我真像羅素。」他講究服飾，衣著時髦，「垂暮之年仍修邊幅」，故使作者不知是褒還是貶地假設，倘若當年在巴黎街頭邂逅這樣「一個翩翩俗世佳公子」，會問他衣著上的而非中國的問題⋯⋯。[62]

除了學術趣味，可還有什麼使張申府對羅素始終有一種如遇知音的感覺？有學者以為，「羅素來華期間的一則『花邊新聞』大可留意，原來已為人夫的羅素此次來華還帶著新結交的女友勃拉克小姐，一些以新派自居的青年趁機模仿『羅素式婚姻』，從而引發了關於性自由和性道德的爭論。也許是為了平息事態，中國知識界和新聞界的一些人對大師和情人的關係作了技術處理，有的稱他倆是『師生加上友情』的關係，有的則乾脆稱勃拉克為羅素夫人。誰都沒料到這一做法竟會惹惱張申府。他寫了一封極度憤怒的信給《晨報》編者，指責這種技術處理是偽君子的態度，他認為羅素和勃拉克是愛的結合是性的吸引而非其他，他稱讚男女這種自由結合的新道德。」[63]

訪談錄記載，在1979年12月17日的對談中，一開場，張申府張口又是羅素：「我相信我瞭解羅素；我可能是全中國唯一瞭解羅素的人⋯⋯羅素本人不認識孔子，但他的思想事實上十分接近孔子。其他人看不到這點，但我看到了。就算羅素不承認他的學說接近孔子，但我的哲學能把他倆拉在一起。我是他們的橋樑。」張申府在1980年6月4日對舒衡哲說：「我是20世紀中國最偉大的思想家之一（眼裡閃過一絲得意的光芒）。我嘗試做出不可能的事——把中國傳統哲學最好的東西和西方最新的意念連在一起。⋯⋯我現在仍然相信我的大客觀概念可以將兩個不同的世界聯起來。」

[62] 參見舒衡哲（Vera Schwarcz）：《張申府訪談錄（Time for Telling Truth Is Running Out. Conversations with Zhang Shenfu）》，李紹明譯，北京圖書館出版社 2001 年 3 月出版。

[63] 黃波：〈張申府——漫遊在孔子與羅素之間〉。2004 年 7 月 25 日《光明日報》。

　　張岱年為《張申府訪談錄》的中文版序中說：「申府哲學上推崇馬克思主義的唯物辯證法與西方的分析哲學的邏輯分析方法，試圖把二者結合起來，認為『解析』和『唯物』是20世紀哲學的兩大主潮，同時又讚揚孔子『仁』的學說，提出『列寧、羅素、孔子，三流合一』的觀點。」著名學者湯一介也評價道：「張申府的哲學是以『唯物』為基礎，以辯證法、邏輯分析法等為方法、而以『中庸之道』為目標，他雖企圖把孔子、馬克思、羅素的思想結合起來，但最終仍然回歸到中國哲學。」[64]

　　為羅素訪華，張申府作了很多先行輿論操作，如發表羅素傳略；翻譯了羅素和羅曼・羅蘭等人聯名公布的《獨立精神宣言》；向《晨報》的編者寫信為杜威稱羅素是」極度悲觀主義者」的說法加以反駁。羅素在華期間，他發文與張東蓀爭辯如何界定羅素的哲學問題；為《新青年》編了期羅素特輯，並親筆為之寫了「羅素著作目錄」等等。1930年，張申府在哲學小冊子《所思》的序中，提出了「仁」與「科學法」兩種說法，並認為」是最可貴重的兩種東西」：前者來自孔子的倫理價值觀；而後者則來自羅素的邏輯分析方法。對此，他企圖將兩者合二而一為一個新的哲學整體。[65]

---

[64]　湯一介：〈中國現代哲學的三個「接著講」〉2006 年 5 月 15 日《解放日報》。
[65]　雷頤：〈仁與科學法──漫話張申府〉，《所憶》，第 191 頁。

第五章　羅素與中華哲學精英

> 中國人……能忍受貧困、疾病和腐敗。但是，作為對這些弊端的
> 自我補償，中國人保持著文明享樂的能力。他們經常自娛、逗
> 笑，在陽光下取樂和討論哲學。這是工業化的國家所沒有的。
> 中國人，包括各階層的人，比我所瞭解的任何民族都更喜歡開
> 玩笑。他們在每一件事情上尋找樂趣，而且總是用笑話來緩和爭
> 端。——羅素[1]

羅素對中國的影響表現在兩個方面：一是哲學，另一是社會政治學
說。但由於種種客觀原因，前者的影響比起後者顯得十分蒼白無力。作為
最早引介羅素的張申府將羅素渲染成至極偉大的哲學家，其餘諸大哲都不
得與之相比，這等於把他說為世界最偉大的哲學家。同時訪華的杜威在題
為《現代的三個哲學家》的講演中，對柏格森、詹姆士和羅素大加褒贊，
指出其中羅素哲學是以純粹數學為基礎的哲學，並如此說道：「有人說，
世界上真能懂得數學哲學的人，至多不過二十人，我既不是二十人之一，
我也不能懂得。」[2]

在傅銅（1886～1970）教授的倡導下，北大發起成立了「羅素學說研
究會」，不定期的舉辦研討會交流學習和研究羅素哲學思想的心得；羅素
也參加了每週一次的英文研討會以及每兩週一次的中文研討會。為了配合
羅素的演講活動，北大發行了《羅素季刊》，這個季刊與《北京大學日
刊》一起成為了當時傳播、介紹和研究羅素哲學思想的重要論壇。羅素回
憶：「青年聽眾的求知欲非常強烈。他們聆聽演說時就像飢餓者面對盛宴
一樣。」[3]不過一位「羅素學說研究會」的成員，在參加了研究會的第一
次研討後就向趙元任抱怨：「我發現他的研究班僅僅局限於技術哲學，這
使我很失望。現在我冒昧要求不再參加以後的討論會。這並不是因為我對
那些問題望而生畏，而是因為我對技術哲學幾乎毫無根底，也幾乎毫無興

---

[1]　羅素：《中國問題》，秦悅譯，學林出版社 1996 年版，第 157 頁。

[2]　杜威：〈現代的三個哲學家〉，《杜威五大演講》，晨報社印行，1920 年 7 月。

[3]　胡作玄：〈羅素〉，載《西方著名哲學家評傳》，第 8 卷，葉秀山等編，山東人民出版社 1984 年。

趣。」[4]不久，羅素也逐漸明白中國學界和思想界的要求並非是自己所想像的，「他們不要技術哲學，他們要的是關於社會改造的實際建議。」[5]

羅素的講稿分別由商務印書館和北大新知書店出版。商務印書館出版的《共學社叢書》裡列有「羅素叢書」共有5種，如《哲學中的科學方法》（王星拱譯，1921）、《算理哲學》（傅鍾孫等譯，1923）、《政治理想》（程振基譯，1921）、《戰時之正義》（鄭太樸譯，1921）及《德國社會民主黨》（陳與漪譯，1922）等。在此前後出版的有《物的分析》（任鴻雋等譯記，1922）、《羅素論文集（上、下）》（楊端六等譯，1923）。1926年又出版了《我的信仰》（何道生譯，1926）。商務印書館出版的《東方雜誌》發表了胡愈之譯的《社會主義與自由主義》（1920）、《羅素的相對原理觀》（關桐華譯，1922）、《哲學問題》（黃凌霜譯，新青年社，1920）。

一、梁漱溟

哲學大師梁漱溟（1893～1988）在其名著《東西文化及其哲學》緒論提到：「後來羅素從歐洲來，本來他自己對於西方文化很有反感，所以難免說中國文化如何的好。因此常有東西文化的口頭說法在社會上流行。」「……大概大家的毛病，因為西洋經大戰的影響對於他們本有的文化發生反感，所以對於東方文化有不知其所以然的羨慕，譬如杜威、羅素兩先生很不看輕中國的文化，而總覺得東西文化將來會調和融通的。大家聽了於是就自以為東方化是有價值了。但假使問他們如何調和融通，他們兩先生其實也說不出道理來。」[6]梁漱溟還聲稱：「所謂哲學可以說就是思想之首尾銜貫自成一家言的。杜威先生在北京大學哲學研究會演說說：西方哲學家總要想把哲學做到科學的哲學。怎樣才是『科學的哲學』自不易說，若寬泛著講，現在西方無論哪一家哲學簡直都是的。純乎科學性格的羅素固然是，即反科學派的柏格森也的的確確從科學來，不能說他不是因科學而成的哲學。」在這部著作中，專門有兩節叫「羅素的意思」與「羅素的態度」，前者談了哲學方法問題，後者則講了社會倫理問題。[7]

在哲學方法上，梁漱溟指出：西方現代產生某種反形而上學的潮流而

4　轉引自馮崇義《羅素與中國》，第 201 頁，三聯書店，1994 年 2 月。

5　〈羅素致柯莉〉（1920 年 10 月 18 日），轉引自馮崇義《羅素與中國》，第 201 頁。

6　梁漱溟：《東西文化及其哲學》，商務印書館，1987 年版第 2，13 頁。

7　梁漱溟：《東西文化及其哲學》，商務印書館，1987 年版第 33 頁。

使傳統的哲學面臨衰退，於是，有人提出最好將哲學當成藝術，而僅按照每個人的天才去考察，沒必要追求用某種定規來解決問題的是非。就連羅素這樣嚴凝的理性家，也不得不採取一種靈活的態度，而認為古代的一元多元，唯心唯物等問題，現在還可以討論，但不能依據古人的那些錯誤的方式，必須開拓新的路子。於是，羅素便提出了數理論理[8]。黑格爾和布拉德雷等人也曾用論理（邏輯）方法來解決形而上學問題，但羅素與他們大不相同。羅素批判了這兩人的作法之後，改創了另一套新的論理體系。羅素指出，黑格爾等都是用論理推論在取消和否定日常的經驗，從而證明本體是超絕的，而這種消極作法既不正確也無必要，哲學應當試圖闡明那些根本問題為科學的基礎，而不能否定現象……「他就是要拿他的數理論理來擬構宇宙大概是怎樣怎樣，自己去建設一個宇宙來，是現象得到解釋，使科學得個安放。這個宇宙的『大概是』，你也可以去擬構，我可以去擬構，不應當讓理論束縛我們，而應解放開，像海闊天空的樣子，容我們放步走去。他差不多覺得哲學正不要太呆定，留這地方容我們思想活動倒有趣。他這個方法自然比前人高明妥當的多，但按人類是要求真是真非的，只有這個宇宙的『大概是』我們不能滿意。」[9]

在社會倫理上，梁漱溟則指出：與中國相比，西洋實在沒有什麼深厚的人生思想，於是便從孔子等東方智者那裡尋找一些靈感，羅素就是一個例子。這位西方哲人「隨便拉了老子『生而不有，為而不恃，長而不宰』。幾句話比附他排斥佔有衝動開導創造衝動的主張」；人們聽了，都盲目跟著這樣說，但這兩家的立論是否相同，則很難判定。其實，羅素的確與孔子有某些一致的地方，卻為人忽略。羅素的旨趣只是「自由生長」一句話，而孔子的主要思想也「只在不礙生機」。「羅素於此總算很能有見於往者孔子著眼所在而抱同樣的用心，所差的孔子留意乎問題於未形，而羅素則為著痛苦乃始呼求罷了。羅素所感的痛苦便是他們的社會那些組織制度情勢——經濟一面尤其根本的——所加於他們的；……他們社會那些組織制度情勢是沿著他們那種人生態度路向而走出來的；太不合人類本性……根本的斷喪戕賊人的生機；此即羅素痛苦所在。所以羅素之要改造社會很符合哲學的意趣，是要求改坏較合理的一條人生的路。」[10]梁漱溟在

---

[8] 這裡論理與邏輯同義，前者是英文 Logic 的意譯，而後者則是音譯。邏輯一詞是「信、達、雅」翻譯三原則的典範，它巧妙地將音譯與意譯完美結合，故為學術界和世人普遍採用。

[9] 梁漱溟：《東西文化及其哲學》，商務印書館，1987 年版第 77 ～ 78 頁。

[10] 梁漱溟：《東西文化及其哲學》，商務印書館，1987 年版第 180 ～ 181 頁。

〈中國建國之路〉一文中，談到羅素所著的《社會改造原理》一書。這本書似乎對他影響很大，他反復引用了其中的觀點。在他看來，羅素把人類行為劃歸兩大來源：一是佔有衝動，另一個是創造衝動。梁漱溟說，他所謂的「人心」，可以說就是「創造衝動」。凡是要從外面取得什麼東西到自己這裡來，就是佔有衝動。而創造衝動呢，恰似自己力氣有餘，不是在想要東西，卻是在想要幹什麼。資本主義制度之所以要不得，就在於它太妨礙了創造衝動，而把人牢牢系縛在佔有衝動上。梁漱溟還在自己的書中多次引用羅素的觀點，如「世界上不屑於戰爭之民族乎？中國人是也。中國人天然態度，寬容友愛，以禮待人，亦望人以禮答之，道德上之品行，為中國人所特長」等。[11]

梁漱溟提到：羅素《社會改造原理》之盛談衝動，以及其他一些學者著作為例，證明好多社會科學社會哲學的名家學者們通都看到了些點，而總結說：雖各人說法不同，然其為西洋人眼光從有意識一面轉移到另一面則無不同。於是西方人兩眼睛的視線乃漸漸與孔子兩眼視線之所集相接近到一處。孔子是全力照注在人類情志方面的，孔子與墨子不同處，孔子與西洋人的不同外，其根本所爭只在這一點。西洋人向不留意到此，現在留意到了，乃稍稍望見孔子之門矣。我所怕者只怕西洋人始終看不到此耳。但得他看到此處，就不怕他不走孔子的道路。其中最明白的倒是羅素。羅素這本著作是世界第一次大戰後寫出的，他開宗明義的一句話，就說他從大戰領悟了「人類行為的源泉究竟是什麼」這個大道理。自來人們總把人類行為看做是出於欲望；其實欲望不如衝動之重要有力。如果人類活動不出乎種種欲望，那麼，他總是會趨利而避害的，不致於自己向毀滅走。而實際上不然。人類是很可以赴湯蹈火走向毀滅而不辭的；請看大戰不就是如此嗎？釀成戰爭的都是衝動——不管怒火也罷，野心也罷，都是強列的衝動。大凡欲望亦為有一種衝動（羅素名之為「佔有衝動」）在其中才有力。衝動不同，要事先注意分別調理順暢，各得其宜；抑制它，或強行排除它，不是使人消沉沒有活氣，就是轉而發出暴戾傷害人的衝動來。

梁漱溟認為，「要使人的生機順暢而不要妨礙它」就是羅素終會接近于孔子的根本所在。這種改變不獨見之於當代西洋人，而且同時還見之於中國主張學西洋的人——「五四」新文化運動的首腦人物陳獨秀先生。在他主編的《新青年》中和他本人的文章中均供給了他很好的例證，原書也

---

[11]　轉引自梁漱溟：《中國文化要義》第十三章，學林出版社 1987 年出版。

一同作了徵引。以上只是說出了從他最初的見解到《東西文化及其哲學》時期見解的轉變，而要緊的還在此後的第二個轉變，以下將進而敘明它，亦即指出他對人類心理最後作何認識。為了說話簡便易曉，他每稱此第二個轉變為「從二分法到三分法」的轉變。什麼是二分法？二分法就是把人類心理分做兩面來看：本能一面較深隱，而衝動有力；理智一面較淺顯，卻文靜清明。人類行為無不構成於這兩面之上，不過其間欹輕欹重各有不同罷了。除此兩面之外不可能更有第三面，所以是「二分法」。所謂三分法不是通常所說的「知」、「情」、「意」那種三分，而是指羅素在其《社會改造原理》中提出的「本能」、「理智」、「靈性」三分，恰又是對「不可能更有第三面」來一個大翻案的。

在《東西文化及其哲學》中，梁漱溟曾表示不同意羅素這種三分法。羅素建立靈性，說它是宗教和道德的心理基礎，他以為遠不如克魯泡特金所說的正確。克氏著《互助論》一書，從蟲類、鳥類獸類以至野蠻人的生活中，搜集羅列許多事實，指出像人類社會所有的母子之親、夫婦之情、朋友之義等等早見於生物進化的自然現象中，而說之為「社會本能」，這不恰和孟子「良知良能」之說相發明相印證嗎？他還同孟子一樣把人們和善和惡比做口之於味、目之於色，從切近平實處來說明道德，而不把它說向高不可攀，說向神祕去。何需乎如羅素那樣憑空抬出一個神祕的「靈性」來呢？他恐怕由於「靈性」在人類心理上缺乏事實根據，倒會使得宗教、道德失掉了它的根據吧！當年既如此斬截地否定了羅素的三分法，其後何以忽然又翻轉來而肯定它？這不是隨便幾句話可以說明得了的，要看完這全書才得圓滿解答。看完全書亦就明白「三分法」並不是一句正確的說法，《人心與人生》所為作亦絕不只是為了闡明三分法有勝於二分法。然而在此序文中卻不妨姑就此問題引一頭緒。既不是理智，又不是本能，人類社會之心理學的基礎必定在這以外另自有說。那麼，是不是就在羅素所說的「靈性」呢？

梁漱溟在經過考慮之後，還是發現羅素在本能、理智之外提出靈性來確有所見，並不是隨便說的。羅素說靈性「以無私的感情impersonal feeling為中心」，這就揭出了他之所見。我們要知道本能在動物原是先天安排下的一套營謀生活的方法手段，因之其相應俱來的感情衝動——皆有所為，就不是無私的感情。到了人類，其生活方法多靠後天得來，既非理智代替了本能，更不是於本能外又加了理智，乃是在本能中有了一種反乎本能的傾向，本能為之鬆弛減弱，便留給後天以發明創造和學習的地步。原從

降低了感情衝動而來的理智，其自身沒有動向可見，只不過是被役用的工具；雖然倒可說它是無所私的，卻又非所謂「無私的感情」了。因此，羅素提出的靈性確乎在此兩者（本能、理智）之外，而是很新鮮的第三種東西。問題只在看是不是實有這種東西。「老實講第三種東西是沒有的；但我們說來說去卻不免遺忘了最根本的東西，那便是為本能、理智之主體的人類生命本身。本能、理智這些為了營生活而有的方法手段皆從生命這一主體而來，並時時為生命所運用。從主體對於其方法手段那一運用而說，即是主宰。主宰即心，心即主宰。主體和主宰非二。人類生命和人心，非二。羅素之所見──無私的感情──正是見到了人心。蓋理智必造乎無所為的冷靜地步而後得盡其用，就從這裡不期而開出了無所私的感情。這便是羅素說的『靈性』而在我名之為『理性』。理智、理性不妨說是人類心思作用之兩面：知的一面曰理智；情的一面曰理性；二者密切相聯不離。譬如計算數目，計算之心屬理智，而求正確之心便屬理性。數目算錯了，此心不容自昧，就是一極有力的感情。這感情是無私的，不是為了什麼生活問題。──它恰是主宰而非工具手段。」[12]

　　最先梁漱溟看到英國哲學家羅素在第一次世界大戰後寫出的《社會改造原理》一書時，認為他開宗明義第一章第一節就說他「從大戰所獲得的第一見解，即什麼是人類行為的源泉……」。羅素指出這源泉就在衝動（impulse）。試看戰爭不就是破壞、不就是毀滅？不論勝者敗者同不可免。然而衝動起來，世界千千萬萬人如瘋似狂，甘遭毀滅而不顧。他說以往人們總認為欲望是人類行為的源泉，其實欲望只不過支配著人類行為較有意識亦即較開化的那一部分而已。在這裡，他是把欲望和衝動分別對待說的。其實欲望仍然以本能衝動為核心，只表面上較文明一些。羅素總分人們的衝動為兩種。一種謂之「佔有衝動」，例如追求名利美色之類。另一種謂之「創造衝動」。這與佔有恰相反。佔有是要從外面有所取得而歸於自己；創造則是自己的聰明力氣要向外面使用出去。科學家、藝術家工作起來往往廢寢忘食，固屬此例；實則一般人們每當研究興趣來時，或任何活動興趣來時，不顧疲勞，皆其例也。一切捨己為人的好行為亦都是出於創造衝動。羅素認為近世以來資本主義社會鼓勵人的佔有衝動，發展了人的佔有衝動，而抑制、阻礙人的創造衝動已經到了可怕的地步。所以現在必須進行社會改造，在改造上必當注意如何使人們的創造衝動得以發

---

[12]　參見梁漱溟：《人心與人生》自序，上海學林出版社，1984 年版。

揮和發展，而使佔有衝動自歸減退。梁漱溟說自己最欣賞和佩服羅素的，是其主張人的本能衝動必得其順暢流行發展方好，而極反對加以抑制摧殘。抑制將讓人生缺乏活氣，而摧殘易致人仇視環境，轉而恣行暴戾。梁漱溟覺得他頗接近中國古代儒家思想，羅素後來寫有《論教育》（On Education）一書，也可見出其重視本能衝動之思想。又此所云儒家自是爾時我思想中的儒家。）……其所以漫然不加分別，實為當時矯正自己過去之偏看意識一面而太過看重了其相對之另一面，亦即相信了克魯泡特金對人類心理的（本能、理智）兩分法，而不同意羅素的三分法。羅素在其《社會改造原理》一書中，曾主張人生最好是做到本能、理智、靈性三者諧和均衡的那種生活。所謂靈性，據他解說是以無私的感情為中心的，是社會上之所以有宗教和道德的來源。梁漱溟說道：「我當時頗嫌其在本能之外又抬出一個靈性來有神祕氣味，遠不如克魯泡特金以無私感情屬之本能，只以道德為近情合理之事，而不看做是特別的、高不可攀的，要妥當多多（詳見《東西文化及其哲學》第183～185頁）。迨經積年用心觀察、思考和反躬體認之後，終乃省悟羅素是有所見的，無可厚非。……羅素三分法之所以有勝於兩分法，吾卒不能不服其確有所見者，即在其特別提出無私的感情於本能之外。其原文spirit一詞，中文以靈性譯之似未善。在羅素以此為人世所以有宗教和道德的心理基礎，固未為不當。但他以此與本能、理智三者平列並舉，對於人心原為一整體來說則有未安耳。至於我所說理性與彼所說spirit，二者不相等同，讀者其必察之。」[13]

梁漱溟強調，羅素著《社會改造原理》一書，值得參考。此書特指出衝動是人類行為的重要源泉，指出資本主義社會鼓勵人的佔有衝動，流弊甚多，改造到社會主義將發揚人的創造衝動，大有利於人群。「這些與生俱來零弱有限的本能卻仍具有相當機械性、慣性，在心理活動上起著作用，勢力非小。正是為此之故，西方便有不少心理學家好談本能，重視本能（好談衝動者如羅素亦在內），而我茲云氣質者，其基本成分亦即在此。例如有人好發怒鬥爭，有人則否；又如男女情欲或強或不強，人各不等，其彼此不同者即彼此氣質之不同也。而論其事，均屬本能衝動之事。」[14]

梁漱溟談到宗教時指出，中國文化內宗教之缺乏，中國人之遠于宗

---

[13] 參見梁漱溟：《人心與人生》自序，上海學林出版社，1984年版，第7章、

[14] 參見梁漱溟：《人心與人生》自序，上海學林出版社，1984年版，第8章。

教，自來為許多學者所同看到的。從17-18世紀，中國思想和其社會情狀漸傳到西洋時起，一般印象就是如此。直至最近，英國羅素論中國傳統文化有三特點：一、文字以符號構成，不用字母拼音；二、以孔子倫理為準則而無宗教；三、治國者為由考試而起之士人，非世襲之貴族。還是說中國「以孔子倫理為準則而無宗教」，為其中之一。「羅素（B. Russell）初至中國在上海演說時，即有冷峻之語曰『中國實為一文化體而非國家』。不佞驟睹此驚人之句，即默而識之，以為羅素眼光何深銳至此！其後，泛觀歐西學者論吾國文化之書，始知此語已有先羅素而道之者。」[15]「英國文官之得脫於貴族勢力而依考試任用，至今未滿百年。以此較彼，不可謂非奇跡。無怪乎羅素揭此以為中國文化三大特點之一也。」梁漱溟接著指出，西洋人自古依憑宗教，知有罪福不知有是非，知有教誡不知有義理。中國則自古宗教不足，而以孔孟極力啟發人之自覺向上，從來是要憑良心講理的。凡我們之有所不敢為者，內恧於不合理，知其非也。西洋人則懼於觸犯教誡，得罪於神。在歐洲，一個不信宗教的人將是任意胡為、沒有道德的人。所以羅素遊中國後，曾深深歎異中國人沒有「罪」（Sin）的觀念。又說：在中國「宗教上之懷疑」，並不引起其相當的「道德上之懷疑」，有如歐洲所習見者。（羅素著《中國之問題》第35頁及第189頁。）梁漱溟自詡：「理性之取捨不一，而要以無私的感情（impersonal feeling），在英國羅素著《社會改造原理》中曾提到過；我這裡的意思和他差不多 。」[16]他又說道：「……外國有識之士如羅素曾深致嘆服：世有不屑於戰爭（too proud to fight）之民族乎？中國人是已。中國人天然態度，寬容友愛，以禮待人，亦望人以禮答之。道德上之品行，為中國人所特長。……如此品性之中，余以其『心平氣和』（pacific temper）最為可貴。所謂心平氣和者，以公理而非以武力解決是已。（羅素《中國之問題》第192頁，中華書局出版）羅素此歎，正是自悟其西洋之短。」[17]

在《對於羅素之不滿》一文中，梁漱溟較深入地批評了羅素。他從唯識學說宇宙只是「事『之相續，不意羅素』亦從數理說『事情相續』過南京講演舉帽為例，謂此時所見之帽只能說與前此所見帽相似，非即前此所見之帽也，亦足相印證」，所以他的「歡迎羅素非尋常泛泛者也」。但是他對於羅素也有相當不滿的地方。他說：「然吾於羅素亦深致其不滿之

---

[15]　梁漱溟：《中國文化要義》緒論，上海人民出版社。

[16]　同上，第 7 章。

[17]　同上，第 13 章。

意，計不滿者一端，懷疑者一端，亦不滿亦懷疑者一端。」[18]先說他所謂的「懷疑者」。他這樣說道：「羅素謂由前人所用舊論理總歸消極，破壞有餘，建設不足。而晚今之所變革，彼之所主張，將自無而說之為有。此其說自甚有來歷。雖於吾向來所見大相違反，然自揣於此道（數理名理）尚鮮致力，於所不知，謹付闕如。固不能承認，亦不能否認。故今且云懷疑而已。又茲問題屬在專門學理，非茲日報所宜，此一端且置不談。」[19]他說：羅素「別靈性於理智本能之外」，「以宗教為靈性生活」。梁漱溟認為，宗教的依據不在靈性生活，他指出「此靈性云者翻恐在心理上無其根據耳」。在這個問題上，梁漱溟認為羅素的說法是出於「臆造」。關於這一層「不滿而懷疑者」，梁漱溟也未多加評論。梁漱溟著重批評的是他對羅素的「不滿者」。此所謂「不滿者」是羅素對柏格森哲學思想的批判。他說「羅素之反對柏格森吾儕蓋嘗聞之矣，嘗苦其搔不著癢處，不厭人心」，認為羅素對柏格森的批判「有失學者態度」。為了說明羅素對柏格森批判的「輕率無當」，是「淺薄已極」的，梁漱溟引用了羅素批判柏格森的關於本能的幾段話。羅素的大意是說，本能在動物是很有用的，動物的生活必須依賴於本能，但是在智慧發達了以後，本能的用處也漸漸減少了，或者甚至於將本能置之不用。言外之意，本能只是動物或野蠻人的生存方式，而文明人則更多的依靠的是知識或智慧。梁漱溟指出羅素對待柏格森關於本能看法的態度是有問題的，有失學者應有的風度。在引用了羅素的話之後，他接著評論道：「我常以為學者於義有其應踐之態度：一則學者當好學；二則學者於所不知義當闕疑，不當表示淺薄無當之感想。……學者而不好學，何事乎學者耶？……右所錄羅素評柏氏學，其輕率無當，淺薄已極，雖甚愛不能為辯。」[20]

上一世紀20年代，王星拱的《羅素的邏輯和宇宙觀之概說》，錢穆的《讀羅素哲學問題論邏輯》，堅瓠的《羅素之科學觀》，潘公展的《羅素論哲學問題》，彭基相的《羅素的『心』的學說》，楊端六的《羅素的哲學研究方法》，以及張申府等人的一些文章等，儘管都極力鼓吹羅素的邏輯分析方法，提倡以邏輯方法從事哲學研究，但上述學者對羅素的哲學方法並不十分理解。20世紀30年代，分析有了新的發展，金岳霖、馮友蘭、張岱年、洪謙等人都各自在不同程度上推行邏輯分析方法，而且基本上都

[18] 梁漱溟：〈對於羅素之不滿〉，《梁漱溟全集》第四卷，山東人民出版社，1991年版，第651頁。
[19] 同上，第652頁。
[20] 同上，第653頁。

沿著羅素所開拓的方向，尤其當時的清華大學哲學系最為明顯。[21]羅素就說過：「清華學校恰像一個由美國移植到中國來了的大學校。」清華學堂建立後，教育方面如學制、課程、教材、教學法、體育、兵操、課外活動等幾乎全都仿照美國，行政管理亦然；英語幾乎超越了漢語的地位，學校佈告、講座等幾乎都用英語，早期的校歌也是由美籍教師用英語寫的；這一時期的四大建築（大禮堂、圖書館、體育館、科學館）的設計圖樣都是出自外籍建築師之手。清華的哲學更接近英美的傳統，看來並不奇怪。

二、張東蓀、金岳霖、馮友蘭、湯用彤、李石岑、傅銅

牟宗三先生曾評價道，能稱得上哲學家的人必須是確有見地能成系統的人。在他看來，這樣的人，中國不多，「五・四」時期一個也沒有，但在「五・四」以後有三位，他們是熊十力先生、張東蓀先生、金岳霖先生。三位先生分別代表了三種學問：熊先生代表元學，張先生代表知識論，金先生代表邏輯。「熊十力先生、張東蓀先生、金岳霖先生，是現代中國哲學的三枝棟梁。若沒有這三個人，也只好把人羞死而已。有了這三個人，則中國哲學界不只可觀，而且還可以與西洋人抗衡，還可以獨立發展，自造文化。」[22]

在近現代史上，張東蓀（1886～1973）被譽為「輸入西洋哲學，方面最廣，影響最大的人」；他還參與創辦了五四時期三大報紙副刊之一《時事新報》的「學燈副刊」，主辦了《解放與改造》等多種時政刊物。五四期間，張東蓀就強調「要起中國的沉屙非徹底輸入西方文化不可，所謂輸入西方文化自然是指科學而言，然而輸入科學卻非先改變做人的態度不為功。所以輸入科學而求其徹底，則非把科學的祖宗充分輸入不可。科學的祖宗非他，西洋哲學便是。……我們介紹科學不求徹底則已，如要徹底則非充分介紹哲學不可。」在那之後，張東蓀大力引介了西方現代哲學各種流派，其中之一就是羅素的哲學與思想。由於西方列強爭奪世界殖民資源而產生衝突，其科學成就用於了自相殘殺，一次大戰的爆發，把歐洲變成了人間地獄。

　　……這種悲劇激起了歐洲思想界的反思，他們開始反思凡是科學的

21　胡軍：〈羅素哲學思想在中國〉，《分析哲學——回顧與展望》，四川教育出版社，2001年版。

22　牟宗三：〈一年來之哲學界並論本刊〉載廣州民國日報・哲學週刊第43期，1937年6月24日。

就是美好的迷夢，英國哲學家羅素是這一思潮的代表。1920年來中國的羅素極力讚賞中國的傳統文化道德觀念。他認為，中國傳統人生觀與倫理觀與西方的大異之處，是不求個人神化或來世的解脫，而求達到現世的和平繁榮的生活。相比之下，西方最突出的優點是科學方法和實踐效率。他希望兩者在未來能夠得以結合，以生髮出一種既尊重人的價值又能肯定科學技術功能的新的文明價值體系。在羅素講學的過程中，張東蓀是陪同者，羅素的轉向彷彿印證了張東蓀的先見之明。杜威和羅素的態度體現了對科學功能的信任和懷疑的兩種不同態度，由於它直接關涉到還未完成現代化建設的中國的前途和方向，因此引起了中國學人的深刻反思。1923年2月14日，張君在清華作「人生觀」演講。他主張科學不能解決人生觀問題，科學有其自身之界限，力陳人生觀與科學的區別，並強調指出，唯其有此區分，「故科學無論如何發達，而人生觀問題之解決，絕非科學所能為力，唯賴諸人類之自身而已。」張君的演講激起了堅定的科學主義者、地質學家丁文江的猛烈反擊。丁文江堅信中國的出路在於以科學理性方法研究中國問題，「科學的目的是要摒除個人主觀的成見──人生觀最大的障礙──求人人所能共識的真理。科學的方法，是辨別事實的真偽，把真事實取出來詳細的分類，然後求他們的秩序關係，想一種簡單明瞭的話來概括他。所以科學的萬能，科學的普遍，科學的貫通，不在他的材料，在他的方法。」從這一核心理論出發，丁文江認為：科學能夠應用於人生觀；歐洲文化「破產」責任不在科學，而在某些「不科學的政治家和教育家」。「科玄論戰」由是展開，張東蓀站在了玄學家的一邊。1923年6月9日張東蓀發表《勞而無功》一文，反對科學的人生觀。此後他又寫了《科學與哲學》一書，進一步闡述自己的觀點。他說：「余於書中所斤斤言之者即在科學之性質一點，其次則為哲學之性質，以為今之揚科學之大旗往來於鬧市者，實未嘗真知科學之為何物。」他認為，科學的哲學不是真正的哲學。[23]

　　張東蓀非常重視羅素的思想。早在羅素訪華之前1919年9月，他就在自己創辦的《解放與改造》半月刊上發表了《羅塞爾（羅素）的」政治理

---

[23]　參見袁賀：〈張東蓀：書生謀國直堪笑〉2007年7月16日，《人物》雜誌。

想」》等文章。這份刊物除引介各種社會主義思潮，而且還刊載了不少探討蘇俄社會主義的文章。正因如此，1920年蘇聯代表魏金斯基來華籌建中國共產黨的時候就曾力邀張東蓀加盟，但終因政見不合而退出了籌建會議。[24]

　　張東蓀曾談到自己陪同來華講學的羅素訪問內地後的體會，指出，「中國現在沒有談論什麼主義的資格，沒有採取什麼主義的餘地，因為中國處處都不夠」的觀點，引起了許多信奉社會主義的知識分子的質疑，隨後引發了一場大論戰。文章說：「有一部分人住通商口岸，眼所見都是西洋物質文明的工業狀態，於是覺得西方人所攻擊西方物質文明的話，都可移到東方來，而忘了內地的狀態和歐洲大不相同。我此次旅行了幾個地方，雖未深入腹地，卻覺得救中國只有一條路，一言以蔽之，就是增加富力。而增加富力就是開發實業。因為中國的唯一病症就是貧乏，中國真窮到極點了。羅素先生觀察各地情形以後，他也說中國除了開發實業以外無以自立。我覺得這句話非常中肯又非常沉痛。舒新城君嘗對我說：『中國現在沒有談論什麼主義的資格，沒有採取什麼主義的餘地，因為中國處處都不夠。』我也覺得這句話更是非常中肯又非常沉痛。現在中國人除了在通商口岸與都會的少數外，大概都未曾得著『人的生活』。築山君自美來信，他說美國農夫比中國中等人家還要好得多，可見得中國人大多數都未經歷過人的生活之滋味。我們苟不把大多數人使他得著人的生活，而空談主義必定是無結果。或則我們也可以說有一個主義，就是使中國人從來未過過人的生活的，都得著人的生活，而不是歐美現成的什麼社會主義、什麼國家主義、什麼無政府主義、什麼多數派主義等等，所以我們的努力當在另一個地方。這個教訓我以為是很切實的，好高騖遠的人不可不三思之。」[25]他的這些說法引起了激烈的論戰。張東蓀還談到：「殊不知民主國家所需要的不盡是幹政治的人才，即坐而論道的批評家亦未嘗不是國家一種需要。……有些人責備批評者，以為是說風涼話，自己上臺亦未必幹得好，這些都是最不通的議論。即在外國，如蕭伯納何嘗不作政論，但人民並不要求他去幹；到過中國的羅素亦喜歡談政治改革問題，但亦沒有人責備他為何不參加實際上的政治活動。」[26]

24　楊廷青、陳敏生、吳志翔、鄭超：〈張東蓀五四時期社會主義思想流變的探析〉，《海峽科學》，
　　2007 年 04 期。
25　張東蓀：〈由內地旅行而得之又一教訓〉1920 年 11 月 5 日《時事新報》。
26　王玉河：《張東蓀傳》，山東人民出版社，1998 年版，第 25 頁。

　　1920年12月6日，陪同羅素的張東蓀從湖南回到上海後，在《時事新報》上發表《由內地旅行而得之又一教訓》的時評。陳望道、李達、邵力子、陳獨秀等對此文進行批駁，展開了五四時期著名的「社會主義論戰」。張東蓀連續發表《大家須記羅素先生給我們的忠告》、《答高踐四書》、《長期的忍耐》、《再答頌華兄》等文章，進行反駁。1920年12月25日，他發表了《現在與將來》的長文，全面闡述了他以基爾特社會主義為核心的社會改良思想。1921年1月19日，梁啟超發表《復張東蓀書論社會主義運動》一文，對張東蓀加以聲援，並對《現在與將來》作了某些「發明補正」。2月15日，張東蓀又在《一個申說》，對自己的主張作了「比較正式說明」，提出「資本主義必倒而社會主義必興」，並詳細闡述首先發展資本主義才能實現社會主義「階段說」。1921年9月16日，張東蓀又創辦了《時事新報》副刊《社會主義研究》，在《宣言》中全面提出了基爾特社會主義者的信仰、研究方向及宣傳目的，聲稱：「我們懷抱基爾特社會主義的思想，豎起基爾特社會主義的旗幟……宣言我們是基爾特社會主義者」；「我們信仰基爾特社會主義系出於我們的研究結果，我們信仰基爾特社會主義確是民主主義思想的究極，而且是社會改造原理最徹底的一個。」

　　在論戰中，基爾特社會主義的思潮受到阻遏，便造成了《社會主義研究》和《改造》雜誌於1922年6月和9月相繼被迫停刊。張東蓀對「不患寡而患不均」這一孟子之言一直被平均主義者所引據表示不滿，而提出「貧乏之可患甚於不均」；並引用了羅素對蘇俄不滿的看法：「我到俄國時自信是共產黨；但是既和這些無疑於共產主義底人接觸了，我反加多了一千個疑團，不但懷疑共產主義，並懷疑到人們不惜忍受許多愁苦以堅求達到的一切信條。」[27]具有哲學家與政治活動家雙重身分的張東蓀最初曾表示對羅素「崇拜到了十二分」，曾建議這位大哲「實地去研究中國的同業公會，因為歐洲中世紀之基爾特已經無存了，不能不在中國尋其遺跡，從此遺跡上或有些貢獻也未可知。」但後來羅素的社會理念並不如張東蓀所料，因此，羅素走後半個月，他在《後言》一文抱怨羅素「自己的思想還未確定，如何能知道我們呢？只是在說「夢話」，「對於中國情形毫無所得」。

　　張東蓀一生熱衷政治，晚年的金岳霖在晚年的回憶中對他多有微詞。

---

[27]　羅素：〈遊俄之感想〉，《新青年》第8卷第2號，雁冰譯。

他發跡於斯，也受難於斯，1948年底，他作為傅作義的代表與中共代表祕密談判，促使實現了12月24日北平和平解放；中華人民共和國成立後，他任中央人民政府委員，政務院文化教育委員會委員；同時仍擔任燕京大學（後併入北京大學）哲學系主任和教授。1951年他被指控向美國出賣國家重要情報，被免去政府職務，並被民盟開除，但工資照發。1968年1月他遭逮捕後關押於秦城監獄，直至病逝。他的長子康奈爾大學博士、北京大學生物系教授張宗炳同時被捕，在獄中精神錯亂，1975年釋放後，才逐漸恢復；次子劍橋大學博士、中國科學院數學所研究員、中科院學部委員張宗燧，1969年於中關村宿舍自殺；三子張宗穎1966年與妻在遭「鬥爭」後一同自殺。兩個孫子張鶴慈、張佑慈均在文革中被判重刑，關押勞改10多年。

　　在哲學上受羅素影響最深的是金岳霖（1895-1984）。羅素訪華時，金岳霖剛獲得美國哥侖比亞大學博士學位，於1921年底赴英國繼續深造，也正是在這一期間，全面接受了羅素的哲學思想。

　　牟宗三認為金岳霖在邏輯上的努力，是「欽佩的」，也是「受惠不淺的」，[28]說自己「是最喜歡讀他的文章的人」，[29]對他的《邏輯》（1937）一書許以「國內有數的作品」，「一部最好的參考書，訓練書」[30]，標舉金在邏輯學上率先打破了邏輯與知識論之混的功績，認為他的態度是承認有一個公共的邏輯，使言論能有統一的標準，經過唯物辯證法的論戰之後，形式邏輯受到錯誤地批判與壓制，[31]「在辯證法氣焰萬丈的中國，金先生仍能保持這個獨立一貫的態度，[32]不能不說是一支中流的砥柱。」[33]與此同

---

[28]　同上。

[29]　牟宗三（原文署名「光君」）〈略評金著《邏輯》〉，載廣州民國日報 · 哲學週刊第 22 期，1936 年 1 月 29 日。

[30]　同上

[31]　請參閱：（a）李匡武主編《中國邏輯史（現代卷）》（蘭州，甘肅人民出版社，1989 年版）第三章；（b）李繼東《中國現代邏輯史論》（南開大學博士論文，1997）；（c）Werner Meissner, *Philosophy and Politics in China:The Controversy over Dialectical Matterialism in the 1930s*, Part III . 12,Stanford University Press, Staford, California, 1990.

[32]　金岳霖「這個獨立一貫的態度」，一直堅持到五十年代。這可以從下述事例中得到證明。建國後，艾思奇先生第一次應邀至清華大學哲學系演講，公然反對形式邏輯，金先生在謝辭中智駁艾氏，說艾先生批判邏輯的話，句句都符合邏輯。嗣後，引起一場全校性的討論，一些學生在「民主牆」上對金先生的觀點作出論證，公開為形式邏輯辯護，而被視為「不正確言論」對待。但是，金先生高貴的學術品質和剛直不阿的學人風範廣為流傳，至今仍為佳話。（見王雨田〈懷念我敬愛的老師──金先生〉，劉培育主編《金岳霖的回憶與回憶金岳霖》，成都，四川教育出版社，1995 年版，頁 200 ～ 201。）

[33]　牟宗三〈一年來之哲學界並論本刊〉載廣州民國日報 · 哲學週刊第 43 期，1937 年 6 月 24 日。

時，牟也指出在實際的運用上，金先生仍未嚴格遵守這個態度，

　　金岳霖曾這樣描述過自己學術生涯的開始：他最初發生哲學上的興趣是在1919年的夏天。那時候他正在研究政治思想史，並在政治思想史課程中碰到了格林（T. H. Green）[34]。他記得自己頭一次感覺到理智上的欣賞就是那個時候，而在一兩年之內，如果能夠說有點子想法的話，他的思想似乎是徘徊與所謂「唯心論」的道旁。1922在倫敦念書，有兩部書對他的影響特別的大；一部是羅素的《數學的原則》（Principles of Mathematics）；另一部是休謨的《人性論》（Treatise）。「羅素底那本書我那時雖然不見得看得懂，然而它使我想到哲理之為哲理不一定要靠大題目，就是日常生活中所常用的概念也可以有很精深的分析，而此精深的分析就是哲學。從此以後我注重分析，在思想上慢慢地與Green分家。」[35]金岳霖說自己所著的《論道》就有舊瓶裝新酒的毛病，即將中國傳統哲學中的許多概念如無極、太極、幾、數、理、勢、情、性、體、用等引入《論道》中，並用從羅素那裡得來的分析方法，重新加以闡釋。他對精確的分析達到如醉如癡的境地。徐志摩有過栩栩如生的描繪：「金岳霖先生有這樣一種嗜好，除了吃大西瓜——是撿起一根名詞的頭髮，耐心的拿在手裡給分。他可以暫時不吃飯，但這頭髮粗的怪可厭的，非給它劈分了不得舒服。……但這功夫太大，他只能選幾個湊手的詞。一半當作拋棉花球兒的玩藝，拿在手裡給剝去點泥，擦去點髒，磨去點毒，以顯示出他們的本來面目，省得一般粗心的人把象牙看作狗骨頭，或把狗骨頭看作象牙，這點子不看清楚知識是不易進步的。……我們真用的著金先生劈頭髮絲一類的工作。」[36]有一則流傳的軼事，很符合金岳霖的稟性，說他十幾歲的時候，就覺得中國俗語「金錢如糞土，朋友值千金」有問題。他說，如果把這兩句話作為前提，得出邏輯結論應該是「朋友如糞土」。

　　金岳霖的《邏輯》一書的問世標誌他成為「中國第一個真正懂得近代邏輯學的人」，「又是中國第一個懂得並且引進現代邏輯的人」。馮友蘭曾這樣評價說，金岳霖運用邏輯分析法，創建了自己本體論名著《論道》的哲學體系，此書就「是用邏輯學形式寫的。他是一條一條地寫的，每條都用一個邏輯命題表示。」他的另一部認識論名著《知識論》，同樣解決「共相與殊相的分別和關係的問題」，從而「認識論和邏輯學的根

---

[34]　（1836～1882），英國牛津大學哲學教授；英國新黑格爾主義哲學主要代表之一。

[35]　金岳霖：《論道》，中國人民大學出版社，第3～4頁。

[36]　徐志摩：《晨報副刊》，第59期，1926年8月23日。

本問題」。「這是金先生的特識」。所以說，「金先生是使認識論和邏輯在中國發達起來的第一個人。」馮友蘭本人也運用了邏輯分析法，創建了「新理學」的哲學體系。他指出：「對於哲學是從邏輯學入門的」；照邏輯學講，一個普通名詞，都是一個類名，都有內涵與外延兩個方面，內涵即共相，外延即殊相。二者的關係，是希臘哲學所說的「一」與「多」的關係，也是宋明道學所說的「理一分殊」的關係。這個道理認識清楚以後，理學的主要概念就都有了。有了這些概念後，再用宋明道學的有些話相印證，那就是「接著講」，而不是「照著講」了。因此，張岱年先生評價金、馮兩人時說道：西學東漸以來，中西哲學的結合便是必然的趨勢。當代中國哲學界最有名望的思想家是熊十力先生、金岳霖先生和馮友蘭先生，三家學說都表現了中西哲學的融合；「熊氏哲學體系中，『中』層十分之九，『西』層十分之一；金先生的哲學體系可以說是『西』層十分之九，『中』層十分之一。唯有馮友蘭先生的哲學體系可以說是『中』、『西』各半，是比較完整意義上的中西結合」。[37]

---

[37] 1981年某日，為了撰寫有關羅素的碩士論文，導師任華建議本書作者是否能拜訪一下接觸過羅素而且對其思想有精深研究的金岳霖先生。作者一聽大喜，這真是一個絕無僅有的機會。作者讀過金先生的《論道》和《知識論》兩部著作，看過他不少論文。當時，88歲高齡、病老纏身的金岳霖先生早已深居簡出，幾乎與世隔絕，我們這一代哲學工作者已經沒有什麼可能拜見他了。作者按位址來到北京東城區乾面胡同社科院一棟老宿舍的一個單元，保姆開門後，坐在作者眼前的是一個戴著帽子、穿著一身深色睡袍一般衣物的老者。他抽縮著身體，一手拿著老花眼鏡，另一手好像拿著什麼讀物。呵，這就是仰慕以久的中國現代哲學的開山鼻祖之一的金岳霖先生！作者對金先生談了我的來意，談到作者碩士研究是羅素，談到作者論文導師任華先生也曾經是他的學生等等。沒想到老先生還記得任華先生，問了一聲：他的眼睛好了沒有，因為任華先生在「文革」中因為某種原因幾乎失明。我們從布拉德雷的一元內在關係說談到羅素的多元外在關係說，又從自然語言模糊性談到人工形式語言的精確邏輯分析。這時的金老，已經說不出什麼完整的句子了，對某種意義的表達，僅能說出幾個關鍵的詞或片語，雖然斷斷續續，但仍透出他深厚的學術內力。在某些時候，形式可以大於內容，能與中國現代邏輯學的泰斗有如此程度的溝通，本身已經說明問題了。有評論說，在金岳霖先生的及門弟子中，沈有鼎、殷海光、王浩和馮契四人是佼佼者。作者與其中的沈先生、王先生和馮先生都有過一點學術接觸，從個人體會來說，至少一大半同意這個評論。談話期間，金老還談了幾句有關北大清華的評論，作者已記不得了，後來看到他的一篇回憶提到：「一葉凋零，深秋將至，季節如此，風尚變然。在上述時期以前，青年人就唱起下面這句話來了：『北大老，師大窮，清華燕京可進攻』。事實是北大和師大都是中國味重，本地味重；清華、燕京洋味重。重洋輕中，早已成為風尚。」突然，作者注意到老人床邊的茶几上有一張年輕女子的照片。早就聽說金老終身未婚，那麼這個女子是誰？作者沒有好意思問。剛到北大不久，就聽說有關金老的一些帶有傳奇色彩的故事，其中就有梁思成、林徽音和金岳霖之間的三角戀愛，說的有鼻子有眼、活靈活現，講的是：林對梁和金說，二者中誰在美國先拿到博士回國，她就嫁給他。結果梁的腦袋活，學位還沒有獲得就提前回來，而像邏輯一樣精密的金岳霖卻按部就班完成全部學業後才回國，結果晚了一步。後來才知道這完全是謬傳，做了戲劇性的加工。浪漫是有的，但浪漫另有說法。拜訪老先生，作者比較自覺，點到為止，不想讓他太累，差不多便起身告辭。老先生微

　　據《金岳霖年表》透露：1956年陰曆除夕，毛澤東請金岳霖先生吃飯，對他說：「數理邏輯還是有用的，還要搞。希望你寫個通俗小冊子，我還要看。」金岳霖先生生前還說過的另一件重要事情。有一次，毛澤東會見金岳霖先生，問他是否有興趣研究《資本論》的邏輯。金岳霖先生回答說：「我有興趣，但我不懂政治經濟學，恐怕研究起來有困難。」此時，毛澤東笑了，操著湖南口音風趣地說：「看來，隔行如隔山呀！」[38]

　　中國哲學界在金岳霖誕生110周年紀念會上，來賓眾多評價中有這樣的一段：從上世紀50年代末開始，金先生一直在做一件重要的事，這就是對羅素哲學的清理和批判。羅素是現代西方哲學中最有影響的代表人物之一，他的哲學中有許多值得借鑒的東西，但羅素哲學的體系是唯心主義的，無論前期還是後期都是這樣。羅素曾是金先生的老師，金先生已往的哲學思想受羅素影響很大。對羅素哲學的清理和批判，也就是對他自己思想的清理和批判。金先生是最有資格對羅素哲學進行批評的，因為他是為數不多的真正懂得羅素哲學的中國學者之一，在中國，他是研究羅素哲學的最大權威。馮契先生在《羅素哲學》一書的跋中說，該書是金先生在轉變為馬克思主義者之後的最重要的著作。他還說：「它是中國當代一位傑出的哲學家對西方當代的一位傑出的哲學家的評論，這種評論是作者多年探索和思考的結晶，是精深而富有智慧的，因而如果人們要求瞭解和研究羅素哲學、瞭解和研究金岳霖哲學，即可從中吸取營養，得到啟發。這一評論十分中肯。周禮全先生為該書作的序中指出，金老的這部書受到

微欠了欠身，表示送行。歲月是這樣的無情，眼前的老態龍鍾，讓人怎麼也不能與當年那個得到林徽音芳心、相貌堂堂、個子一米八的英俊大才子聯繫在一起。這時候，作者才想起，《百科知識》雜誌的主編梁從誡先生是梁思成和林徽音的公子，而前不久他還發表了我的一篇關於羅素悖論的文章。後來，因發表一篇有關羅素110周年誕辰的紀念文章，而與梁先生再次聚會時，又談到金老，作者感到梁先生對金老有一種父親般的敬重和愛戴。他告訴作者，他的一家現在與金老住在一起，並歡迎我再去做客。不久，經人點撥，作者才知道，金老床邊相片上的女子，是林徽音和梁思成的女兒。作者對梁從誡先生印象極好，其中一點是他作為梁啟超的孫子、梁思成的兒子，中國近代史上這樣的名人之後，而且本人已有相當成就，對當時的作者和其他一些名不見經傳的小研究生卻相當器重。有這樣一個小插曲：作者的《百科全書式的一代哲人——紀念羅素誕生110周年》文章中，原有這樣一段話：「羅素（1872～1970）是現代西方世界最負盛名的學者和社會活動家之一。他為發展人類知識和世界進步事業做出了不懈的努力。他認為求知、愛情以及同情感是自己畢生的三大動力。」後來，作者提出了一個顧慮，就是在當時的背景下，「愛情」作為三大動力之一這一提法，是否對中國青年人有負面影響，梁先生思忖了許久，最後還是忍痛割愛了，以致後來文章發表後，三大動力變成了兩大動力。作者想，這相當遺憾，梁先生的父母及金先生的一生，不正像羅素一樣，愛情也是他們的三大動力之一麼？

[38]　胡軍：《金岳霖思想研究》附錄《金岳霖年表》，社科出版社，2004年版。

「左」的觀點的影響，這是事實。但綜觀全書，金老對羅素的批評沒有簡單化。金老這部著作的難能可貴之處在於，把極其複雜的羅素哲學理出了一個頭緒，把它的基本骨架、它的最本質的東西清楚地揭示了出來。正如馮契先生所說，該書在運用馬克思主義哲學考察認識論和邏輯學中某些帶根本性的問題，提出了創造性的見解，標誌著金先生晚年的哲學思想經歷了一次飛躍而達到了新的高度。這就是《羅素哲學》一書最有價值的地方。[39]

　　馮友蘭（1895～1990）在中國哲學界也是積極地提倡羅素分析方法的哲學家。馮友蘭，又名馮芝生，生於河南唐河。1912年考入上海中國公學大學預科班；1915年考入北京大學文科中國哲學門；1919年赴美留學，就讀著名的美國哥倫比亞大學。1923年夏，馮先生以《人生理想之比較研究》（又名《天人損益論》）順利通過博士畢業答辯，獲哲學博士學位。1924年秋馮先生回國後，發展了博士論文的思想，出版了《一種人生觀》。1924年他又寫成用於高中教材的《人生哲學》，在本書中，他選擇新實在主義作為自己的哲學信仰，並將其與程朱理學的結合。後來馮先生歷任中州大學、廣東大學、燕京大學教授，清華大學文學院院長兼哲學系主任。抗戰期間，馮先生任西南聯大哲學系教授兼文學院院長。在燕京大學任教期間，馮先生講授中國哲學史，分別於1931年、1934年完成《中國哲學史》（上、下冊）的寫作，此作後被選為大學教材，為中國哲學史的學科建設奠定了某種框架和方法論的基礎。從1939年到1946年的7年間，馮先生先後出版了《新理學》（1937）、《新世訓》（1940）、《新事論》（1940）、《新原人》（1942）、《新原道》（1945）、《新知言》（1946）等論著，即「貞元六書」。通過這個系列，馮先生相當完整地創立了新理學思想體系，使他一舉成為中國當時影響最大的哲學家。1946年他再次赴美任客座教授。回國後，於1948年末至1949年初，任清華大學校務會議主席，並曾獲美國普林斯頓大學、印度德里大學、美國哥倫比亞大學名譽文學博士。1952年後馮先生一直為北京大學哲學系教授。20世紀50～60年代是馮先生學術思想的轉型期，他放棄其新理學體系，開始以馬克思主義為指導研究中國哲學史。著有《中國哲學史新編》（第一、二冊）、《中國哲學史論文集》、《中國哲學史論文二集》、《中國哲學史

---

[39]　邢賁思：〈在金岳霖先生誕生110周年大會上的講話〉。2007年12月14日，哲學家和邏輯學家金岳霖院士紀念館。

史料學初稿》、《四十年的回顧》和七卷本的《中國哲學史新編》等書。

　　馮友蘭對於邏輯分析方法傳入中國給予了極高的評價。他說：「1919年邀請約翰‧杜威和柏特蘭‧羅素來北京大學和其他地方講學。他們是到中國來的第一批西方哲學家，中國人從他們的講演第一次聽到西方哲學的可靠說明。……這兩位哲學家，接受者雖繁，理解者蓋寡。可是，他們的訪問中國，畢竟使當時的學生大都打開了新的知識眼界。就這方面說，他們的逗留實在有很大的文化教育價值。……就我所能看出的而論，西方哲學對中國哲學的永久性貢獻，是邏輯分析方法。……佛家和道家都用負的方法。邏輯分析方法正和這種負的方法相反，所以可以叫做正的方法。……正的方法的傳入，就真正是極其重要的大事了。它給予中國人一個新的思想方法，使其整個思想為之一變。……邏輯分析法就是西方哲學家的手指頭，中國人要的是手指頭。」[40]他還回憶到：在袁世凱的暴力之下，國會不能行使職權，國民黨失敗了，與之對立的進步黨也不能不跟著垮臺。研究系就把它的活動從政治方面轉到學術方面來，辦了一個學會，叫尚志學會。它名叫學會，實際上還是原來那班人主持一切。《哲學評論》就是尚志學會主辦的刊物，原來主編是瞿世英（菊農）。在五四運動的時候，梁啟超等人的尚志學會，約請了美國的實用主義哲學家杜威和英國的哲學家、當時是新實在論者的羅素到中國講演。「我在哥倫比亞大學研究院的時候，在這個大學中，恰好也有這兩個學派。杜威在那裡講實用主義，還有兩位教授講新實在論。因此這兩派我比較熟悉。在我的哲學思想中，先是實用主義佔優勢，後來新實在論佔優勢。實用主義的特點在於它的真理論。……後來我的哲學思想逐漸改變為柏拉圖式的新實在論……總起來說，新實在論所講的，是真理本身存在的問題，實用主義所講的，是發現真理的方法的問題。所以兩派是並行不悖的。」[41]因此馮友蘭根據羅素和杜威等人的觀點，在他的《人生哲學》回答了當時哲學界及一般思想界所討論的問題，廣泛地討論了一般哲學問題；從宇宙的構成到文學藝術以至宗教，都作了一些解答的嘗試。[42]

---

[40]　馮友蘭：《中國哲學簡史》，北京大學出版社，1985 年版第 378 頁。

[41]　馮友蘭：《馮友蘭自述》，中國人民大學出版社，2004 年版第 170，185 頁。

[42]　在北大讀書時，本書作者聽過馮友蘭先生的課，並多次與他交談過有關中西哲學的比較問題，其中也包括羅素。我留下較深印象是因寫一篇文章而上門拜訪了馮老先生。老先生的住宅位於北大燕南園的一個獨立院落裡，環境還算不錯。當時，老先生的精神也不錯，思維敏捷而且非常禮賢下士。我們足足談了兩個小時，其中談到了羅素，張申府和張岱年。在我們交淡中間，一位年約 50 歲上下知識女性模樣的女士時不時出出進進。馮先生告訴我：這是他的女兒。在

　　湯用彤（1893～1964）先生與張申府一樣都是最早瞭解羅素學說的中國人，他最先掌握的當時這些最新哲學思想，至今在各種西方哲學Definition of Cardinals（基數解說）、Theory of Types（類型理論）、PHuntington's Essay（亨頓的論文）、Equivalence of Postulate Sets（等價集公設）、Meaning of Equivalent Sets（等價集意義）、Resume of athematical Logic（數理邏輯概略）等篇。Symbolism（符號論）一文先講符號論的重要意義，又探討了名稱（name）與意義（meaning）的關係問題，著重敘述羅素的摹狀詞理論，通過邏輯分析來揭示日常語言的結構和意義。這對他於玄學中「言意關係」的闡明提供了便利。

　　書稿第二冊是Fundamental Concepts of Mathematics（數學的基礎概念）和Logical Theory（邏輯理論）的讀書筆記。從這兩本合訂的英文手稿中可以看出他所受的嚴密邏輯思維訓練，也反映出他邏輯推理的天賦，文理兼通的素養及對數理邏輯，符號邏輯，形式邏輯，數學哲學，語言哲學的精熟。他極重視邏輯作為「思維武器」的作用，常稱道弗雷格（G. Frege）、羅素等人著述，可知湯用彤在羅素來華講學之前就關注當時剛興起的分析哲學。他把數理邏輯應用於語言分析以闡明，解決哲學問題，由此認識到了日常語言的局限性，因而日後獨具慧眼地總結出「言意之辯」的方法論。[43]行家評論這種方法所具有的深邃之現代哲學精神與維根斯坦《邏輯哲學論》一書宗旨有驚人暗與馮友蘭等老一輩學者共同開創並奠定了邏輯分析和文獻考證並重的北大中國哲學研究傳統・分析方法的輸入使整個中國哲學界的面貌為之一新。馮契說；「正是由於從嚴復，王國維到湯用彤，馮友蘭等許多學者等的分析研究，使得中國傳統哲學的許多重要範疇的涵義清晰起來了。」[44]

　　不過，作為學衡派的重要人物之一的湯用彤，也曾以這樣的批評表達其對國人崇拜羅素杜威的不滿尼采之流；於戲劇，則擁戴易卜生、蕭伯納諸家。……羅素抵滬，歡迎者擬及孔子；杜威蒞臨，推尊者比之為慈氏。今姑不言孔子慈氏與二子學說軒較，顧杜威羅素在西方文化與孔子慈氏在

這以前，作者只隱隱約約聽人們說過，馮先生的女兒是個作家，但卻並不知道她的名字，也沒有讀過她的作品。我不清楚，她是探望老父，還是就住在那裡。開始談話時，不懂規矩的作者，傻乎乎地占了靠裡的一個椅子，馮先生卻坐在靠門的椅子上。不一會兒，那位女士過來，很禮貌地問作者，能不能換到靠外的椅子，因為擔心老人會受風。後來，作者才知道，馮先生的女兒叫馮宗璞，筆名宗璞。

[43]　趙建永：〈湯用彤未刊稿的學術意義〉，《哲學門》2004 年第 2 冊。

[44]　馮契：《中國近代哲學的革命進程》，上海：上海人民出版社，1989 年版，第 501 頁。

中印所占地位，高下懸殊，自不可掩。」[45]

　　湖南籍哲學家李石岑（1892～1934）對羅素思想的推廣也是不遺餘力。他參與了安排羅素訪湘講學的計畫，並親自與張東蓀等陪同羅素在長沙作了講演。他在湖南省教育會所作的題為「杜威與羅素之批評的介紹」的講演中談到，羅素是一個科學的哲學家，但近年來，喜歡討論改造社會的實際問題，於是一般人加他以「昔日的羅素和今日的羅素」的徽號。李石岑認為，其實羅素的主張，原是一貫的，也就是應用科學的哲學來說明社會哲學，因此並非有今昔之不同。萊布尼茨以為宇宙都由許多單子集合而成。所謂本體，乃由論理學上主賓兩辭聯結顯出來的。由主賓兩辭的關係，導出本體和屬體的關係，因而導出他的「單子論」。羅素的「新論理學（邏輯學）」，就是由萊布尼茨「單子論」所引導出來的。不過在評述羅素新論理學之前，必須知道有兩個顯著的傾向：一為新數學的傾向；一為新物理學的傾向。李石岑進一步指出要想說明羅素新論理學，就應當首先瞭解他對於數學的解釋。從前數學的公理，都以為一部分是比全部分小些，但是新數學的基礎觀念，不以量為標準，乃以點為標準。以點為標準，那就一部和全部，都沒有什麼大小的區別。換一句話說，一部分之中所含的點數，和全部分之中所含的點數，都是無限的。由這種觀念所成的數學，在一般的人，雖覺得不可思議，其實這種數學可以促成合理的科學。這種數學之批判論理，可以說羅素是開拓的第一人。羅素在這種新數學裡，把一切量都換作序（Orders）、系列（Series）、類（Classes）這類論理的用語，並把它們應用到一般哲學問題上，如時間，空間，心理現象、物理現象等。根據李石岑闡釋，對羅素的數理哲學來說，時間並不是持續（Duration）的問題，乃是特殊序或系列的問題；空間也是這樣。物理現象，也不是物質的問題，而是特殊序或類的心理現象，也可用對物理現象一樣的解釋。如此一來就把時間空間看作客觀的實在性和主觀的形式等一些怪議論，都自然消滅了。羅素徹底地從數學上的點出發，但這些點散在宇宙，若沒有連綴和排列的方法，怎麼會組成宇宙和人生呢？於是羅素的新論理學便產生出來了。在李石岑看來：「羅素近年乃由他的新論理學，漸漸形成他的社會哲學。他近來所著的《社會改造原理》《達自由的路》《政治理想》，那幾部書，都是發表他對於社會改造上的意見的。他自從歐戰勃發以來，他便覺得從前那般制欲派的學說，都靠不住。歐洲的

---

[45]　湯用彤：〈評近人之文化研究〉，《湯用彤學術論文集》，中華書局 1983 年版。

空氣，哪一處不是高唱博愛，怎麼會有互相殘殺的歐洲大戰呢？博愛非不可講，但不是從前那般制欲派的講法，須得著眼於「衝動」二字才是。衝動實在比意識的目的還有力些。衝動分兩種：一種是創造的衝動，一種是所有的衝動。創造的衝動，譬如教育呀、戀愛呀、宗教呀，都是創造衝動的產物；所有的衝動，譬如國家呀、戰爭呀、財產呀，都是所有衝動的產物。凡是為創造衝動所驅使的那種社會，便是最善的社會，凡是為所有衝動所驅使的那種社會，便是最惡的社會，雖則嚴格說來，『所有』中不免含有『創造』，『創造』中不免含有『所有』，但羅素的社會哲學，是主張減少所有衝動，增加創造衝動。他本此立定兩個原則：一、發達個人或團體的生長；二、減少個人或團體的犧牲。」[46]作為伯格森研究專家的李石岑還強調：「支配現代思潮者，首推柏格森，而反對現代思潮，或別樹一思潮之幟者，不得不首推羅素。」然而「柏格森與羅素之距離，不過其氣質用語之不同而已，非有他也。」[47]

在中國學者中，恐怕僅有傅銅是羅素的真傳弟子。有學者感歎地說道：過去對傅銅所知甚少，僅提及的片言隻語，大多是負面的，諸如「自詡為羅素弟子」；羅素講學時的一些報導有揶揄的，有諷刺的；陝西旅京學生《共進》的報導也很負面。「在今天看來，這些說法過於偏頗，並不符合史實，傅銅的確是英國大哲學家羅素的弟子。他是中國最早學習西方哲學的留學生，最早參加國際哲學學術會議，於1921年創辦中國最早的哲學社團——哲學社，並創刊中國第一份哲學雜誌——《哲學》，他還將西方數理哲學首次引入中國。」[48]1905年，傅銅由河南省官費到日本留學，先後畢業於東京巢鴨宏學院和東洋大學哲學倫理學系。1913年，他寫致信羅素並獲羅素的回信，因而有機會轉赴英國學習，先在牛津大學讀研究生，後到伯明罕大學，1917年獲碩士學位，並拜在羅素門下，成為最早學習西方哲學的中國人。[49]羅素訪華時，傅銅就是重要邀請者和接待者之一，曾陪同羅素四處講演並兼翻譯。據考證，當時，傅銅與王敬芳向梁啟超提議邀請羅素來華講學，梁當即表示同意。梁啟超在決定「組織一永久團體，名為講學社」的同時，就已經把邀請羅素之事和成立講學社一併提出。1920

---

[46] 李石岑：〈杜威與羅素之批評的介紹——在湖南省教育會講演之一〉，《李石岑講演集》，廣西師範大學出版社，2004 年版。

[47] 李石岑：〈現代哲學雜評〉，《民鐸》第 2 卷第 4 期。

[48] 姚遠：〈羅素的弟子、西北大學校長傅銅〉，《圖說西北大學 110 年歷史（1902～2012）》，西北大學出版社，2012 年版。

[49] 郭蘭芳 章修龍：〈傅銅：最早學習西方哲學的中國人〉，《縱橫》2006 年第 5 期。

年5月，梁啟超等人委託傅銅致函羅素盛邀其訪華。[50]據趙元任回憶，羅素贊助人之一的傅銅創立一個「羅素研究組」，第一次聚會是在「西方回國學生俱樂部」舉行的，有時也在其他處所。傅銅曾在哲學社主辦的哲學雜誌1921年5月1日第一期上發表了〈羅素的創而不有主義〉一文。羅素走後，傅銅應北京大學校長蔡元培之約到北大任教。1921年傅銅等人創辦的哲學社，是中國最早的以共同研究哲學為宗旨的學術團體；到30年代中國現代哲學從幼稚走向成熟，中國哲學會的成立即具有標誌性的事件。中國哲學會中有不同流派，但都抵禦「官哲學」，以學術自由和哲學獨立來促進哲學的健康發展。在中國哲學會中，傅銅是屬於新實在主義派的，[51]在一定意義上他始終受到羅素哲學的影響。

三、張岱年、賀麟

張岱年（1909～2004）可稱為當代最後一位故去的國學大師。他在回憶北師大時，說道：「於聽課之外，我大部分時間用於自學讀書。我閱讀了中國古典哲學著作，同時閱讀英國哲學家羅素和懷特海的英文原著。當時閱讀英文哲學原著，不但增加了一些哲學知識，而且也受到一定的思想訓練。羅素的著作，運用邏輯分析，論證嚴密，層層剖析，一絲不苟，讀之受到一種思想的鍛鍊。」[52]有記者問最喜歡的書是什麼？在張岱年回答中，其中一本就是羅素的《西方哲學史》。[53]有學者評述說：當時張岱年先生「與熊十力、金岳霖、馮友蘭交往較為密切——而這三人恰好代表了中國現代哲學的三大流派：熊十力指示他中國哲學的深層問題，金岳霖啟示他『分析』（此時張岱年先生正在讀羅素、莫爾、懷特海等人的邏輯分析方法之著作）之路，而他與馮友蘭先生的哲學見解最為相近。」[54]

在《論中國哲學的新統》中，張岱年先生提出馬列主義與中國傳統哲學結合的觀點。其兄張申府認為「孔子、羅素、列寧」三位一體的思想體系是最為完美的，因此他深受這種觀點的影響，故在辯證唯物論的引導下創立了自己的哲學體系「綜合創新論」。張岱年指出：「20世紀初年，

50 陳文彬：〈五四時期知識界的「挾洋自重」〉，《書屋》2006 年第 7 期。

51 參見左玉河：〈中國哲學會成立緣由及其首次年會〉，《中國科技大學學報（社會科學版）》2002 年第 03 期。

52 張岱年：〈我與北師大〉，《張岱年文集》第一卷，清華大學出版社 1989 年版。

53 參見〈北大教授最愛讀的是什麼書？〉，2005 年 7 月 18 日，深圳特區報。

54 劉墨：〈中國哲學的分析與綜合之路——讀張岱年先生的《中國哲學大綱》〉，《中國圖書評論》1996 年第 5 期。

英國哲學家羅素（B. Russell）與莫爾（G. E. Moore）提倡邏輯分析方法
（Logic al Analysis），我認為這還是有重要意義的。」[55]

　　一位訪者曾記錄了他與張岱年先生的一段對話：訪者：「一生中誰對
您的影響最大？」先生：「在學術方面有兩個20世紀的英國哲學家對我影
響比較大，一個是羅素，一個是懷特海。羅素的邏輯分析方法和懷特海
的過程哲學一直影響著我。懷特海的過程哲學認為世界的存在就是一個
過程，過程才是最根本的。我最佩服的哲學家是恩格斯，另外還有馬克
思和列寧。一方面我贊成羅素、懷特海的分析方法，另一方面我又贊成馬
克思、恩格斯、列寧的辯證法，再結合中國的優秀哲學傳統，來發展當代
的中國哲學。」訪者：「那麼中國當代學者誰對您影響比較大呢？」先
生：「一個是馮友蘭，另一個是張申府。張申府是我的一個老兄，他贊同
唯物論，又贊成羅素的分析方法。我同意他把唯物論和分析方法結合起來
的哲學觀點。他常講一句話，『列寧、羅素、孔子三流合一。』他要把列
寧、羅素、孔子三種哲學思想結合起來。可惜他沒寫出書來。我這一生主
要從事三項工作。一個是研究中國哲學史，一個是研究哲學理論問題，另
一個是研究文化問題。在研究中國哲學史所用的分析方法上，我和馮友蘭
先生的觀點比較一致。在哲學理論方面我和馮友蘭先生有比較大的區別。
他贊同心理學，其實就是客觀唯心論。這一點他自己也承認，後來他放棄
這種思想，接受唯物論了。在哲學理論方面我和張申府比較一致。」訪
者：「您能談談愛情觀嗎？」先生：「我認為愛情首先是專一，你不能同
時去愛兩個人，否則要鬧矛盾。一個人一生的主要精力應放在學問和事業
上。」訪者：「羅素一生結過四次婚，可謂是不專一吧！可是他卻成了大
哲學家。如何解釋？」先生：「羅素是哲學家，但他又是文學家，文學家
都是比較浪漫的，羅素最後獲得的是諾貝爾文學獎。」（大笑）[56]

　　張岱年回顧說：「近代以來，隨著西方自然科學的傳入，西方近代哲
學，也逐漸傳入中國。到了『五四』新文化運動時期，西方的各派哲學更
大量移譯過來。杜威、羅素來華講學，於是實用主義與新實在論分析哲學
在中國發生了一定影響。20年代後期，馬克思主義唯物論哲學更受到青年
學子的熱烈歡迎。同時康德、黑格爾、叔本華、尼采的學說亦皆有一定影
響。也有人專習希臘哲學。」[57]

---

[55]　張岱年：〈論中國傳統哲學的繼承與改造〉，《傳統文化與現代化》，1995 年第 2 期。
[56]　張者：〈張岱年：直道而行〉，《文化自白書》，北京廣播學院出版社，2004 年版。
[57]　張岱年：〈論中國哲學發展的前景〉，《張岱年論文集》，安徽教育出版社，1998 年版。

　　張岱年稱自己：「我的哲學探索，是試圖將現代唯物論與邏輯分析方法以及中國哲學的優秀傳統結合起來。」而他「最喜讀羅素、摩爾、懷特海、博若德的書。對此派學者的邏輯分析方法甚為讚賞。」張岱年的長兄，清華大學哲學系教授張申府認為「應將唯物辯證法與形式邏輯的分析方法結合起來」。對此，張岱年聲稱：「我同意申府此說。」他把「邏輯分析法」又稱之為「解析法」。並指出所謂「解析法」之要義，就在於「辨意謂、析事實，汰除混淆，削減含忽，以清楚確定為目的。」因此主張運用「邏輯分析法」去構建新哲學。「今後哲學之一個新路，當是將唯物、理想、解析綜合於一。」張岱年的成名作《中國哲學大綱》，就是綜合運用了邏輯分析法與辯證法，第一次分析了中國哲學範疇的發展史。有學者總結說：在全面系統深入地比較研究了中西哲學之後，金、馮、張三位先生都發現了二者在「認識論和邏輯意識」這一重要的「思維手段」的問題上，有很大的差異。中國哲學「沒有一種發達的認識論和邏輯學」，而西方則有之。於是，他們都深受分析哲學的影響，決心自覺地肩負起要「使認識論和邏輯學在中國發達起來」的重大的歷史使命，熱心地把分析哲學引進中國，作為研究中國哲學和創造自己的新哲學體系的基本方法，成為溝通中西不同哲學的一個典範。[58]他還指出：「由於重視整體思維，因而缺乏對於事物的分析研究。由於推崇直覺，因而特別忽視縝密論證的重要。中國傳統之中，沒有創造出歐幾裡得幾何學那樣的完整體系，也沒有創造出亞里斯多德的形式邏輯的嚴密體系；到了近古時代，也沒有出現西方16、17世紀盛行的形而上學思維方法，更沒有伽利略所開創的實證科學方法。應該承認，這是中國傳統思想方法的重大缺陷。英國哲學家羅素在晚年著作《西方的智慧》中說，『在全世界裡，唯有希臘文化是哲學運動與科學傳統攜手並進的。』我們雖然不能說中國古代沒有科學，然而中國古代科學比起西方近代科學來還是相形見絀的。在這方面，我們只有誠心誠意地學習西方。在今日建設文化的新時代，必須做到思維方式的現代化。既經發揮辯證思維的優良傳統，更要學會縝密分析、進行實驗的科學方法。中國新文化的燦爛未來，有待於思維方式的更新。」[59]顯然，張岱年先生是很擅長將西方文化精華與中國文化重建相結合的大師。[60]

---

[58]　錢耕森：〈清華大學哲學系與邏輯分析法〉，2001 年 4 月 18 日中華讀書報。

[59]　張岱年：〈試談價值觀與思維方式的變革原載〉，《現代化》1986 年第 10 期。

[60]　上世紀 80 年代初，本書作者有幸身在寶山能識寶，曾上過張先生兩門課，記得其中一門是中國哲學史史料學。後來還多次登門拜訪，與這位有卓越成就的老前輩請教過有關學術問題。記

　　對於羅素對中國哲學大師的影響這一問題，賀麟（1902～1992）也應該提一提。1928年9月，賀麟「不滿於芝加哥大學偶爾碰見的那種在課上空談經驗的實用主義者」，於是便於1928年9月轉入哈佛大學，「目的在進一步學習古典哲學家的哲學」。相對而言，當時的哈佛大學比較重視西方古典哲學，這與賀麟的旨趣很投緣，他選修了「康德哲學」、「斯賓諾莎哲學」等課，以及懷特海的「自然哲學」課。在哈佛，他曾聽過羅素的學術演講。1956年12月，賀麟在《新建設》第12期發表〈溫德爾班著《哲學史教本》及羅素著《西洋哲學史》簡評〉；1984年，他出版了《現代西方哲學講演集》，其書收有4篇批判胡適和羅素的文章。晚年的賀麟對自己當年的做法有深刻的檢討，如在〈近年羅素兩本著作讀後〉一文的附記中，他坦承對羅素「曾做過敵對性粗暴攻擊」。[61]有學者評論說，賀麟解放後寫的學術文章中，甚至連文風都有改變，比如批判胡適和羅素的文章，與他之前的文章比較起來，我們不會相信他會變得這樣的粗暴，而這一切卻又實實在在地發生了。賀麟晚年也只能在內心懷念他過去的追求。他在給《文化與人生》寫的新版序言中，就流露了對舊著的深情，他說「《文化與人生》一書雖然在編排方面有不少缺點和錯誤，初次在報刊上發表時，讀者尚有較好的反響，我自己也感到相當滿意」，而當知道韋政通對他舊著的評價時，甚至發出了「海外存知己，天涯若比鄰」的感慨。這位大哲有一句名言：「你可以迫使我與我心愛的妻子離婚，但你絕不可能讓我離開西方哲學。」

四、洪謙、任華、沈有鼎、王浩

　　有關羅素等的西方分析哲學思潮，恐怕洪謙（1909～1992）先生最為專業。1920年代末他先就讀於耶拿和柏林大學，1928年到維也納學習。在這裡，他以他撰寫的論文《現代物理學中的因果性問題》在石里克（M. Schlick，1882～1936）那裡獲得了博士學位。從1930年到1936年石里克被

得馮友蘭先生曾對我說過，如果對中哲史史料有問題，就去找張岱年先生。作者聽說過，張先生與馮先生有親戚關係，張先生的夫人是馮先生的堂妹。馮先生對張先生的一個評價就是「剛毅木納近仁」六個字。馮友蘭還評價說：張先生治學之道為「修辭立其誠」；立身之道為「直道而行」。有一次，因有關1920年張申府接待羅素訪華的史料，我專門訪談了張先生。作為中國共產黨創始人之一的張申府，原名張崧年就是張先生的親兄長。張崧年對自己的這個小弟極為推崇，稱他與錢鍾書先生並稱是中國的「國寶」。作者沒有想到，張先生對羅素的思想也有相當的瞭解，並給作者詳細分析了為什麼這位西方大哲的哲學分析方法對中國影響並不大的原因。

61　賀麟：《現代西方哲學講演集》，上海人民出版社，1984年版，第226頁。

暗殺這段期間，他常參加石里克小組即維也納學派的星期四夜晚討論會，無疑是參加石里克小組會議時間最長的外國人之一。洪謙主要從事西方哲學史的研究和翻譯，不僅對維也納學派在中國的傳播做出了重要貢獻，還討論了與維也納學派有關的羅素、弗雷格、維根斯坦、卡爾納普等人的哲學。洪謙在自己幾乎所有的哲學著作中，都反復提及和評述羅素及其思想。[62]例如早在1945年，洪謙的《維也納學派哲學》一書中有一節題為「弗雷格、羅素與數理邏輯問題」，該文分兩個部分，分別批判了弗雷格和羅素的數理邏輯思想。洪謙說到：「假如弗雷格當時就發覺本文所指出他的數的定義所包含的缺點，那麼他等不到羅素的警告之後，便早已對於他的』數理哲學』持消極態度了。」[63]

在評介維也納學派的形成條件時，他這樣說道：除了繼承休謨、孔德、穆勒和馬赫等人的實證論基本觀點之外，還有其他重要的因素：首先是相對論的創立和量子物理學的新發展；其次是弗雷格（G. Frege）的巨著《算學基礎》（1884）之開始受到重視；羅素與懷特海合著的《數學原理》（1910～1913）的出版；以及石里克的《普通認識論》（1918）和維根斯坦的《邏輯哲學論》（1922）的影響。「沒有這些理論作為其思想基礎和方法論基礎，則任何形式的新實證主義或新經驗主義，無論邏輯實證主義還是邏輯經驗主義，都是根本無法想像的。」[64]洪謙還提到：卡爾納普在其《自傳》（見希爾普：《卡爾納普的哲學》，1963）中也說過：維根斯坦的《邏輯哲學論》對維也納學派的影響很大，但不能因此就說：「維也納學派哲學就是維根斯坦的哲學」。從他個人來說，他不否認維根斯坦對他的影響僅次於羅素和弗雷格。[65]

洪謙在討論維也納學派以及其他有關重要哲學人物時，如他的恩師石里克，還有馬赫、卡爾納普、艾耶爾、維根斯坦等人，總要涉及羅素。在談到馬赫哲學對維也納邏輯實證論以及其他當代分析學派的影響時，洪謙認為，馬赫的實證主義在1920年代的英國劍橋和維也納影響都很大，如英國的羅素就是著名代表之一，其《我們關於外部世界的知識》和《心的哲學》都是以馬赫的感覺論為出發點，並根據當時數理邏輯的發展寫

---

[62] 本書作者在北大外哲所的學弟甘陽曾回憶說：「有一次，洪謙先生自己向我提了一個問題說：如果舉出四個20世紀最偉大的哲學家，您心目中是哪四位？我想了一下說：羅素、維根斯坦、胡塞爾、海德格爾。先生沉吟一下說：我會加上一個薩特。」

[63] 《維也納學派哲學》，商務出版社，1989年新版第143頁。

[64] 洪謙：〈邏輯經驗主義概述〉，《論邏輯經驗主義》，商務印書館，1994年版。

[65] 洪謙：〈關於邏輯經驗主義的幾個問題〉，《論邏輯經驗主義》，商務印書館，1994年版。

成的。維也納學派的主要成員卡爾納普的名著《世界的邏輯構造》，也是應用數量邏輯方法，企圖發展馬赫的現象主義；他的「構成論」是馬赫的要素論加上數理邏輯的論證理論而形成的。至於其他維也納學派邏輯實證論成員，如紐拉特或弗朗克等，就更不必說了。「但無論是羅素，還是卡爾納普或其他的實證論者，他們挽救馬赫主義哲學的企圖都以失敗而告終。在第二次世界大戰以前，就有這個趨勢，第二次世界大戰之後，就更明顯了。總而言之，當代各種各樣的分析哲學學派，都放棄或部分放棄了馬赫的主觀主義的實證論觀點，而傾向淵源於休謨的經驗主義原則。就以『邏輯實證論』的名稱來說，這是為維也納學派的成員們所不願意聽的。『邏輯經驗主義』是他們常用的名稱。總而言之，當代分析哲學的經驗主義各流派都以經驗主義代替馬赫的實證論了。」[66]洪謙提到了一個關於現代西方哲學發展史的問題，他指出，當時奧地利的哲學趨勢雖然深受康德的先驗主義和德國的思辨哲學的影響，但是同時也存在一種與之對立的經驗實在論和反形而上學的思潮。這種思潮的創始者是F・布倫坦諾和他的學派（B・波爾察諾、A・邁農、A・馬爾蒂和E・胡塞爾等）。它不僅控制當時的哲學局面，同時在國際上也有其影響。例如英國分析哲學創始人B・羅素和G・E・莫爾曾經多次引證布倫坦諾和邁農的意向性（intentionality）以及其他方面的理論。一直到今天，關於心的哲學（philosophy of mind）的研究還經常談到布倫坦諾和邁農的觀點。

　　在哲學家R・哈勒對他的訪談中，洪謙曾回憶道：1927年他到了德國，在那裡學習物理、數學和哲學。賴興巴赫提醒他重視石里克，他對石里克的《當代物理學中的空間與時間》及《普通認識論》評價很高，愛因斯坦也說石里克在這方面很有造詣。正是由於這種偶然情況，他才於1928年從柏林、耶拿到維也納去。石里克在討論班上的講解非常突出，他善於向學生提出問題，讓他們充分發表意見，始終很耐心，使討論的問題得到清楚的解釋。同時，他讓大家討論的問題不一定是他本人的著作和觀點。洪謙記得，有一次他們「把羅素的《我們關於外部世界的知識》和《哲學問題》討論了整整一學期。石里克十分尊敬羅素，既尊重他的哲學，又尊重他的人品。」洪謙還談及，從1928年起，自己聽卡爾納普的數量（數理）邏輯課，後來又參加他主持的關於羅素的《數學哲學導論》和弗雷格

---

[66]　洪謙：〈談談馬赫〉，《論邏輯經驗主義》附錄，商務印書館，1994 年版。

的《算學基礎》的討論課。[67]洪謙闡述說，凡是讀過《普通認識論》的人都會知道，石里克在《邏輯哲學論》問世之前就已經知道或預見到《邏輯哲學論》裡的一些觀點，只不過這些觀點是以另一種形式提出，以另一種方式來表達而已；例如體驗（Erleben）和認識（Erkennen）之間的區別；概念和命題的符號和結構性質；有效的演繹推理的分析性質；以配列（Parallel Phrases）學說為基礎的真理和意義的符合理論；「強調弗雷格和羅素的數學真理觀點，以及從這種觀點出發，拒斥當時哲學上的心理主義等等」。[68]

洪謙在深入討論「必然性概念的真實意義是什麼？」這一問題時，引證了羅素和石里克關於必然性概念在科學中的運用與意義的考慮。他指出，在羅素看來，如果說B「必然」跟隨著A，那麼這只是表示，依照某種已被大量觀察所證實，並無在任何情況下被證明是假的普遍準則，B類事件是緊跟A類事件出現的。這裡我們無需任何「強制」概念，好像是原因強迫結果出現似的。強制概念之不適合於結果，就如同它不適合於原因一樣。如果說原因強迫結果出現，那麼，這個說法正如同人們反過來說結果強制原因出現一樣，會導致同樣的謬誤。強制是一個擬人論的概念。一個人在想做某件事情時，卻被強迫去做相反的事情；但在既不考慮人的願望，也不考慮動物的願望的地方，強制概念是不適用的。科學要研究的只是發生的事實，而不是必須發生的事實。洪謙進一步認為，如果我們完全可以談論自然規律的不可移易的次序，那麼它根本就是另一種東西，而並非一般經驗中的東西，這種經驗告訴我們，在相同條件和相同狀態下，B是跟隨著A出現的。他聲稱，「羅素曾最清晰地說明了這一點：如果我們在自然界尋找具有不可移易的次序的規則，那麼結果將表明，這種規則不同於一般理智所確立的規則」。[69]

洪謙在談到維根斯坦時說：根據這個大哲的觀點，邏輯命題一般來說，並不是對於事實有所陳述的，而只是語言使用或符號應用的事情。在邏輯命題裡，只是表示我們按照哪一種程式去把一種符號配列關係變換成另一種符號配列關係，而在變換中被指示的事實卻不發生改變。它們是重言式命題，是分析的命題。伯特蘭·羅素的《數學原理》曾證明，整個數學可從邏輯推導出來，所以分析的性質也適合於數學的命題。說到這裡，

---

[67] R. 哈勒：〈洪謙教授訪問記〉，洪謙：《論邏輯經驗主義》附錄，商務印書館，1994 年版。

[68] 洪謙：〈維根斯坦和石裡克〉，《論邏輯經驗主義》，商務印書館，1994 年版。

[69] 洪謙：〈現代物理學中的因果性問題〉，《論邏輯經驗主義》，商務印書館，1994 年版。

順便談一下維根斯坦在中國的傳播。據學者考證，維根斯坦的名字最早是由羅素在訪華演講中首次提到的，因他回顧了作為自己學生兼朋友的這位奧地利怪哲的邏輯思想對他的影響。當時對羅素最癡迷的張申府把維根斯坦的名字譯為「維特根什坦」。在羅素的引介下，張申府及時譯出了於1921年問世的《邏輯哲學論》，並發表在1927年的《哲學評論》第1卷第5和第6期上，他根據《邏輯哲學論》的書名是仿照斯賓諾莎的《神學政治論》而定的理由，於是也為該書起了一個非常古典的名字《名理論》，取邏輯為名、哲學為理之意。譯者在簡短的注語中寫道：「本書乃是晚近一部奇書，其中所稱，可說是近代西學成就，尤其數理邏輯，的一種精華。懂之似不易，但越尋譯之，必越有得而有味。」這是自該書的英德對照版於1922年出版後的第一個外文版，在當時中國的學術界產生了一定影響，成為中國邏輯學和科學方法論研究的重要歷史資源。《名理論》的出版也引起了西方學術界的重視，該書由前往維也納求學的洪謙帶到西方，成為《邏輯哲學論》傳播於世界的有力證明，其原件至今仍被保存在位於劍橋的維根斯坦文獻檔案館。

洪謙在回憶卡爾納普（Rudolf Carnap，1891～1970）時，說這位大哲性格內向，但對同事，對學生總是十分友善，樂於助人，作為一個大思想家，對於哲學問題及其論證，他一貫追求嚴格而準確的表述。卡爾納普還建議，「為了實現這一目的，人們必須學會使用由弗雷格、羅素和懷特海所創立的數理邏輯方法去處理哲學問題」。洪謙提到，卡爾納普本人就在其全部哲學研究中創造性地應用了符號邏輯的方法。不幸的是，卡爾納普這種有步驟的、遞進的、典型的系統化的思維方法卻被維持根斯坦認為是「學究式的賣弄」。這或許導致了其後卡爾納普與維根斯坦的疏遠。[70]1991年，是卡爾納普的100周年誕辰，洪謙寫了《魯道夫‧卡爾納普》一文，而這也是洪先生的最後一篇學術論文。文章簡要敘述了卡爾納普的生平，談到了弗雷格、羅素、塔爾斯基對他的巨大影響，介紹了卡爾納普早期的構造論、邏輯句法理論以及後來的語義學理論，介紹了他在美國時研究的概率論和歸納邏輯。

洪謙提到，美國著名哲學家蒯因（W. V. Quine，1908～2000）曾經說過：卡爾納普是一位非常傑出的人物，「自從1930年以來，如羅素在前二

---

[70]　洪謙：〈關於邏輯經驗主義〉，《論邏輯經驗主義》，商務印書館，1994 年版。

十年那樣，支配當時哲學的，就是卡爾納普」。[71]洪謙回憶到：1926年，卡爾納普應石里克之邀到納也納大學任教，同時參加「石里克小組」，成為維也納學派主要成員之一。當時，小組討論會處於維根斯坦的邏輯哲學論「熱」之中。卡爾納普在《自傳》中提到他和維根斯坦的關係，認為「維根斯坦對他的影響僅僅次於弗雷格和羅素」。主要有兩點：一是數學和邏輯命題僅是些重言式（tautologies），與實在無關；二是所有形而上學命題都是沒有認識意義的「偽命題」（pseudopropositions）。但是卡爾納普對維持根斯坦關於神祕的觀點（The view of the mystical）則持反對態度。洪謙指出，在卡爾納普的著作中，我們不難發現他的哲學特點，即：他慣於製作和應用「形式化的人工語言」，慣於進行抽象的「形式化的理論構造」。這在他早期的代表作《世界的邏輯構造》（der Logische Aufbau der Welt, 1928）和《語言的邏輯句法》（Logische Syntax der Sprache）中已有充分的表現。從上述著作中，「我們還可看出卡爾納普是如何利用並發展弗雷格、羅素和維根斯坦的邏輯哲學思想，來建立他自己的邏輯經驗論的。」卡爾納普在另一部主要著作《語言的邏輯句法》中提出：科學哲學的任務之一是構造「形式的人工語言」以及系統理論，以便於我們更好地進行科學概念和科學陳述的重新構造。這種語言和自然語言不同，它不是世襲的，而是按照我們制定的規則構造出來的。這種規則卡爾納普稱之為句法規則。句法規則的特點是以語詞為物件，但不牽涉到語詞的意義。因此卡爾納普稱他的邏輯句法為「形式的語言理論」（formal theory of language）。這個形式的語言理論是在弗雷格的邏輯思想和羅素的《數學原理》基礎之上創立起來的。洪謙還這樣評介卡爾納普：在他眼裡，哲學家應該不受任何政治目的左右，否則由於意識形態的關係，對事物進行觀察時，就不能採取中立的、客觀的立場，但這並不是說，他缺乏固定的政治立場；正如在《自傳》中已指出的，他與維也納學派其他成員一樣，都是社會主義者。「以我所知，卡爾納普深受羅素和石里克的自由主義的影響。他是一位和平主義者、世界主義者，他反對專制獨裁，反對種族歧視，主張社會平等，民主自由」。[72]

在談及艾耶爾（A. J. Ayer 1910～1989）時，洪謙指出：在《語言、真理和邏輯》中，艾耶爾試圖一方面闡明維也納學派的邏輯實證論的基本學

[71] R.Carnap. 1975. *Logical Empiricism*, ed.J.Hintikka, p.xiv.
[72] 洪謙：〈魯道夫・卡爾納普〉，《論邏輯經驗主義》，商務印書館，1994 年版。

說，另一方面把它與B・羅素和G・E莫爾創立的劍橋分析學派結合起來，這個學派是受休謨思想鼓舞的。休謨的經驗是艾耶爾的解釋的真正的關鍵所在。艾耶爾把這個問題處理得如此巧妙，以致使許多人相信「英國的分析學派」與邏輯實證論是「實際上同一的」。然而，實際上，邏輯實證論者對英國分析學派從開始就專注的歷史的認識論問題沒有興趣。與邏輯實證論者相對比，英國分析學派很少注意科學理論的結構問題和數學——邏輯的方法論及其應用於哲學的問題。儘管英國分析學派和邏輯實證論者都傾向經驗論和反形而上學，但他們關於哲學任務的觀念卻是大相徑庭的。某些邏輯實證論者曾試圖建立一種科學的哲學，並因此提出以「科學的邏輯」或「物理主義」代替哲學的概念。但是對英國分析學派來說，哲學的真正功能僅僅在於所謂的「語言分析」這一功能是洛克、巴克萊和休謨基本上實行了的。正如艾耶爾所說的：「當我們區別一個給定的精神物件和另一個給定的物理物件，或者區別一個精神物件和另一個精神物件，區別一個物理物件和另一個物理物件的時候，我們在每一個場合都是在區別不同的邏輯構造，它們的要素本身既不能說是精神的，也不能說是物理的。」[73]洪謙認為，艾耶爾看到這樣一點是很有意思的，也就是說他「在企圖重申休謨的觀點時，基本上退回到馬赫的要素學說和羅素的構造理論」。[74]洪謙評述說，對於精神——身體這個問題，艾耶爾既不同意石里克和費格爾的心物平行論，也不同意紐拉特和卡爾納普的物理主義。在這個問題上艾耶爾完全放棄了邏輯實證論的趨向回到英國的經驗論，主要是羅素和G・E・莫爾的劍橋語言學等派，此外就是休謨的「感覺材料論」（theory of sense datum）。

洪謙還認為，關於感覺內容和經驗假設的關係，艾耶爾仍然認為能以休謨的方式加以闡明，即我們根據這種關係的內容或結構，提出對物理客體的假說。艾耶爾說，如果我們區別這種實指的心理物件和那種實指的心理物件，如果我們區別這種實指客體和那種實指客體，那麼，我們在每個不同場合之下，區別其不同的「邏輯結構」（logical construction）。顯而易見，艾耶爾因為應用休謨的感覺理論，把自身投到馬赫的要素論和羅素的邏輯結構論的中立一元論中去了。[75]艾耶爾本人在回洪謙的一封信中說道：洪謙提出，我之堅持質素——這是我的知識等級中的原始項——之中

73　艾耶爾：《語言、真理和邏輯》（*Language, Truth and Logic*, Dover Publications, 1952），第 123 頁。
74　洪謙：〈艾耶爾和維也納學派〉，《論邏輯經驗主義》，商務印書館，1994 年版。
75　同上。

性，使我的立場與紐拉特和卡爾納普在三十年代所採取的立場相一致。這是不對的。因為我並不像他們那樣相信這種中性會迫使我用我的基本陳述來指稱物理物件。儘管這麼做，只是在把他們導向融貫真理論時才成為一種錯誤，但是，這從一開頭就會使他們難以避免那種被羅素稱之為「寧肯偷竊，不願勞作」的責難。[76]

1989年6月27日，艾耶爾在倫敦逝世。洪謙在悼念時說道：「他的逝世引起了國際哲學界的哀悼，尤其是在英美兩國。英國哲學界稱他在現代哲學中的地位僅次於羅素。的確，艾耶爾一生對於分析經驗論這一英國哲學傳統的發展作了許多貢獻，這是無可置疑的。」他追述說，艾耶爾也是一位社會活動家、演說家，一生中獲得很多學術界和社會上的榮譽稱號，如他是一位FBA（英國科學院院士）、一位爵士，是美國科學文學院的榮譽院士；此外還獲得各國一些榮譽教授、榮譽研究員和榮譽院長等稱號。不過，艾耶爾在其《我的生活的一部分》（1977）中則說：「如果有人認為我在羅素的『哈姆雷特』那裡扮演霍拉旭的角色，我就感到非常光榮了。」洪謙還提到，艾耶爾對維根斯坦也有他個人的看法。他雖然承認維根斯坦是僅次於羅素的大哲學家，但絕不像一般的維根斯坦的研究者那樣把他「神化」。對於維根斯坦的著作和論題，他不是局限於作這樣或那樣的詮釋，而是掌握其精神實質，探究其正確與否。艾耶爾的小冊子《維根斯坦》（1985）就是以此為出發點寫成的。它對維根斯坦的主要著作作了一種系統的、批判性的考察，使讀者由此得到關於維根斯坦的基本思想的一個明確而公正的觀念。「批判性的考察」可以說是這本書的重點，也是它的特徵。例如，他把康德對形而上學的批判和維根斯坦的語言批判作類比的論斷：它們都是為這樣或那樣的神祕實體辯護的。艾耶爾還批評了維根斯坦的唯我主義、概率理論、用語言博弈概念解釋宗教的做法，尤其是關於私人語言和關指定義（ostensive definition）的論點。然而，另一方面，艾耶爾又在該書結尾時說：「這樣做並不意味著我對維根斯坦的卓越和創見有所懷疑，否則我就不會稱他為20世紀哲學家中僅次於羅素的大哲學家了。」

洪謙讚揚說，艾耶爾一生在哲學方面的努力，主要是發揚洛克、巴克萊和休謨的經驗論傳統，尤其是休謨的觀點。「他心目中的經驗論的兩個哲學大師是休謨和羅素。這種從他對於羅素（1972）和休謨（1980）的研

---

[76]　艾耶爾：〈答洪謙〉，《論邏輯經驗主義》附錄，商務印書館，1994年版。

究中就可以見到。但是他對當前在英國哲學界有影響的維根斯坦後期哲學和以奧斯丁（J. L. Austin）為首的牛津學派的語言哲學則持批評的態度。艾耶爾強調指出，認為我們僅僅對於思維和語言，或者說語言形式和行為形態作徹底而精細的觀察、分析和研究，毋需借助於科學的論據，就能排除哲學方面的一切困難，這是值得懷疑的。」[77]

洪謙在另一些哲學的問題上也談到羅素，並加以批評。在他看來，歪曲康德的星雲假說的哲學意義，並不只是哲學家的鮑赫而已，當代哲學家羅素對於這個假說在哲學史中的看法也是一個典型的例子。羅素在他的《西方哲學史》中對於康德當時的唯物論思想、發展觀點和辯證因素根本沒有提到，他對於康德在這部書中個別地方所表現的目的論思想竟大加讚揚，並稱之為具有彌爾頓式的崇高性，然而羅素對康德與目的論自然觀那樣尖銳的鬥爭的事實，則避而不談。羅素還不顧《自然通史與天體理論》一書內包含著的星雲起源學說方面的許多積極的、嚴格的科學觀點和論據，而專從它的第三部分「星球上的居民」中，從這一比較缺乏事實根據而偏於推測和想像的一章中，來判斷康德的星雲假說的科學價值。羅素說：「康德最主要的科學著作是他的《自然通史和天體理論》（1755），這部書出版在拉普拉斯的星雲假說之前，制定了一個太陽系的可能起源論。這部書的一些部分具有令人佩服的彌爾頓式的崇高性⋯⋯另一方面則純粹是虛構的。例如在他的理論中，所有行星上都住著人，而且最遠的行星上生活著的人是最好的居民。這種看法將為世俗的道德家所讚美，但是無任何科學根據支援。」（羅素：《西方哲學史》，第732頁。）[78]

洪謙雖然是維也納學派和分析哲學的重要成員和忠實信徒，但他也看到了這種思潮的一大弱點。1981年，他在《歐行哲學見聞》中回顧說：1980年秋季，自己去歐洲跑了一趟，在奧國的維也納和英國的牛津，待了幾個月。這兩個地方對他來說，都是舊地重遊。但是，「現在維也納和牛津同幾十年前則無法比較了。那裡的一切如我首次到歐洲那樣，使我感到非常陌生，摸不著頭緒。」他還作了個比較：一個國際性的經驗主義的分析哲學會議，過去總是以認識論、方法論、語言哲學、科學哲學或邏輯哲學為題目，這次討論會竟以倫理學作為討論的對象，這倒是一件新鮮事。無庸諱言：當代分析哲學的多數流派，從維也納學派開始，就沒有足夠重

---

[77] 洪謙：〈悼念艾耶爾〉，《論邏輯經驗主義》，商務印書館，1994 年版。

[78] 洪謙：〈康德的星雲假說的哲學意義〉，《論邏輯經驗主義》，商務印書館，1994 年版。

視倫理學，就沒有把倫理學擺在哲學中應有的地位。「雖然英國的分析哲學家如羅素和G・E・莫爾等對倫理學持不同的態度，但是他們的哲學趨向從30年代開始，就被維根斯坦的《邏輯哲學論》的思想洪流所沖淡了」。維根斯坦在該書中對於倫理學問題的看法主要的只說了那幾段話（該書6.42～6.23），而且那些話更能使人對倫理學在哲學中的地位抱消極的看法。的確如人們指出的那樣：一個完整的哲學體系，既應有其完整的理論哲學部分，也應有其完整的實踐哲學的部分。例如，康德哲學有其三大批判，馬克思主義哲學有辯證唯物論和歷史唯物論。對此，無怪乎羅素曾經慨乎言之：「邏輯實證主義這類哲學，嚴格說來，沒有哲學，僅有方法論。」

　　洪謙接著評論說，有關維根斯坦以及康德和維根斯坦的哲學方面，從提出的論文來看，也許可以概括成為下列一些問題：從維根斯坦的原子命題中如何區分維根斯坦和羅素的邏輯原子論的異同？維根斯坦的《邏輯哲學論》對於維也納學派，特別是對石里克的影響如何？維根斯坦「前」「後」期哲學的關係怎樣？如何評價語言應用中的意義──維根斯坦的博弈論？關於康德和維根斯坦的討論，也許可以概括成為下列一些問題：維根斯坦的康德主義和語義學的關係怎樣？維根斯坦是一個康德主義哲學家麼？是所謂「語言的超驗主義者」麼？如果是，他們中間有無界限？如何從維根斯坦的「邏輯哲學論」來瞭解康德的倫理立場？康德的「絕對倫理學」和維根斯坦的「分析倫理學」關係怎樣？關於意志和思維在《邏輯哲學論》中的如何解釋？等等。當前邏輯經驗論在牛津雖然沒有像三十年前那樣流行，但也沒有如我們有些人傳說的那樣「已經過時了」。它不僅在英國，就是在歐洲大陸和美國各地也並非「過時」。至於三十年以前在那裡同樣流行的牛津劍橋的語言分析派、即所謂「Oxbridge（牛劍）分析派」的情況怎樣呢？這一學派的創始人如羅素、G・E・莫爾、維根斯坦和J・魏斯頓（劍橋）、G・賴爾、H・H・普賴斯、J・L・奧斯丁和魏斯曼（牛津）雖然已經逝世多年或退休了，但這個學派並不因之停止不前，反而在這些年有了新的進展。這個進展是在所謂「哲學邏輯」基礎上形成的。

　　洪謙進一步指出，他的牛津朋友、國際馳名的實證主義的法哲學家H教授對他說：「現在Oxbridge的分析哲學的趨勢和我們在N學院的時候不同了。這些年來，牛津的哲學思想中心既不是維根斯坦，也不是邏輯經驗主義，而是溯源到G・弗雷格、維根斯坦以及經過W・V・蒯因、S・A・克里普克而形成的『哲學邏輯』分析派，這一派在牛津大學的代表，主要

的是斯特勞遜，杜麥特和G‧J‧瓦納克等。」洪謙經過與其他牛津哲學家談論，證明H教授這種看法是有其事實根據的，這種「哲學邏輯」的分析派的確是當前牛津分析哲學的主流。儘管這類的語言分析派是那裡的主流，但也不如三十年前的維根斯坦或邏輯經驗論那樣，滲透了牛津哲學界的一切活動。「現在仍然有人堅持以R‧卡爾納普為代表的與以日常語言作為邏輯分析物件的觀立觀點；N‧喬姆斯基、D‧達里遜、J‧R‧西爾斯、J‧卡茨和H‧普特曼等的語言哲學在那裡也很有影響。談到科學哲學問題時，石里克、卡爾納普、波普爾和C‧G‧亨佩爾等仍然受到重視。談到分析哲學的認識論時，羅素、G‧E‧莫爾、石里克、卡爾納普、O‧紐拉特和波普爾、艾耶爾等人，仍然是為人們津津樂道的。」[79]

　　有學者論述說：「在本世紀初，科學哲學伴隨現代科學革命的新成果和封建王朝的衰敗和垮臺，從西方逐漸傳入中國，在2～30年代曾有過一段相對繁榮的時期。當時曾翻譯出版了為數不少的科學哲學（以及科學通論）著作。中國科學社的創始人胡明復、任鴻雋、楊杏佛，科玄論戰中科學派的主將、地質學家丁文江，化學家和科學哲學家王星拱等人都曾不遺餘力地把批判學派的思想評介到國內，並撰寫了諸多科學哲學論著。洪謙教授在40年代介紹邏輯經驗論也有所建樹。」根據考證，1938年6月1日，當時的貴陽醫學院開學，除了教育部規定的課程設置，貴醫還辦了個「人文科」（Humanities）、開設語言、文學、哲學、邏輯等課程。為的是擴大醫學生的視野。當時主持這一科的是留德專攻康德哲學的洪士希（洪謙）教授。在貴醫院史中，洪謙博士名列教授名單之首位。這是因為貴醫的科目是按人文科、基礎學科、臨床前學科和臨床學科的次序排列的。在當時創辦人的心目中，人文科目絕非可有可無，它應該居於先行的位置。

　　其實，正如羅素1920年訪華後，他的分析哲學在中國並沒有多大影響一樣，洪謙在回國後所做的種種努力也沒有使中國哲學界受到多大的影響。有學者就這樣評論過：馬赫的實證論、維也納學派的邏輯經驗論以及他們的現代主義的科學世界觀在美國傳播的歷史，有力地表明瞭美國有發展經驗論哲學的肥沃土壤。與我國唯一的維也納學派成員洪謙教授歸國後的遭遇形成了顯明的對比。所以洪謙先生在20世紀80年代曾說，「中國缺乏發展經驗論哲學的土壤」。新中國成立前如此，新中國成立後情況並沒有好轉，由於種種原因，現代西方哲學被貼上了西方資產階級哲學的標

---

[79]　洪謙：〈歐行哲學見聞〉，《論邏輯經驗主義》附錄，商務印書館，1994年版。

籤，甚至大都還加上反動或腐朽兩字。洪謙所代表的「維也納小組」當然也在此列。邏輯實證主義、維也納小組以及整個分析哲學的思想，儘管在20世紀80～90年代中國的學術界鬧騰了一陣子，但其實並沒有產生實質性和有意義的重大影響。本書作者每次回國，似乎人人言必稱胡塞爾和海德格爾、現象學和存在主義，洪謙的那一套卻始終很難掌握人心，這也許是他老人家九泉之下最感到遺憾的事吧?![80]

---

[80] 由於本書作者的導師任華教授幾乎雙目失明，所以，實際上，洪先生是作者有關羅素研究碩士論文指導委員會的主要成員之一（另外還有周禮全先生和陳啟偉先生等）。在現代西方哲學研究的領域，洪謙先生當然是泰斗之一。在改革開放後，他的學歷、資格和名氣曾一度幾乎沒有人能與之相提並論。1978年，本書作者考進外哲所的時候，原本是由幾位年富力強、學術上相當活躍的中年哲學教員，如陳啟偉、王永江、張顯揚中的某一位擔任領導。後來上面也許從國際學術與統戰的角度考量，任命了洪先生為所長，熊偉先生為副所長。記得那天，我們幾個首批研究生頭天筆試結束之後，正在閒聊。一位拄著拐杖、面容清臒、個子瘦弱的老者顫顫巍巍地走進房間，大家還沒反應過來，他就笑容可掬地鞠了個躬，然後一一同大家握手，別人怎麼感受不知道，但至少使作者感到了什麼是禮賢下士的長者風範。那時還是百廢待興之始，受磨難的人們還沒有完全重振起來，當時作者還有一個感覺就是，洪先生還在「文革」後怕之中，還有夾著尾巴做人的心態，所以格外謙恭。平心而論，洪先生當所長，對他本人有利有弊。一方面，可以充分利用掌控的行政資源來擴大學術影響；但另一方面原來德高望重、溫文爾雅、不謀其政的長者一下子捲進了各種行政俗務之中，很難會有一碗水端平的政治智慧和技巧，很可能會陷入一些無端的是非中，白白消耗了自己寶貴的哲思原創力。由於作者的導師任先生幾乎雙目失明，所以，實際上，洪先生是作者後來論文指導委員會的主要成員之一（另外還有周禮全先生和陳啟偉先生等）。畢業之後，作者留所從事研究工作，不久，由於某種需要，當上了洪先生的助手。其實當助手是被同事「盤算」的結果，而非洪先生作為伯樂相中的「千里馬」。當時，首屆現代西方哲學研討會要在旅遊勝地廬山召開，所以人人爭著要去，但名額卻極為有限。作者的一篇題為《羅素人性論淺析》的論文被大會接受，於是有了參加「廬山會議」的資格。這時正好有位洪先生邀請的外國哲學家來華訪問，需要人接待。而當時，為了出國練習英語，作者正在利用業餘時間在國際旅行社當導遊。不知哪位元好事者將此情況告知了洪先生，於是他老人家便利用所長的權力「剝奪」了作者參加廬山會議的機會，命令作者當這位來賓的導遊。作者一想，小不忍則亂大謀，便無奈地答應了。這樣一來，那個上廬山的名額便自然由他人頂了，以至今作者至今都「耿耿於懷」。說起來很慚愧，做著這個助手挺不夠檔次，不能對洪先生這樣的國際知名哲學家有什麼學術上的協助，只不過跑跑腿、搞搞外事接待而已。其實，不僅是作者，除了所裡的陳啟偉老師，幾乎沒有什麼人能被洪先生真正看得上眼。孔子曰：後生可畏。然而，遺憾的是，當時好像還沒有值得洪先生「可畏」的後生，後來有沒有，做著不得而知。不過，有時候壞事也能變成好事、壓力也能變成動力，如此一來，更加強了我爭取出國深造、改善自己狀況的決心。不過，慚愧得很，一晃三十年下來，似乎還是不夠那種檔次，或許這也是命不該當「哲學家」的宿運結果吧。在與洪先生的接觸中，作者也時不時能夠感受到這位長者心中的某種悵惘和蒼涼。某次，他讓作者看一張從國外寄來的相片，那上邊是一棟寬大而美麗的別墅，四周長滿鮮花。作者不禁驚歎。這時，洪先生有些感歎地說，這是他在英國時一同學女兒的別墅。作者環視一下四周，眼前這位著名的哲學家洪先生的住宅卻只是一個不大的單元，又小又擠，光線也不好，連客廳都沒有。有幾次做著接待的外國客人想要來「洪府」做禮節性的拜訪，都被我經請示後婉言謝絕了。關於洪先生，有一件有趣事，洪先生在哲學界那麼有名，但在社會上卻遠不如他那踢足球的兒子。經常有人問作者你們的所長是誰，作者說了，他們不知道，可作者說，他就是當時北京隊8號洪元碩的老

　　談到羅素哲學，也談一下北大的任華（1911～1998）教授。作為研究西方哲學的專業人士來說，任先生受過最完整的素質和知識訓練。有一篇題為〈為北大發展作過貢獻的150位清華學子〉文章這樣介紹任華先生：西方哲學史專家；1935年清華哲學系畢業後，考入清華研究院師從金岳霖；1937年獲哲學碩士學位；1941年由西南聯大公派赴美哈佛大學留學，師從哲學家路易斯，1946年獲博士學位；同年回國，先後任清華大學哲學系副教授、教授，講授西方哲學史；1952年「院系調整」調任北大哲學系教授，後任北大哲學系西方哲學史教研室主任；他是新中國成立前後西方哲學史教學的主要奠基人之一，也曾專攻過邏輯學，文理兼通；週一良教授將任華、吳於廑、楊聯升並譽為的新「哈佛三傑」。

　　改革開放後，任華先生是第一個招收以羅素為代表的英美分析專業研究生的導師，本書著者就是在他和洪謙先生的指導下撰寫有關羅素的碩士論文的。實際上任先生對羅素的瞭解是很少有人比得上的。他的家學淵源，上過私塾，早年高中畢業於教會學校，受到過嚴格的中英文教育和中國傳統文化與西方人文思想的雙重薰陶。抗戰中，他考上西南聯大哲學系，畢業後在清華大學哲學系任助教；與沈有鼎、王憲鈞、張遂五、馮契、王浩、徐孝通、殷海光、劉培育等大名鼎鼎的哲學家或邏輯學家都出金岳霖門下。後來，他又考上公費留學生，在美國哈佛大學哲學系攻讀博士，導師為美國著名實用主義哲學家克拉倫斯・艾米文・路易斯（Clarnce Irving Lewis，1883～1964）。任華曾與周一良、吳於廑、楊聯升等1940年代在哈佛大學組有「成志學社」，專門研究包括羅素在內的現代西方哲學。任華是新中國成立前後西方哲學史教學的主要奠基人之一；他熟悉中國古典文獻，通曉希臘、拉丁、英、德、法、俄等多國語言。1950年代後，在《光明日報》上撰寫過「羅素」（1956）、「評羅素《心的分析》」（1959）等多篇有關羅素的重要論文。任華教授還參與編寫了《哲學史簡編》，《歐洲哲學史簡編》、《歐洲哲學史》、《古希臘》（卡里斯托夫著）、《馬克思列寧主義認識論問題》（茹羅蒂著）、《西方古典哲學原著選輯》、《西方自然哲學原著選輯》、《西方現代資產階級哲學論著選輯》、《西方哲學原著選讀》等書的編寫或翻譯工作。[81]

爸，結果人人一陣亢奮，都說這下子知道了，也記住了。後來，大家告訴大家，一傳十，十傳百，鬧得人人都知道作者是一個球星的老爸的手下的研究人員，但這個老爸叫什麼，人們還是不知道。

[81] 北大哲學系一位老校友回憶：「（20世紀50年代）任先生講中世紀和近代西方哲學，他雖然先

後到德國、法國留學，通曉多種外國語，上課時卻身著棉布做的大褂子。他也有深度近視，看講稿時鼻子幾乎抵到紙上。他旁徵博引、談吐詼諧，常用有趣的故事打比喻，比喻中包含著深刻的哲學道理。上世紀90年代初我在朱德生老師帶領下到北京中關村宿舍看望任先生，此時他已進入耄耋之年，老伴又先他而去，子女也不在身邊，眼睛幾乎失明，生活難以自理。據朱先生說，他雇了一名男保姆侍候，我心中一陣悲涼，覺得像他這樣的知名老教授，晚年生活怎麼會是這樣？」本書作者的一位小學弟在一篇《我所見證的北大外哲所》文章裡提到：「我剛進所時，人們偶爾會談起洪謙先生，但不久他就消逝在人們視界內（雖然後來開了一個洪謙國際學術討論會）。熊偉先生過逝後，人們也很快就遺忘了他，儘管出了一本文集，算是對他的紀念，該文集後來從40多元一本降到5元一本。張世英先生儘管帶有博士，但幾乎不來所裡，基本上相當於外哲所沒有了他。另有一前輩任華，我就根本沒見過」。洪謙與熊偉先生尚且如此，別的先生就更不必說了。作者的導師任華先生早就被人們遺忘了，說實在的，連作者本人也快要把他忘了。在北大外哲所的官方介紹中，所列的人名洋洋灑灑，但唯獨漏掉了任先生。不過，北大網站上的「名師之窗」有1952年院系調整後部分教員名單，上面倒提到了任先生。某作者在一本書中雖數次提及任先生，但都是用一種不以為然的口氣，大意是說自己雖為任先生的學生，但從來不想去請教，而讓另外想討好他的人去討好吧！作者算北大外哲所「文革」後的第一批研究生，恐怕也是任先生的最後一個碩士研究生。每一個老先生作為過來人，都多多少少有一些悲情的經歷，如遭迫害等等，但任華先生卻有著與他人不同的另一種悲情。張岱年先生的回憶中曾多次提到任華先生，如下列記述：「當時清華大學哲學教授還有金岳霖、馮友蘭、鄧以蟄、沈有鼎、王憲鈞、任華……」「1965年參加北京近郊區『四清』運動，到朝陽區王四營公社白鹿司村參加四清工作組，與任華同志同組，和農民同吃同住……」「1966年6月1日，『文化大革命』開始，受命回校。北大東南門旁貼了一個紙條：資產階級教授靠邊站。我們一回去就靠邊站了。一開始，哲學系老教師在一起開會學習，不久就分為兩組，一組是據說有問題的，如我和馮先生、洪謙、熊偉、沈履、周先庚、周輔成、黃丹森、朱蒙、吳天敏、桑燦南等；一組是據說沒有問題的，有鄭昕、王憲鈞、任華、宗白華、齊良驥、黃子通等……」「到1967年6月1日，『文化大革命』一周年，哲學系『文革』領導小組宣佈：張岱年、黃丹森、湯俠聲、葉朗、吳天敏五人檢查得較好，予以解放，從此我們五個人不掃地不抄大字報了。我遵命參加王憲鈞、任華、曼成書等的小組學習，每天看大字報，聽大喇叭廣播，讀《毛選》……」苗力田先生的一個學生在一篇紀念文中說道：「1952年全國高等院校院系調整，苗力田先生來到北京大學哲學系。他與任華先生、陳修齋先生等一道，編寫講義並講授了解放後第一次以馬克思主義哲學為指導思想的外國哲學史課程，並參加了編譯、翻譯《西方古典哲學原著選輯》的工作。先生不僅是中國外國哲學史研究事業的開創者和建設者，尤其是中國人民大學外國哲學史研究事業的開創者和建設者。」1967年以前，國內只出版了一本中國人寫的哲學史，即1957年由任先生與洪謙、汪子嵩、張世英、陳修齋、朱伯昆等共同編著的《哲學史簡編》；1972年，由任先生與汪子嵩、張世英等編寫的第二本《歐洲哲學史簡編》問世。任先生還參加了編譯、翻譯《西方古典哲學原著選輯》的工作。此外，任先生還翻譯了有關美國的人格主義哲學等外國哲學著作。像上面所說的苗力田先生一樣，任先生不僅是中國西方哲學史研究事業的開創者和建設者之一，尤其是北京大學西方哲學史研究事業的開創者和建設者之一。有學者回憶說，1958年，各大學校園一片「拔白旗」運動，不僅國內「白旗」拔得勢如破竹，還有讀者向商務印書館來信要批蘇格拉底，說這位古希臘糟老頭反民主，太可惡；甚至有人還要求擴大作業面，拔向海外。幸虧北京大學任華教授婉言勸阻，才避免了一場涉外的國際笑話。平心而論，任先生在以往那些政治運動的風風雨雨中，並沒有什麼大災大難，大起大落。那麼，什麼是作者說的另一種悲情呢？作為研究西方哲學的專業人士來說，任先生受過最完整的素質和知識訓練。他的家學淵源，上過私塾，早年高中畢業於教會學校，受到過嚴格的中英文教育和中國傳統文化與西方人文思想的雙重薰陶。抗戰中，他考上西南聯大哲學系，畢業後在清華大學哲學系任助教。後來，他又考上公費留學生，在美國哈佛大學哲

　　與任華先生一樣讀過清華和西南聯大的沈有鼎（1908～1989）先生是一個創立「沈氏悖論」的哲學怪才，此公通曉英、德、法、俄，希臘、拉丁、梵文等各種文字，還能夠同時用數門語言講課；他對中國古代的儒、道、佛、墨、名等各家哲學，西方的亞里斯多德、康德、羅素、維根斯坦、哥德爾、胡塞爾等都有著精深的造詣。沈有鼎在哈佛學過邏輯，獲得一個碩士，其課任老師有懷特海（羅素的老師）、謝佛（邏輯學家）、還有蒯因（王浩後來的導師）、但他讀完碩士就到歐洲拜胡塞爾和海德格爾為師去了，在那裡拿到了哲學博士。

　　牟宗三先生回憶說，在抗日戰爭前一年，有一次在金岳霖先生家裡開邏輯討論會，主題是羅素的「還原公理」，主講人為清華畢業的張遂五。張講來講去，鬧不明白。後來，沈有鼎先生突然出來冒一句，說這個公理就等於「全稱命題的等於無窮數的個體命題之乘積」。他也沒有詳說，大家自然都不懂。金岳霖先生當時也說：「你這句話，開始我好像很明白，一會又不明白了。」沈有鼎照例皺皺眉、搖搖頭，表示在疑惑中。既然無人能懂，討論只好無結果而散。牟宗三事後評論說「沈先生那句話，雖然有來歷，但卻不是那個公理的直接中肯的意義，而是引申的這一層的意義。若不通透瞭解，光說那一句話，是沒有用的。若能通透瞭解，則說那句話是不中肯的。」[82]這是當時中國邏輯學界的「高峰」會議，然而對於羅素的「還原公理」，連邏輯學大師金岳霖都搞不明白，似乎只有沈有鼎才能知其所以然。但他的明白，「其實也還處在可意味而不可言傳的境界」。[83]

　　王浩（1921～1995）是金岳霖和沈有鼎在西南聯大時的學生，可以說

學系攻讀博士，導師為美國著名實用主義哲學家克拉倫斯・艾米文・路易斯（Clarnce Irving Lewis）。據說熊偉先生與任先生是親戚，本書作者沒有查證，但至少知道他們都是貴州同鄉。熊偉先生曾多次對本書作者講，任先生真正的哲學功底很少人能比得上。本書作者同意這個評價。有的老先生也許外文很好，但中文不敢恭維；也有的老先生中文很好，但外文接不上臺面；有的老先生也許西方哲學造詣很深，但中國哲學幾乎一竅不通；也有的老先生中國哲學精湛，但西方哲學馬馬虎虎。任華先生卻是一位全才，他中英文俱佳、中西方哲學皆通，而且對馬列主義也相當有研究。然而可惜的是，任先生空有滿腹經綸，英雄幾乎沒有什麼用武之地。這裡面有大社會大環境的制約，也有任先生本人的個性悲劇。任先生是位謙謙君子，功名心淡泊，一輩子明哲保身，但求無過。任先生的家庭關係極為融洽，夫婦兩人有一雙金童玉女，曾一度其樂融融。聽說，當年他的兒子下鄉，全家抱頭痛哭，比別的家庭更感到一種生死離別之痛。還聽說在「文革」中任夫人過世，對任先生打擊甚大，使他陷於極度的悲傷之中，從此似乎一蹶不振，眼睛也逐漸失明。本書作者接觸過任先生的兩個子女，他們都極本分和善良。

82　參見牟宗三，《五十自述》，臺灣：鵝湖出版社，1989 年。
83　鄧文初，〈沈有鼎與沈有乾〉，2007 年 9 月 7 日光明網。

在華人學術界，他是對羅素數理邏輯與哲學的研究最專業、最深入、最有成就的一位哲學家。晚年的牟宗三先生曾回憶道，清華哲學系在邏輯方面有金岳霖領導，有所表現。哲學上以實在論、經驗主義為主。第二代出了沈有鼎，第三代有王憲鈞，第四代是王浩。[84]高中時王浩偶然得到金岳霖寫的《邏輯》（1935），其中約80頁介紹羅素的名著《數學原理》第一卷的內容，他感到這些內容既吸引人又容易懂，因此想：應該首先嘗試學習較容易的數理邏輯，為以後學習辯證法作較好的準備。大學一年級時，他旁聽了王憲鈞的符號邏輯課，系統地學習了《數學原理》第一卷。王浩年輕時就有創立大一統哲學的野心，但晚年放棄了。他也這樣批評過羅素，說以老羅的智力，應該為哲學做出更大的貢獻。王浩是機器定理證明的奠基人。他在1958年夏天寫的程式在IBM-704上，只用九分鐘就證明了羅素《數學原理》中一階邏輯的全部定理。[85]

王浩的著述《超越分析哲學─公平對待我們具有的知識》（Beyond Analytic Philosophy--Doing Justice to WhatweKnow，1986），對分析哲學的代表人物羅素、維根斯坦、卡納普和奎因等人的思想觀點作了詳細介紹，並給予鎮密的分析和有力的批判，主要論據是他們的哲學無法為人類現有的知識，特別是數學知識，提供基礎。由於著者非常熟悉這四人的工作，甚至與其中一些人有直接交往，所以其批判十分深刻‧牛津大學的彼特‧斯特蘇森爵士（Sir P. Strawson）評論到：哲學家們對於王浩此書的主要的、深厚的興趣在於，它記錄了一位極富才智、卓越和敏銳的哲學家對所謂分析或英一美哲學在本世紀經歷的發展過程的看法‧王浩的書是對現代哲學史和元哲學的豐富、迷人的貢獻。1983年在美國丹佛召開的，由人工智慧國際聯合會會議（International Joint Confernce on Artificial intelligence）和美國數學會共同主辦的，自動定理證明（Automated Theorem Proving）特別年會上，王浩被授予首屆里程碑獎（Milestone Prize）以表彰他在數學定理機械證明研究領域中所作的開創性貢獻。提名時列舉的主要貢獻有：強調發展應用邏輯新分支──推理分析（inferential analysis），其對於數理邏輯的依賴關係類似於數值分析（numerical analysis）對於數學分析的依賴關係；堅持謂詞演算和埃爾布朗（Herbrand）與根岺（Gentzen）形式化的基本作用；設計了證明程式，有效地證明了羅素與懷特海（Whitehead）的《數學

---

[84] 王興國，〈牟宗三論中國現代哲學界〉，加拿大《文化中國》2000 年 3 月號和 6 月號，第七卷第 1 ～ 2 期，總第 24 ～ 25 期。

[85] 〈王浩與他的朋友們〉，2011 年 10 月 9 日，《東方早報》。

原理》中帶集式的謂詞演算部分的350多條定理；第一個強調在埃爾布朗序列（Herbrand expansion）中預先消去無用項的演算法的重要性；提出一些深思熟慮的謂詞演算定理，可用作挑戰性問題來幫助判斷新的定理證明程式的效能。[86]

五、唐君毅、牟宗三、徐復觀、張君勱、方東美

1949年，隨國民黨撤退到臺灣或其他地區的唐君毅、牟宗三、徐復觀、張君勱以及方東美在學術上頗有建樹，而且在國際上也相當活躍，成為新儒家第三期的領軍人物。

1957年，羅素發表過一篇文章，說東西方，蘇美兩國可以做一筆交易，西方要承認中國共產黨統治的合法性，他沒有說出來就是黃種人或者中國人他們就可以接受共產主義，來換取蘇聯從東德的撤出。德國人、日爾曼人、白種人，他們是天生的自由高貴的民族。這種文章對唐君毅他們刺激太深了，他們就感到西方對中國的歷史傳統和文化太不瞭解，誤解太深。[87]唐君毅到美國訪問，他在與張君勱談及歐美學人對中國文化的研究方式及觀點多有不當時，擬聯名發表一份檔以糾正西方學者對中國文化問題的偏見。後由張君勱致函在臺灣的牟宗三、徐復觀徵求意見，然後由唐君毅負責起草，寄給張君勱、牟宗三過目，二人未表示其他意見就簽署了。當寄給徐復觀時，徐作了兩點修正，一是關於政治方面，徐復觀認為要將中國文化精神中可以與民主政治相通的疏導出來，推動中國的民主政治。這一點原稿講的似乎不太充分，徐就改了一部分。二是由於唐君毅的宗教意識很濃，所以在原稿中也就強調了中國文化的宗教意義。而徐復觀則認為，中國文化雖原來也有宗教性，也不反宗教，然而從春秋時代起中國文化就逐漸從宗教中脫出，在人的生命中實現，不必回頭走。所以徐復觀便把這一部分的原稿也改了，然後寄還唐君毅。唐君毅接受了徐復觀的第一個建議，第二個建議則未接受。1958年元旦，這份文件以唐君毅、牟宗三、張君勱、徐復觀四人的名義聯名發表，其正式名稱是《為中國文化敬告世界人士宣言：我們對中國學術研究及中國文化與世界文化前途之共同認識》。可以說這是當代新儒家對世界的歷史性通告。

有趣的是，這份宣言再次提到了羅素：「西方人士初步之反省，是歸

---

[86]　參見 http://www.chinavib.com/wiki/edition-view-452-1.html
[87]　王康：〈儒家從花果飄零到返本開新〉，2012 年 2 月 15 日，鳳凰網，世紀大講堂。

其原因於19世紀以來西方對亞洲非洲之侵略，以致今日尚有歷史遺下之殖民地存在於亞洲及非洲。此種反省之進一步，是如羅素斯賓格勒之說：西方人在其膨脹其文化力量於世界時，同時有一強烈的權力意志、征服意志，於是引起被征服者之反感。但是照我們之意見，此權力意志還是表面的。真正的西方人之精神之缺點，乃在其膨脹擴張其文化勢力於世界的途程中，他只是運用一往的理性，而想把其理想中之觀念，直下普遍化於世界，而忽略其他民族文化的特殊性，因而對之不免缺乏敬意與同情的瞭解，亦常不能從其他民族文化自身之發展的要求中，去看西方文化對其他民族文化之價值。」

唐君毅（1909～1978）、牟宗三（1909～1995）等人也受到羅素的影響。唐君毅在思想方法和研究的視角方面，受到黑格爾《歷史哲學》及羅素、杜威、斯賓格勒、諾斯諾郭、湯恩比等人論中國文化的影響和啟發。在評述了黑格爾的「矛盾」後，他指出：那些不喜講鬥爭矛盾的西方人，知道重視宇宙事物的「並存」，並常以此表示漠不相關的獨立，這從懷特海對近代思想的批評中看出。這些西方人想像宇宙有無數個體事物，在空間上並存，視如許多分立之物，以分的眼光去看自然，分成許多類的動物、植物、礦物；一類物再分為多種，一種再分為一無數之個體物，一個體物又分成為許多的分子、原子、電子之組合。「羅素之流的邏輯分析，再把任一物分析成依一群感相或事件而成之邏輯構造。西方之人類世界，從中世紀以後，便分成許多國家。近代早期之國家思想，均相信每一國家有其至高無上的主權。黑格爾亦以國家為一絕對自足之客觀精神。進而國家分成階級。柏拉圖亞里斯多德與尼采，都肯定階級之必然存在。馬克思再以階級鬥爭概括人類社會中真正的鬥爭。階級又分成各個體人。霍布士（Hobbes）邊沁（Bentham）洛克（Locke）等，均以個人為一絕對單位。休謨（Hume）羅素（Russell）再將個人分成一堆觀念，一群習慣或中立原素。」[88]

牟宗三受到張東蓀、金岳霖、熊十力、張申府和西方哲學家、尤其是羅素、康德等人的影響。牟宗三在北大哲學系讀了四年，自認對自己影響最大的是校內的張申府和金岳霖兩位先生以及校外是張東蓀先生。張申府教「羅素哲學」和「數理邏輯」，牟宗三對之很有興趣。金岳霖是兼課

[88] 唐君毅：〈中國先哲之人生思想之寬平面〉，《唐君毅全集》第5卷，臺灣學生書局，1988版第242～259頁。

教「哲學問題」，是金先生精思自得的領域，大體是新實在論的底子。而張東蓀精於道德哲學，常常發表論文在《哲學評論》的雜誌上。[89]他指出，在西方的傳統中，黑格爾的哲學超出了亞里斯多德這個傳統之外，所以西方沿那個傳統下來的正統哲學家都討厭黑格爾。因此嚴格講，黑格爾並非西方哲學中正統的哲學家。什麼是西方哲學正統的哲學家呢？古代是柏拉圖和亞里斯多德等；近代是萊布尼茲、康德和羅素等；這些人才是正統的西方哲學家。事實上黑格爾講的那些問題並非表象的思想，也並非做概念的分解（conceptual analysis）、而講的都是具體的哲學（concrete philosophy）、然而西方哲學本來所重視的是抽象的分解。什麼是具體的哲學呢？比如專門討論道德、宗教、藝術、歷史的，這些都屬於具體的哲學；而黑格爾就專門講這些，如他的藝術哲學、宗教哲學、歷史哲學。這就是他超出西方正統的哲學範圍之外的地方。他講的那一套東西，中國人很容易懂。人們討厭黑格爾，是因其表達方式不好。牟宗三說，我們也不應當用黑格爾那個表達方式，但是他所講的那些道理，中國人常常也提到。很顯然，黑格爾所接觸的那些問題，嚴格講已經不在西方哲學的正統之中。既然黑格爾的方式不足取，那麼到底什麼方式能夠適用呢？在牟宗三看來，當然羅素一類的方式是比較理想的。

　　牟宗三就是這樣採取了羅素的分析法檢驗了所謂真理問題。他提到，羅素在《對意義與真理的探究》這本書中就提到，科學知識總要承認兩個基本原則：一是外延性原則（principle of extensionality）、另一個是原子性原則（principle of atomicity）；這兩個原則是講科學知識所必須假定的。為什麼要外延原則呢？外延的知識可以脫離我們主觀的態度（subjective attitude）。凡是不系屬於主體（subject）而可以客觀地肯斷（objectively asserted）的那一種真理，通通都是外延真理。科學的真理是可以脫離我們主觀的態度的。比如一棵樹，假定你用審美的態度來看，說這棵樹如何如何的美，這個不是科學知識，這是系屬於主體的。把一棵樹用科學的態度來研究的，是植物學裡面所講的那些。植物學是門科學，它研究一棵樹所得到的結論是可以客觀地肯斷的，這就是屬於外延的真理。就科學知識而言，內容的真理是沒有的，也不能有內容的命題（intensional proposition）。科學裡面的命題通通都是外延命題（extensional

---

[89]　吳文璋：〈從思想史論戰後臺灣儒學的兩大典型——胡適和牟宗三〉，《成大中文學報》第六期，1998 年 5 月。

proposition）。沒有所謂的內容命題。「外延命題」、「內容命題」這些名詞是羅素首先使用的。照羅素的說法，所謂內容真理，內容命題通通是系屬於主體，系屬於主觀態度上的一些話。羅素早期還客氣一點，還用」內容命題」這個名詞。但到了後來，他就不再用這個名稱，而改叫它為命題態度（propositional attitude）、說它不是命題：只是命題的態度而已。這個態度是主觀態度，是系屬於主體的。舉例來說，假定上帝存在已經被證明了，那麼「上帝存在」這句話就是可以客觀地肯斷的一句話，這句話就是個外延命題。可是如果上帝存在沒有被證明，而你說」我相信上帝存在」，那麼這句話就不是外延命題，這句話沒有客觀性也沒有普遍性。因為它系屬於「我相信」，系屬於我的主觀態度。我相信的別人並不一定相信，我今天相信的明天也不一定相信，所以可見這就沒有客觀性和普遍性。因此像「我相信如何如何」或是「我認為如何如何」凡是套在這些「我相信」、「我認為」下面的話通通都是內容命題。到了後來，羅素乾脆就說它是個命題態度，不承認它是命題，而只是命題態度。「我們要知道，羅素的這種分法主要是為了講科學知識、數學知識。數學知識、科學知識裡邊的那些命題通通是外延命題，它不能夠有內容命題，不能夠有那些只是命題態度而實際上並不是個命題的那些話。後來邏輯實證論者所說的大抵都是根據這個觀念而來的。……剛才我是借用羅素的用語，來點出有個內容真理。有內容真理就有內容的普遍性。我們到現在一直是用『內容的』來表示英文的intensional；用『外延的』來表示extensional。」[90]

牟宗三在晚年，悲觀地回顧了現代中國哲學界發展的一個脈絡。在他看來，「五・四」新文化運動期間，北大哲學系最熱門，大家都念哲學，但真正能登堂入室的卻很少，多的是空話，不能入哲學之堂奧。新文化運動僅是一般性的思想啟蒙運動，多的是思想者（thinker），但並不一定是哲學家，譬如胡適就是一個典型，所以「五・四」運動在哲學方面沒有成就，沒有一個思想家可以站得住腳。清華哲學系在邏輯方面第一代有由金岳霖領導，有所表現，哲學上以實在論、經驗主義為主；第二代出了沈有鼎；第三代有王憲鈞；第四代是王浩。北大方面，首先是張申府講數理邏輯，後來去了清華；雖然出了個胡世華（與王浩同輩）、但是與哲學脫了節；有張季真（名頤）任系主任，但並不太注重邏輯，而是比較重視古典哲學，且不只限於英美的實在論。張季真留學英國，研究黑格爾，在北大

---

[90]　牟宗三：《兩種真理以及其普遍性之不同》，《中國哲學十九講》，臺灣學生書局，1983年版。

講康德哲學，但他是否有黑格爾的頭腦，很有問題。康德哲學講是可以講，學是可以學，可是要掌握得住，並不容易。張申府最崇拜羅素，對其生活的情調與思考問題的格調很熟悉，但對其本人的學問卻講不出來。所以，羅素那一套哲學沒有傳到中國來，即便他有「五大講演」。胡適宣傳杜威，但對其並不瞭解，沒有達到那個程度。胡適所瞭解的杜威只是「我們如何思維（How we think）」中的杜威，但對其後來的著作大概都無興趣或甚至根本沒有讀過。杜威的學問相當扎實，自成一家之言，美國將來能不能出像杜威這樣的哲學家都有問題。瞭解杜威的那一套並不是容易的。所以胡適當年所宣傳的杜威，根本就沒有傳到中國來；實用主義也就成瞭望文生意的實用主義。當代的羅素、杜威無法講，18世紀的康德，就更難了，要講清楚都辦不到。所以北大對西方哲學無所成就，進不了西方哲學之門。以後變成專門講中國哲學。講中國哲學以熊十力為中心，加之湯用彤講佛教史。抗戰期間，北大遷到昆明，完全以湯用彤為中心。湯先生後來的興趣主要集中在佛教史，但是湯先生的佛教史注重考據，代表的是純粹學院的學術作風，對佛教的教義、理論沒有多大興趣，造詣不深，所以他代表的不是佛家的哲學，而只是佛教史，落入了西方的古典學，不是哲學系的本分。因此，北大辦哲學系，歷史最久，師資最多，結果無所成。至於中央大學哲學系，更是亂糟糟，尚不及北大與清華的哲學系。總的來說，這三者的「成就均不大」。此外，除了燕京哲學系出了個張東蓀先生，算是當時幾個念哲學念得不錯的人之一，其他大學的哲學系就更談不上有多少成就了。[91]

　　儘管牟宗三所評價的僅是一家之言，但特定的地位身分處境，而又沒有受到太多意識形態束縛的他，居然像「皇帝的新衣」那個孩子一樣，還是說出了別人不懂道破，不願道破，不屑道破，甚至不敢道破的中國哲學界的真實境遇。社會生活如此豐富和精彩，而我們的時代卻是一個缺乏大師的時代！除了純國學領域（因為屬於自己的文化）和某些自然科學領域（因為屬於客觀的世界）之外，現代中國（包括兩岸三地和海外）沒有產生過真正世界級的大師，更沒有產生過真正世界級的哲學大師。我們所說的世界級大師，不是僅對某一國家有所影響的「大師」。所謂世界級大師至少有三個層面的含義：高一層是其劃時代的發明、發現和思想體系足已

---

[91] 王興國，〈牟宗三論中國現代哲學界〉，加拿大《文化中國》2000年3月號和6月號，第七卷第1～2期，總第24～25期。

影響全人類的認識和社會的進程，如愛因斯坦、馬克思等；中一層是某一領域的巨匠，其自成一體的理論知識體系達到頂尖的高度，並有國際性的指導作用；低一層的是某一行業或專業的開拓性領袖人物，其創新理念或其理論知識已集大成及其應用的有效性，已達到國際充分認可和效仿的水平。在現代中國以及整個海外華人社會，這高一層的世界大師只存在古代，如孔子、老子、莊子這一類大哲或祖沖之這樣的發明家；中一層的在現代非常罕見；而低一層的也極少，如那些華人諾貝爾獎獲得者以及貝聿銘這一類的專家等。在中國兩岸三地最多有一些國內水平的大師。

就拿哲學家來說，馮友蘭只是借助某種西方的方法、體例和概念整理了中國哲學史，並表達了自己的一些想法，如他的新理學等。這種寫作法的確使西方學人用他們較為熟悉因而較能採納的表述方式來接觸中國哲學問題，但仍然影響是很有限的。甚至馮友蘭僅可成為具有一定國際知名度的中國國內的「中國哲學大師」。假定國內有一個研究日本哲學的專家，相當有造詣，甚至著作等身，人們就稱其為大師；但其僅是中國國內的日本哲學大師，而非國際的，因為其必須在包括日本在內的日本哲學研究的世界性水準上，也是拔尖的。為什麼我國沒有世界性大師？是條件限制、語言障礙、精神低下、急功近利、夜郎自大、素質欠缺、眼界狹窄、閱歷短淺、天分不夠、環境惡劣、經濟窘困，還是物質貧乏？是其中之一，數項並列，還是全部因素的綜合？在本書作者看來，除了上述因素外，從根本上說是思維方式的局限，或婉轉一點地說是不同。

「將軍文人」徐復觀（1904～1982）也對羅素頗有偏好。上海大學朱學勤教授、中山大學任劍濤副教授提出「儒家自由主義」的概念，並以徐復觀、張君勱為例，認為他們在對本土文化資源的發掘批判和對西方理念的開放吸納上，在憲政建設和擔當社會正義的道德勇氣方面，比胡適等自由主義者貢獻更大。他們認為，文化上的保守主義、政治上的自由主義、經濟上的社會主義並不是不相容的，相反，在羅素、貝爾、徐復觀那裡恰好是統一的。

徐復觀有一個比喻，說是人腦好比是一把刀，而西方的著作就像是用來磨刀的磨刀石。讀西方的哲學著作好比一把刀在極細膩的砥石上磨洗。凡是偉大的著作，幾乎都在告訴讀者一種達到結論的方法，因而給讀者以思想的訓練。康德的著作是這樣、黑格爾的著作是這樣，羅素的著作也是這樣。這就是說，西方的哲學著作的確能起到磨礪思想的作用。為什麼這樣講呢？徐復觀說，西方的哲學著作在結論上多感到貧乏，但在批判他

人，分析現象和事實時，則極盡深銳條理之能事。另外我們在研究中國文化的時候也需要讀西方哲學。要瞭解西方文化中有哪些基本問題，及他們努力求得解答的經路。因為這和中國文化問題，常常在無形中成一明顯的對照。[92]

　　游走於哲學與政治之間，一生充滿矛盾的張君勱（1887～1968）是一位頗具爭議的人物，不過他一生致力於西學東傳的傳播。他曾如此感歎：「知道世界上除了做八股文及我國固有的國粹外，還有若干學問。」[93]在政治學方面，他翻譯過約翰·穆勒的《代議政治論》、拉斯基的《政治典範》、費希特的《告德意志人民書》以及有關西方人權思想的文章；在哲學方面，除他的老師倭鏗（Rudolf Christoph Eucke 1846～1926）的學說外，他還介紹過柏格森、康德、黑格爾、費希特、杜里舒、羅素、懷特海、哈德門、耶斯丕氏、現象學派胡塞爾、存在主義派契爾契加、海德格爾、薩特爾等人的哲學思想，就介紹西方哲學家和哲學流派之多而言，在現代中國哲學家中很少有人能與他相提並論。[94]

　　羅素訪華期間，在盛讚中國文明的同時，檢討西方文明。張君勱企圖由此切入問題的實質，試圖回答物質與精神的關係。他認為，人類正是在解決精神與物質之間的衝突中，通過探索和努力，才形成了人類自身的文明。[95]羅素訪華回國後不久，張君勱撰文指出：世界哲學潮流有二，曰德曰英，德偏於唯心主義或理性主義，英偏於唯實主義或經驗主義。杜里舒與羅素兩家哲學的異同，即德英兩國哲學的異同。兩者之間的差異在於：「一言全體而一言特子；一言秩序在我自覺中，一言關係之在外；一言心物兩界絕然二物，一言心物無絕對之異同，同為中立資料」。而它們之間的相同在於：「兩家皆注重論理的元素，一求之於直觀，一求之於關係中；兩家皆欲使哲學進於科學的，一則以無可疑之我知為出發處，一則以外之關係為根據；兩家皆為主智主義者，故於哲學中擯除准直問題，以求理智之純潔，而免於人事之以意高下」。[96]張君勱認為：「科學與科學家咸認知識之成立，有賴於人心之運用者，如果其深遠。何以廢心論在於今日尚復風行一時乎。唯物論者不知有心，可以不論。英經驗主義者之休謨亦

---

[92]　參見〈徐復觀的讀書方法〉，百度文庫。
[93]　參見馬振操：〈誰才是《中華民國憲法》的起草者？〉，《21世紀》2000年第3期。
[94]　參見鄭大華：〈論張君勱對西學東傳的貢獻〉，《中國文化研究》2009年夏之卷。
[95]　參見張家康：〈張君勱：政客還是書生？〉，201008月13日《人民政協報》。
[96]　張君勱：《關於杜里舒與羅素兩家心理學之感想》，《東方雜誌》，1923年第8期。

但雲有一團感覺，而不識有心。羅素氏中立一元論，繼休氏衣缽而更進一步。其他如美之行為主義者俄之反映論者，皆同出一轍者也。然我以為心而果可廢也，人類無思想無概念，而尚何科學可言？此我可以低徊流連於康德之認識論者，為此而已。」[97]

張君勱在反思中國傳統思想體系時，試圖從西方文明本身的缺陷中尋求答案，「羅素他們太重視求真而把善忽視了，以後的新思潮新文化新政治是建築在真善並重的基礎上，惟其覺得人生有意義，然後才有振興文化，才有復興民族之必要。」[98]因此破壞傳統、移植外來思想能否立國是值得研究的，中國思想界必須有自己的主張：「貴乎以人家的好處，來作參考，來消化他，然後自出心裁，而有一種合乎國家社會的主張，此我所謂思想自主的意義。」[99]西方人士初步之反省，是歸其原因於19世紀以來西方對亞洲非洲之侵略，以致今日尚有歷史遺下之殖民地存在於亞洲及非洲。此種反省之進一步，是如羅素斯賓格勒之說：西方人在其膨脹其文化力量於世界時，同時有一強烈的權力意志、征服意志，於是引起被征服者之反感。但是照我們之意見，此權力意志還是表面的。真正的西方人之精神之缺點，乃在其膨脹擴張其文化勢力於世界的途程中，他只是運用一往的理性，而想把其理想中之觀念，直下普遍化於世界，而忽略其他民族文化的特殊性，因而對之不免缺乏敬意與同情的瞭解，亦常不能從其他民族文化自身之發展的要求中，去看西方文化對其他民族文化之價值。

新儒學大師方東美（1899～1977）系明末思想家方以智和桐城派散文創始人方苞之後，家學淵源，自小對國學打下了很深的基礎。早年的他非常推崇羅素，曾精讀過羅素各種著述。1918年，19歲的方東美就擔任了《少年中國》的主編，並開始發表了一些引介西方哲學的文章。1920年，他《少年世界》一卷十期上發表《羅素眼中蘇維埃的俄羅斯》一文。他在美國威斯康星大學留學期間，竟與羅素有一場直接對話。賀麟在《當代中國哲學》中，回憶起，1921年後，羅素在華講學完畢，轉道訪美；某次，來到威斯康辛大學，正在這裡留學的方東美和幾位中國青年拜訪他的下榻處，就大家最關心的中國問題熱烈地交換意見，竟使主人忘掉了約定的講演，鬧得聽眾空等。有人評論說，這樣的事發生在名士氣兼貴族氣的羅素身上並不奇怪，而方東美的幾位中國留學生也真熱誠得可愛。

[97]　張君勱：《中西印哲學文集》，臺灣：沉重書局，1981年版，第51頁。

[98]　張君勱：《人生觀論戰之回顧》，《再生》第2卷第8期，1934年5月1日。

[99]　張君勱：《思想的自主權》，《再生》第2卷第1期，1933年10月1日。

　　還有一件事給人們留下印象，他不同意羅素對法國哲學家柏格森的看法，決定對之批駁。他為此而寫了碩士論文《柏格森式生命哲學之評述》（A Critical Exposition of the Bergsonian Philosophy of Life），標題近似羅素哲學方面的成名作《萊布尼茲哲學之評述》（A Critical Exposition of the Philosophy of Leibniz）。這篇論文，指導教授、當時威大研究柏格森、懷海德（Alfred North Whitehead）的權威學者、同時也對黑格爾哲學與生物科學有深刻研究的名教授麥奇威（Professor Evander Bradley McGilvary）讀後，大為激賞，認為不但內容極為充實精彩，就是文筆也極為優美生動。馬上給系裡其他教授和研究生傳觀說：「像這樣的哲學文章，你們美國研究生寫得出來嗎？」[100]不過這並非偶然。據說，1917年，在考入美國基督教衛理公會創辦的金陵大學後，方東美就讀到一篇關於羅素抨擊德國哲學家柏格森的文章，文筆俏麗潑辣，極盡諷刺挖苦之能事。方東美反倒同情起柏格森來，激發出研究柏格森哲學的興趣，下決心要通讀柏格森的著作。1919年，他在《少年中國》月刊、一卷第七期、就發表過〈柏格森生之哲學〉。在20年代的中國學人之中喜歡柏格森哲學的，大不乏人，如張東蓀，李石岑，乃至熊子貞等。中國接受杜威的建議，一度正式發函邀請柏格森來華講學，可惜由於他健康不佳，不能實現；後來反倒是那位最多爭議人物羅素來了。不過，方東美當年在威斯康星大學的博士論文，還是以研究羅素等人的新實在論文為主，題為《英美新實在論之比較研究》（A Comparative Study of the British and American Neo-Realism）。

　　雖然方東美很重視羅素「看輕時間是智慧的開始」的名言，但他認為這只對古希臘使用。古希臘人極度缺乏時間意識，但是自17世紀以來，隨著自然科學新階段的到來，時間已成為極重要之概念，甚至可以稱為「智慧宮門之管鑰」。這一時間意識的核心內涵，方東美認為就是無窮盡。近代歐洲人開始追往事，思來者，在時間的無盡中倍感自身存在的短暫。方東美認為，羅素之所以否認時間的重要性，原因也就是要打破這種時間意識對歐洲人的掌控。無窮無盡的時間感與馳情入幻的空間感配合在一起，正是近代歐洲人的世界感覺和生命情調。[101]

　　著名學者殷海光（1919～1969）早年也曾受到羅素很大的影響。他曾

---

[100] 參見孫格拉底：〈學生時代的方東美先生〉，楊士毅主編《方東美先生紀念集》，臺北：正中書局，1982 年版。

[101] 湯擁華：〈方東美與宗白華生命美學的「轉向」〉，《江西社會科學》，2007 年 01 期。

提到：「我平生讀書與思考，受影響最深的要推羅素。」[102]到臺灣後，他大力宣傳羅素哲學和「五四」精神，對廣大知識青年及人民大眾進行思想啟蒙，鼓動人民，特別是青年一代勇敢地起來與專制、獨裁的統治作鬥爭。因而，他成為20世紀5～60年代臺灣人民，特別是青年們最崇拜的精神領袖、抗暴旗手、民主鬥士、啟蒙大師。學者林毓生回憶：「那時，殷先生鼓勵學生閱讀羅素，提倡邏輯與語意學。我在大二那一年，除了閱讀了二、三本英文邏輯與語意學教本以外，並曾細讀過大小十本羅素的著作。大二下學期結束之前，決定翻譯（《羅素自選集》（Selected Papers of Bertrand Russell [New York：Random House（Modern Libtary）]）中的《導言》，後經殷先生細心修訂，代我送到《自由中國》半月刊編輯委員會評審，通過後發表在該刊第15卷第3期。……我看的羅素著作，一部分是買自臺灣書商的盜版翻印，一部分是從圖書館借閱的。」不過，林毓生也批評說：「從學院的觀點來看，他的著作之中是有欠妥當的、受到當時不完整的資訊限制的以及相當形式化的地方。例如，他到台之後初期的言論，因為對法律主治或法治與以法統治之分際，沒有清楚的掌握，以致在談法治的時候，難免有形式化的現象。他對海耶克先生的奧國主體性經濟學的背景不很清楚，以致不知海氏思想中許多重要論點是極力反對他多年來服膺的羅素與邏輯實證論的。」不過，後來，林毓生對殷海光的羅素崇拜似乎有點不然，說道：「我到美國就讀研究院以後，才知道在西方世界，羅素——除了他早年在數理邏輯領域有其歷史性的貢獻以外，被大多數學院裡的人認為，只是一位通俗性的作家而已。他在政治思想與社會思想方面的許多著作，根本沒有甚麼人去研究。」[103]殷海光的晚年是孤獨的，一頭憂鬱的白髮，幾多黯淡的心情。他甚至不願與過去的老友有更多的接觸和來往，這時能夠到松江路殷宅訪他的客人多半是他的學生。聶華苓回憶道：有時，老朋友來了，也不一定邀客入室，「只是靠著野草蔓生的木門，三言兩語，一陣哈哈，……有時也請人坐在臺階上，一人捧一個烤紅薯，談邏輯，談數學，談羅素，談他最近在外國邏輯雜誌上發表的論文……。」[104]

102　殷海光：《致後學盧鴻材的第十通信》，《殷海光書信集》，上海三聯書店，2005 年版。
103　林毓生：〈殷海光先生對我的影響——《殷海光・林毓生書信錄》大陸版代序〉，《學術月刊》1994 年第 10 期。
104　聶華苓：《三生三世》，臺灣皇冠出版社 2004 年版。

六、其他哲學精英

　　羅素哲學思想在中國哲學界影響了一代又一代的學人。王憲鈞、江天驥、莫紹奎、周禮全等著名學者都是研究羅素哲學和邏輯學的傑出專家。1921年3月，羅素在北京大學講新興的數理邏輯，數學教育家傅種孫在事前給羅素的《數學哲學引論》寫了一篇摘要《羅素算理哲學入門》刊於《數理雜誌》，後來又與張邦銘將全書譯為中文，書名《羅素算理哲學》；這是植入我國的第一株數理邏輯新苗。著名美學家朱光潛先生在其《自傳》回憶自己在英國留學時，「在羅素的影響下，我還寫過一部敘述符號邏輯的書（稿交商務印書館，抗日戰爭中遭火焚掉。」[105]著名哲學教授黃順基先生談到他的學術研究得益於兩門學科，即數學與哲學；「當時主要是讀羅素的哲學，受益匪淺。」[106]北京大學著名哲學教授陳啟偉先生成為第二代羅素研究專家中的佼佼者，他曾翻譯過兩部有關羅素的著作，如《我們關於外間世界的知識》（上海譯文出版社，1990）；《羅素自傳》（第二卷）等，以及發表過不少有關羅素的研究論文；他曾對本書作者說過，自己曾受到羅素很深的影響，還提到自己最喜歡的8本書之一就是羅素的《西方哲學史》。第三代的羅素研究專家有馮崇義、高宣揚、徐友漁、胡軍等都著作頗豐；至於更多的後起之秀，這已超出了本書作者的瞭解範圍了。

---

[105]　朱光潛：《自傳》，江蘇文藝出版社，1998 年版第 5 頁。
[106]　黃順基：〈師法自然 順意人生〉，《人民大學校報》，2006 年 5 月 8 日。

第六章　羅素的重大講演及其影響

> 當初我去中國時，我本是去教書的；可是在那裡的每一天，我想
> 的很少是我要去教他們什麼，而更多的是我要從他們那裡學到什
> 麼。……西方人中間有一種論調：中國人不可思議，滿腦子的神祕
> 思想，我們難以理解。如果到中國去長期生活體驗一下，可能也會
> 使我抱這樣的觀點。但是，依我在那個國家講學期間的所見所聞，
> 並沒有發現有任何跡像可以證明這種論點是正確的。我與中國人交
> 談就像與英國人交談一樣，他們回答我也很像英國人回答一個中國
> 人。中國人相當有教養，聰慧而明智。──羅素[1]

從1920年9月來華到1921年7月離華，除了因病中斷了兩個月以外，羅素在上海、杭州、南京、長沙、北京、保定等地作了大約20次各種規模的主題講演。講學社蔣百里通過清華大學校長邀請在哈佛大學留學歸來後在清華大學任教的趙元任先生擔任翻譯，當時在《東方雜誌》編輯部任職的楊端六參加了在長沙的接待和部分翻譯工作。此外譯者還有章廷謙、瞿世英[2]等。主要講演由北大學生章廷謙、李小峰等作現場筆錄。主要講演包括哲學問題、數理邏輯、物的分析、心的分析、社會結構學等所為五大講演。此外，還有「社會改造原理」等題目。演講稿分別由商務印書館和北大新知書社出版。例如1921年出版的《數理邏輯》由吳範寰記錄，書後附有張崧年《試編羅素既刊著作目錄》；《心的分析》由孫伏廬記錄，登載了羅素講演翻譯筆記稿以及有關羅素學說、生平事蹟等等。[3]

在北京期間，羅素的講演就有11次之多，論題涵蓋了哲學、宗教學、政治經濟學、教育學、社會學、心理學、數理邏輯學及中國時局和中國社會重建等跨學科的領域。他曾講演的單位有：北京大學第一院、北京大學第三院、北京師範大學、北京中國社會政治學會、北京哲學研究社、北京國立美術學校、北京女子高等師範學校、北京教育部會場等學校和社團。

---

[1]　羅素：《中國問題》，秦悅譯，學林出版社1996年版。第157頁。

[2]　又名瞿菊農，曾留學于美國哈佛大學，受教于美國新黑格爾主義者霍金等教授。

[3]　陳應年 陳兆福：〈商務印書館與百年來西方哲學東漸述略〉，商務印書館網站。

其中《哲學問題》、《心的分析》、《物的分析》、《社會結構學》和《數理邏輯》等講演在日後被編輯為《羅素五大講演》，並於1921年由北京大學新知書社在中國出版發行。當時，北京大學的師生還專門成立了」羅素學說研究會」，經常舉行討論會，羅素也參與其中。[4]據羅素回憶：「青年聽眾的求知欲非常強烈。他們聆聽演說時就像飢餓者面對盛宴一樣。」[5]講稿分別由商務印書館和北大新知書店出版。上海商務印書館出版的《共學社叢書》裡列有」羅素叢書」共有5種，如《哲學中的科學方法》（王星拱譯，1921）、《算理哲學》（傅鍾孫等譯，1923）、《政治理想》（程振基譯，1921）、《戰時之正義》（鄭太樸譯，1921）及《德國社會民主黨》（陳與漪譯，1922）等。在此前後出版的有《物的分析》（任鴻雋等譯記，1922）、《羅素論文集（上、下）》（楊端六等譯，1923）。1926年又出版了《我的信仰》（何道生譯，1926）。商務印書館出版的《東方雜誌》發表了《羅素的相對原理觀》（關桐華譯，1922）、《哲學問題》（黃凌霜譯，新青年社，1920）等。[6]

　　1998年，羅素在華講演被中國文化書院評選為「影響中國20世紀歷史進程的重要文獻」。羅素訪華，是中國近現代哲學、政治思想上具有重要意義的一件大事。但是羅素講演由於當時條件所限，沒有保留英文原稿，保存下來的只有經過翻譯的中文講稿。羅素的講演曾以《羅素五大講演》結集出版，但還有部分重要講演散見於舊刊之中，給研究者（特別是外國研究者）帶來很大困難，導致中外學術界在研究羅素訪華的影響、羅素在華期間思想演變通訊近代中外思想文化交流等問題上長期出現空白。[7]

　　羅素從1906年發表《萊布尼茨哲學評述》第一部哲學著作時開始，就顯示了他的哲學才能。從那時一直到逝世，他寫了大量哲學著作，其中最重要的有《哲學問題》、《我們對於外界的知識》、《心的分析》、《物的分析》、《對意義和真理的探討》、《人類知識及其範圍和限度》等。這些著作幾乎探討了哲學的全部問題，但其中最重要的還是認識論和方法論問題。前面提過，1901年，羅素發現了以他的名字命名的悖論，引起了所謂第三次數學危機，促使人們對數學基礎問題進行深入一步研究，從而推動了人類認識的發展。不久，羅素提出了邏輯類型論，為解決悖論做出

---

[4]　參見李晉奇：〈羅素的北京之行〉，《中國社會科學報》2012 年 11 月 5 日第 375 期。

[5]　胡作玄：《羅素》，載《西方著名哲學家評傳》，第 8 卷。

[6]　陳應年：〈20 世紀西方哲學理論東漸述要〉，《哲學譯叢》2001 年第 1 期。

[7]　參見袁剛編《中國到自由之路：羅素在華講演集》出版說明（北京大學出版社，2004 年版）。

了卓有成效的嘗試。1903年，羅素獨自發表了一卷本《數學原理》，建立了邏輯主義學派。接著，他又和懷特海合作，經過10年的艱苦勞動，寫成了三卷巨著《數學原理》，這在數學史上是一個重要的里程碑。1919年，他還撰寫了《數理哲學引論》一書。

前面還提過，羅素最初聲明自己並無企圖要解決人類命運的問題，但不久便否定了這個說法。他認為自己一生的一個重大轉折，就是從抽象的哲學轉到了對人類社會問題的研究。在早年，羅素就計畫一方面對科學哲學撰寫一系列的著作，從數學到生物學，使它變得越來越具體；另一方面撰寫一系列關於社會政治問題的著作，使其越來越抽象。最後，他還要在一種理論與實踐等量齊觀的百科全書中達到一種黑格爾式的綜合。從根本上說，羅素的整個社會政治觀主要體現在對自由、權力和理想社會的看法上。他在這方面的主要著作有《政治理想》、《自由之路》、《自由與組織》、《社會重建的原理》、《權力：一種新的社會分析》等。

羅素訪華時，就在以上的研究成果上，精心選取了自己認為比較典型又相對容易理解的五個專題，在北大作了著名的五大講演：即「哲學問題」、「心的分析」、「物的分析」、「社會結構學」和「數學邏輯」。但即便如此，對中國知識界，尤其是對中國當時的青年學生還算是」曲高和寡」。梅貽寶曾回憶說：他到師大（當時稱北京高等師範學校）聽羅素講演的情形。那次是羅素在師大的首次講演，題目是：物質是什麼？開講前，一間特大教室已經座無虛席，連人行道、窗臺都擠滿了人。羅素和翻譯趙元任一同走進教室，全場掌聲雷動。羅氏開講，分析物之為物，講辭甚為抽象。約十分鐘後，聽眾只剩下一半了。講到關鍵環節，羅氏發問：「我們何以知道那塊桌布下面有張桌子呢？」聞此，聽眾又走了不少，後來只剩下二三十人了。由此可知，當時學生對羅素的講演，能聽懂的應是少數，大多是慕名而來。[8]

2004年，北京大學出版社整理出版了《中國到自由之路羅素在華講演集》，通過對相關歷史文獻的全面梳理和編校，將散落在當時的報刊和書籍上的羅素講演一併收入，同時附有勃拉克女士的部分講演和」羅素來華行程及講演總表」以及一些名人的評論文章。出版者指出，羅素講演由於當時條件所限，沒有保留英文原稿，保存下來的只有經過翻譯的中文講稿。羅素的講演曾以《羅素五大講演》結集出版，但還有部分重要講演散

8　梅貽寶：《大學教育五十年》，聯經出版社，1982年版。

見於舊刊之中，給研究者（特別是外國研究者）帶來很大困難，導致中外學術界在研究羅素訪華的影響、羅素在華期間思想演變通訊近代中外思想文化交流等問題上長期出現空白。

北京大學舊址。

一、第一大演講《哲學問題》

據記載，1920年11月7日是個星期天，蔡元培邀請羅素在北大第三大禮堂舉行在京的首次講座，主題是「哲學問題」，聽眾達1000多人。其實，此時，羅素的《哲學問題》英文原作已由黃凌霜譯成中文出版（新青年社，1920）、其包括第一章顯象與實體，第二章物體的存在，第三章物質的本性，第四章觀念論，第五章「親知」和「述知」，第六章論歸納，第七章論普遍原理的知識，第八章先天知識如何可能等。

在羅素看來，演講應當從他自認最基本的問題發端。根據當時的記錄，在開講時，他說自己今天這個講演的題目是哲學問題，或者可以說是與哲學有關係的幾個問題，以後繼續再講演下去。哲學和別種的科學不同，研究了別種科學都可以得著些結果。哲學則不然，它不能貢獻一定的知識，像別種科學所能做的一樣。所以有許多人對於哲學很懷疑，以為它不過是一種空論罷了。關於別種的科學，總是研究得越多，所得的知識也越多。而哲學則恰與之相反，研究的越多，所知道的反而越少了。研究哲學的結果，可以減少許多的「自信」。從前看了不會發生問題的，研究

了哲學以後，卻都要成為問題了。哲學的價值，並不僅在這一點上，以後再詳細來講，然而竟可以由它減少自信或偏見，這也是哲學的一個大功用了。世界上有許多的悲劇，如戰爭衝突等產生的原因，都是由於這邊的人相信他們的意見對，那邊的人又相信他們的意見對，這兩方各自固執，互相齟齬，才發生許多悲慘的結果來。

在《哲學問題》的講演中，羅素從其「中立一元論」的學說展開闡述。他不贊成「唯心論」、「唯物論」及「現象論」等對物質世界的看法，指出「造成宇宙的最後材料」既非心，也非物，而乃某種「實在的東西」，即事情或事素（Event）。整個世界依邏輯方法由諸多「事素」「系統」地構成。「物質」這一概念本可有可無，然而人們本性上「喜歡永久」，故能使用它。也就是說，「物質」是「用『邏輯』的和『算學』的方法『將一組』有關係的事素或現象」集合起來的概念。過去「因果有必然的關係」的「因果律」，從新近科學的分析來觀察「是靠不住的」；「公律」僅為某種大概的趨勢，因而無法判定「事素」究竟如何。既沒有什麼「全真全假的事情」，也沒有什麼「一定不變的」真理。羅素認為「近世的科學與哲學精神，是注重實際的，而不是虛空玄妙的」。他從唯心論、唯物論、現象主義入手，闡述了什麼是物質，什麼是現象與實在，因果律等，並介紹了佛洛德和榮格的最新理論。在演講中，羅素對貝克萊、黑格爾、柏格森等所代表的唯心論進行了全面的抨擊，指出貝克萊因違反了邏輯，而誤入歧途；並揭示了柏格森、黑格爾等人的看法乃非理性的神祕主義。在演講中，他生動地以桌子問題為例，指出科學家、美術家，還有普通人等所觀察的桌子各不相同，從不同的視角，人們見到的是不同的形狀和顏色，感知到的是不同的溫度和硬度。如此一來，桌子實體是否存在就成了問題。因而，對唯心者來說，所謂桌子存在僅是顏色、形狀、硬度等現象，而非實體，故判定現象的本源只在於內心。

在演講中，羅素說了一段開場白後，便切入主題：「今天我們所要討論的，就是現象與實體（Appearance and Reality）的問題。常識以為真實的事情，在哲學上未必就肯承認，因為對於這些書情，一加思索，便看出它有許多的錯誤和自相矛盾的地方來。所以有許多哲學家以為實在的本體與所看見的現象是不同的。」[9]接著，羅素舉了那個有關「桌子」的著名例子：這裡有一張桌子，大家雖然都可以看見，但是他說可以證明人們並

9　《羅素及勃拉克講演集》，惟一日報社，1922 年。

沒有看見。我們尚要把這個所看見的桌子研究清楚便可以知道各人所見的都不相同。因為各人的觀點不同，故所見桌子的形狀和顏色也不相同。這邊的人看去是這種顏色，那邊的人看去，因為反光不同的緣故，有的地方亮，有的地方不亮，又成了別種的顏色。平常人所說的桌子，只是當它放在一個平常的地位，平常的情形，在平常的光線之下，用普通的觀點去看。倘若叫一位畫家來看，就和我們尋常所見的不同。常人所謂黃的，他也許不以為黃，他只知道看一去是什麼便是什麼。因為畫家去掉一切東西真有某種顏色的想像，只求一切東西現象的觀察，所以他看著是這樣便以為是這樣，看著是那樣便以為是那樣了。各人所見的顏色既不相同，要從這許多顏色當中選出一種顏色來說這是桌子的真顏色，那麼其餘被摒棄的顏色豈不都要叫冤麼？但是如果把各種的顏色都要了，說全是這個桌子的顏色，這樣一來，把桌子又變成五光十色的樣子，也似乎是很不近情理的。因此就有許多哲學家以為顏色是主觀的觀察而非實在的本體。

羅素提出若再進一層討論，問「世界上究竟有沒有物質」和「一切物質是否有實在的本體為各種現象的原因」？一般人以為雖因各人的觀點不同，而所見之物質有別，但總須有個東西才行，這個東西就叫做物質。討論至此，就發生出兩個問題：一、世界上有沒有物質存在？二、若有，物是什麼性質？用什麼方法去知道它？對這兩個問題，在哲學中的解答共有三派：一、唯心論（idealism）。這一派的理論，以為凡存在的東西都是心中的意象（idea）。二、唯物論（materialism）。這一派以為無論什麼東西都是物質，心也是個假現象。三、現象論（phenomenalism）。這一派以為凡物都只是顏色，形狀，硬度……種種現象，用不著另有別的原因和本體。他指出在這三派中，現象論比較著最近理。但自認「我的哲學不是唯心論，也不是唯物論，和現象論稍微接近一點。」[10]

羅素在進行一大段議論後，指出：自己可以在可以對哲學下個批評，就是哲學全靠不下定義。從歷史上看來，哲學家都有這個脾氣。現在講了一大套的「心」與「物」。也不曾下過定義，倒很像哲學討論的氣象了。假如有人問心是什麼，這個問題可以詳細解答，不過要多費些時間，不是容易講清楚的。若是這樣的含混下去，也是不對，後來含混慣了，必引起哲學上許多無謂的爭論。這類事在哲學史中是常見的。「心」和「物」的定義歷來的哲學家爭論的很多，「我現在不下別的定義，只說『心』是心

---

[10]　同上。

理學所研究的，『物』是物理學所研究的。『心』和『物』兩種東西並非截然不同，不過如同樣油、糖、粉等物，因配合的兩樣，就做出兩種不同的點心來罷了。」[11]

羅素書歸正傳，明確地宣稱：他自己的哲學，不能說是現象主義，因為他並不是說現象和經驗之外，是沒有東西存在的。現象派的話說得未免過甚一點。但是他也不說經驗和現象之外還有東西，因為經驗和現象之外有沒有東西存在，誰也不能斷定。我們只能說所知的是什麼，不能在所知的以外，還有什麼東西或者沒有什麼東西。所以他不願人家稱他的哲學為現象主義。「我自己的哲學實在是『中立一元論』（neutral monism）。我用這個名詞，與唯心唯物兩派都是有區別的。宇宙中最後的質料，不能說是物，也不能說是心，只是世界上的事情（events）。我想哲學上許多麻煩都起於想有永久的存在。但是有了這個存在的偏見，哲學上的麻煩就發生出來了。我以為這個存在的觀念是錯誤的，世界上最真的莫過於暫時的東西。按照論理所構造成的是永久的，真東西都是暫時的。譬如桌子，我們一看就看見宇宙真體的一部分，若說桌子是永久的，倒反而費解了。桌子也正和國家、城市、政府的組織一樣，是很複雜的許多部分湊成的，但是這許多部分並不是說把它鋸成小塊就算，每一小塊還是有許多部分的。我所謂物質便是複雜的顏色、形狀和硬度以及種種化學的性質合成的。不過我們說，這桌子便是這桌子的各種現象之合體，這種語法還是舊式。因為平常總把『現象』當作物體之附屬品。其實我說的本意是合起我們所見的種種來，便叫作物質。」[12]

羅素最後總結說：沒有一定不變的物質和真理。我們求知識但從經驗上找出大概的趨向，比較得靠得住的基礎就是了，不能樣樣的事都講的。但這種說法與人性有大不相合的地方，普通人一般人都覺著這個觀念不大好受，所以壞的哲學差不多是哲學的全部。人有難過時就跑到哲學來避難，所以把哲學造成這樣。地球上有風災、水災、火山、地震、瘟疫、荒年種種，哲學家要求安樂的地方，所以造成了精神不滅、物質不變的種種壞哲學來，須知這都根於求安樂的欲念啊！這樣說來，不獨是在哲學中，就是無論在什麼地方都該抱一個求真的態度。如說宇宙就是這樣的一回事，並不專是為人有的，也不為人討好──有的地方還很不好。在哲學史

---

[11] 同上。
[12] 同上。

上有許多哲學的假思想，說這個世界如何如何的好。用這態度於研究真理是有害的，用偏見本不適於真理的研究。現在這樣說什麼是真是變，雖然可靠，但不是樂觀的。然而哲學的趨勢是這樣，明白的人都抱持這樣的態度。要是不曉得這個，便是智育上的自殺。請再不要做哪個世界是好的弄夢！「現在有機會同諸君用客觀的方法來研究哲學問題，將來若把這樣方法利用到別的事情上，價值一定更高起來。」[13]

　　將羅素的演講結合其《哲學問題》的原著來看，更能理解他的整體思想。1912年，在《哲學問題》出版時，英國哲學家波桑奎（Bernard Bosanquet，1848～1923）在著名的《思想》雜誌上評論道：「這本小薄書是一部引起興趣，並具有重大意義的著述。」[14]追求精確、清晰和完善的知識是羅素一生的心願。1912年，羅素在《哲學問題》一書開頭第一句話曾經問道：「世界上有那種是任何有理智的人都無從懷疑的確定知識嗎？」[15]當時在北大講演時，記載是這樣的：「起首便要問：世上有沒有任一種確定的知識，使凡有思想的人都深信不疑？我以為這種知識是有的，不過很不容易求著，必須花費許多的工夫，從事於哲學的研究，才能得來。有許多明顯的事情，如地球是圓的，二加二等四，這房裡有許多人，平常看來，大家都是深信不疑的，其實要明自其中的道理，精密地考察去，就成了一個困難的問題，不是隨便能說得出的。我們關於知識，要曉得它的基本，已經含有哲學的精神。如果我們肯去探索知識之基本的難處，那對於哲學的研究便算是入門了。」[16]過了36年，經過漫長的探索，在1948年出版的《人類知識：它的範圍與限度》的最後一頁的最後兩句話中，他得出這樣的悲觀的答案：「所有的人類知識都是不確定的、不確切的和片面的。對於這種看法，我們還找不到任何的限制。」[17]實際上，這就是羅素對認識論的最大認識，也正是《人類知識》一書的最重大成果所在。

　　在這後一部著作的序中，羅素提出了一個原則：「在研究這一論題中遇到的困難之一，就是必須使用普通言談中的常用詞，如『信念』、『真理』、『知識』以及『知覺』等，而這些術語日常用法含糊和不精確，並因沒有可用的精確詞能夠取代它們，故在我們早先研究階段所說的每一件

---

[13] 同上。

[14] Bernard Bosanquet: "Review of *The Problems of Philosophy*," *Mind* (Oct 1912）.

[15] 羅素：《哲學問題》（*The Problems of Philosophy*, Prometheus Books, 1988），英文版第 1 頁。

[16] 《羅素及勃拉克講演集》，惟一日報社，1922 年。

[17] 羅素：《人類知識》（*Human Knowledge: Its Scope and Limits*, Simon and Schuster, 1948），英文版第 507 頁。

事,從我們期待最終達到的觀點來看,都是令人不滿意的。假設我們能成功地增長知識,這就好比一位旅行家在霧矇中走近一座高山:起初僅可辨別大致輪廓,甚至連它的界限都是模糊的,但漸漸能看到更多的細節,邊緣也變得較為清晰了。因此,在我們的討論中,不可能先弄清一個問題然後再去處理另一個問題,因為滲入的霧氣彌漫著所有東西。在每個階段中,儘管問題的一部分可能成為關注的焦點,而所有的部分或多或少都與問題相關。我們必須利用的那些不同關鍵字都是相互聯結的,只要其中某些詞留有含糊,而另外的詞也就必定多少伴有這類缺陷。由此可見,先前所說的話應服從後面所說的話的修正。穆罕默德通告過,如果可蘭經中有兩處經文有不一致處,那後來的即為準則,我希望讀者用同一原則來解釋這本書中所說的東西。」這就告訴我們,羅素在從《哲學問題》到《人類知識》思想發展中有了不一致,但應以後者為準則。[18]

羅素自認失敗。這有以下一些原因。

其一,哥德爾(K.Godel)的不完全性定理動搖了羅素的邏輯觀。早年,羅素在弗雷格、戴德金、皮亞諾、懷特海等人的啟發下,逐漸形成了一套邏輯主義的框架,其雄心是企圖將數學徹底地進行邏輯化,或者說將數學最終還原為邏輯演繹系統。在弗雷格看來,作為分析和先驗判斷的算術規則可以視為邏輯發展的某種形式,算術中的定理實際上也是邏輯規律。人們對自然現象加以算術應用的解釋不過是對所觀察到的事實的邏輯加工,因此,數位的計算就是一種邏輯的推理。數位所反映的並非自然現象之間的關係,而是對自然現象所進行的邏輯判斷之間的關係。羅素很欣賞這種看法,他認為,邏輯不僅是哲學的本質,而且應當也是數學的本質。他在《數學的原理》(1903)中指出:純粹數學是由『p蘊涵q』這樣所有命題所組成的類,它所包含的p和q都具有數目相同的一個或多個變項的命題,p和q不包含除邏輯常項外的任何常項。此外,數學使用真假值的概念。後來,羅素與懷特海合作,在《數學原理》中,更進一步將數學建立在邏輯的基礎上,因而提出某些不加界定的概念,如基本命題、命題函項、斷定、否定、合取、析取等,並可由它們界定邏輯上最重要的概念和聯結詞「蘊涵」,繼而可以界定「等值」。所謂命題是指具有真假值,而用來陳述某一客觀事實或關係的語句,如「華盛頓曾是美國總統」等;用來判斷某種價值的一個語句,如「華盛頓曾是一個偉大的總統」等。羅素

---

[18]　同上,第 v ～ vi 頁。

的邏輯主義原則可以歸納為以下三點：一、所有數學真理都能夠完全用邏輯語言進行表述，即都能夠還原為真正的邏輯命題；二、所有能夠用數學真理翻譯、並具有真值的邏輯命題就是邏輯真理；三、所有能夠歸結為邏輯命題的數學真理都能夠由少數邏輯公理及邏輯規則推導出來。

　　20世紀20年代以後，由於遭到各種批評，羅素逐漸放棄了對邏輯主義的堅持，甚至放棄了對數理邏輯的研究，在這個領域，他開始越來越缺乏積極的發言權，昔日那種邏輯斯諦的雄心開始慢慢地淡薄下來。哥德爾對他的批評可以說是他唯一完全信服的批評。哥德爾發現在一個公理系統中，對有的命題來說，無論它的肯定或否定都不能證明，即所謂的「不完全性」，從而證明了從邏輯並不能推出算術的正確性來，當然也不可能把數學全部還原為邏輯。哥德爾在一定程度上否定了羅素的計畫，使他早年認為「數學和邏輯是精確的」這一看法被動搖。羅素後來不再相信邏輯規則是事物的規則，而認為僅是一種語言的規則，從而使構造世界的計畫自然也就無從談起了。

　　其二，發現演繹的作用是有限的。羅素早年不重視歸納法，相反卻誇大演繹法的作用，並肯定它能給人們以新知識，但在晚年，他卻這樣寫道：「演繹法不像人們以前所想的那樣有用了……它是揭示不了新知識的。」我們認為，演繹法必須以歸納法得出的知識為前提，因為它雖然反映了一般與個別的關係，但有很大的局限性。要想真正瞭解個別事物和判定一般理論的真假，最後還需實踐的檢驗，而形式邏輯是無法解決實踐問題的。演繹法只有在與歸納法結合時才能提供知識，並且它的各種具體形式不可能完全精確，如直言三段式不能應付必然中的偶然、普遍中的特殊等個別情形一樣，假言三段式不能應付客觀外界錯綜複雜的因果聯繫，另外，選言三段式也應付不了世界的無限多樣性等等。

　　其三，後期的哲學建立在假說上。羅素認為假說可以豐富邏輯，要想正確分析，就不可缺少它。在他制定假說時，為了在經驗的基礎上建立科學而荒唐地規定了哪些知識必須作為先驗的原則。本來自然科學的迅猛發展就沒有一個確定的界限，而以理論形式來反映其規律的知識也絕不會有一個確定的界限，今天似乎確定的，明天也許就不再確定，甚至會被徹底拋棄。各門學科日益邊緣化、互相滲透並向深度和廣度無限發展，因此，不可能有一個絕對清晰的線索。精確和清晰只是認識過程中相對穩定的一面。在這種意義上相對達到它是合理的，但這種穩定總會被不斷地打破，因而不可能達到絕對的清晰和精確。現代科學再也不僅僅滿足於單純搜集

和整理材料，它常常以假說的形式不斷地向尚未探索的領域進發。如果這些假說未被檢驗，那是絕不會精確和完善的，而它一旦得到相對的檢驗，便又會有新的假說出現，以至無窮。因此，人們只能向絕對的精確和清晰無限接近，而決不能一次達到它。

其四，多元世界觀與分析方法論本身造成的結果。羅素既然把世界分為由外在關係聯接的終極構成要素，它們就只能一個一個地被單獨處理，因此就不可能達到知識的完善。此外，羅素的某些不可知論傾向也從反面促使他感到了失敗。

羅素的認識論有相當積極的因素，如他指出做到絕對無偏見地求知是不可能的，但卻可盡量接近它。而哲學的使命就是指明這個方向。的確，羅素一生都在開拓這條道路，儘管經歷了許多挫折與迷途，但他始終勇往直前。即便是他的每一次失敗，也從某一側面推進了知識的發展。

我們先來回顧一下，羅素在《哲學問題》原著中究竟提出與回答了一些什麼問題。這部著作共分15章（在演講中分為12講），其中討論了現象與實在，物質的存在，物質的性質，唯心主義，親知的知識與描述的知識，歸納法，普遍原理的知識，先驗知識，共相的世界，共相的知識，直觀的知識，真理與虛假，知識、謬誤與概然意見，哲學知識的範圍以及哲學的價值等。

在《哲學問題》中，為避免單純否定的批判，羅素力圖多注意一點有關肯定和建設性看法的問題，即解決什麼是確定性（certainty）的問題。由於這個目的，他對認識論顯然要比對形而上學有更詳盡的討論，而對前者的討論實際上是始終貫穿全書的主線。例如此書的前四章討論了現象與實在，物質存在，物質性質和唯心主義等所謂形而上學的問題；而其後則用了整整十一章的篇幅考察了親知（acquaintance）的知識和描述（description）的知識，歸納法，普遍原則的知識，先驗的知識如何可能，共相的世界，共相的知識，直觀的知識，真理和虛妄，知識、錯誤和或然性意見，哲學知識的範圍以及哲學的價值等與認識論有關的問題；而即便是前四章也常常涉及到認識論的問題。

羅素在1900年《對萊布尼茲哲學的批判解說》一書中作過這樣的界定：「在哲學中，物質一詞是一個問題的名稱。在知覺中，設想我們確定某種並非我們自身的存在……。」[19]在1912年《哲學問題》中，他將物質界

---

[19] 羅素：《對萊布尼茲哲學的批判解說》（*A Critical Exposition of Philosophy of Leibniz*, The

定為」所有物理客體的聚集」。[20]在1918年《神祕主義與邏輯》中，他如此說道：「……取代這樣的假設，即物質是物理世界中的『真實的實在』以及感覺的直接客體是純粹幻影等，我們必須將物質看作一種邏輯的構造；它的元素將是短暫的特殊物，當一個觀察者偶然出現時，能成為他的感覺材料。」[21]如此看來，羅素在《哲學問題》中的定義最為中肯。

羅素試圖對「確定性」進行全方位的探討。作為英國經驗主義的繼承者，他承認從現有的經驗出發，可以斷定知識無疑就是從它們那裡產生出來的。但人們會遇到構成哲學的一個最困難的區別，即「現象（appearance）」與「實在（reality）」的區別，或事物好像是什麼和到底是什麼之間的區別；而哲學家正想探討這「到底是什麼」的問題。羅素把直接認知的物件稱為「感覺材料（sense data）」，如顏色、聲音、氣味、硬度、大小等；而把直接認知這些物件的經驗稱為「感覺」。如此一來，只要看到一種顏色，我們就產生一種顏色的感覺。更進一步，我們必須瞭解感覺材料和物理客體的關係。物理客體的總和可稱作「物質」。這樣，就產生兩個新的問題：其一，到底是否存在任何「物質」這樣的物件？其二，若存在，其性質如何？如果我們認為一個普通客體是能夠靠感官認知的，那麼感官所直接告知並非有關脫離我們而獨立的那個客體的真理，而只是有關一定感覺材料的真理；這些感覺材料是憑藉我們與客體之間的關係的。因此，我們所直接看到和感覺到的僅為「現象」，而卻相信那是某種「實在」的標記。但倘若這種實在並非所呈現的樣子，那麼，是否有方法知道到底有無任何的實在？倘若真有，那麼，是否有方法能夠發現它到底是什麼樣子呢？這些問題十分費解。這樣，即便對於最荒唐的假說，也難以知道它的不真確性。

在羅素看來，很多哲學家都認為：所有實在的東西必然在一定意義上是精神的；換句話說，所有可知的東西必然在一定意義上是精神的。這種哲學家就稱為「唯心主義者」。他們聲稱：所有表現為物質的，歸根到底都是某種精神的東西；或如萊布尼茲所說的是原始的心靈，或如貝克萊所說的是心靈中的觀念。因而，儘管唯心主義者並不否認感覺材料是不依賴個人感覺而獨立存在的某種物件的標記，但他們卻否認了物質的存在，排斥了與精神有著內在差異的某種物件。

University Press, 1900），英文版第 75 頁。

[20]　羅素：《哲學問題》（*The Problems of Philosophy*, Prometheus Books, 1988），英文版第 18 頁。

[21]　羅素：《神祕主義與邏輯》（*Mysticism and Logic*, Dover Publications, 2004），英文版第 137 頁。

羅素先是區分了事物的知識與真理的知識，接著又將這前一種知識也區分為親知的知識與描述的知識。在《哲學問題》中，他指出：「我們應當表明我們親知了任何直接察覺的事物，而不需要任何推理的過程或真理的知識作為仲介。……與此相反，作為一個物理客體，我對桌子的知識並布希一個直接的知識。它是通過對造成桌子現象感覺材料的親知而獲得的。我們曾觀察到，我們有可能並不荒唐地去懷疑是否存在一張桌子，但沒有可能去懷疑感覺材料。我有關桌子的知識就是我們應當稱作描述的知識。」[22]

羅素幾乎取消了哲學知識與科學知識的區別，因為他不同意存在著只為哲學而不為科學所開放的某種特定智慧來源，也不同意哲學的成果會與科學的成果有根本的差異。在《哲學問題》中，他斷言，哲學的本質特徵就是批判，而正由於這點使其成為一種與科學不同的研究。哲學批判地檢驗科學和日常生活上所應用的那些原則，並從中分辨出它們的不一致性；只有當找不出拒斥它們的理由之時，才把它們作為批判探究的結果加以接納。正如很多哲學家這樣相信的，如果當擺脫了毫不相干的細節之後，科學所依據的那些原則能提供我們有關宇宙整體的知識，那麼這種知識就與科學知識一樣對我們的信念具有相同的要求；然而我們的探究還未能揭示出任何這樣知識，因此如同有關更大膽的形而上學者的特殊學說，便主要地只會有負面的結果了。不過，有關普遍能夠作為知識得到承認的東西，我們的結果則主要地是正面的；我們很難找到作為我們批判結果而能夠拒斥此類知識的理由，而且也找不到什麼理由去設想人並不能掌握他通常信賴並擁有的那種知識。

羅素清醒地看到，當說哲學是一種知識批判時，有必要設定一定的界限。如果我們採取絕對懷疑論者的態度，將自己完全擺在所有知識之外，而又從這個立場被迫返回知識圈子之內；那麼我們就在要求不可能的東西。如果想獲得任何結果，哲學所利用的知識批判，就必定不屬破壞性的一類。對於絕對懷疑論，並無任何邏輯的論證能夠加以駁斥。然而，不難看出這種懷疑論是不合理的。羅素指出，作為近代哲學開端，笛卡兒的「方法論的懷疑」並非屬於這一類，而是那種作為哲學本質的批判方法。總之，羅素所要求的批判並非隨意拋棄所謂淺顯的知識，而是依據它的價值進行考察，然後保留住所有表現為知識的東西。因為人類易於出錯，所

---

[22]　羅素：《哲學問題》（*The Problems of Philosophy*, Prometheus Books, 1988），英文版第 73～74 頁。

以必須承認仍有錯誤的風險。哲學可以公正地自認能夠減少錯誤的危險，並且在一定情形下，它能使錯誤小到實際上可以忽略的程度。在這個必定會出現錯誤的世界裡，不可能作到比這點更多；而且也沒有慎重的哲學擁護者會主張自己所要作的能比這點更多。

羅素問道：什麼是哲學的價值？為什麼應當研究哲學？之所以要回答這些問題，是因為部分由於在人生目的上有一種錯誤的觀念；部分由於對哲學所力求的東西也有一種錯誤的觀念。目前，物理科學上的發明使無數不懂這門學問的人認識到它是有用的了。而這種功利性是哲學所缺乏的。如果研究哲學對除哲學學者以外的人也有價值，就必然僅能通過學哲學之人的生活而間接地發生影響；也只有在這種影響下，哲學的價值才能獲得。像別的學科一樣，哲學的目的首要在於知識，它尋求的是能夠為科學提供整體系統的知識，以及對我們的成見、偏見和信念的基礎進行批判性檢驗後而獲取的知識。只要任何一門知識得到確定後就不再稱為哲學，而變成了一門獨立的科學。於是，哲學的不確定性在很大範圍內不但真實，而且更為明顯：一旦有了確定答案的問題，就已經屬於各種科學了；而那些得不到確定答案的問題，仍構成稱為哲學的殘存部分。然而，有關哲學不確定性的觀點還僅是真理的一部分。有許多問題，其中包括有些對我們精神生活有最深刻興趣的問題，是人類智慧所始終無法解決的。有關宇宙的很多問題都是哲學所提問的，而不同的哲學家卻有不同的答案；但哲學所作出的答案都無法證明其正確。然而，無論尋求一個答案的希望是如何微小，哲學的部分責任就是要不停地探索這類問題，瞭解其重要性，檢驗解決它們的途徑，並保持對宇宙思索的興趣經久不衰，而如果我們僅局限於可明確斷定知識範圍之內，這種興趣是易被扼殺的。因此，哲學的價值必然不在於哲學研究者所得到的任何一套可明確肯定的知識假設體系。

根據羅素的看法，實際上，哲學價值大都是在其極不確定性中加以尋求。只要我們開始了哲學的過程，我們就會發覺，連最平常的事情也有問題，而所得到的答案又是不完善的。儘管哲學對產生的疑問不能確切地告知真實的答案，但可提供很多可能性來擴展我們的思想，並能使我們掙脫習慣的制約。因此，當哲學對有關事物是什麼這個問題減少了我們確定的感覺，但極大地增長了我們對事物可能是什麼這個問題的知識。它將從未進入自由懷疑領域的那些人的狂妄獨斷論清除了，並揭示出熟悉事物的不熟悉的一面，而使我們的好奇感保持著活力狀態。哲學具有顯示各種可能性的功用，它還有一個價值（也許是其主要價值），這就是它

只考察對象的重大方面，而使人從那些狹隘盤算中解脫出來。哲學深思（contemplation）是一條逃生的出路，它以最開闊的眼界而不將宇宙分成兩個對立的陣營，並無偏見的洞察全局。哲學深思只要是純粹的，其目的便不在於證明宇宙其餘部分與人類同類。知識的所有收穫都是自我的一種擴張，而只有當並非直接追求時，這種擴張才能最佳實現。在哲學深思中就像在其他地方一樣，自我獨斷（self-assertion）是把世界視為達到自己目的的一種手段；因此它將世界看得比自我還輕。相反，在深思中，從非我（not-Self）出發，通過它的偉大，自我的界限得到擴展；通過宇宙的無限性，那個深思宇宙的心靈就達到對無限的分享。

羅素讚歎，靈魂的偉大不是由那些企圖將宇宙同化於人類的哲學所養育出的。知識是自我和非我結合的一種形式；正像所有的結合體，它會被控制權所損害，也會被那些強迫宇宙服從於我們在自身中所發現東西的任何打算所損害。現在有一種廣泛的哲學趨勢顯示：人是萬物的尺度；真理是人造的；空間、時間和共相世界都是心靈的性質，若有什麼東西並非心靈創造的，那就是不可知的，對我們也無關緊要。這種觀點是不正確的，更嚴重的是，它使深思束縛於自我，而將哲學深思中有價值的所有東西都剝奪了。它所稱為知識的東西並非與非我的結合，而是一套偏見、習慣和欲求，並在我們與外界之間安排了一道無法穿透的帷幕。一個人能在這樣一種知識論中發現樂趣，他就像一個從未離開過馴養圈子的人，因為害怕自己的話不能成為法律。在非我的每一個擴張中，在擴大被深思客體的每一種事物中，也在沉思著的主體中，真正的哲學沉思得到了滿足。在深思中，那些依賴習慣、興趣或欲望的個人或私有事物歪曲了客體，因而破壞了理智所追求的那種結合。這種個人和私人的事物在主客體之間造一道屏障，而成了關押理智的監牢。一個自由的理智正如上帝所觀看的，不受此地和此刻的限制，不受希望和恐懼的束縛，不受習慣的信仰和傳統的偏見的羈絆，而是冷靜地、以唯一單純追求知識進行觀察，這種知識是非個人的、純粹深思的，是人類可能獲得的。這種自由的理智對抽象和共相知識比對感官知識更加看重，而這種知識是個人歷史的事件所無法加入的。

羅素深情地說，那些習慣了哲學深思的自由和公正的心靈，將在行動和情緒的世界中保持某些同樣的自由和公正。它會將自己目的和欲望視為整體的一部分，而不會因將它們看作在其他元素不受任何人為影響的那個世界中的一些極小片斷而堅持什麼。深思中的公正是追求真理的一種純粹欲望，它與心靈的特質相同，在行動上表現為公正，在情感上表現為能給

予所有人的博愛，這種博愛不僅給予那些判定有用的或可讚美的人們。因此，深思不僅擴展我們思考中的客體，也擴展我們行為中與情感中的客體；它使我們稱為宇宙的公民，而並非僅為與其餘所有相敵對的一座圍城中的公民。在宇宙公民的身分之中，就包括人的真正自由及其從狹隘希望與恐懼的奴役中得到的解放。

羅素對有關哲學價值的討論總結道：我們應當對哲學加以研究，但並不由於它能對所提出的問題提供任何確定的答案，因為通常不可能知道有什麼確切答案是真實的，而由於這些問題本身，因為這些問題能夠擴展我們對所有可能事物的概念，豐富我們心靈的想像力，並減輕教條式的自信，這些都封閉心靈而阻礙深思。最重要的是，通過哲學深思中的宇宙偉大，心靈也會變得偉大，因而可與構成至善的宇宙結合為一體。

認識論是羅素一生最關注的領域之一。他認為，如果一個哲學問題成為他探究的主題時，就一定是認識論方面的；在漫長的一生中，他所寫作的都是「關於經驗與科學探索結果的關係，常識知識與經驗的關係以及語言與語言是關於什麼的關係」；在這個意義上，「知識論成為羅素哲學的一個中心研究。」[23]羅素寫完《哲學問題》之後，又寫了《我們對於外界的知識》（1914）。自1914年8月到1917年末，羅素全力忙於反對戰爭的事務。但到了1918年初，他覺得無法對和平做再多工作，便趕寫了一本早先約稿的《到自由之路》。當此書完稿後，他又開始回頭探討哲學問題。在他進監獄以前做了討論邏輯原子主義的那些講演。在監獄裡，他先寫了一篇對杜威的批評文章，接著寫了《數理哲學引介》。這以後，他轉向了認識論，尤其是似乎與心理學和語言學的有關的內容。這種轉向，在羅素的哲學興趣中可以認為永久性的，它主要表現在在三本書裡：《心的分析》（1921）、《對意義與真理的探究》（1940）和《人類的知識》（1948）。

二、第二大演講《心之分析》

在第二次演講《心之分析》中，羅素從心理學的新近成果角度，不但闡述了「意識」與「欲念」並非心的特別屬性的問題，而且對心理學意義上的本能、習慣、感情、記憶、欲念、想像等概念進行了深入的探討。有趣的是，1921年1月，羅素在北京為這本書的英文第一版寫了序言，其中

---

[23]　E. R. Eames. 1969. *Bertrand Russell's Theory of Knowledge*, George Braziller，pp24-25。

這樣提到：「這本著作由在倫敦與北京的講演構成……在這本書中很少提及中國，因為在訪華之前我就完成了寫作。我並不想給讀者提供準確的地理概念；在書中使用『中國』一詞僅作為『一個遙遠國度』的同義詞，因為我試圖闡述自己不熟悉的事物。」[24]羅素在這本書中，的確象序中所說的那樣數次提到中國或中文，如「從根本上說，作為表達單純演講方式的寫作本身就是一種獨立的語言，就像在中國所保留的那樣。」「在對一架電腦器提問時，人們必須使用它的語言，人們不必用英語或中文來強調它。」等等。[25]

在演講開始時，羅素聲言：「在未講本文以前，要下一個心的精確的定義，是很困難的。現在只能約略說說，講到後來，諸君自能明白。什麼是心呢？就是欲念（desire）或信仰（belief），這一種的東西普通稱它為心的。此刻的問題，就是要用科學的方法精確的將這些所謂欲念或信仰等加以分析，使我們實在明白欲念和信仰究竟是什麼.我暫且不提我自己的學說，先把別人的學說來講一講。這些學說之中，有的雖已失了根據，不甚有勢力；但是有許多現在還是很盛行的。我先要打破一種學說，現在還很流行，從前我也曾相信過的，就是以為心的特別的地方，在於有意識（consciousness）。但是我以為心決不是有意識足以說明的，我反對這個學說的理由大部分是從前人的主張中引申出來的。」[26]根據但是的演講筆錄，羅素一共講了15講，如「近代心理學家對於意識之批評（一）」、「近代心理學家對於意識之批評（二）」、「對於欲念的批評」、「本能與習慣（一）」、「本能與習慣（二）」、「欲念與感情」、「欲念」、「生物從前的歷史對於它現時遭際的影響」、「內省法（一）」、「內省法（二）」、「感覺與想像（一）」、「感覺與想像（二）」、「講記憶」、「記憶的信仰」以及「真記憶」。然而整個演講因羅素生病，而沒有完結。

認識論是羅素一生最關注的領域之一。他認為，如果一個哲學問題成為他探究的主題時，就一定是認識論方面的；在漫長的一生中，他所寫作的都是「關於經驗與科學探索結果的關係，常識知識與經驗的關係以及語言與語言是關於什麼的關係」；在這個意義上，「知識論成為羅素

---

[24]　Ray Monk. 1999. Bertrand Russell: The Spirit of Solitude, 1872-1921, Volume 1, Routledge, p.594.

[25]　Bertrnad Russell. 2013. *The Analysis of Mind*, Create Space Independent Publishing Platform.p.5.

[26]　宋錫鈞、李小峰筆記，《羅素及勃拉克講演集》，惟一日報社，1922 年。

哲學的一個中心研究。」[27]羅素寫完《哲學問題》之後，又寫了《我們對於外界的知識》（1914）。自1914年8月到1917年末，羅素全力忙於反對戰爭的事務。但到了1918年初，他覺得無法對和平做再多工作，便趕寫了一本早先約稿的《到自由之路》。當此書完稿後，他又開始回頭探討哲學問題。在他進監獄以前做了討論邏輯原子主義的那些講演。在監獄裡，他先寫了一篇對杜威的批評文章，接著寫了《數理哲學引介》。這以後，他轉向了認識論，尤其是似乎與心理學和語言學的有關的內容。這種轉向，在羅素的哲學興趣中可以認為永久性的，它主要表現在在三本書裡：《心的分析》（1921）、《對意義與真理的探究》（1940）和《人類的知識》（1948）。

我們可將羅素認識論的發展大致分為三個時期：前期從1900年至1920年，主要代表作有《對萊布尼茲哲學的批判解說》（1900）、《哲學問題》（1912）、《我們對外界的知識》（1914）、《神祕主義與邏輯》（1918）以及其他論文等。中期從1920年至1940年，主要代表作有《心的分析》（1921）、《物的分析》（1927）、《哲學大綱》（1927）《對意義與真理的探究》（1940）以及其他論文等。後期從1940年至1950年，主要代表作有《人類的知識》（1948）以及其他論文等。

羅素在《心的分析》一書中，論證了精神現象的要素完全由感覺和想像（images）所構成。但他又坦言自己仍不知道這種論點是否正確，不過他仍相當自信，如不引介想像，就不能解釋語言的很多用途。行為主義者拒絕接受想像，因為它們無法從沒有中觀察到，但這就使他們在解釋記憶或想像的時候產生很多困難。當時羅素以為有可能用行為主義來解釋欲望，但後來他對此產生了疑問。不過，他始終堅持，對有關在目前不可感覺的事物而解釋詞的用途來說，想像是必要的。

什麼是所謂知覺？羅素回答道：「當一個精神現象能被視為外在於大腦的一個客體，但不規則或甚至作為一些這樣客體的混雜表象時，那麼我們可以將它認作對所涉及的某個客體或某些客體具有刺激作用的東西，或感官所關注的現象。在另一方面，當一個精神現象不具備外在客體與大腦的充分聯繫，而被當成這樣一些客體的現象時，那麼它的物理因果性將在大腦中找到。在前一種情況下，這種精神現象就能被稱作知覺，而在後一

---

[27]　E. R. Eames. 1969. *Bertrand Russell's Theory of Knowledge*, George Braziller，pp. 24-25.

種情況則不能。然而，這種區別僅是程度的而非種類的。」[28]

羅素說道：「語言的本質並非依靠這種或那種交往特殊手段的用途，而是為了當下可感的某種事物而利用固定的聯想．。無論何時完成這個過程，那種可感的東西可稱為一個『記號（sign）』或『符號（symbol）』，而『理念』可稱為『意義』」。[29]羅素曾對一個詞「正確使用」是什麼意思，作過以下的界定：「當一個普通聽眾受到一個詞本來意圖的影響，這個詞就算正確使用。但這僅是有關『正確』的心理學定義，而非文字上的定義。文字的定義就是將一個普通聽眾代之以一個生活在很久以前並受過高深教育的人；這個定義的目的就是讓這個詞說得正確或寫得正確變得困難。一個詞與其意義的關係，就是支配我們使用這個詞以及聽到它而行動的因果律性質。對於為什麼將一個詞用得正確的人應當能夠說出這個字的意義，並不比下面這一情況有更多的理由，即為什麼一個運行正確的行星應當知道開普勒定律。」[30]

羅素提到：「在一個專用名稱的狀態下，一個詞是某個一系列相似運動的集合，它所指的是根據特定因果律而使現象聚集在一起的一個系列，這個系列構成了我們稱之為一個人，一個動物或一個事物。」他有時也用「總名稱（general names）」這一概念來取代「類名稱」，「通過討論專有名稱，我們就可以瞭解總名稱，像『人』、『貓』、『三角形』等。『人』這樣的詞是指含有專有名稱的特稱片語成的一個類。」[31]羅素在《心的分析》也談到「真值」的問題。他提出，真值可界定為「信念與事實之間的對應」；[32]「指向客觀」。[33]

羅素進一步考察了句子和僅做句子的一部分才有意義的詞，便發現了新的難題。人們能用感歎來表達「火」或「狐狸」這樣的詞，而用不必將它們置於句中。然而有很多詞卻不得如此單獨使用。例如，「地球是比月亮大」；其中「是」與「比」僅當作句子的一部分才有意義。有人或許對「大一些」這類詞產生疑問。假設你正注視馬，突然又瞧見一頭象，你或許大喊：「大一些！」但是誰都能認同這只是某種省略法。因此，如果不首先考察句子，或者說，不首先考察用句子作手段來表達的心理現象，某

---

[28] 羅素：《心的分析》（*The Analysis of Mind*, George Allen and Unwin LTD, 1956），英文版第136頁。

[29] 同上，第191頁。

[30] 同上，第198頁。

[31] 同上，第193～194頁。

[32] 同上，第166頁。

[33] 同上，第273頁。

些詞預設句子的這一事實使之不可能作任何更進一步的意義分析。

在寫《數學的原則》之時，羅素就對句子感到困惑，不久他對動詞的功能產生了興趣，認為正是這種詞使句子成為整體。「A大於B」是一個複合句，因其包含幾個詞。在使句子為真的那個事實中（如果此句為真）也必定存在相應的複合性。除了這種複合的統一體外，一個句子還有另一種特性，即真與假的二元性。由於這兩個原因，解釋句子意義的問題比界定客體詞的意義所引起的問題，更為困難，但也更為重要。在《心的分析》中，羅素自認並沒有將這些問題討論得很徹底，但在《對意義與真理的探討》一書中，他又自詡對這個範圍進行了充分的闡述。羅素指出含糊性（vagueness）是所謂非形式邏輯的謬誤之一，與歧義性不同，它指的是由於提供的資訊不足，而難以理解；含糊性是一個程度的問題，「在某種程度上，所有的思維都是含糊的；所謂完全的準確性（accuracy）僅為某種理論上的理想，而實際上無法達到。」[34]

羅素在《心的分析》中提到「完全分析」這一概念。[35]維根斯坦斷言：「對一個命題只有而且只有一個完全分析」。[36]羅素並不很同意這個觀點，對他說來，由於感覺材料的局限，每個人的親知（acquaintance）是不同的，故對一個命題的所謂完全分析也是不同的，甚至只能提供對某個命題完全分析的一小部分，也許就是這個命題的一些元素；而那些沒有親知那些感覺材料的人們，就可用某些專用名稱或確定摹狀（definite description）來進行命題分析。羅素指出，既然存在著作為簡單指稱的符號，因而這些符號意義只能通過親知及其指稱才能得到理解，而且它們不得作為存在命題的語法主語而出現。因此，為了對所謂完全分析的觀念作出廣泛理解性說明，他力圖論證存在著這種符號。羅素發現在使用複雜符號的命題中有著很多含混性，而完全分析就可以憑藉一個或多個邏輯專用名稱來清除它們。[37]

羅素考察了所謂理想語言的特性，他將對此的檢驗視為語言哲學的目的。對他而言，所謂理想語言就是完全克服日常語言中哲學缺陷的符號主義。例如，語言「被受到科學訓練的觀察者為邏輯和哲學的目的所創立，

---

[34] 同上，第 180 頁。

[35] 同上，英文版第 178 頁。

[36] 威特根斯坦：《邏輯哲學論》（*Tractatus logico-philosophicus*, Routledge, 2001），英文版第 3.25 條。

[37] 皮亞斯：《羅素與英國哲學傳統》（*Bertrand Russell and the British Tradition in Philosophy*, New York: Random House,1967），英文版第 88 ～ 90，122，130 頁。

那麼特殊事物（particulars）就有了專名（proper names）。」在邏輯要求一個能避免矛盾的語言的意義上，理想語言應當是「邏輯上完善的」。正像這種哲學符號主義的範式所能揭示的，實際上，每一個符號都是一個指稱親知物件的「邏輯專名」，因而對每一個單一物件只有一個詞，而任何並不單一的事物只能被一個片語所表達。如果沒有所指稱的實體，那麼那些專名是無法理解的。以拿破崙為例，這個專名指的是一個確定的實體，即一個叫拿破崙的特定個體。然而作為一個人並不是簡單的，這可能是一個作為拿破崙單一簡單的自我，但保留了他從生到死各個階段的嚴格等同，即拿破崙成為由人們經驗感知，逐漸發生改變表象的一個複雜系列，或一個因果的連接，而不是靠這些階段之間的相似性。[38]

羅素認為，用物理學來解釋世界是自己哲學「成見」之一，現代物理學實現了馬赫（E. Mach）、詹姆士（W. James）的主張，即構造心物的原料是同樣的。他還分別從這兩方面進行了分析：一、心物都是便於陳述因果律的邏輯虛構；可以用「事素（event）」代替心物概念，並且心物都可分析為與感覺類似的成分；二、由因果律連接的一組事素從一個中心發端而形成事素流，不同空時的事素交錯在一起，感覺是根據數理定律產生的一組事素，並是心物的交錯線，經驗則是記憶的因果律所聯繫的一組事素；三、物理學和心理學的一切材料都服從於心理的因果律，純粹的物理現象最後變為精神現象。[39]上述對於心物分析的結果，反過來又極大地影響了羅素的整個世界觀和方法論。

三、第三大演講《物之分析》

在第三演講《物之分析》中，羅素原本的計畫是從「物理學觀點」和「哲學觀點」兩大部分來說明物質觀念由「東西」向「事情（事素）」的轉變，但因某種原因，他僅重點講了前一部分，尤其強調了愛因斯坦的「相對論」及其哲學應用，「特別（狹義）」相對論講到羅素本人也覺得深奧難懂的「普遍（廣義）」相對論。羅素引用了很多艱深的數學、物理、天文等知識，並加以繪圖與列出方程。

---

[38] 羅素：《心的分析》（*The Analysis of Mind*, George Allen and Unwin LTD, 1956），英文版第192～193頁。

[39] 以上各條參閱羅素：《心的分析》，英文版第94～107頁；《意義與真理的探索》，英文版第390頁；《我的哲學發展》，英文版第20頁；《哲學大綱》，英文版第179、202、178、338、75-79頁。

　　對這個專題，羅素分了五講。根據當時演講記錄，羅素開宗明義地提道：所謂「物的問題」，有兩方面；一是物理學上的研究，一是哲學上的研究。他也是從這兩方面下手，大約四分之三的時間，是物理學上的研究，其餘四分之一時間，是哲學方面的討論。物理學上的物的觀念，到近年來，經了一個大改變。從前的物，是一種佔據空間的質體；現在的物，是一個兼含空間時間的事蹟（event）。這種觀念改變的原因，就是近來新出的相對說（theory of relativity）。「相對說是近年的新發明，尤以德國物理學者愛恩斯坦闡發的功為最大。他的意思，是說凡運動皆是相對的；宇宙間更無絕對是動、或絕對是靜的物體。這種相對的意思，在哲學上已經很古了，不過應用到物理去，要算是近年的新發明。愛氏的相對說又分兩個：早一點的，範圍狹小一點的一個，叫做特別相對說（special theory of relativity）是一九〇五年發表的。後來在歐戰期間，愛氏把相對說的範圍更推廣了，這個叫做普遍相對說（general theory of relativity）。」[40]

　　接著，羅素運用一些公式與方程的較為技術性的語言來闡述相對論，並與牛頓的古典理學加以比較。這就讓不少中國與會者如入五里霧中。可以看出，羅素極力試圖深入淺出地說明相對論，如他以邁可生、莫爾列（Michelson、Morley）船與鴿子相互速度的試驗為例，並以費慈格納（Fitzgerad）和羅倫慈（Lorentz）的解說以及費佐（Fizeau）的試驗為證等。

　　在後續的演講中，羅素較為深入地講解了愛因斯坦的公式。與此同時，他也順便提及了一些哲學問題。例如羅素談到相對論的起源，認為其一部分本來也是由一種相對的哲學態度而來，等到相對論今天告成，它的許多深有興趣的物理的成績也似乎有些哲學的結果。但是相對論雖然發達如此的快，算起來究竟還是一個兒歲的科學嬰孩。所以對於它在哲學上的影響我們卻不可以抱太奢的希望。因為曾經有過許多很普遍的哲理的思想做過相對論的物理的研究和觀察的精神的鼓動力；但是後來相對論漸漸的證實過後，它的內容雖然更加豐富面堅固，可是反不如哲理家所願望的那樣概括和普遍。現在除非還是物理學的門外漢，才會還相信那些說過頭的概論。在羅素看來，非但物理的常識被相對論所推翻，就是和倫理、宗教、政治等事情的思想亦有關係。道德問題是常關於行為的將來的結果的；宗教是常問到來生的命運的；政治的事情亦都關將來的計畫或結果。「若是有人來問我他死了之後還有生命沒有，我們回答他說，他昨天是活

[40]　伍鴻儁、趙元任譯，《羅素及勃拉克講演集》，惟一日報社，1922 年。

著的，照相對論說，假如運動的不同，過去的昨天就可以算將來，所以他一定再有來生的生命。要是這樣對他說，他的宗教心會聽了就安慰嗎？照相對論看起來，四度葉界是一整個的，將來過去是一般看待的。照這樣說，哲學上的命定論和自由意志論一定亦受影響。其實說起來過去和將來的區別的重要，還是實際的居多而哲學的居少。這是因為人事的計畫和心的記憶是很關於過去將來的，而物理的公式上並沒有這種區別的必要。」[41]

羅素進一步提出這樣的問題：那麼所謂物質究竟是什麼呢？他認為，可以用兩種觀念來解釋它。但是來說之前，要明白這兩種觀念並不是兩種不相同又不相容的學說，不說把它同樣的事情材料來做兩種不同的組織來試做普通物質觀念的定義。因為物一向未有過精確的定義，所以這兩種說法只有誰好誰壞、誰簡誰繁，而沒有誰是誰非的問題。第一種說法就是考驗太陽附近的四度世界。我們因為常識裡頭有一個物質的太陽在我們觀念裡頭，所以上頭說得這麼熱鬧。其實就事實而言，我們所能觀察的事情，就是四度世界裡頭某某處一個自然線都寫得很彎曲的區域。我們就叫這些自然線的古怪的地方叫做太陽。物理學是實驗的科學，既然如此，我們就可以質問它怎麼根據於實驗的，從前物理學拿物質為基本，現在比較開通了，拿事情做基本了，但是物理裡頭所謂事情，例如日蝕、看寒暑表、茶杯跌碎，其實還是很複雜的，還有可研究的餘地。我這杯子一放手，在地下一響一破，不必提事情有多長，就是說一暫態的事情，實在的經驗是我的杯聲杯形的感覺，你的杯聲杯形的感覺等等，各人因為體格不同、經驗不同、遠近方向不同，他們的感覺亦不同，現在要問物理所謂杯落那件事情，和這些原素的事情（elemental event）是什麼關係，有兩個答法。一種答法，就說從我們所經驗的原素事情，就可以推知（infer）一個客觀的存在的物理的事情。你所看見所聽的亦不是事情，我所見所聞的亦不是事情，但是從我的或你的感覺可以推知一件物理的事情，但是這種說法對於實驗精神上總覺得不甚滿足，因為這是去了實驗而作一種無實憑的推想。所以近代科學的趨向總是要拘近於實驗的材料（data），而不多靠推想，因此生出第二件說法。說所謂物理的茶杯落是一個複雜的論理的組織（logical construction），就是把所有各人所看見的樣子和聽見的聲音，還有假如有留聲機和照像鏡所留的印子，把這些原素的事情加起來成為一組

---

[41]　同上。

（class），這個總名就是那些杯落的事情。

　　羅素總結說：在論理學的基本原理上，無論怎麼分析的詳密，無論對於實驗求怎麼樣的確根據，最後總免不了有地方必須用推想的手續的，而且這些推想的原理不過大家都承認沒有法子再怎麼證它的。例如歸納法的原理，從前密爾（穆勒，J. S. Mill）想法子證它是後天的不是先天的。但是照他說縱使單件的歸納從占至今不變的，到了明天也許就會變，所以一定不能拿過去的單件的歸納法的不誤來證將來普遍歸納法的不誤。此地也不是論歸納法的地方，不過舉一個例示明推想的不可免罷的了。

　　最後，羅素對聽眾期望道：「相對論的大要，上次已經講完了，因為不便用微分方程式和延項論（theory of tensors）的專門算理，所以裡頭有些最要的精理只得帶過去不講，這是可憾的事。相對論在哲學上的結果這一回已經草草的談過一點，因為不便用算學的論理學的專門學說，所以關於從經驗起，如何組織成功物理的項件也不能講得詳細透徹，這也是可憾的事。等到諸君再多研究算學以後，那時回想這些物的分析的討論，裡頭一定會再生出滋味出來。」[42]

　　根據羅素的整體思想，我們可以將他的「分析」分為六大類，即邏輯分析、語言分析、物理分析、心理分析、社會分析與本體分析。這前兩種雖有緊密的關聯，但以本書作者看它們是從不同的角度出發，儘管有著殊途同歸的結果；因為前者是純符號形式的，而後者則是涉及到日常經驗的內容。至於第三和第四種分析，羅素則有《物的分析》和《心的分析》兩大本著作專門進行了討論。總得來說，羅素將這六大類分析融會貫通在一起的，而邏輯和語言分析則是「分析」中的「分析」，也就是說，不管怎麼進行分析，最終都歸結為邏輯和語言問題。例如，他在《物的分析》中指出：「一個演繹系統的邏輯分析並不像它最初顯現的那樣是如此確定的。這是由於我們先前介紹過的那種狀況，即最初當成本初實體的東西可以被複雜的邏輯結構所替代。正如這種狀況與物理哲學密切相關，它值得利用其他領域的例證來解釋自己效果。」[43]他還提出：「在一個理想的語言中，很自然地主張，專有名稱應當指示實體（substance）；形容詞應當憑藉組成類的實體來指示性質；動詞與命題應當指示關係；而連結詞則應當憑藉真值函項（truth-functions）指示命題間的關係。」[44]

[42]　同上。
[43]　羅素：《物的分析》（The Analysis of Matter，Dover Publication, Inc., 1954），英文版第 2 ～ 3 頁。
[44]　同上，英文版第 242 ～ 243 頁。

在《物的分析》一書中，羅素使用「分析位」的方法來考察」空時（space-time）「與」事素（events）」。所謂「位（status）」原意是指部位，或某種整體的一部分。分析位可以具體體現某一點常量距離三度平面的特徵。在分析位中，「我們從兩個概念出發，即一個點以及一個點的相鄰（點的集合）」；「點與相鄰是給定的；在另一方面，我們可將這些點界定為『事素』，它與相鄰的點有一一對應的關係」；「讓我們將構造好的空時與分析位的空間多重性相比較。」[45]他還提出：「在一個理想的語言中，很自然地主張，專有名稱應當指示實體（substance）；形容詞應當憑藉組成類的實體來指示性質；動詞與命題應當指示關係；而連結詞則應當憑藉真值函項（truth-functions）指示命題間的關係。」[46]

對羅素來說，最進步並最能解釋世界結構的科學是物理學。什麼是物理視界？羅素在《物的分析》中描述說：「我們發現有必要強調物理知識極度抽象的性質，以及這個事實即物理學開放了其等式所適用的有關世界固有特性的所有可能性。但物理學無法證明物理世界與精神世界在性質上是截然不同的。我本人並不相信對凡是實在性必為精神這一觀點的有效性所作的哲學論證。但我同樣也不相信反對這個觀點的有效論證是來自物理學的。對物理世界唯一合理的態度看來就是考察了所有問題而忽略了數理屬性的一種絕對不可知論。」[47]

至於什麼是所謂知覺物件？羅素則回答道：「知覺物件與物理的區別並非是一種固有性質的區別，因為我們對物理世界固有性質毫無所知，因此就不知道它是否與感覺物件非常不同。這種區別是有關我們對兩個不同領域到底知道什麼。我們知道知覺物件的性質，但不知道我們極力希望知道的有關它們的定律。我們知道物理世界的規律，至今它們屬於數理的並相當完善，但除此之外我們則一無所知。如果對物理世界在本性上很不同於知覺物件這一假定有任何理解上的困難，那麼這就是為什麼不存在絕對差異性這一假定的原因所在。實際上對這樣的觀點有著根據：這就是知覺物件是物理世界的一部分，也是我們無須精緻和困難的推理而能夠探知的唯一部分。」[48]

在《物的分析》中，羅素曾揭示過科學推理主要目的之一就是「判定

---

[45] 同上，英文版第 295，298，311 頁。
[46] 同上，英文版第 242 ～ 243 頁。
[47] 同上，英文版第 270 ～ 271 頁。
[48] 同上，英文版第 264 頁。

我們已經享用了的那些信念的合理性；並且作為這些信念以不同方式受到
判定的規則……科學從常識獲得的最重要推理就是對未知覺過的實體所作
的推理。」[49]他還提出了生理性推理（physiological inference）這一概念，他
指出，人們的推理就是從生理性推理提高到科學性推理。[50]

　　《羅素——熱情的懷疑論者》的作者伍德（Alan Wood）說過，他相
信《人類的知識》是羅素最重要的哲學著作之一，而且是哲學史上一個里
程碑。可以說《人類知識》是羅素最後一部專門而又系統哲學著作，它相
當完整地總結了這位一代大哲的後期主要哲學思想。但伍德也坦率地說，
「我知道幾乎不會有任何人能贊同我的意見。我想，此書之所以被低估，
主要是由於羅素自己的過失。首先，它十分冗長而不連貫，並且過於累贅
地敘述他已經在《物的分析》以及《意義與真理的探究》中所說過的內
容，這是因為他一意要在這本書中對自己的觀點作出一個最後的總結。另
一個麻煩是（出於某種不為人知的羅素式的理由）：羅素在此書的序言中
說，自己的目的本來並非專為職業哲學家而寫的，而是為了給那些對哲學
問題感到興趣的普通讀者看的。事實上，此書裡也有冗長而嚴密的專門性
論述，跟《意義與真理的探究》裡的論述一樣難懂，甚至在某些章節中要
難懂得多。」[51]

四、第四大演講《社會結構學》

　　羅素的其他講演多同近代最新的數學、物理學、生理學、心理學、精
神現象學等領域有關，對思想界起到了啟蒙作用。「但在五四時代文化與
社會改造適為輿論中心之時，中國人更為關心的是他的社會政治改造的學
說。因此，他的《社會結構學》倒是一個令中國知識分子感興趣的題目。
然而，羅素在這一講演中同樣沒有涉及具體的社會改革的方法、道路，而
是從『用科學的態度分析社會結構』的角度講述的。」[52]1920年底，羅素在
致友人書中也提到，「他們（中國聽眾）不要技術哲學，他們要的是關於
社會改造的實際建議」。[53]

　　羅素在演講這個專題前，先說一大段引言：說自己今天的講題是「社

---

[49]　同上，英文版第 191 頁。

[50]　同上，英文版第 190 ～ 191 頁。

[51]　伍德：《羅素——熱情的懷疑論者》（*Bertrand Russell-the Passionate Skeptic*, Simon and Schuster, 1958），英文版第 219 頁。

[52]　博學人：〈羅素的「五大演講」及其「臨別贈言」〉。

[53]　《羅素致柯莉》（1920 年 10 月 18 日），轉引自馮崇義《羅素與中國》，第 201 頁。

會結構學」（Science of Social Structure）。這個題目的本旨，不如從前所擬「社會改造原理」的指示人以社會應該如何改造，而在用科學的態度，研究社會的結構，有什麼自然的公律在內。社會的結構，是依著自然的公律，而不是隨人們的願望的；即論人之願望，也只是自然現象的一種；所以社會的問題，多半是科學的問題。他又提到，要先表示自己對於許多社會問題的態度。接著聲稱自己是一個共產主義者，相信共產主義要是與實業制度並行了，全世界必有許多的幸福與快樂，即各種科學文藝的發達，也必能臻從古未有的程度。他說自己又相信馬克思的主張，社會的變遷，必依著科學的公律，要是有人擅把這公律違反了，一定非失敗不可。馬克思有一句話，為他的信徒常常忘卻的，就是，共產制度必與實業制度相輔而行。有了實業制度，自然能行共產主義，也自然非行共產主義不可；否則如原始基督教時代的共產社會，和自古以來所有烏托邦的主張，何以至今不能保存和實現呢？這就是沒有實業制度的緣故。譬如中國政府忽然下一道命令，叫全國實行共產主義，「我可斷定中國決不會有共產主義出來，因為無論你是政府的命令，也不能不受物質情形的限制。國內人民既沒有實業制度的訓練，又沒有關於這一方面的專門學者為之指導，雖政府命令也只等於無物。講社會改造的問題，不但須問社會應該向什麼目的改造，尤須問社會的實在情形如何，改造應該用何種方法。勃拉克女士所講』經濟狀況與政治思想』，是關於過去的，我這個演講是關於現在和較近的將來的。」[54]

接著，羅素以五個分講，分析和審思了「今日世界混亂之諸原因」、「實業主義之固有的趨勢」、「實業主義與私產制度」、「實業制度國家主義相互影響」以及」評判社會制度好壞的標準」等論題。

羅素企圖揭示私產制度與國家主義兩種制度，對於實業主義的影響很大，同時也為實業主義所影響。有這兩種制度存在，恐將來對於實業制度和世界的文明有很大的危險。他指出：一、實業制度使社會變成有機體，因而增加國家的權力；二、實業制度使資本家所握對於他人生死的權力更大；三、私產制度，從古代遺傳下來，到現在使實業的資本盡入少數人之手；四、一國中因為有了資本家的實業制度，國家的大權遂盡入資本家之手；五、實業制度的新生活使勞動者的生活改變，以新教育發生新思想；六、動教育使人民的思想趨向平民政治，同時資本制度使平民政治不能實

---

[54]　伏盧筆記，趙元任譯，《羅素及勃拉克講演集》，惟一日報社，1922 年。

現；七、實業制度非有大組織不可，所以有大資本的人就可以操縱人的生死，自由主義因之不能實行；八、社會免除資本家的壓制，必須將所有資本統歸社會所有，這便是社會主義者的主張；九、資本家已經占了優勝的地位，非經過階級戰爭不能劃除，除非資本家一旦真的害怕了，自己退休，但這是不會有的。

　　他在批判了所謂壞社會後，指明一個好社會裡有兩個條件：第一，社會裡人民現在的幸福，第二，社會以後再進步的機會。這兩件並不總會同時並有的。有時候一個社會裡一點現在的幸福都沒有，而有將來變成空間未有的大進步的萌芽。有時候一個社會裡有很多的普及的幸福，但是一點沒有進步，到後來變成衰敗。所以我們在研究理想的社會的時候應該把這兩件當作截然可分的兩種因素。假如社會的動理學比現在進步些，假如預料的方法比現在靠得住些，那就將來進步的方面比現在的幸福更要緊。但是在事實上政治學去科學的程度還遠，社會的將來又是那麼說不定，所以，現在知道必有的幸福，一定可以比得過將來更大更長久的但是未必一定有的好處；俗語說「手裡一個鳥值得林中兩個」一在林中要是連有鳥沒鳥都不知道，這話更真了。所以我們先討論討論什麼可以增進現在社會裡的幸福。要評判一個社會的現在的幸福，有兩種錯誤我們應該改的，就是貴族的錯誤和局外人的錯誤。

　　最後他總結道：「我們所要創的世界是一個應是希望儘是歡悅的世界，不是一個專門為著限制人的惡性造出來的世界。不好的行動固然應該受抑制，在這過渡時代它們還強的時候更要緊，但是這不過是一時的事情，不是它的主要的目的或精神，要想改造出來一個較好的世界，我們主要的目的和精神一定要重在解放人的創造的衝動，使人人都可以見到用了這些行動所創造出來的生活比到現在這樣一輩子發狂似的抓住人家所要的東西創造出來的要快活的許多倍。共產制度一經實行之後可以安排人生物質等方面的事情使人忘記有什麼麻煩，可以讓人的精神空下來自由的做出使人類真有榮耀的事業。」[55]

　　五四運動和新文化運動打破了本初「畫地為牢」的文化範疇，而投入了更具有廣泛社會參與的直接性社會改造與重建運動。羅素與杜威深受中國年輕知識分子追捧的主因之一，並非其高深的哲學，而在於其改造中國社會的可實施的步驟。羅素與杜威當然明白這一點。羅素二人的講學都各

---

[55]　同上。

自探討了社會結構與改造等更加針砭現實的議題。實際上，對當時的中國青年而言，羅素的影響更大於杜威。這除了羅素經歷更為傳奇式外，還表現在他們中國改造與重建這一根本問題的看法相悖。前者對中國青年的勸誡與引導更為前瞻和遠大。故有青年人指責杜威的保守性，而讚揚羅素的開放性。

由於當時羅素的《社會改造原理》一書中文翻譯已經在晨報上連載，已造成了一定的影響，因此主辦者特將這個題目作為「五大講演」之一；其實這個安排的真正用意是讓羅素在「社會改造」方面「予中國以種種的指導」。然而，羅素卻將題目改成了「社會結構學」。這一變動，深刻地顯示了羅素「要理性地、科學地去分析社會的基本結構和類似物理上的規律，以便為社會改造奠定一種理性判斷的基礎。在這裡明顯地顯示出了一個西方現代知識分子與中國知識界之間的異趣：對羅素來說，他是一個嚴格按照學理和科學邏輯工作的人，即使在社會哲學領域，他也只想做一個病理學家，而不是處方醫師；但中國知識界所切望於他的，卻是希望他直接開出救治中國疾病的藥方，而不是教給病人如何診斷的病理學。」[56]

從總體上看，羅素相互關聯的兩大觀點有相當的影響力：一是對於人類社會發展趨向與當今世界政治總體格局的判斷。「我覺得資本主義已到末路，世界的將來，布爾什維克正好發展，推倒資本主義。世人無知，所以資本主義才能存在到今日。」「我敢說資本主義總有滅絕的一日。」與此相應，社會主義已成為世界發展的趨勢。「我所說的社會主義」，就是「列寧所試行的」。據此，他進而認為，當今世界的政治形成了兩對勢力對峙的總體格局：「資本主義與帝國主義是一方面，有強力的人主張的；共產主義與自決主義，又是一方面，被壓制而要求解放的人主張的。今日世界的混亂狀態，全是這兩對勢力互相衝突的結果，就是再往前看二三十年，也許還是這兩對勢力衝突的世界。」羅素還提到：「照歷史上看來，基督教也主張共產制度，也想到烏托邦，然而他們都完全失敗，就是因為沒有工業的原因。假如現在下一道命令，實行共產制度，結果還是不過一道空命令，共產制度還是不能實現出來……。」[57]多年後，蔣夢麟評論道：「這兩位西方的哲學家，對中國的文化運動各有貢獻。杜威引導中國青年，根據個人和社會的需要，來研究教育和社會問題。他的學說使學生

---

[56] 牛宏寶：〈西方「他者」與「五四新文化運動」一代〉，《江漢論壇》2009 年第 3 期。

[57] 參見並轉引自鄭師渠：〈五四前後外國名哲來華講學與中國思想界的變動〉，《近代史研究》2012 年 2 期。

對社會問題發生興趣也是事實。這種情緒對後來的反軍閥運動卻有很大的貢獻。羅素則使青年人開始對社會進化的原理發生興趣。研究這些進化的原理的結果，使青年人同時反對宗教和帝國主義。」[58]

根據晨報社1921年版《社會結構學五講》的記載，第一講為「今日世界混亂之諸原因」，第二講為「實業主義之固有的趨勢」，第三講為「實業主義與私產制度」，第四講為「實業制度國家主義之互相影響」以及第五講為「評判社會制度好壞的標準」。

在演講中，羅素提到：「什麼叫做文明？其定義可以說是要求生存競爭上不必要的目的——生存競爭範圍以外之目的。古代文明，第一次發原於埃及、巴比倫大河出口之處，地土膏腴，宜於農作，由農業發生文明……在膏腴的地方，如長江、黃河底下遊，一人工作出來的不止供給一人底需要，於是少數人得閒暇，可以從事知識思想的生活，如文字、算術、天文等，均為後世文明底基本。但在這時候雖有少數人從事文明事業，其大多數人作工還非一天到晚勞苦不可，科學、哲學、美術固然也有人注意，但只是少數幸運的人。在實業發達時代，生產必需品既然增加，要多少就有多少，一人只要每天四小時作工，餘剩的就可以從事知識思想的生活了。」羅素聲稱，欲挽救西方文明，必須借取東方文明資源。希望中國的知識分子在批判舊文化的時候，萬不可把傳統文化中的精華丟掉了。[59]

根據羅素的判斷，「凡人天性，有兩種衝動：一、創造的；二、佔有的。無論何國政治，皆從此二種衝動而生」。因此，社會改造的根本原理就在於，「增加創造的衝動，而減少佔有的衝動」。[60]他指出：「照歷史上看來，基督教也主張共產主義制度，也想到烏托邦，然而他們都完全失敗，就是因為沒有工業的原因。」儘管他訪俄時對這個革命很失望，但《社會結構學》的演講中，仍強調「現在惟一的新希望還是從俄國來」，「我相信世界上只有共產制度能再造世界的幸福」。俄國革命雖有簡單粗暴與手段殘酷的弱點，「但它能使人民有一種別國所沒有的快樂；能使人耐苦冒險而保存一種新鮮暢快的精神，是黑暗的西歐所沒有的」。[61]

羅素來華講學後，其著作《社會改造原理》、《羅素的五大講演：

---

[58]　蔣夢麟：《西潮》，遼寧教育出版社1997年版，第114頁。
[59]　見《羅素五大講演：社會結構學》北京新知識書社，1922年版。
[60]　《社會改造原理》，《羅素來華講演集》，第3頁。
[61]　羅素：《社會結構學》，《羅素在華講演集》，第290頁。

社會結構學》、《中國問題》出版,以後不斷再版。從此羅素的「佔有衝動」與「創造衝動」的生機主義理論以及柏格森(代表著《創造進化論》)、杜里舒、倭堅的生命哲學以及稍後的泰戈爾對東方文化的頌揚,開始成為以梁啟超、張東蓀、梁漱溟、張君勱等文化保守主義者論述社會改造的知識學和理論依據。馬克思主義、各種社會主義、以及無政府主義的理論也在社會改造的討論中被大量介紹翻譯和出版。主要有《新青年》的《馬克思主義研究專號》以及新青年編輯部編《社會主義討論集》(廣州,1922)等,在當時社會改造思潮高漲時,還出版了《社會改造八大家》,將馬克思、克魯泡特金、羅素、托爾斯泰、莫里斯、卡彭特、易蔔生、愛因斯坦等稱為社會改造的八大家向國人介紹。[62]

五、第五大演講《數理邏輯》

在第五演講《數理邏輯》時,由於這個研究領域過於技術性,而且深奧難懂,羅素僅引介了有關數理邏輯較為淺顯的常識和一些基本概念。就連杜威在訪華五大講演之一的「當代三大哲學家:詹姆斯、伯格森和羅素」中,就這樣聲明:「由於羅素的哲學完全建立在數學之上,而這正是一個高難度的領域,因此,我不可能在兩次通俗的講演中對之進行充分的介紹,甚至都很難清理出一個清晰的輪廓……。」[63]在此之前,羅素應邀在長沙講學時,負責與他接洽的學者李石岑向湖南教育會提出請他講社會哲學,一是羅素「在方今世界實居首要位置」,二是羅素的哲學基於高深數理,如果演講數學哲學,不僅湖南甚至全國能瞭解者亦甚寥寥。據此,教育會擬請羅素講政治哲學與社會經濟,初定講演六次,聽講者以教職員、教育會會員、各縣代表及政界為主體。[64]可見這場講演真可謂陽春白雪,和者甚寡。

羅素開宗明義地指出:「數學邏輯與普通數學不同的地方在進行的方向,普通數學是向前的,數學邏輯是向後的。但這『向後』不是退步的意義,不過追求本源就是了。我們有許多數學的命題時,可以有兩種不同的問題發生:一、從這些命題中可以推出何種的推論,這是普通數學所要研

---

[62] 劉長林:〈五四後期社會改造思潮研究狀況述評〉,《現代上海研究論叢》第3輯,上海書店出版社,2006年。

[63] John Dewey. 1920. "Three Contemporary Philosophers: William James, Henri Bergson, and Bertran Russell," *John Dewey*, Edted by Jo Ann Boydston, Southern Illinois University Press, 2008, p237.

[64] 〈關於羅素來湘之商榷〉,(長沙)大公報,1920年10月20日。

究的；二、這些命題從何種命題中推出來的，就是要找那些較簡單的、為數較少的命題。從它們可以推論出這些來。像這樣再向後找，就可以找出更簡單的少數的命題。再依次向後找去。這就是數學邏輯所要研究的。」這個觀點給人以生動的啟示。

　　羅素系統而深入淺出地揭示了數理邏輯的本質。在事實上，有很多種數學與數目是無關的。我們研究這些種學問時用數學邏輯。數學邏輯對於這些是很重要的，就像微積分對於平常的數學一樣。許多東西，從前以為是哲學上的問題，到現在變作數學上的問題了。這些問題幾千年來沒有結果，現在用數學的方法也就有了一定的結果。如原先想說明物理的實體（entity）、但在哲學上對於物質、時間、空間等問題都沒有講出什麼結果來。現在知道這些問題非用數學的方法來研究不成，所以它們就變作數學邏輯中的問題，也就有了一定的結果。我們研究數學邏輯時，必須除去特別指出的東西或事情來。如「見下雨，我就想傘；現在我不想傘，所以沒下雨。」在數學上我們以P為「下雨」，q為「想雨傘」，我們只說：「假如P，就q；現在不q，所以沒雨。」在數學中，只講符號，不管它指的是什麼。也只用變數，用些無定義的字母，如x、y、z來代表它，依著幾個假定研究它們，也不問它們真不真。所以有時給數學下了個定義，數學的仇人聽見許是歡喜的，這定義是：研究數學的人不知道它們說的是什麼，也不知道所說的對不對。

　　羅素用最淺顯的命題邏輯來加以說明，如他指出：在邏輯的代數中也有幾個定律和平常代數中的定律是相當的。

一、互換定律（commutative law）：$(p \vee q) \equiv (q \vee p)$ 和 $(p \cdot q) \equiv (q \cdot p)$ 與平常代數中的互換定律$p+q=q+p$，$p \times q = q \times p$是一樣的。

二、聯合定律（associative law）：$p \vee (q \vee r) \equiv (p \vee q) \vee r$ 和 $p \cdot (q \cdot r) \equiv (p \cdot q) \cdot r$ 與平常代數中的定律$x + (y+z) = (x+y) +z$ 和 $x \times (y \times z) = (x \times z) \times z$ 是相同的。

三、分配定律（distributive law）。這定律有二式，一式和平常代數中相同的，如下：$p \cdot (q \vee r) \equiv (p \cdot q) \vee (p \cdot r)$ 與在平常代數 $x(y+z) = xy + xz$ 相同；但另一式 $p \vee (q \cdot r) \equiv (p \vee q) \cdot (p \vee r)$ 與平常代數中的 $x + (y \times z) = (x+y) \times (x+y)$ 卻不相符。[65]

---

[65]　慕岩筆記，《羅素及勃拉克講演集》，惟一日報社，1922 年。作者原筆記中的一些錯誤作了修正。

　　儘管羅素所講的數理邏輯是極為簡單的基本知識，但一般的中國知識分子已經受用不起了。因此聽眾的反應並不熱烈。後來也因羅素突患大病，這個專題講演也就沒有繼續下去。實際上數理邏輯、數理哲學以及對人工理想語言的創制是羅素最重要的哲學貢獻之一。羅素回憶說：「在我治學到一生中，1900年是最重要的一年，而這一年最重要的事件是參加了巴黎的國際哲學討論會。……在所有的討論中，我對皮阿諾及其學生們所獨有的精確性留下了很深的印象。我請求皮阿諾把他的著作送給我。當我理解這種記號法之後，便立即覺察它加深了數學的精確性，並且可以解決哲學上的許多模糊之處。以此為基礎，我創造了用符號表示關係的方法。」[66]因此，羅素在他的一系列著作中始終不斷對人工理想語言的創制工作，其中最主要的努力之一就是將傳統的哲學問題尤其是認識論問題還原與數學問題。

　　羅素與懷特海合著的《數學原理》第一卷中，主要探討了數理邏輯的重要內容：一、演繹論，如初始概念與命題，初始命題的直接結果，兩個命題的邏輯積以及等值與形式規則等；二、表觀變項學說，如從低類型到高類型的演繹論，含有表觀變項的命題論，二項表觀變項的學說，類型的層次與歸原公理以及等同與摹狀等；三、類與關係，如類與關係的一般理論，類與關係的計算，全類、無效類的存在以及普遍關係、無效關係與關係的存在等；四、關係邏輯，如摹狀函項與反義關係，給定項與給定關係，域、反域與關係的範圍，兩項關係的關係積，有限域與反域的關係，有限範圍的關係與多元摹狀函項以及關係與來自雙重摹狀函項的類等；五、類的積與和，如類的類的積與和，關係類的積與和，關係積與其因數的關係等。當羅素悖論提出後，在數學上引起了如同當時物理學危機一樣的危機，使整個歐美數學界和哲學界為之震驚，因為它觸動了數學與邏輯這兩門被人們視為最嚴謹的科學。羅素寫信給弗雷格，後者在回信中非常嚴肅地說：「算術陷入了困境。」並指出自己的第五個定律因而不得成立。弗雷格還提到：「對一個科學作者來說，沒有任何一件事比自己的著作完稿後，而它整個大廈的基礎發生了動搖更不幸的了。這就是我收到羅素的信之後的處境，而當時我的書即將印刷問世。」[67]極度懊喪的弗雷格

---

[66] 羅素：〈我的思想發展〉，丁子江譯，載《哲學譯叢》，1981 年第 5 期，原載 P. Schilpp (ed). *The Philosophy of Bertrand Russell*, Northwestern University Press, 1944, pp. 3-20。

[67] 弗雷格，《弗雷格的哲學文選》（*Philosophical Writing of Gottlob Frege*, edited by P. Geach and M. Black），英文版第 214 頁。

放棄了自己打算畢生從事的從邏輯演繹出算術的計畫。大數學家希爾伯特（D. Hilbert）就曾驚呼：羅素悖論對數學世界彷彿是直接的和毀滅性的打擊。哲學家和數學家們意見紛紛，各不相同。例如本來就非難數理邏輯的彭加勒（J. H. Poincaré）幸災樂禍地說：「它有結果了，這就是出現了矛盾。」此話很精彩，但對解決問題毫無助益。另一些本來也不贊同康托的數學家閃爍其辭地說，：「對它厭倦了，還是換個論題吧！」。儘管如此，還是有不少看重數理邏輯的人們探索問題的解決之道。其中首推拉姆塞（F. P. Rammsey）。羅素不無遺憾地歎道：可惜的是他因去世過早，而中斷了他富有成效的努力。羅素很感慨：「在《數學原理》問世前的那些時光裡，我並不清楚對解決這個問題隨後應當做什麼樣的努力。實際上，我只是孤身一人地苦思冥想。」[68]

在寫作《數學原理》的同時，羅素於1908年在《美國數學雜誌》上發表了題為〈建立在類型論上的數理邏輯〉一文，並提出了有關解決悖論的一套著名方法。其中最主要的類型論原是他在小部頭《數學的原則》附錄B中作為對付悖論的可能解決方法而」嘗試性地拋出的」。

羅素提出一個重要原則就是：語法形式與邏輯形式應當是相同的，而理想語言「可以顯示被肯定或否定事實的邏輯結構」，[69]也就是說，它的語句是作為日常語言基礎的深刻結構。更具體一點說，他認為，《數學原理》就是為日常語言提供了邏輯形式。對此，他強調了兩個原則，即「多餘邏輯辭彙（extra-logical vocabulary）」以及「完美句法（perfect syntax）」。在不同場合，羅素談了自己對什麼是邏輯真理看法，有時認為是「能夠從邏輯前提推論出來的命題」，但他並未對這些前提多加闡述；又有時認為是「在形式上是真的」，但他坦稱自己並不能對這一點提供更進一步地分析。[70]

羅素對什麼是邏輯形式進行了一定的論述。他申明：「在經過必要的分析和判定之後，就會發現，任何哲學問題要不就是其完全並非真正哲學的，要不就是我們所說的屬於邏輯的……」；「為了理解一個句子，就有必要具備有關形式成分與形式特例的知識。這種知識以某一句子包含資訊

---

[68]　羅素，《我的哲學發展》（*My Philosophical Development*, Simon and Schuster），英文版第77頁。

[69]　羅素：〈邏輯原子論的哲學〉，《邏輯與知識》（*Logic and Knowledge*，George Allen and Unwin LTD,1977），英文版第 198 頁。

[70]　羅素：《我們對於外界的知識》（*Our Knowledge of the External World*, Routledge, 1993），英文版第 66～67 頁。

的方式來表現，因為它顯示了由於依照某一已知的形式，而某些已知的客體是相互關聯的。因此，儘管對大多數人並不明顯，有關邏輯形式的某些知識涉及了所有對話語的理解。……從其具體的工具來獲得這種邏輯形式知識，並且使之清楚和單純，就是哲學邏輯的職能。」[71]

羅素有關邏輯形式的主要觀點如下：一、邏輯變數（logical variables）。一個命題的邏輯形式就是」用變項來替代諸成分中的每一個單一項」，例如」當我們說『蘇格拉底是人』，就存在一個明顯變項」；「一個明顯變項經常能夠真正地表達語言所無法對自身存在的指示。例如『A是會死的』意思是『存在某一時間，在其之中，A將要死亡』。因此一個變數的時間作為一個明顯變項而發生。」[72]二、邏輯常量（logical constants）。這就是那些沒有涉及特殊主題的常量，如真值涵項的句子聯結詞（如～、∧、∨、→等）以及量詞所構成的充分集合。三、邏輯標準（logical criteria）。這個問題羅素並沒有討論的很清楚。我們根據其大致思想，可以歸結為，可精確化（pricisification）、可判定化（justification）與可有效化（validization）。四、邏輯翻譯（logical translation）。在這一點上，羅素與語言哲學家大衛森很相似，後者曾提及：「我將形式語言或標準記法（canoic notation）看作是揭示自然語言的某些設計。我們知道怎樣為形式語言賦予一個真理的理論；因此如果我們同樣也知道怎樣將一個自然語言的句子轉換為形式語言的句子，那麼我們將為自然語言具有了一個真理的理論。」[73]五、邏輯關係。六、邏輯規則。

究竟什麼是理想或完美語言？羅素研究的專家桑斯布瑞（R.M.Sainsbury）指出：它表現為兩個方面：一是有關句法與邏輯辭彙，就像《數學原理》所用的；二是有關「超邏輯辭彙（the extra-logical vocabulary），即本身不可分析也不可定義的那些簡單名稱與謂詞等，就像」邏輯原子論的哲學（Philosophy of Logical Atomism）」一文中所用的。桑斯布瑞指出，羅素對這種完美語言的看法，既涉及形而上學和和認識論，又涉及語言哲學。他往往給人這樣一個印象，似乎對日常語言加以充分分析之後，就必須採用完美語言，而且這就等於說任何日常語言，甚至

---

[71] 同上，第 42，53 頁。

[72] 羅素：《數學原理》（*Principia Mathematica*, Cambridge University Press,1960）第 1 卷，英文版第 50 頁。

[73] Donald Davidson. 1977. "The Method of Truth in Metaphysics." *Midwest Studies In Philosophy*, Volume 2, Issue 1, pp. 247, September 1977.

任何可以學的語言都能被翻譯成這種完美語言；也就是說，完美語言的特性可以將見識賦予日常語言的特性。[74]

六、《臨別講演：中國的到自由之路》

　　講學會、羅素學說研究會於7月6日在教育部會場舉行歡送大會，並請羅素和勃拉克作最後一次演講作為臨別贈言。羅素以其在華一年的觀察印象作了《中國的到自由之路》的演講。他熱情洋溢而又文采飛揚地說道：一個外國的人，在華時候不久，中國文語完全不懂，有如他的樣子，要對於中國的各種問題，個個發點議論，實在冒著鬧笑話的極大危險。中國有極占極繁複的文化，在現在世界當中，老的資格，真可稱最。中國的習尚，和歐洲完全不同；中國從前在哲學上、美術上、音樂上，有過極大的貢獻；但這種藝術，全然獨立於歐洲影響之外，和古希臘文化各不相沾。以中國的社會道德宗教的基礎，全不相同於基督教的社會，要教一個歐洲人去瞭解它的狀況，已經要費多少的勁；何況再加以中國近代的事實，宜乎歐洲人想定出一個方式來改造中國，常常要走入歧途了。因此之故，「我嘗勸有心改革的中國人，去自立方式，不要全然依賴在外人知識的幫助上。話雖如此，我現在終敢大膽的把我對於中國情形，及其改進的方法的感想，擺在諸君面前。這種感想，是我和諸君相處之間，漸漸得來，並非初跨上岸的時候，就到我腦筋裡面的。有兩件極普通的事情，我覺得非常明白：第一，中國不應統括的採用歐洲文化；第二，中國傳統的文化，已不能適應新需求，不得不對嶄新的讓步。[75]

　　他坦誠地說，現在世界上沒有一個國家不是應當改造的，中國不過是其中之一。改造的重大責任，自然有賴青年負擔。中國學生極富進取精神，前途很可樂觀。因此，中國有志改革的人們，頂好自己想辦法解決問題，切莫完全依靠外人。就中國的實際看，有兩件應該注意的事情，一是中國不要盲目地採用歐洲文化，千萬不要好壞齊收；二是中國舊文明之不適於新人生需求者，應該割愛。中國既不要盲從西方的文明，也不要保存中國殘留的古化。將來的中國，和過去的一樣，對於文明之創造，將有一特異的貢獻。

　　孔子學說和儒學，都到了自然剝落的程度，不能使個人的事業發展，

---

[74]　桑斯布瑞（R. M. Sainsbury）：《羅素》（*Russell*, Routledge & Kegan Pail, 1979），英文版第 134～135 頁。

[75]　上海《民國日報》，1921 年 7 月 11 日。

不能解決中國目前的問題。對於如何改造中國，他認為應先從政治方面入手，不應當從經濟方面入手，否則其勢必歸於無用。改革中國的政治，最好是用俄國的方法，不宜用西方的平民政治。欲使現在中國國民知識普及、實業發達，而又不染資本主義的流毒，只有採用俄國共產黨的方法最為合宜。當然，他們的制度屬於初創，有某些錯處也是免不了的，正可以引為前車之鑒。解決中國問題「根本的永久的」方法是教育，然而教育無法避開經濟與政治問題的解決。中國實際上重要的唯一問題，便是實業主義之發展，僅有極少度連帶的惡弊，而有極大度國家的和文化的利益的問題；中國面臨敵國侵略的危險，最需要的是愛國心。中國人必須解決能發展實業，同時免除資本主義和它所有的惡弊的發展的難題，便須有一萬個有決心的人，為一種理想所激動，而志願冒著自己性命的危險，攫得政府的權柄，改革中國的制度。中國直接從經濟問題下手，是沒用的；政治的問題一定要先解決。改革中國必須先圖政治之改良，然後再圖各種經濟的發展。

他說，中國現在無政府狀態的軍閥極宜撲滅，這是中國改革家、激進派和緩進派的共同目標。羅素在演說中還強烈抨擊了前美國駐華公使克蘭所謂的「國際共管」的謬論。羅素指出：「我和有思想的中國人談話，常常覺得有一個問題：怎樣能夠發展中國的實業，同時又能免除資本主義的流毒？這是個難題。」現在明確了，「一定要先解決政治問題」，而中國政治改革不能走西方的道路，「俄國政策適合中國」，「最好經過俄國共產黨專政的階級。因為求國民的知識快點普及，發達實業不染資本主義的色彩，俄國式的方法是惟一的道路了。」但「國家社會主義」是有弊病的，要想使它不成為「官僚的專政」，實行這種主義的人一定要愛自由愛德謨克拉西，且於人民受有充分的教育時，鼓勵人民的努力，以求德謨克拉西和自由的實現。倫理的原動力，至少有與經濟一樣的重要，它可以使革命中的「起義人物」，在戰爭時期要有犧牲精神，在實現民主的過程中要有率先放棄財產權力的道德。實業與經濟生活本身不是目的，而是人類」達到舒美愉快生活的一種手段」；人們多餘的時間不應用於「貨物的超過的生產」，而應用於科學、美術和交際。中國實含有許多實現這種理想必需的特質，特有的藝術的意識和享受文明的涵容力，這是「中國將來可引導世界」的希望。[76]

---

[76] 羅素：〈中國到自由之路〉，《羅素在華講演集》，第303、304頁。

　　對於中國文明發展的方向，在羅素看來：「歐洲文明的惡弊已為所有細心的觀察家洞見於此番大戰與其結果中了……這種機械的文明，頗難望其有絲毫價值，所以中國人要不去專事摹擬西方的方法，始可為自己的國家或世界圖謀幸福。……中國自昔相沿的文明設基於儒教之上，而又調劑以釋教，已經到了自然剝落的程度，不能鼓勵個人的成就，或解決中國現所隱伏的內外政治的問題了。」為此，羅素進一步指出：「根本的永久的解決方法，自然惟教育是賴。」不過「必不可像從前的時代一樣，只有僥倖的少數人有讀書的特惠，也不應以僅僅讀些古書，評些古書就算教育，教育必須是普遍的，是科學的，科學又不僅取理論的，必須與近代實業經濟有密切的關聯的。」[77]

　　羅素最後說道：實業和經濟方面的生活，在西國過於重視它是一種目的，其實只能算是達到善良生活的一種手段。最終的人生目的，在於團體，實業僅其奴僕，而非主人。團體中間要有暇豫的生活，經濟的目的，不應是統馭的。「暇豫為美術科學友誼而存在，不應為出產過多而犧牲。中國實含有這類的性質：有藝術的意思，有享受文明的度量。缺乏這類的性質，暇豫就要變無意味，中國將來引世界于進步的階級，供給沒有休息將發狂斃以亡的西方人民以一種內部的寧靜，全賴在這點特性上。不特中國，即是世界的再興，也要依靠你們的成功。」[78]

[77]　羅素：〈中國的到自由之路〉，載沈益洪：《羅素談中國》，浙江文藝出版社，2001 年版，第322 頁。
[78]　上海《民國日報》，1921 年 7 月 11 日。

第七章　羅素：一位瞭解中華文化的大哲

中國的文明淵源流長，亙古不變；經過幾代人之後，入侵者反變得比中國人更像中國人了。…中國的文明遠比中國的政治更具有大一統的特性。中國文明是世界上幾大古國文明中唯一得以倖存和延續下來的文明。自從孔子時代以來，埃及、巴比倫、波斯、馬其頓和羅馬帝國的文明都相繼消亡，但中國文明卻通過持續不斷的改良，得以維持了下來。中國文明也一直受到外來文化的影響。從早先的佛教影響，直到現代的西方科學的影響。但是，佛教並沒有把中國人變成印度人。西方科學也沒有把他們變成歐洲人。在中國我遇到一些人，他們像我們西方國家教授那樣熟知西方文化。然而，他們並沒有失去文化心理上的平衡，也未脫離自己的人民。他們認為，西方一些不好的東西，如野蠻好戰，動亂不安，欺負弱小，利慾薰心，追求純粹的物質享受目標等，是不可取的。而一些好的東西，特別是西方科學，中國人則希望學習採納。……在未來兩個世紀中，整個世界都將會受到中國事務發展的重要影響，中國的發展，不管是好的還是壞的，都可能在國際事務中起到決定性作用。……中國在她的資源與人口優勢下，很可能成為繼美國之後世界上最大的強國。——羅素[1]

「中國總是一切規則的例外（China has always been an exception to all rules）」[2]——這是羅素中華文化觀的最傳神之句。仔細揣摩一下，的確它幾乎將對這個古老而又年輕國度的所有領悟、體驗和認知全都濃縮進去了。

一、羅素的中華文化觀

「南海之帝為儵，北海之帝為忽，中央之帝為混沌。儵與忽時相與

---

[1]　羅素：《中國問題》，秦悅譯，學林出版社，1996 年版，第 159 頁。
[2]　Bertrand Russell. 2004. *Power: A New Social Analysis*, Routledge, p148.

遇於混沌之地，混沌待之甚善。儵與忽謀報混沌之德，曰：『人皆有七竅，以視聽食息，此獨無有，嘗試鑿之。』日鑿一竅，七日而混沌死。」（《莊子・應帝王》）。這是羅素在《中國問題》的扉頁上引用了莊子的一段寓言。英文是由勒格（James Legge）於1891年翻譯的；本書作者讀了一下英文譯文，還算通俗易懂，[3]但只是字面上的理解很難揭示莊子無為自然的深意。

　　對於這個寓言，自古以來注家百解。《釋文》引用崔譔、李軌等人的解釋，指出：「渾，胡本反；沌，徒本反。崔云：『渾沌，無孔竅也。』李云：『清濁未分也，此喻自然。』簡文云：『儵、忽取神速為名，渾沌以合和為貌。神速譬有為，合和譬無為。』」其實，莊子的本意是借「混沌無竅」的形象比喻來表達只有「順乎自然」的「無為」乃真正之「大道」。對此，西方大哲羅素是很難理解什麼是所謂混沌的。《莊子集解》稱謂：南海是顯明之方，故以儵為有；北海是幽暗之域，故以忽為無，中央既非北非南，故以渾沌為非無非有者也。儵：喻有象也；忽：喻無形也；渾沌：無孔竅也，比喻自然。儵、忽取神速為名，渾沌以合和為貌。有無二心，會於非無非有之境，和二偏之心執為一中志，故云待之甚善也。儵、忽二帝，猶懷偏滯，未能和會，尚起學心，妄嫌渾沌之無心，而謂穿鑿之有益也。不順自然，強開耳目，乖渾沌之至淳，順有無之取捨，是以不終天年，中途夭折，應了老話：為者敗之。

　　羅素一生對語言問題極為重視，他雖不懂東方語言，但對中文的發展卻很感興趣，時不時發表一些評論，如在他的名著《西方哲學史》第一章中就談到：文字的發明在埃及大約是在西元前4000年左右，在巴比倫也晚不了太多。兩國的文字都是從象形的圖畫開始的。這些圖畫很快地就約定俗成，因而語詞是用會意文字來表示的，「就像中國目前所仍然通行的那樣」。在致友人的一封信中，羅素提及，自己會根據有教養人士的言談習慣來判定純正的英語，而並不認為對說話與寫作有進行區分的必要，若如此就會陷入中國文學家的窘境；並舉例說，有一位他所認識的中國學者熱情倡導以白話文取代文言文，當被問道這個運動可否會得到成效時，此學者的答案是，有時會，有時又不會，例如13世紀時就有過顯著的成效。據此，羅素聯想到，自己雖不懂中文，但加以類比，中國傳統的文言文好似

3　勒格（J. Legge）譯：《中國的聖書》（*The Sacred Books of China: The Texts of Taoism, Part I.* Oxford University Press, 1962, p.65）。

拉丁文,而通俗的白話文就好似英國詩人喬叟所開創的近代文學語言。[4]羅素在別的場合也提到中國文字與語言的問題,如他認為人類文字都是從圖形開始的,後來逐漸過渡到字母,但「在中國,這一階段從未實現。」[5]

羅素是一位掌握文字雙關語,甚至多關語的高手[6],我們從他與趙元任玩的文字遊戲就可以領教了。羅素曾這樣回憶趙元任:這位先生的英語極好,尤其以會用英文雙關妙語而自豪。「他被稱為趙先生(Mr. Chao),於是,我將我發表的一篇題為〈當前動亂的各種原因(Causes of the Present Chaos)〉的文章給他看,他竟說道:『好呀,我認為,當前趙氏的原因就是先前的趙氏(the causes of the present Chaos are the previous Chaos)』。」[7]

究竟什麼是混沌?在漢語裡,它有褒、貶和中性三種含義:第一種如自然、始初、原樸等;第二種如紛亂、糊塗、蒙昧等;第三種如混合、仲介、雜多等。在古文裡,又將它稱為渾沌,實際上並非是貶義,相反經常是褒義,而且是指天地未分以前「渾然一體」的至極狀態。老子《道德經》:「混(渾)兮,其若濁」;《集韻‧混韻》稱:「混沌,元氣未判」;《白虎通‧天地》云:「混沌相連,視之不見,聽之不聞」;三國曹植《七啟》謂:「夫太極之初,混沌未分,萬物汾錯,與道俱隆」。《山海經‧西山經》將「渾沌」賦予了「帝江」,說道「又西三百五十里,曰天山,多金玉,有青雄黃。英水出焉,而西南流注於湯穀。有神焉,其狀如黃囊,赤如丹火,六足四翼,渾敦無面目,是識歌舞,實為帝江也。」畢沅解道:「江讀如鴻。《春秋傳》云:帝鴻氏有不才子,天下謂之渾沌。此云帝江,猶言帝江氏子也。」此外,對渾沌還有很多解釋,如《孫子‧勢篇》云:「紛紛紜紜,鬥亂而不可亂也;渾渾沌沌,形圓而

---

[4]　羅素:《羅素自傳》(*The Autobiography of Bertrand Russell*, George Allen and Unwin LTD, 1967, 1968, 1969),英文版第 202 ~ 203 頁。

[5]　羅素:《非通俗文選》《非通俗文選》(*Unpopular Essays*, Simon and Schuster, 1950,英文版第 128 頁。

[6]　羅素經常在語言上表現他的睿智,例如某次他用英文講了一個「多關語」:「War does not determine who is right - only who is left」。這句話好幾個意思,英文「right」有「正確」、「右方」、「右派」等義,而「left」則有「離開」、「活著」、「留下」、「左派」等義。字面上是說「戰爭不決裁誰正確,只決裁誰能活著」;但有人引用此話時又理解為:「戰爭不決裁誰正確,只決裁誰是左派」。

[7]　「趙」作為姓氏在英文舊拼寫為 Chao,再加上複數 s,就成了 Chaos,譯成中文意思是「姓趙的一家人」或「趙氏家族」;但它與英文 Chaos(動亂、混亂、混沌)拼寫一樣,但讀音不一樣。羅素在這裡利用雙關語的文字遊戲拿趙元任開心,而後者也借機表露了自己的語言才能和幽默。──作者。

不可敗也。」李筌注云：「渾沌，合雜也。形圓，無向背也。」《呂氏春秋》卷五《大樂篇》云：「渾渾沌沌，離則復合，合則復離，是謂天常。天地車輪，終則復始，極則復反，莫不鹹當。」西漢東方朔《神異經・西荒經》云：「昆侖西有獸焉，其狀如犬，長毛，四足，兩目不見，兩耳而不聞，有腹而無髒，有腸直而不旋，食物徑過。人有德行而往抵觸之，人有凶德而往依憑之。天使其然，名為渾沌。」唐代的李匡又在其《資暇集》中（卷下）說：「餛飩，以其象渾沌之形，不能直書『渾沌』而食，避之，從『食』可矣。」可以說那兩位叫「倏」和「忽」的犯了「過失殺人」罪，即從某種報恩的良善主觀本意出發，卻達到了合夥「謀殺」混沌的客觀後果。這是一種違反自然本性，而強加他人他物，非理性「情義」帶來的「原罪」。

　　從字面上「混沌」在多種西方文字中，如英、法、德文都以chaos表達，在俄文中寫作xaoc，最終都源自希臘文ΧΑΟΣ。這個詞的本意與中文本意相近，就是指「虛無之處（empty place）」，還有「深淵（abyss）、「裂開（gape）」，「混亂、困惑」（confussion）以及「混合（missed）等義。在讀古希臘史時就會發現，羅素《西方哲學史》也多次提到的那位與荷馬齊名的希臘偉大詩人赫西奧德（Hesiod，西元前8世紀），在其所著的《神譜》（Theogony）中敘述了宇宙和神的誕生，以及世界為何於混沌中形成，「最生產生的確實是卡俄斯（混沌），其次便產生該亞——寬胸的大地，所有『一切以冰雪覆蓋的奧林波斯山峰為家的神靈』的永遠牢靠的根基，以及住在道路寬闊的大地深處的幽暗的塔耳塔羅斯、愛神厄羅斯——在不朽的諸神中數她最美，能使所有的神和所有的人銷魂蕩魄呆若木雞，使他們喪失理智，心裡沒了主意。從混沌還產生出厄瑞玻斯和黑色的夜神紐克斯；由黑夜生出埃忒耳和白天之神赫莫拉，紐克斯和厄瑞玻斯相愛懷孕生了他倆。大地該亞首先生了烏蘭諾斯——繁星似錦的皇天，他與她大小一樣，覆蓋著她，周加銜接。大地成了快樂神靈永遠穩固的逗留場所。大地還生了綿延起伏的山脈和身居山谷的自然神女紐墨菲的優雅住處。大地未經甜蜜相愛還生了波濤洶湧、不產果實的深海蓬托斯。後來大地和廣天交合，生了渦流深深的俄刻阿諾斯、科俄斯、克利俄斯、許佩里翁、伊阿佩托斯、忒亞、瑞亞、忒彌斯、謨涅摩緒涅以及金冠福柏和可愛的忒修斯。」亞里斯多德對此評論說：「赫西俄德在提出『原始渾沌』時所說的話看來是對的。他說：『萬物之先有渾沌，然後才產生了寬胸的大地』。」後來，古羅馬詩人奧維德（Publius Ovidius Naso，

前43～約後17）的《變形記》（Metamorphosis），更進一步對赫西俄德的「渾沌」加以發揮：「天地未形，籠罩一切、充塞寰宇者，實為一相，今名之曰渾（混）沌。其象未化，無形聚集；為自然之種，雜逕不諧，然燥居於一所。」

羅素熟知古希臘羅馬文獻，又在中國旅居近一年，他在用莊子這個寓言時恐怕極有意味，對他來說，「中央之帝為混沌（the Ruler of the centre was Chaos）」，這個象徵性的比喻可以理解為「中央之國」，即中國。當其他兩帝（西方人、外國人甚或羅素與杜威兩位大哲）來到混沌之地（the land of Chaos），應該怎麼辦呢？這裡又出現那個與趙元任逗趣時的雙關語「動亂（Chaos）」和趙氏（Chaos），不過又加了兩個意思，即「混沌」和「中央大帝之名」。當時五四運動後的中國正在混沌甚至面臨動亂的時期，貧窮落後，形勢不明，前途未卜，北伐戰爭即將爆發，列強虎視眈眈，中日衝突緊張……。來到中國的外國人士各有不同的目的，也許有些是友善的，也許有些不懷好意。即便那些想幫助中國改革和重建的仁人志士們，也不一定能對症下藥，給予良方。智慧而博學的羅素就是從莊子這個寓言為基點，形成了他的中國觀體系。

在《中國問題》第二章中，羅素提出了19世紀以前中國傳統文化的三大特徵：其一是漢字功用。漢字不像西方並非用字母，而用符號（symbols）所組成；這就「帶來許多的不便利」；但中國文化之所以得到歷史的傳程，恐怕就是這種表意系統（ideographical system）的長處；對西方人來說，一個詞必須顯示一個聲音（sound），而「對中國人則是表達一個理念（idea）」；顯然，中國文字有著旺盛的生命力，它使歷史上各個時期的連續性與地理上各個區域的交往性得到實現；不過漢字費時費力極難掌握，而可能對普及教育和推行民主形成阻礙，因而諸如「音標化（phonetic）一類對漢字的改革就有必要」。[8] 其二是儒家思想。「就其社會影響來說，孔子被視為宗教的創始人；如同佛祖、基督或穆罕默德一樣，他對社會制度和人的思想有著極大的影響，但性質不同」。與那些創始人不同的是，孔子完全是一個歷史人物，他最顯著的特點是對世人「不斷灌輸永受敬奉的嚴格倫理規範，但其卻幾乎沒有宗教上的教義；從而使一代代實行他的教誨並統治大帝國的中國文人們對神學採取了完全的懷疑

---

[8] 羅素：《中國問題》（*The Problem of China*, New York: The Century Co., 1922），英文版第33～38頁。

態度。」「孝道與族權恐怕是儒家倫理中最大的弱點。正是在這點上，這種道德體系嚴重背離了常識。家族觀念影響了公共精神，而長者的權威增加了傳統習慣的暴虐。」儒家的很多特徵對中國「必要的重建是一種障礙」。[9]其三，科舉制度。在孔子的倡導下，「這種制度顯示了某種書本氣和非迷信的精神」，以考試來選拔官員，比任人唯親、行賄，以及造反的威脅更為優越；但它僅依賴經書，純粹是文字性的，而毫無創造性可言。[10]

羅素與歷史上所有西方哲人不同，那些人對中國或是毫無所知，或是僅有一點朦朧概念，如黑格爾聲稱：世界歷史一向就是歷經從中國的「純有」到「絕對理念」的各範疇而進展的……。對此，羅素評判說，「關於中國，黑格爾除知道有它而外毫無所知」。[11]

前面說過，羅素較早系統接受中國文化和思想影響主要是因為著名英國漢學家維爾內的《中國人的中國》（*China of the Chinese*）一書。羅素早在1919年，即訪華前一年在〈一個英國人的中國〉一文，即對維爾內一書的書評中發表了對中國文化以及對老莊和孔子的看法。[12]在這篇書評裡，羅素指出，中國是世界上唯一具有連續傳統文明的國家；而作為早期中國官方歷史的《書經》，其大部分記述了當時所發生的事件，在某種程度就像後來不少更為現代國家官方歷史一樣真實可靠。[13]

羅素對道家的評說

「馬，蹄可以踐霜雪，毛可以禦風寒，齕草飲水，翹足而陸，此馬之真性也。雖有義台路寢，無所用之。及至伯樂，曰：『我善治馬。』燒之，剔之，刻之，雒之，連之以羈縶，編之以皁棧，馬之死者十二三矣；饑之，渴之，馳之，驟之，整之，齊之，前有橛飾之患，而後有鞭筴之威，而馬之死者已過半矣。陶者曰：『我善治埴，圓者中規，方者中矩。』匠人曰：『我善治木，曲者中鉤，直者應繩。』夫埴木之性，豈欲中規矩鉤繩哉？然且世世稱之曰『伯樂善治馬而陶匠善治埴木』，此亦治

9　同上，第38～44頁。
10　同上，英文版第44～47頁。
11　參見羅素《西方哲學史》（*A History of Western Philosophy*, Touchstone, 1972），第22章。
12　維爾內（E. T. C. Werner, 1864～1954）曾於1884年在英國駐中國領事館服務；並於1914年退休後又回中國研究中國古代社會，並在中國一直待到1943年；還著有《中國的神話與傳說》、《中國神話辭典》、《中國第二個自我的觀念》以及《中國兵器》等。
13　羅素：《羅素文集》（*The Collected Papers of Bertrand Russell*, Routledge, 2000）第15卷，第70頁。

天下者之過也。吾意善治天下者不然。彼民有常性，織而衣，耕而食，是謂同德；一而不黨，命曰天放。故至德之世，其行填填，其視顛顛。當是時也，山無蹊隧，澤無舟梁；萬物群生，連屬其鄉；禽獸成群，草木遂長。是故禽獸可系羈而遊，鳥鵲之巢可攀援而窺。夫至德之世，同與禽獸居，族與萬物並，惡乎知君子小人哉！同乎無知，其德不離；同乎無欲，是謂素樸；素樸而民性得矣。及至聖人，蹩躠為仁，踶跂為義，而天下始疑矣；澶漫為樂，摘僻為禮，而天下始分矣。故純樸不殘，孰為犧尊！白玉不毀，孰為珪璋！道德不廢，安取仁義！性情不離，安用禮樂！五色不亂，孰為文采！五聲不亂，孰應六律！夫殘朴以為器，工匠之罪也；毀道德以行仁義，聖人之過也。夫馬，陸居則食草飲水，喜則交頸相靡，怒則分背相踶。馬知已此矣。夫加之以衡扼，齊之以月題，而馬知介倪闉扼鷙曼詭銜竊轡。故馬之知而態至盜者，伯樂之罪也。夫赫胥氏之時，民居不知所為，行不知所之，含哺而熙，鼓腹而遊，民能以此矣。及至聖人，屈折禮樂以匡正天下之形，縣跂仁義以慰天下之心，而民乃始踶跂好知，爭歸於利，不可止也。此亦聖人之過也。」（《莊子外篇：馬蹄第九》）

在《中國問題》第四章中，羅素全文引用了莊子這個寓言，並在第十一章重複提及。他解讀說，據莊子所說的伯樂是馴馬專家，但由於違反自然養育法，他的馬卻十匹中就有五匹死掉。他還指出：儘管以老子作為創始人莊子作為使徒的道家遭到儒家的取代，這個寓言深深地滲透中國人的生活之中。[14]

羅素訪華以後，在其大多數重要著作中都或多或少提及有關某些中國的文化和思想問題。他在比較了世界各種文化，尤其是中西文化後，提出了自己的歷史觀：甚至在孔子的時代，中華帝國的疆域還未擴至黃河流域以外；然而，儘管地理與經濟條件相近，中國人的精神觀念與埃及人和巴比倫人的精神觀念幾乎毫無相同。老子和孔子均屬西元前6世紀的人，但這兩人都已具備了我們所認知的現代中國人的顯著特徵。將任何事物都歸於經濟之因的人，就會難以解釋古代中國人與古代埃及人以及巴比倫人之間的差別。「對我來說，還無法提出其他可選擇的理論。在當前，我不認為科學能夠完全解釋民族的特性。氣候和經濟環境僅可以作出部分的解釋，但決非全部。可能在很大程度上，形成時期的主導人物，如摩西、穆

---

[14] 羅素：《中國問題》（*The Problem of China*, New York: The Century Co., 1922），英文版第 82 ～ 83 頁。

罕默德、孔子這類的偉人，決定一個民族的性格。」[15]

　　據有學者回憶，羅素訪華時，有人為他介紹《老子》一書，並翻譯了幾段給他，他聽了大為驚歎，幾乎不敢置信：中國古代的思想家竟然擁有如此睿智，簡直是奇跡！[16]其實，早在1919年，羅素在對維爾內一書的書評中，就指出，人們都知道孔子在中國就像亞里斯多德在歐洲一直到文藝復興一樣，被認作是對保守主義、傳統主義和權威主義的最主要影響。孔子所作的只是編輯古代神聖的文獻；當人們對家族血仇的復仇欲有了質疑時，而他卻盡可能地對這種欲念表示贊同。孔子的整個倫理體系是以孝道為核心；就像任何其他原初規範一樣，這種體系以某種對人們的情緒和性情幾乎完全一致的準則來倡導行動、遵守和儀禮。早期道家就對孔子的上述思想提出了反駁，「他們相信無拘的自然、自由的生長、無政府主義以及倫理上擯棄社會道德的反律法主義（antinomian）」。孔子有時表達了如同基督教福音書一般的憐憫，儘管這種憐憫的效果常常被王法和規則所阻礙。然而，道家甚至不允許諸如「你應當愛你的鄰人」這樣的生活一般準則；「他們不寬容任何對稱為自然東西的干擾」。[17]

　　為此，羅素引用了被他稱為道家中「聖保羅」的莊子，在《莊子·天道》中所記載的老子與孔子的一段對話：老聃曰：「請問：何謂仁義？」孔子曰；「中心物愷，兼愛無私。此仁義之情也。」老聃曰：「意，幾乎後言·夫兼愛不亦迂乎！無私焉？乃私也！夫子若欲使天下無失其牧乎？則天地固有常矣：日月固有明矣，星晨固有列矣，禽獸固有群矣，樹木固有立矣。夫子亦放德而行、循道而趨。已至矣，又何偈偈（音義通竭）乎揭仁義，若擊鼓而求亡子焉！意，夫子亂人之性也！」本書作者將之今譯如下：老子說：「請問，什麼叫仁義？」孔子說：「不偏不依地與外界事物相和悅，喜愛所有的東西就不會有私心而偏頗。這些就是仁義的情由。」老子說：「這看法差不多是對人有害的次等之言。但你的這個『兼愛』太僵化了！沒有私心？其實就是具有私心。你企圖使全社會老百姓都不失去治理嗎？自然界有其原有的規律：太陽和月亮原來就發光在那裡，群星原來就排列在那裡，鳥獸原來就群居在那裡，樹木原來就生長在那裡。你應當仿效這些老天的法則去運作、遵循規律去前進。既已經達到如

---

[15]　同上，第187頁。

[16]　張默生：《讀懂老子的智慧》序，臺灣智慧大學出版社，2006版。

[17]　羅素：《羅素文集》（*The Collected Papers of Bertrand Russell*, Routledge, 2000），第15卷，英文版第309～310頁。

此的境界，就再無必要用盡氣力高舉仁義的旗號，就好似敲鼓召喚人們來尋找自己丟失的兒子！你這是迷亂了人的本性呀！」本書作者對照了羅素所引用的這節英譯，發現不是很準確。

羅素的上述評論與他後來談到的道家「博愛精神」有些矛盾。後來羅素提出這樣的觀點，中國道家主張以善報惡，因而更類似於基督教學說。老子曰：「善者吾善之，不善者吾亦善之，德善；信者吾信之，不信者吾亦信之，德信。」（《道德經》49章）又曰：「人之不善，何棄之有。」（《道德經》62章）羅素還指出，老子還有些主張與馬太福音中耶穌登山時對眾人說的那些話很是接近。如，老子說：「曲則全，枉則直，窪則盈，弊則新，少則得，多則惑」。（《道德經》22章）[18]在〈為什麼我不是一個基督徒〉一文中，他還提到：「我自信在很多理念上要比自稱為基督徒的那些人們更贊同基督。我並非說我完全贊同他的所有理念，但贊同他的程度遠超出自稱基督教徒的那些人。你們都記得基督曾提到：『勿與惡人作對。有人打你的右臉，就將左臉也轉過來讓他打。』這並非新的箴言或原則。早於基督五、六百年，老子和釋加牟尼就發出這樣的警示。實際上，基督教徒們並無接納這個原則。」[19]

羅素在自己的著作中，多次引用老子的思想。他提到，最早為人熟知的中國哲人是道家學說的創始人──老子。老子比同時代的孔子稍老一點，但「在我心裡，對老子的哲學更感興趣。」[20]在羅素看來，生活在西元6世紀的老子是中國的第一位哲學家，他會為現代生活的匆忙以及失去「古代人們」所奉行的簡單性而哀歎。「善者吾善之。不善者吾亦善之德善。信者吾信之。不信者吾亦信之、德信。聖人在天下歙歙焉，為天下渾其心。百姓皆注其耳目，聖人皆孩之。」（《道德經》49章）羅素在引用老子這段話後說：「老子有些奇妙的話就像山中講道」；接著他有引用了老子的另一段名言：「曲則全，枉則正；窪則盈，敝則新；少則得，多則惑。」（《道德經》22章）；並繼續與孔子相比較而談到老子順其自然的思想。[21]

---

[18] 羅素：《怎樣才能自由和幸福》（*How to be Free and Happy*, The Rand School of Social Science, 1924）。

[19] 羅素：〈為什麼我不是一個基督徒〉，載《羅素主要著作》（The Basic Writings of Bertrand Russell）。

[20] 羅素：《中國問題》（*The Problem of China*, New York: The Century Co., 1922），英文版第188頁。

[21] 羅素：〈東西方幸福的理念〉（1928），《羅素重要文選》（*The Basic Writings of Bertrand Russell, 1903-1959*, ed. by R. Egner and L. Denonn, Simon and Schuster, 1961），英文版第557頁。

　　羅素評價道：「從老子的時代一直到我們的時代，在所有方面，無論是藝術與文學，還是人品與政府，中國曾是一個高度文明的國家。」[22]他曾提到：「老子鼓吹一種清靜無為的主張，例如他說：「放取天下者，常以無事，及其有事，不足以取天下。」（《道德經》48章）[23]對老子來說，每個人，每種動物以及每樣事物都有某種本身自然的方法和方式；而我們既應該讓自己，並又鼓勵其他人與那些本來固有的方式相一致。「道」的本意是「道路」，但應用時或多或少帶有神祕的意味，如『道』者，萬物之奧，善人之寶，不善人之所保。」（《道德經》第62章）在羅素看來，老子幻想死亡是由於對「道」的背離。倘若我們所有人能嚴循自然，我們就能像天體那樣的永生。但在這以後，道家日益蛻變為某種單純的魔法，大都陷入追逐長生不老的煉丹術。因此羅素認為逃避死亡的願望就是道家哲學首位要素。老子的著作，或被歸為老子所寫的著作，都很簡要，但其理念尤其門徒莊子加以弘揚。「莊子比其老師更為有趣」。

　　羅素認為，這兩位哲人鼓吹的是一種自由，而思索政府的弊端以及對自然的所有干涉。與其所謂「古時純真之士」的寧靜生存相對照，他們抱怨現代生活的匆忙。道的學說具有某種神祕主義的味道，因為，儘管生命的多樣性，但某種意義上，道為一，因此，倘若所有生命都遵循這個道，那麼這個世界就不會有爭鬥。這兩位聖人，都已具有了中國式幽默、節制（restraint）和含蓄（understatement）的特徵。他們的幽默能夠從莊子的「伯樂」中得到說明。羅素後來還強調：中國人所具有的幽默，「我覺得很對我的脾氣」。[24]

　　羅素進一步指出，這兩位聖人節制和含蓄的特徵與西方神祕主義者比較是顯然的。這些特徵滲透在所有中國文學和藝術，以及時下有教養中國人的言談交往之中。中國各個階層的人都善於取樂，而且從不錯過任何一個玩笑的機會。在有教養的階層中，幽默是機巧而優雅的，以致讓歐洲人往往無法理解，而這正好增加了中國人的樂趣。羅素下過一個結論：「一個有教養的中國人是這個世界最具教養的人」。[25]中國人含蓄的習慣是很

22　羅素：〈中國與中國影響〉，《羅素文集》（The Collected Papers of Bertrand Russell, Routledge, 2000），第 15 卷，英文版第 289 頁。

23　羅素：〈怎樣才能自由和幸福〉，《閒散頌》（In Praise of Idleness, W. W. Norton & Company, INC., 1935），英文版。

24　羅素：《羅素自傳》第二卷（The Autobiography of Bertrand Russell, George Allen and Unwin LTD, 1967, 1968, 1969），英文版第 129 頁。

25　羅素：《羅素自傳》第二卷（The Autobiography of Bertrand Russell, George Allen and Unwin LTD,

有名的。羅素回想起,在北京的時候,某日,一位中年人告知對政治理論有學術興趣;從其所說的表面價值看,似乎是這個國家中一個具新觀念的人;但後來才發現他曾是某省的一個省長,而且多年來一直是一個著名的政治家。同樣由於含蓄,中國詩歌顯然缺乏激情。中國人認為一個智者應當總是保持冷靜,儘管他們在熱烈的競賽中也有激情昂揚的時刻,但並不希望這些激情保存在藝術中,因為從根本上還是詬病它們;而我們西方的浪漫主義運動則引導人們喜好激烈;據所知,在中國文學中從未有過類似的東西。中國的古樂,儘管某些非常優美,但演奏的音量是如此輕微,以致只能勉強聽見。中國人在藝術中追求高雅,在生活中追求合理。他們不欣賞無情的強人以及無節制表達激情的人。「習慣熱鬧生活的西方人,來到中國後首先就發現喪失了自己所追求的所有影響;然而,他們逐漸見到存在的美感和尊嚴;因此,在中國居住最長的外國人就是那些最熱愛中國的人。」[26]

在不同的場合,羅素表達了對老子思想的某種欣賞,並認為道家清靜無為的精神,能夠用來平衡西方文化中的激進與野蠻的作風。訪華時,他在題為《社會改造原理》的講演中,指出,世界需要新原理,數千年前中國哲學家老子就早說過:「生而不有,為而不恃,長而不宰。」(《道德經》51章)用現代語言解讀就是,人的天性中有兩種衝動:一是創造的衝動;二是佔據的衝動。「一切行為事實,不外此兩種衝動所造成。凡善皆出於創造的衝動,凡惡皆出於佔據的衝動,佔據衝動,發現於行為,結果必致戰爭。創造的衝動,則其利益非但自己可以享受,並人人皆得而享受之,而於己又無損。使事事皆為創造的衝動,則戰爭可消弭矣,使予言為然者,則世界之改造,固不外鼓吹創造的衝動,減少佔據的衝動也。」[27]

後來,羅素在《中國問題》中再次引用了這段話,並發議論道:「我想,人們能夠從這段話得出反映深思熟慮的中國人的生活目標的觀念;必須承認,中國人與大多數白種人為自己設定的目標極為不同」。[28]梁漱溟曾對羅素為老子這段名言的解讀頗不以為然。羅素在其自傳中,就收編了一個袁姓中國人的來信,其間還建議他,將老子的這段箴言的英文翻譯改

1967, 1968, 1969),英文版第 126 頁。

[26] 羅素:《中國問題》(*The Problem of China*, New York: The Century Co., 1922),英文版第 187 ～ 190 頁。

[27] 上海《晨報》1920 年 10 月 7 日第 3 版。

[28] 羅素:《中國問題》(*The Problem of China*, New York: The Century Co., 1922),英文版第 194 頁。

一下，以便更符合「您所提的創造性的衝動與佔有性的衝動」。[29]

在羅素看來，老莊的道家理念潛移默化，深深植入進中國文化土壤中，故讓中國人的人生比西方的人生更淡定、文雅、包容、灑脫以及內省。在交談中，中國人強調體會對方的涵義而並非干涉與改變其言論。這是西方文明中所沒有的美德。因此，中國人的寬容是西方人無法企及的。儘管一個某一平凡的中國人或許比英國人貧苦，但或許比英國人更快樂。「因為他們國家的立國之本在於比我們更寬厚、更慈善的觀念。無休止的好勇鬥狠不僅產生了明顯的惡果，還使我們不知足，不能享受美，使我們失去思考的美德。」「然而，歐洲人的人生觀卻推崇競爭、開發、永無平靜、永不知足以及破壞。導向破壞的效率最終只能帶來毀滅，而我們的文明正在走向這一結局。若不借鑒一向被我們輕視的東方智慧，我們的文明就沒有指望了。」

有學者在談及羅素《西方哲學史》時，這樣評價到：羅素不僅討論該書中主要人物的生活、歷史背景、社會環境、和他們的哲學系統，他隨後還饒有興致的解釋他們錯在那裡以及為何出錯。因此《西方哲學史》經常被看成既是關於書中人物哲學也是關於羅素自己哲學的一部著作。這一觀點，同我們的「莊子注郭象」頗有異曲同工之意。[30]例如羅素在這本名著中，是這樣提到道家的：狄奧根尼對「德行」具有一種熱烈的感情，他認為和德行比較起來，俗世的財富是無足計較的。他追求德行，並追求從欲望之下解放出來的道德自由：只要你對於幸運所賜的財貨無動於衷，便可以從恐懼之下解放出來。我們可以看出，他的學說在這一方面是被斯多葛派所採用了的，但是他們並沒有追隨著他摒絕文明的歡樂。他認為其羅米修斯由於把那些造成了近代生活的複雜與矯揉造作的技術帶給了人類，所以就公正地受到了懲罰。「在這一點上他有似於道家、盧梭與托爾斯泰，但是要比他們更加徹底。」[31]道家雖以魔術師一類的身分倖存，但羅素認為它「被儒家從教育階層中徹底驅逐出去」。

---

[29] 羅素：《羅素自傳》第二卷（*The Autobiography of Bertrand Russell*, George Allen and Unwin LTD, 1967, 1968, 1969），英文版第 136 頁。

[30] 以下引自馮友蘭的中國哲學簡史：「我已經提到過郭象，他是《莊子》的大注釋家之一。他的注，本身就是道家文獻的經典。他把《莊子》的比喻、隱喻變成推理和論證，把《莊子》詩的語言翻譯成他自己的散文語言。他的文章比莊子的文章明晰多了。但是，莊子原文的暗示，郭象注的明晰，二者之中，哪個好些？人們仍然會這樣問。後來有一位禪宗和尚說：曾見郭象注莊子，識者云：卻是莊子注郭象」（《大慧普覺禪師語錄》卷二十二）。

[31] 羅素：《西方哲學史》（*A History of Western Philosophy*, Touchstone, 1972），英文版第 255 頁。

羅素對儒家的評說

「孔子過泰山側，有婦人哭於墓者而哀。夫子式而聽之。使子路問之曰：『子之哭也，壹似重有憂者。』而曰：『然。昔者吾舅死于虎，吾夫又死於焉，今吾子又死於焉。』夫子曰：『何不去也？』曰：『無苛政。』夫子曰：『小子識之焉，苛政猛於虎也！』」（《禮記・檀弓下》）羅素在《權力》一書第18章」權力的受控（The Taming of Power）」中，引用了上述這個寓言，並說道：「這一章講得是防止政府變成老虎這樣令人可怕的情景發生。」他接著指出，權力的受控問題從古就有，在道家看來，對之無法解決，便提倡無政府主義；而儒家則主張，可以憑藉倫理和政治的修養來將掌權者教化成仁義的聖賢，「與孔子一樣，柏拉圖也尋求賢人政府。」[32]

西方人一直在為儒家是否為宗教而爭論不休。什麼是宗教？羅素認為這個詞有很多意思以及很長的歷史，從起源上說，宗教「涉及到從很遠古時期所繼承下來的某些儀式」，並與某些神話相結合。[33]他還指出「在我看來，宗教意味這作為教義的一套信仰，它統轄人生的行為，脫離或違背證據，並為情緒化或權威化的方式所灌輸，而決非理智的。」[34]羅素的這個定義也許太寬泛了，因此他得出布爾什維克主義就是一種宗教的結論。他說道：「儒家應當被稱為一種宗教，儘管它沒有涉及到教義。」[35]西方人也有的將宗教定義的過於狹隘，如「宗教就是信神」，甚至最極端的是「宗教就是信唯一的神」。從這種意義上，作為原本不信神的佛教以及「敬鬼神而遠之」的儒家，甚至信奉多神的印度教都不是宗教了。羅素後來在分析一神論（monotheism）後，指出：「印度教有多神；佛教在其最原初的形式中是無神的；而儒家從西元11世紀以後也是無神的。」[36]

在對中西方文化的比較中，羅素看到了這兩種文化之間的差異以及中國文化的精華。他認為，孔子的理念對社會制度和政治思想有著廣泛而深

---

[32] 羅素：《權力：一種新的社會分析》（*Power; A New Social Analysis*, Allen, 1948），英文版第186頁。

[33] 羅素：《社會重建的原理》（*Principle of Social Reconstruction*, Routledge, 1997），英文版第223頁。

[34] 羅素：《布爾什維克主義的實踐與理論》（*The Practice and Theory of Bolshevism*, Simon and Schuster, 1964），英文版第117～118頁。

[35] 羅素：〈什麼是一個不可知論者？〉，《羅素文集》（*The Collected Papers of Bertrand Russell*, Routledge, 2000），第11卷，英文版第556頁。

[36] 羅素：〈上帝存在麼？〉，《羅素文集》（*The Collected Papers of Bertrand Russell*, Routledge, 2000），第11卷，英文版第543頁。

入的影響，而成為後世楷模的聖人，但並非宗教的創立者，而是關注實際社會生活的政治家，其重視的都是安邦定國之略。與西方和其他地方的宗教追求不同，孔子一生所奉行和提倡的道德，並不寄託來世，而是現實的今生，即創建一個幸福安康的社會。孔子學說讓中國人避免了歐洲中世紀那種政教合一的社會制度，而無法形成一個統治世俗的僧侶實力，因而也無造就宗教迫害。相反儒家思想培養了一個注重禮儀的民族。因此，無論上下層的中國人都有一種淡然恬靜的人格。在「天人合一」下，追求個人、社會與自然環境的和諧之美。無論任何外族入侵，中國最終同化了所有的征服者。儒教所宣揚的仁義道德使自身吸納了來自印度的佛教。這兩種信仰體系的和諧相處，從而使中國人各取精神所需，或出世皈依佛門，或入世而遵循儒教。

總得來說，羅素對儒家持相當批判的態度，他認為孔子已不能滿足現代人的精神需要，因此接受西方教育的中國人認識到，必須向中國傳統文化加進新的活力，而西方文明正可適用他們的需要。「羅素坦承，自己並不能中肯地對孔子作出評價。這位聖人的著作充斥著繁瑣的禮儀觀，他主要關注的是教誨人們在各種各樣的場合行為得體。即便孔子的主張在總體上是消極的，但將他與其他時代和其他民族的宗教導師相比，就必須承認孔子具有偉大的功績。孔子及其追隨者發展起來的體系，是一種毫無宗教教條的純倫理學。這種倫理學既不會產生一個強有力的佈道者，也不會導致迫害。這種學說成功地培養了整個民族儒雅的風度和完美的禮節。中國人的禮節並非單純傳統的，即便沒有先例，他們在各種情景下都能遵守。這種禮儀並非只限於某一階層，它甚至存在於最卑微的苦力中。」中國人以一種平靜的尊嚴，由洞察白種人蠻橫無禮而感到屈辱，但他們又不願降格而用粗暴對待粗暴。歐洲人經常將這點看作是弱點，但它是一種真正的力量；迄今，中國人正是憑藉這種力量戰勝了所有外國征服者。」[37]

在〈東西方幸福的理念〉一文中，羅素較為詳細地探討了孔子學說，他認為，中華文明是建立在孔子學說之上的，而它在耶穌誕生之前500年就已興盛了。什麼是儒家？他界定說：「儒家是一種政治宗教：正如他從一個宮廷到另一個宮廷，孔子所考察的是政府的問題以及為更易於建立好政府而制定倫理規範。」[38]同古希臘人和古羅馬人一樣，孔子不同意人類社

---

[37]　羅素：《中國問題》（*The Problem of China*, New York: The Century Co., 1922），英文版第190頁。
[38]　羅素：《教育與社會秩序》（*Education and the Social Order*, 1932），英文版第16頁。

會在本質上是進步的；而相信早在遠古，就已有賢明的統治者，人們所達到的幸福程度，是淪落的今日社會所無法比擬的。當然，這是一種荒謬的說法。不過其實際效應是，孔子如同其他古代導師，力求創建一個穩定有序的社會，而並非總是牟取新的成功。正是這點，孔子比所有古今先賢更為成功。直至今日，他的言行始終為中華文明所銘記。在孔子時期，中國的疆土僅為她目前的一小部分，並分裂成很多相互征戰的諸侯之國。就在最近的300多年裡，形成了眼前版圖的中國，並且疆域廣大，人口眾多，使最近50年存在的所有國家都自歎不如。雖然中國飽受過野蠻民族的入侵，尤其蒙滿族王朝的統治，再加上或長或短時期的動亂和內戰，但孔子的思想體系及其所影響的藝術、文學和倫理的生活方式卻持續不斷。只是到了當代，同西方以及西方化了的日本思想相碰撞後，這一思想體系趨向衰落。

羅素指出，像孔子學說這樣一個經久不衰的思想體系必定有其偉大價值，也應當值得重視和研究的。儒家並非我們所理解的那種宗教含義的宗教，因其不與超自然或神祕的信仰相連，而純屬一種倫理體系。然而這種倫理體系與基督教倫理學不同，它並不高於普通人的理解，以至無法推行。孔子學說本質上與歐洲18世紀流行的「紳士」的觀念有些相似。對此，羅素引證了孔子的一段話：「君子無所爭，必也射乎，揖讓而升；下而飲；其爭也君子。」（《論語‧八佾》）他認為，孔子也討論了不少有關義務和德行等問題，但並沒有強求人們背離自然與自然情感；為證明這種說法，他又引證了這段話：「葉公語孔子曰；『吾黨有直躬者；其父攘羊，而予證之。』孔子曰：『吾黨之直者異於是：父為子隱，子為父隱，直在其中矣。』」（《論語‧子路第十三》）羅素解釋道，孔子對待所有事物均採取執其兩端，取乎中庸；對待德行也不例外。與老子不同，孔子並不提倡我們應該以善報惡；某次有人問：「您如何看待以善報惡的原則？」他的答案是：「你怎麼報答善呢？你應當不公正報不公正，以善報善。」羅素這裡引用的是《論語‧憲問》中的一段，原文是：「或曰：『以德報怨，何如？』子曰：『何以報德？以直報怨，以德報德。』」[39]

為什麼中國古代的國家聖人是孔子而不是老子？按羅素說法，這正說明了中國的特定性。儘管道教得以倖存，但僅主要作為下層民眾中流傳的

---

[39] 羅素：〈東西方幸福的理念〉（1928），《羅素重要文選》（*The Basic Writings of Bertrand Russell, 1903-1959*, ed. by R. Egner and L. Denonn, Simon and Schuster, 1961），英文版第556～557頁。

一種法術。不過在這裡，羅素沒有分清「道家」與「道教」的區別。在他看來，道家的學說，對那些擅長駕馭民眾的皇帝來說，還是虛無縹緲的，而孔子的學說顯然能夠視為維護統治秩序的有效工具。中國的君主們自然偏好孔子的自製、仁愛和禮讓一類德行規範，倘若可將它們與善想結合，那就是一個所謂明君最期盼的業績。中國不會如當下所有白人國家那樣，讓理論與實踐的兩種倫理體系並立。羅素說自己並非認為，中國人都可依照自己的理論處事，而是他們都有據此行動的願望，並對他人也抱有同樣的願望。以往，中國把官職授於科舉中的優勝者。在過去兩千年中，在中國，世襲的貴族並不存在，而孔子家族可謂唯一的例外，因而學問就如歐洲那些顯赫的世襲貴族一般得到尊崇。孔子曾提到，人本性善，[40]倘若墮落，定是因惡人教唆或惡習的侵蝕；這種與西方正統教義根本不同的信條深深影響著中國人的觀念。[41]羅素比較了東西方的思想史，認為蘇格拉底主要關注倫理；柏拉圖與亞里斯多德兩人也長時間探討這個題目；在他們以前，「孔子與釋伽摩尼各自創立了一個幾乎完全由倫理說教構成的宗教，儘管後來佛教加強了神學的學說。」[42]

羅素提出，把中國人在西方所尋求的與西方人到中國所尋求的加以對比是很有趣的。中國人到西方尋求知識，希望知識能指明走向智慧的途徑。為此，羅素擔憂這種作法通常是徒勞的。他又指出，已到中國的那些白種人帶有三種動機；打仗、賺錢、勸中國人皈依基督教。這三種動機中最後一種具有理想主義的功業，故激勵了很多英勇獻身的精神。然而，軍人、商人和傳教士都企圖把我們的西方文明強加於整個世界；因此，這三者在一定意義上都是侵略性的。「中國人決無意願讓我們皈依儒教；他們說。『宗教雖有很多，但道理卻只有一個。』他們抱著這種態度，情願我們走自己的路。」[43]

羅素作了一個比較，認為在某些方面，中國傳統教育與興盛時期雅典教育相當接近。雅典兒童必須熟誦《荷馬史詩》，而中國兒童則強記孔子的《論語》。雅典兒童要敬神，不過僅限於某種宗教儀式，而對他們自由思考並無約束；中國兒童也要祭祖，但不會被強求全信那些儀式內容。有

[40] 羅素在這裡說法不準確，「性善論」應是孟子的學說。
[41] 羅素：〈怎樣才能自由和幸福？〉，《閒散頌》（*In Praise of Idleness*, W. W. Norton & Company, INC., 1935），英文版。
[42] 羅素：《哲學大綱》（*An Outline of Philosophy*, New York: W.W. Norton, 1927），英文版 226～227 頁。
[43] 羅素：《中國問題》（*The Problem of China*, New York: The Century Co., 1922），英文版第 197 頁。

知識者應常常用懷疑的態度對待各種事物，任何東西都可以討論，並不非要得到什麼定論，吃晚飯時隨意地各抒己見，而不必惡語相向。卡萊爾贊柏拉圖是「高貴的雅典紳士，即便在天國也怡然自在」。中國哲人也身懷這樣的格調，而基督教文明造就的聖賢卻通常不會具有。雅典人與中國人都有享受人生的願望，也有相近快樂觀，故使他們產生高雅的審美。但這兩種文明也差別很大，原因是希臘人較為積極進取，而中國人較為消極閒散。希臘人在藝術、科學等方面得到史無前例的成就。政治和愛國熱情讓希臘人得以發洩。倘若某政治家遭到驅逐，他必率領流放者向祖國進擊；而倘若某中國官吏失寵，他便退隱鄉野而抒發一些田園詩賦。希臘文明遭遇的是自我毀滅，而中國文化卻始終長存。不過似乎也不能全然歸於教育；例如日本的儒家教育就不可能引發僅中國文人所特有的悠閒、優雅的懷疑主義格調。中國式教育造就了穩定和藝術，卻未能產生進步和科學；或許這就是中國人喜歡懷疑的原因所在。然而，「中國文化僅限於極少受教育者，希臘文化也僅能在奴隸制基礎上得以建立。因此，中國傳統的教育已因背離現代世界的要求而遭中國人自己淘汰……。」[44]

羅素後來越來越看到西方思想對孔子思想的衝擊，如他於1951年提到：「沒有人能否認在西方影響下，中國的哲學家們削弱了孔子的權威性」。他還進一步闡述：在一些時代和國家裡，某種文雅的正統無須明顯的迫害，而成功建立了一種幾乎無可質疑的知識權威性。對此，最重要的例子就是在傳統的中國；所有智慧都包含在孔子的經典中；而大部分教育就是為了理解這些書籍。具備這種教育的人們掌控著政府，這就造就了一種文明化，在某種意義上啟蒙化的制度，並得到2000多年的穩定。然而，「在孔子的書中，沒有談論任何關於戰艦、火炮、高爆炸藥，因此，只要中國一旦與西方衝突時，這整個孔子思想架構就不足夠了。」[45]他指出：「一直到1911年，在中國沒有任何人能夠有效地挑戰儒家倫理或佛教。甚至到了1920年，在北京時，我居住在一所學校的旁邊，發現教學的最重要的部分還是在課堂上一致背誦孔夫子的經典。中國的改革者曾一度將美國看成他們的理想目標，但在政治上失敗了，並且動亂發生。共產黨人所實現的是通過紀律和統一達到強盛，而不管為善是惡，他們做到了這一

---

[44] 羅素：《論教育，尤其兒童教育》，（*On education, Especially in Early Childhood*, Routledge, 2006），英文版第9頁。

[45] 羅素：〈自由與哲學家〉，《羅素文集》（*The Collected Papers of Bertrand Russell*, Routledge, 2000），第 11 卷，英文版第 419 ～ 420 頁。

點。」[46]

　　從20年代到30年代，羅素出版了涉及各個領域的大量著作，他風趣地將那些書稱為「逃犯新聞主義」。不過，有意思的是，當有出版商請求羅素撰寫有關孔子的書時，他卻推辭說自己已厭倦了孔子。[47]

羅素對佛家的評說

　　有意義的是，中國佛教人士曾與羅素有一次難得而絕佳的東西方直接對話。1928年，當時中國佛教界著名的太虛大師，即呂沛林（1890～1947）出國考察講學，遍歷英、德、法、荷、比、美諸國，宣講佛學；並應法國學者建議，在巴黎籌設世界佛學苑，開中國僧人跨越歐美弘傳佛教之先河。1928年10月24日，太虛訪問倫敦，在蔡孑民等人的引介下，於11月9日，即一個星期日會見了羅素。據陪同的武昌佛學院教師陳濟博記載：

> 　　……是晨、天色晴麗，一路之鄉景極佳。既抵「彼特士菲爾德」車站，已派其汽車來接，沿途十餘里，風物幽茜，心至舒暢！抵門前，由羅素先生迎登高樓之畫室，四望山景蕩漾，遙接滄海，洵哲人修養之地也！太虛大師與之談二小時，由予以法語翻譯，意極愜洽，臨別時分贈相片及其哲學名著。謂今日得與太虛大師相晤談，深致謝蔡先生之介紹。予在英未遑記錄，然因太虛大師與羅素先生所談，關於佛法世法者非細。茲至比京，小有休暇，乃追憶當日之經過，並錄其談話如下：
> 　　師曰：吾為研究佛陀所說大小乘法之理論者，然對於華譯之各種科學、哲學書，亦歡喜研究，故於先生之學說，亦頗曾涉覽。關於散見先生所論及之社會學心理學等，既佩卓見，尤喜先生之卓見，迥不猶人，不愧為現代哲學界之泰斗，故今日深幸得與先生一談！
> 　　羅曰：吾亦思研究佛學，但恨未能耳。不知吾之哲學，與佛學有相同之點否？
> 　　太曰：先生之哲學，頗多與佛學同點。先生「只認有許多散而相關之特體，而不設有一個由此許多特體構成之全體，或包容一切之整個宇宙；又只認有許多真理，而不設立有一條籠罩一切之絕對

---

[46]　羅素：〈我人生中某些好與壞的改變〉（1957年），《羅素文集》（*The Collected Papers of Bertrand Russell*, Routledge, 2000），第29卷，英文版102頁。

[47]　摩爾海德：《羅素一生》（*Bertrand Russell: A Life*, Viking, 1993），英文第341～342頁。

真理」。此與佛學只說有許多彼此相應生滅相續之法，而不認有由此許多法所構成之「常一我」，或任何之整個全體；而說有一一法之真相，而不別立一法為籠罩一切之真理，以之而破除各家所執之我之法，其同點一。先生雖說「此一人之所見之世界，與別一人所見之世界，其中必無共同之地位，因為地位本只能由在其中或在其旁之事物組合而成」，然許一「不同之世界間，雖有種種之不同，然各個世界則完全恰如其被覺知之樣子而存在，就初令不為人所覺知，亦可恰如現在所見之樣子」。此近於佛學所云：「法界諸法，法住法位，有無覺者，性相常住」，其同點二。先生主張「只由許多之特體，排比成某結集，即成為能知之心，而屬此結集之諸特體，個個均同時兼為另一結集之一分子，因其為另一結集之一分子，遂又成為心所知之物」，此與佛說若心法若色法等諸法，皆是因緣所生法，其同點三。略言三例，餘可推矣。

羅曰：此所語者，與吾完全同意。

太曰：然尚有須研究者，先生既只認有「如飛而遊之感覺，與感覺今有」，而又創說有」中立特體」，此之中立特體，其即感覺或感覺今有耶？抑為感覺與感覺今有之下，更根本之另一法耶？若為另一法，則有違「只認有感覺與感覺今有」之主張，若即感覺與感覺今有，則何須更說此中立特體為？

羅曰：此問題，吾尚在思考中，猶難更為決定。

太曰：更有問曰：先生所謂之中立特體，為各各獨立存在之非因緣所生法耶？抑與若心若物等同為因緣所生法耶？

羅曰：此中立特體，是否亦為因緣所生法，乃如旅行到荒漠中，尚未能決定其方向一般。

太曰：若中立特體為各各獨立存在之非因緣所生法，則近於佛學中小乘一切有部之實有法；若亦為因緣所生法，則近於大乘緣生性空之法。此有小乘之阿毗達磨毗婆沙論，及大乘之中觀論等主張其說，似足以供給先生之解決前二問題之參考，先生亦曾一研究之否？

羅曰：吾於佛學書，只看過幾冊英文譯本，所舉二論，恐唯中國文所有，惜不能研究之。吾昔年遊歷中國，知中國為今後世界中極有希望之一國。大師新從中國來，中國之政治情形，可言其大略乎？

太曰：據吾離開中國時所知者以言，則中國已統一於國民黨政府；

內部能融合一致而不分裂，則中國從此走上安內抗外之政治軌道。

羅曰：然則國民黨內部，果能不再分裂乎？

太曰：據吾所知，則國民黨領袖蔣介石等，頗能調融黨內各人之意見，努力以求歸一致，故或能組成賢明有力之國民政府，以致中國于治理。然據先生觀察，中國人今日所應作者，究為何事乎？

羅曰：中國民族之文化，其見之於政治上、社會上者，誠有許多特長之處，但今日之中國，猶在帝國主義者日本等侵略壓迫之下，故一方面雖不可忘卻其特長，一方面則當造成抵抗帝國主義者之實力，先使中國能自立於世界各國之平等地位。

太曰：所言良是，中國多數人現亦正努力於此；但除此之外，先生亦有將中國原有之文化，發揚出來，使歐美人士共同瞭解之需要否？吾此次遊歷，即注意于宣傳中國文化，及為亞南、亞東各民族文化總線索之佛學，且欲聯合各國各派之研究佛學、信行佛法者，發起一世界佛學苑，而使佛法得成為世界之文化。上海之友人程演生等，近籌備一亞細亞大學，擬將亞洲各民族文化，用科學方法，分別研究，以備歐、美學生之前往留學，亦曾邀吾為籌備委員之一。先生對於此種辦法，亦表同意否？

羅曰：大師至歐洲宣傳佛學，極為贊同，並祝世界佛學苑之早日成功！吾此處為一小學校，所收學生，自六歲令學至十八歲。本年嘗為學生極詳細注意以講解佛陀歷史，以免其完全成為基督教化，此亦為吾注重東方文化中佛陀學之一種工作。惜吾所取之材料，皆出於錫蘭小乘派之所說，恐對於佛之歷史，有許多不完備之處耳。

太曰：此學校中，施此種之教育，將來必能造成先生理想中之人才，敬為預祝！並謝先生對於中國文化及佛學之好感！

太虛法師與羅素先生談話既畢，記者乃參問曰：吾輩今至歐留學，以學何種學科為合宜？羅素先生曰：「當多學理科、實科之各科學，如哲學、文學，中國自有其極優長者，似無須學」。[48]

羅素指出，傳統的中國文明中有一種，也僅僅只有一種重要的外來因素，這就是佛教。羅素提到，在自己的歷史教學中，真正的勝利者是那些

---

[48] 陳濟博：〈與羅素先生之談話〉（1928 年 11 月 9 日，記於白洛賽爾大學），《海刊》十卷二期。

用實際行動打破內外黑暗的人，如釋迦牟尼、蘇格拉底、阿基米德、伽利略、牛頓，以及所有能幫助人們掌握自身和自然的人；並由此來確立人類命運前景輝煌的觀念。[49]西元初，佛教由印度傳入中國，並在這個國家的宗教中佔據了顯著的地位。從我們從猶太人所接受到不寬容的觀點來看，可以想像一個人信奉了一個宗教就必須排斥另一個。在其正統形式中，基督教與穆罕默德的教義規定信徒不得同時接受二者。但在中國，不存在這種不相容性；一個人可既是佛教徒又可是儒家學者，因為兩者之間是相容的，儘管也存在本質的不同。在我們所理解的詞句意義上，佛教是一種宗教。它有神祕教義、解救方式以及來生之說。佛教對世界上想要克服絕望的人帶來啟示，而那些沒有宗教信仰的人會產生這種絕望是自然的。佛教假設一種本能的悲觀主義，並只有依靠某些信條才可得以解脫。儒教卻毫無這種內容，它假設人們在根本上能與整個世界和諧相處；但它只是開導人們怎樣去生活，而非激勵他們去生活。

羅素界定：「佛教從本質上是非政治的，當然我並不認為總是如此。在西藏，它像羅馬教皇制一樣具有政治性，而在日本，我遇到一個高僧，他使我想起了英國教會的副主教。儘管如此，佛祖在其較為宗教的時期從本質上將自身看作單個的存在。」[50]他提到：「在日本和中國，佛教被和平地接納了，並同神道和儒家一起存在。」[51]儒家的倫理說教並非建立在形而上學或宗教教義的基礎上，而純粹是世俗的。這兩種宗教在中國共處的結果，使佛教具有更多教和沉思的性質，但實際操作的行政管理行為卻青睞一直作為官方學說的儒教，並將之作為考選候補官員的準則。如此一來，經過各個朝代，「中國政府始終掌握在文人型懷疑論者手中，故使政府行政管理缺乏西方國家要求統治者所具備的那種能量和破壞性的特徵。事實上，他們與莊子的信念相當一致。這樣所產生的結果是，除了戰爭使老百姓遭受苦難外，民眾還算幸福；另一個結果是，其統治的民族享有一定自治權；還有一個結果是，外國民族不必懼怕中國，儘管其擁有眾多的人口和豐富的資源。」[52]

---

[49] 參見羅素：《教育與美好生活》英文版第 11 章。

[50] 羅素：《教育與社會秩序》（Education and the Social Order，1932），英文版第 16 頁。

[51] 羅素：〈西方文明〉，《閒散頌及其他論文》（In Praise of Idleness, W. W. Norton & Company, INC., 1935），英文版第 201 頁。

[52] 羅素：《中國問題》（The Problem of China, New York: The Century Co., 1922），英文版第 190 ～ 192 頁。

二、羅素的中國重建觀

在回顧了中國的文化以後，羅素又考察了中國的現狀，並探討了中國如何重建的問題。從1920年10月15日至1921年7月11日的整個訪華期間，羅素作了兩種主題的講演：一種是純哲學的，如《哲學問題》、《心之分析》、《物的分析》、《數學邏輯》、《社會結構學》等著名的五大講演；另一種是一系列關於社會政治、教育、科普、宗教以及中國問題的演講。在後一種講演中，《社會改造原理》（1920年10月15日，上海）強調在改造社會的過程中，中國人應以助長每個社會個體的自由創造為社會改造的最高原則；《愛因斯坦引力新說》深入淺出地引介了愛因斯坦革命性的相對論（1920年10月21日，南京）；《教育之效用》（1920年10月16日，上海）和《教育問題》（1920年10月19日，杭州）鼓吹教育的作用是培育「合格的人」和「合格的公民」，實現「由下及上」的健康政治，而教育的方針「是教人學會自由」；[53]《布爾什維克與世界政治》（1920年10月26～27日，長沙）聲稱布爾什維克雖是好學說，但應用循序漸進的方法加以實現；《布爾什維克底思想》（北京）期盼世上文明各國，應當輔助俄國」保守自古傳下來的文明」，更期盼」世上個個文明國，都應當以這種大好新主義來實地試驗」；[54]《未開發國之工業》（北京）、《宗教的要素及其價值》（北京）揭露了宗教信仰帶來的危害：即「由宗教狂熱帶來的迫害與紛爭」和「盲目迷信妨害人類心智與社會進步」；[55]《中國到自由之路》（1921年7月6日，北京）是在北京教育部會場作了告別演講，可以說是羅素訪華期間整個考察和思索的一個總結。[56]

在羅素看來，由於文化淵源，可以將中國看作一個藝術之域，其具有藝術家所帶有全部善惡之德，善可利人，而惡則害己。西方由於強調進步與效率而變得強盛，而中國則完全相反，直到西方侵擾之前，還能保持著社會的順暢。然而，當國門打破之後，中國必須面對不同的兩大外國勢力：一是西方；另一是日本。因而，中國的命運，有三種可能：一、中國可能為一個或數個西方國家所侵佔；二、中國為日本所獨霸；三、中國恢

---

[53] 羅素：〈教育之效用〉，《晨報》，1920 年 10 月 24 日。

[54] 羅素：〈布爾什維克底思想〉，《民國日報》，1920 年 11 月 29 日。

[55] 羅素：〈宗教的要素及其價值〉，《少年中國》，1920 年 8 期。

[56] 周紅安、張彩云：〈羅素對中國文化的評價及其影響〉，《安慶師範學院學報（社會科學版）》，2002 年 4 期。

復並重奪自由。當下還有第四種可能，即白人列強與日本共占中國。

　　羅素回顧，19世紀以前，從總體看，中華帝國之所以經久不斷，是由於靠它的地大物博，而並非窮兵黷武。西歐人飛快地富強，而變成整個世界的主人：征服了北美和南美，在非洲和印度也有巨大的勢力：「在中國受到崇敬，在日本則使人畏懼」。[57]1914年以前，某種意義上，連俄國在內，亞洲可視為一個整體，但日本例外；俄國、中國、印度等國都有廣闊的平原，易被成吉思汗一類的武力征服。中國一類的亞洲國家，經濟上自給自足，無懼外患，不必通商，國勢強大，故對進步與發展漠不關心。但日本國情大不相同，與英國一樣，它將強盛基於商業；但很遺憾，這個國家並沒有發展一個商業民族的理念，故始終抱有霸佔亞洲的企圖。日本人懷有兩個相互矛盾的野心：一方面期盼成為對抗白人侵吞亞洲的勇士；另一方面，又期盼與白人瓜分這一地區。日本往往對中國的各種勢力加以扶植；有時袒護其中一方，有時雙方都給予支持，這完全取決於誰符合自己的利益；中國的革命黨一誕生，日本就對之進行資助。

　　羅素在分析當時遠東各種勢力與趨勢時，談到了作為世界最主要勢力的美國。他認為美國人的公眾輿論是信仰和平的，此外還有工商業、新教倫理、體育衛生以及可以當成英美文化主流的偽善性（hypocrisy）。這裡所說的並非像日本外交家同西方列強打交道時的那種偽善性，而是構成盎格魯─薩克遜文化支柱的那種更深層潛意識中的偽發達的美國而言，門戶開放比瓜分勢力範圍更為有利。羅素指出，在現代戰爭中，武士道精神不再有效，況且美國人的英勇無畏與日本人並無二致；倘若兩國開戰，即便費時10年，終將失敗的還是日本。對美國來說，它的興趣表現在實行某些既有益於中國，又符合美國利益的事務；但它反對企圖讓中國經濟獨立的任何作法，特別是當這些作法是採取國家社會主義或列寧所提倡的國家資本主義的形式。

　　羅素很關注有關中國前途的問題，他看到政治獨立與文化獨立都是同樣重要的。他反復提及中國人在某些方面比西方人高明，然而，他們為國家獨立的願望而不得不降格到西方人的程度，但如此一來，對他們或對西方人都非上策。不過，羅素有些武斷地深信，如果中國制定憲法，她當然會採取聯邦制；各省將得到很大的自治，而海關、軍隊、外交、鐵路則歸中央。

---

[57]　羅素；《西方哲學史》（*A History of Western Philosophy*, Touchstone, 1972），下卷，英文版第560頁。

　　羅素訪華時，與其說他的哲學講演受到歡迎，不如說其社會政治主張更引人注目。早年的羅素就是一個「自由主義者」，第一次世界大戰中，他成了「和平主義者」，大戰後，他又轉變為「社會主義者」。劍橋大學畢業後的羅素，一度擔任了英國駐巴黎使館的名譽隨員，因太無聊，便辭了職。1994年他結婚後，便攜妻前往柏林研究經濟學和社會民主黨，並於1996年出版了他的第一部著作《德國社會民主》（German Social Democracy）。後來他回憶說：「駐德大使的夫人是我的堂姐，所以我們夫婦有幸應邀去大使館赴晚宴；但當我的妻子介紹說我們曾參加過社會主義者的一次集會時，大使館從此便把我們拒之於門外了。」[58]戰爭的瘋狂、殘酷和毀滅使羅素對資本主義文明的一切幻想破滅。1915年至1920年，他出版了《戰爭——恐懼之源》、《社會重建的原理》、《戰爭時期的正義》、《政治理想》、《自由之路》等多部有關社會政治的著作。大戰中，他作為英國工黨一員，參加了工人運動。

　　1920年2月，羅素在倫敦作了一個表現其政治理念轉變的講演，題為《社會主義與自由主義》，他提到：「這次大戰的結果，不但自由黨失敗，便是自由主義也因此減色。威爾遜總統的失敗，更是自由主義失敗的一個證據。純粹的自由主義，全靠著人與人的相互容忍，使一切事情不至於走到極端。宗教信仰的自由、民主主義、言論自由、出版自由、貿易自由這些理想，意思是說人類各階級的齟齬，不是不能和解的。我是因戰爭結果從自由主義改變到社會主義的一人；這並不是因我不信從自由主義，不過我看除非經過社會經濟改造的過渡時代，自由主義實在沒有什麼大意思罷了。」[59]1920年代，羅素的政治思想是一種自由主義、民主主義與社會主義的思想混合。1920年5至6月間，作為英國工黨代表團的成員，羅素考察了當時的新生的蘇聯，並於莫斯科會見了列寧。

　　羅素的社會主義，從實踐上說，正如他自己所坦承的是一個「不堅定的社會主義者」；從理論上說，是「不清晰精確的」，而不像他自己的哲學方法所追求的那樣。

　　羅素對社會主義理論形成的歷史很有研究。他指出，邊沁以及他的思想先驅洛克、哈特里和愛爾維修來的重要地位在於他們是英國激進主義的領袖，是無意之間為社會主義學說鋪平道路的人；作為一個過渡的學派，

---

[58]　羅素：〈我的思想發展〉，丁子江譯，載《哲學譯叢》，1981 年第 5 期，原載 P. Schilpp(ed). *The Philosophy of Bertrand Russell*, Northwestern University Press, 1944, pp. 3-20。

[59]　羅素：〈社會主義與自由主義〉，《東方雜誌》第 17 卷第 18 號。

他們的學說體系產生了兩個比它本身更重要的別的學說體系，即達爾文主義和社會主義。可以說社會主義產生於邊沁學說的全盛時代，是正統派經濟學的一個直接結果。1817年，與邊沁、馬爾薩斯和穆勒有密切交往的李嘉圖發表了一個學說，主張商品的交換價值完全出於生產該商品時花費的勞動。1825年，湯瑪斯・霍治司金發表了第一個社會主義的答辯《反對資方的要求而為勞方辯護》。同時，有豐富工廠主實際體驗的羅伯特・歐文也堅信後來稱為社會主義的學說。1927年，歐文的信徒最早使用社會主義者一詞。

在羅素看來，社會主義本來不屬哲學史範疇，而僅為政治上或經濟上的某種」主義」；但馬克思將它成為了一套哲學，並自稱將之變成了科學社會主義，並締造了一個強大的運動，通過對人的吸引和排斥，支配了歐洲近期的歷史。馬克思將民族換成了階級，並始終否認自己選擇社會主義或採取雇傭勞動者的立場有任何道德上或人道主義上的理由；他斷言，雇傭勞動者的立場是辯證法在其徹底決定論的運動中所採取的立場，並相信一切辯證的運動在某種非個人的意義上都是進步，而且社會主義一旦建成，會比已往的封建主義或資本主義給人類帶來更多的幸福。馬克思通過恩格斯和皇家委員會的報告，徹底瞭解到100年前英國工業制度駭人聽聞的殘酷，從而瞭解到這種制度很可能要從自由競爭向獨佔發展，而它的不公平必定引起無產階級的反抗運動。為此，他預言，在徹底工業化的社會中，不走私人資本主義的道路，就只有走土地和資本國有的道路。結果，俄國狂熱的馬克思信徒奪取了政權；但西方較大的工人階級運動從未成為完全的馬克思主義運動；英國工黨始終堅守一種經驗主義式的社會主義。然而，英美兩國的大批知識分子還是受到了馬克思深刻的影響。[60]

在《論教育》一書的序中，羅素宣稱，基督教、社會主義、愛國主義等形形色色的思想體系，都試圖如孤兒院那樣，給人們困苦的生活帶來有保障的安慰感；而自由思考者決非像束縛在某個信條中的人一般覺得溫暖、安逸並為社會所認同。

儘管贊同馬克思對資本主義私有制的批判及其共產主義理想，但羅素並未認同馬克思主義的國家學說和社會革命方式。深受自由主義傳統影響的他，對國家權力始終抱有懷疑感與恐懼感；對他而言，強調國家

---

[60] 參見羅素：《西方哲學史》（*A History of Western Philosophy*, Touchstone, 1972），英文版第26章，27章。

權力的「國家社會主義」與取消國家權力的「無政府主義」都不是可取的社會制度；而理想的則是「行會社會主義」或稱「基爾特社會主義」（Guild Socialism）。在《自由之路：社會主義、無政府主義和工團主義》（1918）一書中，羅素聲言：「純粹無政府主義的社會儘管是我們應該逐步接近的終極理想，然而在目前還沒有實現的可能。即使實現了，它的壽命至多也不會超過一兩年。相反地，馬克思社會主義和工團主義雖然缺點很多，但據我看來是可以產生一個比現在這個世界更美好更快樂的世界的。但是，我並不認為它們就是最好的切實可行的社會制度；我擔心馬克思的社會主義給予國家的權力太大了。另一方面我也認為，旨在取消國家的工團主義，為了結束各生產者團體之間的敵對行為，恐怕將被迫再建立一個中央權力機關。我認為最好的而又切實可行的制度，還是基爾特社會主義。基爾特社會主義既考慮了國家社會主義者保留國家的主張，也考慮了工團主義者對國家的疑懼，它根據國和國之間採取聯邦主義的理由採取了企業與企業之間的聯合制度。」[61]

　　1920年10月26～27日，在長沙所作的演講《布爾什維克主義與世界政治》中，羅素指出，布爾什維克主義的興起是歐洲最重要的事件；布爾什維克主義實具有一種宗教的性質，它於人類的新生活很有意味，並將於未來產生很大影響。布爾什維克主義的實行，可以剷除貧富不均，而使世界貧富兩階級的人趨於平等。此主義行，可以期望世人變為共產主義的信奉者，可以免除戰爭，可望廢除重商主義，人人作工而不再有勞逸不均。此主義行，沒落的資本主義就斷絕了復興之望。資本主義的橫行，是由於受其壓迫的民眾未覺醒。歐戰以後布爾什維克主義的興起，喚醒了民眾的覺悟，資本主義便遲早會滅亡了。但羅素同時也批判道，資本主義雖因其嚴重缺陷而無複維持之望，但布爾什維克主義代之而興，能否彌補其缺陷，尚為一個問題。布爾什維克主義並不等於共產主義，這種主義的根本缺陷是太專制。西歐主張德謨克拉西，東歐主張布爾什維克，一個主張自由，一個主張專制，兩者根本對立。按布黨的計畫，消滅全國的言論自由、出版自由和思想自由，而用軍隊的訓練，兒童的教育，報紙的鼓吹，幾十年後可以實現其主義。俄國的政治，雖以平民專制相標榜，實則為政客專制。雖然布黨自謂專制為現時不得已的過渡階段，待以後目的達到了仍將回復自由；但專制恐一發而不可收，回復自由之說只能淪為空談。羅素還

---

[61]　轉引自馮崇義《羅素與中國》，三聯書店，1994年，第66頁。

認為布爾什維克主義雖然由於其工業落後和政治專制而已經失敗，但他仍期待未來共產主義的勝利。原來共產主義易行於工業國而難行於農業國，而農業尚在幼稚時代的俄國，欲一味專制而行共產主義，是不可能成功的。羅素這樣總結說，在中國工業幼稚的時代，人民的痛苦和希望必大，最好實行「科學的共產主義」，以避免走彎路而可達到改造社會和經濟的目的；而俄國的失敗就在於沒有實行科學的共產主義。《晨報》在刊載這篇演講稿的按語中稱：「先生以英國自由主義的眼光，批評俄國布林失委克，而歸結於共產主義之必應促使實現，見解頗與時流異趣。」[62]

1920年12月6日，在北京女子高等師範學校的演講中，羅素指出，布爾什維克主義最重要的觀念就是「公理」，它主張男女關係、國際關係、經濟關係、社會關係，一切都應以公平的公道為原則。而歷史的和現代的制度，都是少數貴族和資本家統治的不平等制度。只有共產主義才能消滅舊社會遺傳下來的種種不平等制度，而實現人類的平等理想。雖俄國的實踐未見成功，世界上各文明國還是應進行社會主義的實驗。[63]

1921年7月6日，在北京教育部會場作了告別演講，羅素對中國問題作了一個總結，談道，中國在政治方面不妨效法蘇俄，在經濟上要實行「國家主義」。對於中國文明應向何處去，羅素提出：一、中國統括地採用歐洲的文明，是非他所願望的，因為「歐洲文明的惡弊已為所有細心的觀察家洞見於此番大戰與其結果中了」；「這種機械的文明，頗難望其有絲毫價值，所以中國人要不去專事摹擬西方的方法，始可為自己的國家或世界圖謀幸福。」二、「中國自昔相沿的文明設基於儒教之上，而又調劑以釋教，已經到了自然剝落的程度，不能鼓勵個人的成就，或解決中國現所隱伏的內外政治的問題了。」「根本的永久的解決方法，自然惟教育是賴。」但是這種教育「必不可像從前的時代一樣，只有僥倖的少數人有讀書的特惠，也不應以僅僅讀些古書，評些古書就算教育，教育必須是普遍的，是科學的，科學又不僅取理論的，必須與近代實業經濟有密切的關聯的。」[64]

在中國新知識界，羅素的社會主義思想引起了多重的思想反響。在某些層面，羅素的社會主義方案迎合了中國馬克思主義者的需要。陳獨秀提到：「由資本主義漸漸發展國民的經濟及改良勞動者的境遇以達到社會主

[62] 羅素：《布爾什維克與世界政治》，《晨報》1920 年 11 月 2 日、3 日、9 日、10 日、11 日、17 日。
[63] 羅素：《布爾什維克的思想》，《晨報》1920 年 12 月 6 日、7 日。
[64] 羅素：〈中國的到自由之路〉沈益洪編，《羅素談中國》，浙江文藝出版社 2001 年，第 222 頁。

義，這種方法在英、法、德、美文化已經開發政治經濟獨立的國家或者可以這樣辦，像中國這樣知識幼稚沒有組織的民族，外面政治的及經濟的侵略又一天緊迫似一天，若不取急進的Revolution（革命），時間上是否容我們漸進的Evolution呢？」[65]激進的馬克思主義者尤其對羅素《中國到自由之路》中倡導的蘇俄道路熱烈歡迎，社會民主主義者則更傾心於其基爾特社會主義思想。羅素的主張成為社會主義論戰的焦點問題。1920年11月6日，上海《時事新報》上發表張東蓀《由內地旅行而得之又一教訓》一文，聲稱羅素關於「中國除開發實業以外無以自立」的主張，是「非常中肯又非常沉痛」的，中國當前的問題是要使中國人都過上人的生活，「而不是歐美現成的社會主義」等。上海共產主義小組成員陳望道、李達、邵力子、陳獨秀等曾先後撰文加以駁斥。12月1日，陳獨秀以《關於社會主義的討論》為題，將論戰雙方的文章刊登在《新青年》雜誌上。張東蓀隨即發表長文《現在與將來》，系統地論證了自己的反社會主義思想，他強調，社會主義必然代資本主義而興，但目前的社會主義都不免缺點，其中相比較，最晚出的基爾特社會主義最為圓滿。[66]1921年2月，在《複張東蓀書論社會主義運動》的長文中，梁啟超擁戴張東蓀的反社會主義思想，並加以補充或發揮。梁啟超主張，產業幼稚的中國欲振興實業而避免資本主義之害，唯有采行協社主義，此法最中正無弊，而且隨時可行。[67]

　　張梁二人的主張，遭到中國共產主義者的痛擊，其代表作如陳獨秀的《社會主義批評》、李達的《社會革命底商榷》、《討論社會主義並質梁任公》、李大釗的《社會主義下之實業》、《中國的社會主義與世界的資本主義》、毛澤東與蔡和森的通信、蔡和森的《馬克思學說與中國無產階級》、施存統的《馬克思底共產主義》等。李大釗認為，行會社會主義即使在英國也缺乏實踐價值。在階級鬥爭的現代社會，難以通過和平手段而實行勞動者管理產業，此即行會社會主義在英國難以實行的原因。[68]

　　羅素在告別演講「中國到自由之路」中關於中國走俄國之路的主張，受到馬克思主義知識分子的歡迎，正在組建共產黨的陳獨秀，一再引用並讚譽羅素的觀點，稱其中國走俄國之路的主張為「中國政黨改造的一個大

---

[65]　陳獨秀：《複東蓀先生底信》，《中國現代思想史資料簡編》，第1卷第77頁。

[66]　張東蓀：《一個申說》，《中國現代思想史資料簡編》，第1卷第632頁。

[67]　梁啟超：《複張東蓀書論社會主義運動》，《中國現代思想史資料簡編》，浙江人民出版社，1981年，第1卷第244頁。

[68]　李大釗：《社會主義與社會運動》，《李大釗文集》（下），人民出版社，1984年，第435頁。

大的暗示」。[69]羅素離華後,對之失望的張東蓀撰文批評他的告別演說與其以前言論多有自相矛盾之處,因而其中國改造的主張不足為訓。[70]有意思是是,羅素對中國人爭論社會主義也頗有微詞,在1920年10月14日致柯莉信中,他嘲諷地語調說道:中國的社會主義者「兩手抱胸,高談闊論社會主義,而日本人、俄國人、英國人、美國人則都忙於掠奪中國的富源」。

離開中國後,羅素在《中國問題》一書中特別指出:中國人若能對西方文明揚善棄惡,並結合自身的傳統文化,定會獲得輝煌的成就。然而必須避免兩種極端的危險,也就是既不要全盤西化,丟失傳統,否則僅會多一個工業化的軍事強國,而為這個多災多難的世界更加添亂;也不要在抗禦列強的侵略中,產生籠統拒斥西方文明的關門主義。

在訪華前,對羅素來說,中國還算是一個完全陌生的文化。他不得不問自己,終極價值是什麼,究竟是什麼讓一個文化或社會比另一種「更好」。他認為,不同的人有不同的答案。對這些問題,他強調各種答案只是個人主觀的偏好。他只願意表達他自己的意見,並希望讀者會同意他。羅素主張,不僅可以判斷一個國家應該如何對待自己,而且可以判斷它如何對待他國。羅素常用「我們的」這樣的字眼,這有著深刻地意味,它包括大英帝國以及當時其他西方列強,當然也包括日本。他指出,「我們的繁榮」是以犧牲眾多的弱國來確保自己;而中國卻通過自己的辛勤勞動獲得。對他而言,中國將決定未來整個世界歷史的進程。中國巨大的資源是由自己,還是由日本,或西方來控制是一個極為重要的問題,這不僅影響整個中國文明的發展,而且影響全世界「平衡的力量」、「和平的前景」、「俄羅斯的命運」、「走向更美好的經濟系統」以及「先進國家的發展機會」。這段90多年前的話今天仍然有效。中國的文明和資源是掌握在中國人的手中(不過相當多的領土被俄羅斯、印度、日本等一些周邊國家侵佔),世界力量的平衡仍在不斷變化,俄羅斯的命運仍不確定,更好的西方經濟體系(即社會主義)仍是一個遙遠的夢想,但中國的經濟發展的確對全球產生了積極的影響。至於羅素在《中國問題》中所說的「和平的前景」,在其預見後,中國發生了北伐戰爭、十年內戰,八年抗戰,三年內戰,朝鮮戰爭,對印戰爭,對越戰爭等,當前又面臨遏制中國崛起的各種勢力。今天,西方將中國看作未來的威脅,甚至美國軍方已制定應急

---

[69] 陳獨秀:《政治改造與政黨改造》,《獨秀文存》,安徽人民出版社,1988年,第622頁。

[70] 張東蓀:《後言》,《時事新報》1921年7月31日。

計畫，準備對華開戰。不管怎麼說，羅素先見之明地看到以經濟資源為重點的中國當代史。

在討論中國的內部狀態，羅素指明有兩種方式可使中國可以擺脫帝國主義統治：其一，讓中國具有強大的軍事實力，但這將是一場災難；其二，由於資本主義制度揭示了其本質為強者對弱者的一種掠奪性的關係，中國唯一真正的解決方案是「社會主義」。出乎羅素意料的是，並不一定非此即彼，中國可能通過軍事手段擺脫西方列強的統治，並同時採納「社會主義」。羅素沒有預計到一場大戰可以成為契機，使受害國打破了帝國主義的控制，而獲得自由和獨立。無論如何，羅素為中國制定的「唯一」解決方案是不著邊際的，並且對國民黨與共產黨的角色定位也是不中肯的。

有意思的是，有一點羅素的預測是準確的，即有關中國的人口與出生率問題。中國政府所制定引進節育和獨生子女政策是一個激烈步驟，現在正在重新評估，但可能有助於避免一個無法控制的人口爆炸。

根據羅素的看法，中國面臨一個嚴重問題是缺乏普及性的現代教育體系，但沒有預見到中國社會主義革命。普及教育是一個先決條件，中國工人需要教育和技能。中國共產黨掌權後，立即展開了大規模的掃盲計畫，並建立了各種層級的學校機構。然而，像所有其他國家一樣，中國工業化最初開發的方法是「骯髒和殘忍」。知識分子希望得知「國家實現工業化生產的一些不太有害的方法，但到目前為止還沒有這些辦法」。對於這一點，羅素當年就預測到了當前中國所遭遇的極為嚴重的環境污染問題。

對羅素來說，國家資本主義或國家社會主義本質上是相同的，它將是中國最好的方式。這個預見，在今日的中國得到了初步的驗證。

在羅素看來，與科學知識相比，中國傳統的信念更注重倫理道德的說教。當然這種觀點是來自儒家傳統，但或多或少作為前工業社會的寫實。而羅素倡導，以對世界的正確認識為基礎，以理性為前提，以「詳盡的科學知識」為首選，可將一個前工業社會推進到一個更高的水平。在20世紀50～60年代，當時的中國領導層以政治掛帥，即以「正確的道德情感」作為行動指南，並不顧任何經濟與科學的空想，結果導致了大躍進與無產階級文化革命的雙重災難。儘管毛澤東用馬克思主義的術語，試圖解釋其思想，但他信奉的觀點是自創的「馬克思主義」。如果羅素是正確的，這是一個用馬克思主義禮服所包裝的儒家世界觀的變種。

羅素在談到遠東問題時，提及20世紀20年代在這一地區的力量平衡，並側重於中國，日本，俄羅斯和美國的力量和趨勢。從今天眼光看，羅素

對美國影響的分析相當透徹，的確，二次大戰，尤其是冷戰後，美國已經發展成為單極的超級大國，充當世界員警的角色。

羅素預測，布林什維主義不可能在中國取得很大的進步。為此，他給出三個方面的原因：一、中國有分散狀態的封建主義，而布林什維主義需要一個中央集權的國家。不過，羅素似乎並不瞭解一個革命會扭轉這一趨勢。二、中國是更適合無政府主義，因為中國有很大的意義上的個人自由，而布爾什維克需要更多控制權。但羅素忽略了中國歷代皇朝的專制與集權。三、布林什維主義反對「私人交易」，而這正是所有中國文人的生活習慣。然而羅素忘記了，當時百分之九十以上的中國人基本上是文盲，而且大部分又是身處封建地主勢力控制下的農民。據羅素之見，布林什維主義最大的吸引力是使中國青年覺得可以跳過資本主義發展階段。但他指出，事實上，作為信條布林什維主義，即馬克思主義將不真正具有任何持久的吸引力。布林什維主義的確「作為一種政治力量而有一個偉大的未來。」也就是說，布爾什維克的俄國將繼續進行在亞洲的巨大博弈，並步沙皇帝國主義的後塵，因為「俄羅斯人有一種殖民的本能」。但羅素仍信奉社會主義，反戰主義的他認為，作為破壞力的戰爭會造成「沒有任何形式的文明能夠生存下去。」而只有國際社會主義建立在世界各地時，才能夠反抗資本主義的壓迫，而保障永久的和平。

由於美國在第一次世界大戰中毫髮未損，它能夠提供多餘可用資本的投資，將在中國未來發展充當重要角色。金融家是美國文明最燦爛的功能，中國必然也會走這條路。美國將為中國建設和教育機構做出了巨大貢獻。美國將鼓勵中國發展一個穩定的政府，促進國民收入的增加，對美國商品開拓市場，並阻止其他大國插手。美國試圖強加清教徒的道德觀給中國，因為它認為自己的國家和生活的方式是「完美」的。

當年羅素展望，由於其人口和資源，中國有能力僅次於美國，而成為第二個在世界上最偉大的力量。21世紀10年代的今天，在美國經濟下滑的同時，中國已經成為世界第二大經濟體。羅素聲稱，有三個先決條件會使古老的中國充分發揮其潛力：其一，建構起廉潔有效組織良好的政府；其二，高度發展工業化；第三竭力開辦教育，加強國民素質，著重造就尖端科技人才，並儘量多派留學生赴歐美深造，但還是仍依據自身的教育培養更多的人才。目前，三個先決條件已經達到或初步達到。對於第一條，羅素指出，在20世紀20年代，中國處於無政府主義狀態，薄弱的中央政府與軍閥混戰。他設想最終應實現憲制架構和議會的政府形式，但又警告說，

即使這樣，也必須遵循列寧主義政黨的民主集中制。羅素描述道：這將是真正進步的全國人民團結起來，遵守紀律的社會，經集體決策後，其所有成員都支持和執行這些決策。對於第二條，中國應具備真正的經濟自由和需要，對自己的鐵路和自然資源進行有效控制。中國政府應該擁有鐵路和礦山以及其他「數額較大」的行業。羅素期望中國具有一個強大並誠實的政府，這樣就可超越資本主義階段，而實行社會主義。但這是一件相當棘手的事情：如果超越得太遠，太快，就可能絆倒。對於第三點，羅素認為，如果大部分的人口無法受到教育，真正的民主是不可能的。教育本身是一個很好的，但也是必要的政治意識，但在中國農村幾乎沒有得到發展。

羅素希望中國將西方科學與自己的傳統文化相結合，從而創造新的文明，並克服西方資本主義的不足之處。在21世紀，中國也許正在實現羅素的很多預見，它告別了激烈的革命主義，逐步擺脫或淡化了意識形態的束縛，以務實主義、經濟主義加科學主義為中心指導，在現代化、資本化、市場化、工業化、商業化、都市化等訴求下，實現著「中國特色的社會主義」。

早在18世紀中葉，拿破崙曾預言：「最好讓中國長睡不醒，一旦它醒來時，就會搖撼世界。」1897年，美國海軍戰略專家兼歷史學家馬漢（Thayer Mahan）也曾預言：「東亞的興起勢必向西方強權挑戰」；「中華民族是一股強大的勢力，是未來西方文明最大的威脅。」1900年，在《亞洲問題》（*The Problem of Asia: Its Effect Upon International Politics*）一書中，馬漢進一步預言」中國和印度的崛起」，「作為強大勢力的中國復興，將阻礙美國控制西方以及南太平洋的能力。」為此，他主張在太平洋地區結成聯盟用以抗衡中國的崛起。與此相關，1918年，德國哲學家史賓格勒（Oswald Spengler）出版的《西方的沒落》（The Decline of the West）一書則從另一個角度加強了憂患意識，為對付所謂亞洲尤其是中國的崛起出謀劃策。

我們重溫一下大歷史學家湯恩比（Arnold Joseph Toynbee，1889～1975）的預言：

> 東亞有很多歷史遺產，這些都可以使其成為全世界統一的地理和文化上的主軸。依我看，這些遺產有以下幾個方面：第一，中華民族的經驗。在過去二十一個世紀中，中國始終保持了邁向全世界的帝國，成為名副其實的地區性國家的榜樣。第二，在漫長的中國歷史

長河中，中華民族逐步培育起來的世界精神。第三，儒教世界觀中存在的人道主義。第四，儒教和佛教所具有的合理主義。第五，東亞人對宇宙的神秘性懷有一種敏感，認為人要想支配宇宙就要遭到挫敗。我認為這是道教帶來的最寶貴的直感。第六，這種直感是佛教，道教與中國哲學的所有流派（除去今天以滅絕的法家）共同具有的。人的目的不是狂妄地支配自己以外的自然，而是有一種必須與自然保持協調而生存的信念。第七，以往在軍事和非軍事兩方面，將科學應用於技術的近代競爭之中，西方人雖佔優勢，但東亞各國可以戰勝他們。日本人已經證明了這一點。第八，由日本人和越南人表現出來的敢於向西方挑戰的勇氣。這種勇氣今後還要保持下去，不過我希望在人類歷史的下一階段，能夠把它貢獻給解決人類問題這一建設性事業上來。……在現代世界上，我親身體驗到中國人對任何職業都能勝任，並能維持高水準的家庭生活。中國人無論在國家衰落的時候，還是實際上處於混亂的時候，都能堅持繼續發揚這種美德。將來統一世界的大概不是西歐國家，也不是西歐化的國家，而是中國。且正因為中國有擔任這樣的未來政治任務的徵兆，所以今天中國在世界上才有令人驚歎的威望。中國的統一政府在以前的兩千二百年間，除了極短的空白時期外，一直是在政治上把幾億民眾統一為一個整體。而且統一的中國，在政治上的宗主全被保護國所承認。文化的影響甚至滲透到遙遠的地區，真是所謂」中華王國」。實際上，中國從西元前二二一年以來，幾乎在所有時代，都成為影響半個世界的中心。最近五百年，全世界在政治以外各個領域都按西方的意圖統一起來了。恐怕可以說正是中國肩負著不止給半個世界而且給整個世界帶來政治統一與和平的命運。[71]

　　21世紀，中國的崛起，尤其成為世界第二大經濟體，一掃鴉片戰爭以來貧弱落後的形象，同時自然也將自己推向了東西方物質與精神文明撞擊的風口浪尖。自17～18世紀以來，針對中國的兩個術語「崇華派」與「恐華派」，在當今的世界格局中，又以新的解讀將不同的國家和人們分為了兩種中國觀，或兩種對華陣營。[72]

---

[71] 湯恩比：《展望二十一世紀　湯恩比與池田大作對話錄》，國際文化出版公司 1997 年版，第277 頁。

[72] 有學者將這兩個英文術語譯成「中國之友」和「中國之敵」。以本書著者看，將 Sinophobia 譯

　　大文豪茨威格說過：「思想雖然沒有實體的，也要有個支點，一失去支點它就開始亂滾，一團糟地圍著自己轉；思想也忍受不了這種空虛。」在對待東方文明，尤其是中國文明上，既出現過有堅固支點的真知灼見；但也產生過毫無支點而亂滾的謬言胡說；另外還有一些是理性評判與情緒挖苦相雜，客觀分析與主觀臆測並立，條理清晰與自相矛盾共存，愛莫能助與幸災樂禍交織。雖有咒華辱華恐華仇華之嫌，但也不失為從反面敲起的警鐘。有時候，西方人的負面評價常常涉及的是全球的華人，而非僅僅是某一地區的華人，因為其最終是從文化本源說起的，而非僅僅指政治制度與意識形態。英文原文中的「Chinese」並無明顯歧義，但一旦根據需要譯成中文的「中國人」或「華人」，這就似乎有了區別。羅素的中國觀不可能完全正確，但這位大哲的思想建立在一個堅實的支點上。對於他的中國重建思想，前面提過，中國的各種精英都作了一定的評論。西方學者也有不同的評價，近來有學者認為：羅素《中國問題》一書「用某種高調的新聞觀察來表述他自己在中國的經歷。羅素提供了對中國的很多總結和預測。顯然其中有一些並不中肯，而更多則具有先見之明。」[73]羅素並非占卜家和算命先生，他對中國重建所提出的預見和建議，儘管其中有很多相當正確合理，甚至閃爍著天才的洞見，但畢竟受到時代的局限，不可能事事料事如神，甚至還有著一定的謬論與誤導。不管如何，羅素對中國觀感與研究探索的出發點是認真的、理性的、客觀的和正面的。他的研究成果對我們這些炎黃子孫在中華文化的復興與中華民族的崛起中有著難以忘懷的啟示。

　　除了專著《中國問題》以外，從1920至1922年，羅素還發表過20餘篇有關中國的專文，如〈對中國的第一印象〉、〈至上海生活雜誌編輯的信〉、〈中國人的快樂〉、〈至新共和雜誌編輯的一封信〉、〈中國到自由之路〉、〈中國南方的資本主義〉、〈中國與列強〉、〈中國的未來〉、〈為中國的一個抗辯〉、〈中國與中國的影響〉、〈中國的一些問題〉、〈中國的獨立是可能的嗎？〉、〈現代中國的描畫〉、〈華盛頓怎樣幫助中國？〉、〈中國的重建〉、〈中國的糾紛〉、〈「督軍」、不是「教師」〉、〈作為一個歐洲激進分子所見到的〉等等。[74]我們今天再讀羅

成中國之敵恐怕過重，若譯為「恐華派」或「恐華症」更為恰當，因為不喜歡中國文化的人，並不一定是敵人；相應而言，Sinophilia 則可譯為「崇華派」。

[73]　Peter Zarrow: "The Problem of China: A Revisitation", *The China Beat*, 11/25/2008.

[74]　參見羅素：《羅素文集》（*The Collected Papers of Bertrand Russell*, Routledge, 2000）第 15 卷，

素當年的種種評述，也許可以以文為鑒，在其有時過高的評估，甚至讚譽中，較清醒地察覺中華文化中的某些缺陷、弊端，甚至致命的劣根性。

第 247 ～ 377 頁。

第八章　1920年代中國的羅素化與杜威化[1]

到過中國的旅遊者發現，獨具魅力的中國優良文化傳統頗難保持下去。它必將隨著工業化的到來而消失。但是，有些東西仍然可以保留下去，如中國人的某些無與倫比的優秀道德品質。這些優秀的品質正是現代社會生活最最迫切需要的。——羅素[2]

　　杜威（John Dewey，1859～1952）與羅素是20世紀的兩位卓越的西方哲學家。有意思的是，西方竟有人稱他們倆是「哲學中的孿生兄弟」。[3]他們都於1920年先後訪問了中國。向哥侖比亞大學申請了學術休假（Sabbatical leave）的杜威在訪日時，接到北京大學的講學邀請；就在五四運動爆發的四天前，即1919年4月30日，杜威夫婦到達中國，開始了持續超過兩年訪華演講。5月12日，孫中山設宴招待了杜威夫婦。羅素於1920年10月12日到達中國，並與杜威在長沙見了面，後來又在同住在北京，時常碰面討論有關哲學問題，因而建立了一定密切的私人關係。在這個國家的轉型時期，這兩位哲人都曾對中國有過十分重要影響。當時，為發揚五四運動的精神，中國新型的知識分子試圖尋找一個理想的道路來重建自己的祖國。他們繼續歡迎德（民主Democracy）先生與賽（科學Science）小姐。杜威與他的妻子以及羅素與他的第二任妻子被當成了德先生與賽小姐的化身。1930年代，近代史學家郭湛波評價道：「中國近五十年思想最大之貢獻，即在西洋思想之介紹……這些介紹對於中國近代思想影響甚大，尤以杜威、羅素之來華講學（為最）。此外如德國哲學家杜里舒之一九二二年講學，印度大詩人、哲學家太戈爾之一九二三年之來華講學，都給中

---

[1]　本章的英文版 A Comparison of Dewey's and Russell's Influences on China 曾發表在 Dao: a Journal of Comparative Philosophy, VI.2. 2007.

[2]　羅素：《中國問題》，秦悅譯，學林出版社，1996 年版，第 168 頁。

[3]　John L. McKenney. 1959. "Dewey and Russell: Fraternal Twins in Philosophy," *Educational Theory*，Volume 9, Issue 1, pp 24-30, January 1959.

國思想上不少的痕跡。」[4]

杜威與羅素在中國各自都作了所謂五大講演。杜威的題目是：「社會哲學與政治哲學」；「教育哲學」；「思維的方式」；「我們時代的三大哲學家（柏格森、羅素、詹姆斯）」；以及「論倫理學」；其實杜威一共作了58次大大小小的講演。而羅素的題目是：「哲學問題」；「心的分析」；「物的分析」；「數理邏輯」；以及「社會的結構」；此外羅素還作了近20次其他各種題目的講演。蔣夢麟評價說：「這兩位西方的哲學家，對中國的文化運動各有貢獻。杜威引導中國青年，根據個人和社會的需要，來研究教育和社會問題……他的學說使學生對社會問題發生興趣也是事實。這種情緒對後來的反軍閥運動卻有很大的貢獻。……羅素則使青年人開始對社會進化的原理發生興趣。研究這些進化的原理的結果，使青年人同時反對宗教和帝國主義。」[5]據當時《民國日報》記述，杜威來華所講，皆「教育上之德謨克拉西」，叫學生自主自治，注重平民教育，實行社會服務；「某教員」聽後大不謂然，對同事說：「請他演講，是請他勸學生用心讀書，聽我們的教訓。哪曉得他總在叫學生革我們的命，真是豈有此理！」[6]

在杜威與羅素之間有一些相似性：一、在政治上，都相信自由主義和個人主義；二、在文化上，都主張了科學主義、聖像破壞以及反宗教主義，這些都會適應新中國知識分子的需要，如反儒家、反規範、反倫綱等；三、在哲學上，都強調經驗主義與實證主義；四、在教育上，都傾向進步主義與功能主義。然而，我們應當考察兩位哲學家的區別而並非那些相似性。有三種可能的方法討論這個問題：一、通過兩位哲學家之間的辯論；二、通過中國知識分子對兩位哲學家的評論或批判；三、通過兩位哲學家活動的結果。本章將集中討論關於20年代兩位大哲對中國不同影響的比較。

---

[4]　郭湛波：《近五十年中國思想史》，山東人民出版社1997年版，第282頁。
[5]　蔣夢麟：《西潮》，遼寧教育出版社1997年版，第114頁。
[6]　)《杜威講演會中之趣聞》，《民國日報》（上海）1920年11月12日，第2張第8版。

1921年，羅素、杜威與趙元任。

一、「羅素化」與「杜威化」的區別

1914年4月，在哈佛大學形而上學俱樂部舉辦的年會上，第一次訪美的羅素與比他年長13歲的杜威首次碰面。第二天宣讀論文後，杜威還參加了對羅素論文的討論會。當時羅素對美國哲學界頗不以為然，在他看來多數學者是良善的，但並無任何良好素養；而認為杜威是一個例外，但也很有保留，他在給奧托琳的信中這樣評價：「他有一個很沉緩的思想（a large slow-moving mind），非常注重經驗而且公正，並具有某種冷靜和無偏頗的自然力量。」[7]在創辦燈塔山小學時，羅素曾寫了一封信對杜威為自己《論教育》一書的書評致謝。這兩位大哲的友誼主要還是在訪華中形成的。羅素後來讚揚杜威是「美國活著的引導思潮的哲學家」；「不僅對哲學家，而且對教育、美學和政治理論的學者有著深刻的影響」。在《西方哲學史》中，羅素為杜威專門寫了一章，可見對他的推崇，而同一時代不少有名的哲學家就沒有資格排上。

---

[7]　轉引自摩爾海德（Caroline Moorhead）：《羅素一生》（*Bertrand Russell: A Life*, Viking, 1993），英文版 199 頁。

1920年，杜威夫婦訪問南京。

　　與羅素不一樣，杜威出生於美國佛蒙特州的一個普通家庭。1879年畢業於佛蒙特大學，1884年獲約翰・霍普金斯大學哲學博士學位。1884～1888，1890～1894年在美國密歇根大學，1889年在明尼蘇達大學教授哲學。1894～1904年在芝加哥大學任哲學系、心理學系和教育系主任，1902～1904年還兼任該校教育學院院長。這一期間所寫的《學校與社會》（*The School and Society*）（1899）一書被公認是他的所有作品中影響最大的。1904～1930年，他在紐約哥倫比亞大學哲學系兼任教授教職。還擔任過美國心理學聯合會、美國哲學協會、美國大學教授聯合會主席。1896年他創立一所實驗中學作為他教育理論的實驗基地，並任該校校長。反對傳統的灌輸和機械訓練的教育方法，主張從實踐中學習。提出教育即生活，學校即社會的口號。其教育理論強調個人的發展、對外界事物的理解以及通過實驗獲得知識，影響很大。杜威曾經到世界許多地方演講，宣揚他的想法，他曾經到過中國、印度、日本等訪問，因此他的思想也影響著美國以外的地區。

　　羅素表示，杜威同自己一樣，在訪俄與訪華中受了很大影響，前者是消極的影響，後者是積極的影響。1919年底，羅素即將來華講學，主辦方特請已先到中國近一年的杜威介紹一下羅素的思想，於是他在北京專門做了「當代三大哲學家」的演講，講的是美國的詹姆士、法國的柏格森，以及英國的羅素。羅素來華後，在湖南督軍舉行的宴會上，見到了杜威，後

來在羅素生病時，受到他的親切照顧。杜威說，自己被羅素感動了，因為他在病中說胡話時，竟還念念不忘反戰與和平。據當時報導，杜威是去接受羅素的遺囑的；有這樣一段評論：「在杜威訪問垂死的羅素時，羅素正計畫終結中國一場全國性的大辯論，即他與中國共產黨的領袖陳獨秀，並吸引了眾多中國知識分子如年輕的毛澤東和朱德等關注的大辯論。」[8]在中國，杜威比羅素訪問的地方要更多，除江蘇、浙江、湖北、湖南、河北外，還去過江西、福建和廣東等地；當時中國的22個省，他就去過13個。在這個國家的偉大轉型時期，這兩位哲人都曾對中國有過十分重要影響。當時，為發揚五四運動的精神，中國新型的知識分子試圖尋找一個理想的道路來重建自己的祖國。

1921年，杜威夫婦與福州學界人士。

兩大巨匠幾乎同時訪華，人們就難免會作比較。杜威的教育思想，對當時的中國要比羅素要廣泛而深遠得多。與擅長講演，瀟灑自如，口若懸河的羅素相比，杜威顯得木訥呆板，口才不佳；此外他也很不修邊幅，有一種美國式的隨便，上講臺時，領帶鬆垮，頭髮也是亂糟糟的。從客觀上講，晚一年訪華的羅素搶了杜威不少風頭；而且兩人在理念上也漸行漸遠；杜威嘴上不直接說，但對羅素在中國時的一些言行頗有點不以為然，他在給兒女的信中多少表露了一些微詞；幸虧杜威的夫人還是盡力作了一

---

[8]　轉引自迪庫曾（G. Dykhuizen）《杜威的生平與思想》（*The Life and Mind of John Dewey*, Southern Illinois University Press, 1973），英文版第 198 頁。

些平衡，不斷緩和氣氛，因而與羅素和朵拉始終聯絡感情。[9]更重要的是，兩人背後的邀請主辦單位本來就有點互別苗頭，呈現了某種競爭的態勢。胡適竟對羅素的講演連一次都沒有出席。

1921年6月30日午間，北京大學、男女高師、尚志學會等在北京中央公園來今雨軒為杜威博士夫婦及其女兒餞行。杜威深情地表示：「這兩年，是我生活中最有興味的時期，學得也比什麼時候都多……我向來主張東西文化的匯合，中國就是東西文化的交點」。杜威返美後，同羅素一樣，始終對中國滿懷眷念，連續在《新共和》和《亞洲》等雜誌上發表有關中國的論文；正如他的女兒珍妮・杜威所說的：中國一直是杜威深為關切的國家，這種關切僅僅次於他自己的祖國。

當羅素在美國遭受迫害時，杜威挺身而出仗義直言，他編輯了著名的《羅素案件》一書，揭露真相，並為羅素進行了有力的辯護和支持。

羅素這樣評價並非「純粹」哲學家的杜威：「人們公認他是美國活著的排名第一的哲學家。對此，我完全贊同。他對哲學家，並且也對教育家、美學家以及政治學家，都有深遠的影響。」在羅素看來，杜威是一個高貴品德的人，一個主張自由主義的人，一個待人寬厚而親切的人，以及一個勤奮工作的人。同威廉・詹姆士一樣，作為新英格蘭人的杜威，繼續百年前的偉大新英格蘭人的一些後代子孫早已擯棄的自由主義傳統。

1934年，《現代季刊》曾邀約杜威、羅素以及考亨（Morris Cohen）三人對「為什麼我不是一個共產主義者？」這一問題發表意見。杜威比羅素的態度似乎更為堅決。

某次，羅素聽杜威說過，他既然艱難地將自己從正統神學中解放出來，就不會再束縛於另一套神學。對此，羅素說道，在這些方面，「他與我的看法幾乎完全相同」。羅素說幾乎完全贊同杜威的不少看法，例如同意他對傳統的「真理」概念的批評。不過儘管對他的敬仰以及與他的親密友誼，希望同他的觀點完全一致，但還是很遺憾，自己不得不對他獨有的哲學體系加以批評，即將「探索」當作邏輯的要素而取代「真理」，並當作邏輯和認識論的基本概念。羅素指出這個理論的要害在於把一個信念與「證實」這個信念的那件事實或那些事實之間的關係割裂開來了；並聲稱與杜威之間的主要分歧是，他從信念的效果來判定信念，而自己則從從信

9　參見摩爾海德（Caroline Moorhead）：《羅素一生》（*Bertrand Russell: A Life*, Viking, 1993），英文版第 327 ～ 328 頁。

念的原因來判斷。羅素對杜威比對另一個實用主義領袖人物詹姆斯要更為尊敬，因為他「非常真正的科學稟性」具有感染力，但羅素又說：「對我來說存在某種由工具主義所引起的令人不愉快的深刻直覺：即一種來自深思，並從一個人的人格所擺脫出來的直覺。」[10]當美國西北大學哲學系的謝爾普（P. Schilpp）教授編輯「活著的哲學家圖書館叢書」系列時，把《杜威的哲學》（1939）排在第一部，《桑塔亞那的哲學》（1940）第二，《懷特海的哲學》》（1941）第三，《摩爾的哲學》（1942）第四，而《羅素的哲學》（1944）則是第五。但有意思的是，在《杜威的哲學》一書中，羅素那篇寫於一次大戰前題為「杜威的新邏輯」批評文章被人看作相當可笑而又陳腐。儘管杜威對羅素的批評很惱怒，但還是耐心地進行辯解性回復。杜威認為羅素錯誤地理解了自己的論證，因為後者將實用主義看成一種滿足個人欲望的真理論；「羅素先生首先將某種可疑的情形（situation）歸於某種個人的懷疑，儘管我始終反復將這兩種事情加以區別。」[11]羅素則寫道：「對杜威的閱讀使我瞭解到我自己沒有察覺到的形而上學以及他的形而上學。」[12]有評論說，實際上，這兩位大哲從來沒有真正喜歡過對方，他們之間有著很深的隔閡。

　　為什麼杜威於1920年代對中國有著重大影響？在那期間，有許多主客觀原因，其中之一就是哥倫比亞大學中國高足強有力的「宣傳」。所有這些杜威門徒在中國教育界都是主導人物，而且在五四運動都有著重大貢獻，如胡適、蔣夢麟、陶行知和馮友蘭等。連杜威都驚訝地說：「中國到處布滿了哥倫比亞大學的人！」[13]這些教育界的權威人物都不遺餘力地宣傳和推廣恩師，一時間從都市到鄉村造成了一種全國性的杜威教育熱。在他們當中，胡適無疑充當了宣傳杜威的一個統治角色。當胡適於1917年4月獲哥倫比亞大學博士學位時，他已成為杜威的一個熱心追隨者，並開始系統地學習杜威的思想。1915年夏，胡適回國後，至少其任務之一就是將介紹杜威的實驗主義或工具主義作為科學方法介紹給中國。胡適說道：「作為一個哲學上的實用主義者，我對朋友們提倡白話實驗……我已經為我的

---

[10]　羅素：〈實用主義〉和〈杜威教授有關實驗邏輯的論文〉，《哲學論文集》（*Philosophical Essays*, Simon and Schuster, 1966），英文版第 110～111 頁，第 19 頁。

[11]　維斯特布魯克（R. B. Westbrook），《杜威與美國民主》（*John Dewey and American Democracy*, Cornell University Press, 1991），英文版第 497～498 頁。

[12]　羅素：〈杜威的新邏輯〉，謝爾普編《杜威的哲學》，英文版第 135～156 頁。

[13]　杜威：《發自中國和日本的信件》，英文版第 243 頁。

新詩集發現了一個題目叫做《嘗試集》」。[14]著名旅美華裔學者林毓生將胡適開展的運動稱作「杜威化（Deweyanization）」。他認為，胡適的科學改革是對作為整體杜威化的一個主要手段，因為胡適現代西方文明的概念只有一個含義而不是多義的，「目的很明確，對中國文明進行杜威化。」[15]

1921年，訪問福州的杜威與一名中國兒童。

　　相對而言，羅素比杜威更有聲望。對中國知識分子來說，羅素是一個傳奇人物、一個聖賢以及一個創造性的哲學天才，充滿魅力的社會理想、偉大的慈善、高尚的個性以及豐富多采的人生經歷。在中國的演講中，杜威將羅素高度讚譽為「我們時代三位最重要的哲學家之一」。在羅素訪華前，他的超過10部重要著述被翻譯或得到評述，他的生平也被介紹給了中國知識分子。中國激進自由主義者和左派分子都歡迎羅素，重要原因是他

---

[14]　胡適：《中國的文藝復興》，北京：外語教學與研究出版社，第 52 頁。
[15]　林毓生：《中國意識的危機》，英文版地 85～95 頁；《五四運動的反思》，英文版第 48～49 頁。

贊同社會主義，並曾到蘇聯參訪。實際上，羅素的著述在年輕人和識分子中比杜威更得到廣泛的傳播。然而，這種情況並未持久多長，當他對蘇聯的批判文章被翻譯後，激進左翼人士對此非常失望。很顯然，新中國知識分子中如張申府和趙元任等人以很大的期望試圖在中國進行羅素化的運動。具有諷刺意味地是，不同於杜威，邀請羅素的並非五四運動領導人物的胡適、陳獨秀和李大釗一類的新知識分子，而是由梁啟超等保守的知識分子。因此，羅素錯過了直接與那些激進知識分子領導人物對話的機會。

可以說，1920年代的中國經歷了一個「羅素化」與「杜威化」的交叉過程。

所謂羅素化（Russellization）包括以下三個方面：

其一，中國的重建應該跟隨羅素的社會理想。羅素主張：一、中國應發展工業中止極端貧窮；二、中國應建立一個高效率與憲政化的議會政府，從而得到愛國與具有世界頭腦的平民的支援，中止軍事政變與外國控制，並避免濫權的官僚獨裁；三、中國應建立可能叫做「國家社會主義或列寧稱為國家資本主義」的一種新的經濟制度，因為在中國這一類落後國家不適於建立純粹或完全的社會主義；四、在當前經濟發展階段，俄國類型的共產主義也許可適用與中國，因為其緊迫問題是迅速發展生產，儘管它在西歐不能流行，而且對世界和平也並非一種理想的制度；五、中國的改革應採取和平主義以及非暴力方式。

其二，中國教育的重建應該跟隨羅素的模式。羅素主張：一、教育可能幫助中國避免貧窮和落後；二、中國教育應教更多科學與技術技能，而並非從西方文化中獲得的有關道德或倫理格言；三、中國教育應發展民眾的政治意識，並避免使中國學生盲目崇拜西方文明的那些外國控制。[16]

其三，中國想法的重建應該跟隨羅素的哲學方法。羅素建議：一、新中國哲學應建立在現代科學，而非神祕主義的基礎上；二、中國知識分子應運用哲學分析與數理邏輯方法，並取代浪漫式的綜合；三、中國應放棄傳統儒家與道家被動農業和家庭倫理，並發展公共精神、愛國主義或西方民族主義；四、中國應有反宗教運動，除基督教、佛教以及伊斯蘭之外，還包括將馬克思主義作為宗教的形式。[17]

所謂杜威化（Deweyanization）包括以下五個方面：

---

[16] 周策縱：《五四運動》，英文版第 232 ～ 239 頁。
[17] 馮崇義：《羅素與中國》，三聯出版社，1994 年，第 106 ～ 128 頁。

其一，任何進化與漸進的改革，包括漢語作為社會和文化變動的一個有效手段，都被認為是來自杜威工具主義基本的教條；在一定的意義上，中國改革就是實踐杜威的基本方法。在他的主觀解釋中，胡適企圖將杜威的科學方法作為一個首要條件來解決中國的社會和文化問題。對胡適來說，在中國，一種科學傳統的創立是在為面對美國優越文化，在心理上所需要的中國資源，「與他為杜威化中國的熱情目的在理智上所需要的建立改良派手段之間相互作用的結果」。[18]

其二，正如任何一種古老文化，中國文化需要新的「包裝」、「裝飾」和「充電」；「西洋化」僅僅是為結束中國文明活力（vitalization）的手段。在採取了杜威的工具主義之前，胡適對儒家與中國文化傳統的觀點決非是負面的，而從這以後，他開始創立一種方式來改造它們。顯然，這種方式就是根據杜威的科學方法。胡適對杜威的發現決定性地將其早先簡單、模糊、試探性，但真正改良派態度，轉變成根據杜威早年哲學體系所提供的現代性和現代化模式來對中國加以「西化」。

其三，因為杜威為社會與文化的漸進而論證，胡適也想沿著這條道路為中國的發展而避免俄國式的革命。對杜威來說，中國需要漸進與溫和的改革，而非需要激進與暴力的革命，因為「改良」對社會政治轉型是一種非常有效的試驗與工具的類型。很清楚，杜威科學改良主義成為杜威化（Deweyanization）的主要手段，而並非尋求一種在中國現代化發展中對中國文化的認同。雖然社會成員成為極端偶像破壞者與反叛者，但「他們仍表達了這樣一個信念，即社會改革應該一步一步地進行」。[19]

其四，胡適企圖採取杜威的工具主義對中國文化加以做「全面變革」，不僅為社會和政治的改變，而且為幾乎所有文化的領域，包括語言、文學、思維方式，如「詩歌革命」、「白話運動」以及「中國邏輯方法」。1917年夏天，在回國途中，胡適被張勳復辟的消息所懊惱。他認為，環境本身必須被改變的主張下，復辟活動當然會發生。因此，他下決心參加中國文學的改革，並認為這是為政治變革打下基礎。[20]

其五，「杜威化」的最重要的方面是教育。杜威是老師的老師，他教導人們在科技、民主以及社會發展成為人生要務的新時代怎樣生活與思

---

[18]　周策縱：《五四運動》The May Fourth Movement，英文版第 98 頁。

[19]　周策縱（Tse-tung Chow）：《五四運動》（*The May Fourth Movement*, Harvard University Press, 1980），英文版第 98 頁。

[20]　胡適：〈胡適致孫伏廬和常乃德〉，1922 年 6 月 16 日，《文集》，第 101 頁。

維。他的《學校與教育》（1889）和《民主和教育》（1916）兩部著作為中國的教育家和知識分子所熟知。胡適贊同杜威這樣的主張：教育即生活，並且學校即社會。重要地是，政治改革只有在社會與文化變革後才能實現而這就必須通過教育得到促進。杜威本人在自己有關中國的文章中系統地解釋了與胡適一樣的觀點，正如他指出，因為「民主不僅僅是信仰、人生觀、思想習慣的問題，也不僅僅單純是政府形式的問題，」它要求「普及教育」，並且達到普及教育的首要一步是將口語作為一種書面寫作語言來加以建立。[21]

羅素的「貴族主義」與杜威的「大眾主義」

　　羅素的貴族倫理主義對中國傳統生活方式是有利的。正如前面所描述的，羅素出身於「一個資產階級新貴族家庭。」從小在祖父約翰·羅素伯爵的家中長大，他本人就繼承了爵位。與杜威「實用大眾主義」相比，羅素欣賞中國傳統生活中的某種田園牧歌式的情調。在他的中國觀以及整個政治社會思想中也有著某些矛盾或兩難判定。與杜威以及五四運動早期的大多數中國新知識分子提倡西方思想體系，反對中國傳統倫理和哲學相反，羅素卻強調，西方人應該從中國人那裡學會「生活目的的一個正義觀念」。他相信，中國人不得從西方文化中學會有關政府的道德或倫理格言。對他而言，東西方之間的聯繫對雙方都可能是富有成果的。中國可能從西方學會注重實際效率所不可缺少的部分，而西方則可能從中國學會使他們堅持生存的某種智慧。

　　在中國時，羅素發現，不同於西方好戰與侵略性的態度，普通中國人尤其鄉下人有一種平靜、祥和、人情以及寬容的態度。而且，大多數中國的倫理和政治哲學沿著這些路線闡述了理想的生活。他感到，中國的道家哲學，如老子與莊子是最有價值的。羅素倡導在發展工業時，不必丟失中國人被動與和平的特徵以及他們在一個農業社會中所發展出的倫理，但這就提出一個問題，即由於難度過大而無法實現。道家哲學「拒絕知識」和「回歸順從自然」是否同現代科學使徒不斷地尋找知識並征服自然相一致，這也是一個未解決的問題。[22]羅素《閒散頌》一書可以被視為一種貴族人生觀。羅素的想法與在五四時期招致廣泛批評的張之洞「中學為體，西

---

[21]　杜威：〈新文化在中國〉，《亞洲》雜誌，英文版第 581 頁，1921 年 7 月。
[22]　羅素：《哲學問題》（*The Problems of Philosophy*, Prometheus Books, 1988），第 195 ～ 209 頁。

學為用」的提法有相似之處，杜威也對此加以了否定。杜威反對在日本所採取的那種西方文明的物質與技術性質的觀念，因為它導致了由於保留傳統日本軍國主義而帶來的殘忍。對此，杜威說道：「對這個論證，羅素可能一定已經這樣回答：如果日本能學會科學技術而同時又保留自己的思想體系，為什麼中國不能達到同樣的結果，而與日本的實踐相反，卻不能保留自己和平與寬容倫理呢？」[23]對於這個觀點，羅素聲稱：「我希望在反對外國剝削者以及被錯認為文明的那些野蠻與殘暴制度的鬥爭中，不會有更重要的價值遭受毀滅。」[24]

在客觀上，杜威的大眾化商業主義對中國現代發展是有利的。羅素說自己說過這樣一段話：「杜威博士的獨特看法表現在，它同工業主義與集體企業的時代相適應。他當然對美國人有最強烈的魅力，並很自然地同樣受到中國以及墨西哥一類國家中進步思想人士的青睞」；[25]但他沒有想到上述這段本以為無傷大雅的說法卻傷害了杜威，後者回復：「羅素先生將實用主義認識論與美國工業主義那些可憎之處加以聯繫……幾乎就像我要將他的哲學與英國貴族利益想聯繫一樣」。[26]

不管他的主觀動機如何，杜威的試驗主義或工具主義在客觀後果上適應美國資本主義發展的需要。從20世紀初，作為最年輕而又最發達的國家，美國成為大眾商業文化的世界總部。個人、企業公司以及整個社會的主要生活目的就是如何獲得最大成功和如何成為最強大的優勝者。美國人強調「用途」、「實用」以及和「實際後果」。在羅素看來，實用主義是一種強有力的哲學，並且對它而言，「如果一種信念的結果令人滿意，那麼它就是真實的」。[27]從1920年到1921年，杜威的哲學對中國知識分子非常有吸引力，因為他似乎給他們某種「易行」和「有效」的方式應付當前的各種事務。他教導中國人民：一、更多地關注實際有效性，而並非超物質存在知識或所超感覺真理的幻覺；二、更多地關注個人與社會生活的直接問題，而並非那些過去的文化傳統，而正是這種傳統限制了這個國家的發展，也並非任何抽象而對今天實際生活非急需的包攬一切的「主義」；

---

[23] 轉引自周策縱（Tse-tung Chow）：《五四運動》（*The May Fourth Movement*, Harvard University Press, 1980），第 237～238 頁。

[24] 轉引自周策縱（Tse-tung Chow）：《五四運動》（*The May Fourth Movement*, Harvard University Press, 1980），第 44 頁。

[25] 梅耶爾（S. Meyer），《杜威與羅素的交往》（*Dewey and Russell: an Exchange*），第 35～36 頁。

[26] 杜威：〈對羅素的回復〉，《杜威與羅素的交往》，英文版第 48～49 頁。

[27] 謝爾普（P. A. Schilpp），《羅素的哲學》，英文版第 575 頁。

三、更多地關注為滿足與掌握所面對的新社會環境的理智。

　　胡適追隨他重實效的導師，去尋求某種「完善化的持續過程（ever-enduring process of perfecting）」，而並非完善（perfection）。[28]據此，他說必須為當前社會進程的需要而主張自然科學和實用主義哲學，並破除迷信和臆想。為這個目的，在〈多研究些問題，少談些主義〉一文中，胡適對陳獨秀以及其他激進左翼分子進行了抨擊。胡適批評了所謂根本的「解答」，並指出，「我們不去研究人力車夫的生計，卻去高談社會主義；不去研究女子如何解放，家庭制度如何救正，卻去高談公妻主義和自由戀愛；不去研究安福部如何解散，不去研究南北問題如何解決，卻高談無政府主義；我們還要得意揚揚誇口道，『我們所談的是根本解訣。』老實說罷，這是自欺欺人的夢話，這是中國思想界破產的鐵證，這是中國社會改良的死刑宣告！」[29]

　　雖然胡適極力推廣杜威的實驗主義，但它的影響並不像所期望的那樣成功。根據湯瑪斯‧拜瑞（Thomas Berry）的看法，在哲學領域，其他傳統比杜威和胡適更強大；「作為哲學的特定學派，實用主義僅在中國盛行的很短地時間」。[30]陳榮捷（Wing-tsit Chan）認為，自從20年代中期，「作為體系的實用主義被其他西方哲學所遮蓋。包括胡適在內的實用主義者，將他們的主義轉向了教育改革、社會重建和政治革命。哲學競技場由新實在論、理性唯心新儒家，以及最後由馬克思主義所佔領」。[31]正如杜伯斯（H. Dubs）所指出的，胡適影響的黃金時期在中國大約是在1923年至1924年，「在那以後，他的影響明顯下降。他未能吸引門徒，而且實用主義在今天是我將提及的最小派別。」[32]杜威的實用主義僅適用於中國思維方式某一特定方面；作為方法，它與中國人的現實思路與性格，其中重要的一個因素就是杜威的「大眾性（popularity）」。與希臘人不同，中國傳統從未為知識本身而提升其地位，而寧可注意它對道德、社會、政治以及文化的有用性。因此，其他中國知識分子以杜威重實效的實驗主義作為武器，用來

[28]　斯本斯（J. D. Spence），《探究現代中國》，英文版第 316 頁。

[29]　格瑞德（J. B. Grieder），《胡適與中國的文藝復興：中國革命中的自由主義，1917～1937》（*Hu Shih and the Chinese Renaissance: Liberalism in the Chinese Revolution, 1917-1937*. Cambridge: Harvard University Press, 1970），英文版第 24 頁。

[30]　布勒維特（John Blewett）：《杜威的思想及其影響》（*John Dewey: His Thought and Influence*，Greenwood Press, 1973），英文版第 213～214 頁。

[31]　陳榮捷：〈胡適與中國哲學〉，《東西方哲學比較》雜誌，1956 年 4 月，英文版第 4 頁。

[32]　杜伯斯（H. Dubs），〈最新中國哲學〉，《哲學》雜誌，1938 年第 35 期，英文版第 350 頁。

批判中國文化以及傳統中國價值體系。「杜威的實用主義無疑催促了傳統文化和價值的崩解。即使在當代哲學家使用的意義上，這種實用主義並非一個組織嚴密的哲學體系，但它對方法論、邏輯學以及實踐性的強調對理智革命或對新文化運動的領導者有著不可抗拒的吸引，並且對促進許多社會、道德和經濟改革有著很大的作用。」[33]

作為精神需要「空想或空談」與作為物質需要「真正的好處或實質的利益」，可看成中國人「人性」的兩面。[34]然而，對於中國知識分子，作為一個哲學體系的美國實用主義似乎「有用」與「令人興奮」，但正如羅素所批評的，過於「膚淺」，過於「物質性」以及過於「商業化」。1949年，中國共產黨建國後，實用主義批判為美帝國主義」反動和腐朽的哲學」。[35]在一定意義上，對實用主義的許多批評過於簡單，甚至為誤解。布朗（H. C. Brown）提出：「羅素先生經常為杜威哲學所困擾，但從根本上拒絕瞭解這一哲學。」[36]薩維瑞（W. Savery）說道：「實用主義或工具主義在很大程度上在歐洲以及被羅素本人所誤解」。[37]

1921年，杜威夫婦與胡適等人合影。

羅素的「分析主義」與杜威的「綜合主義」

在當時，羅素的分析主義不能滿足的中國思維方式。實際上，甚至羅

---

[33] 克勞普頓與歐（R. W. Clopton and T. Ou）：《杜威在中國的講演》（*John Dewey Lectures in China, 1919-1920*），第 11 ～ 13 頁。

[34] 中國人對宗教的態度是非常「實用」的。在歷史上，大多數人是為了某種現實的利益而參與一些宗教活動；此外，對待道德也是非常實用。

[35] 劉放桐：《現代西方哲學》，第 260 ～ 307 頁。

[36] 謝爾普（P. Schilpp）：《羅素的哲學》（*The Philosophy of Bertrand Russell*，Northwestern University Press, 1944），第 451 頁。

[37] 謝爾普（P. Schilpp）：《杜威的哲學》（*The Philosophy of John Dewey*，Northwestern University Press, 1944），第 483 頁。

素在早期也受到過黑格爾的影響。不過，與杜威不同，羅素與黑格爾徹底決裂，並為哲學發展而創造了一個革命性的分析方法。他批評了杜威的邏輯如下：一、知覺與經驗知識的關係在杜威的書裡並不清楚，而且他拒絕將「感覺材料（data）」看作知識的出發點；二、杜威的「探究」無法為真理用邏輯的概念與知識的理論加以取代；三、杜威對探究的強調是與真理或知識相對立的；四、對杜威來說，知識不可是生活目的的任何部分，它僅僅是滿足其他東西的手段。[38]羅素說道：「我和杜威博士曾於月蝕期間在長沙；隨著無法追憶的風俗，盲人們敲打銅鑼來消耗天狗，它企圖吞下月亮是月蝕的起因。在數千年裡，敲鑼這一實踐從未失敗過；每一次月蝕都在充分的喧鬧後而告結束。這個例證表明，我們的概括不僅使用同一方法，而且也可用差別方法。」[39]不過，中國知識分子沒有接受羅素的哲學貢獻，其中原因之一就是它過於技術和瑣細，而不適於中國傳統的思維方式。

羅素自認繼承了英國的傳統，而杜威則屬德國傳統，尤其是黑格爾傳統。雖然杜威的工具主義最大特徵與最重要的教條與分析觀相一致，但杜威採用了與斯瑪茲（General Smuts）在《整體論與進化論》一書中所稱作「整體論（holism）」相聯繫的形式。整體論是一種認為在自然中決定因素為作為有機整體的理論，這種整體不能還原為它的部分之和，也就是說，整體不能被分析為其部分的總和或歸結為分離元素，例如完形心理學。因此，羅素提議首先考察杜威邏輯的「整體」方面及其工具學說；並說道：「杜威博士本人坦承自己借用了黑格爾的思想。他還補充說：『我不能忽略，也儘量不否認一個精明的批判者對某種虛構的發現所偶然談論的東西，這種東西因熟知黑格爾而在我的思想中留下了一個永恆的儲存。』我在別的場合曾指出，這個學說與另一個前黑格爾主義者馬克思相似；正如馬克思在論費爾巴哈的文章提到，而後來又包含辨證唯物主義的理論（恩格斯從未理解的）中的那些意思：『人的思維是否具有客觀的真理性，這不是一個理論的問題，而是一個實踐的問題。人應該在實踐中證明自己思維的真理性，即自己思維的現實性和力量，亦即自己思維的此岸性。哲學家們只是用不同方式解釋世界，問題在於改變世界。』」[40]

從認識論另一角度說，羅素將哲學概念看作一種「分析的模式（a mode of analysis）」，而杜威則將哲學概念當成一種「探究的模式（a mode

---

[38] 梅耶爾（S. Meyer），《杜威與羅素的交往》（Dewey and Russell: an Exchange），第 35 ~ 45 頁。

[39] 梅耶爾（S. Meyer），《杜威與羅素的交往》（Dewey and Russell: an Exchange），第 43 頁。

[40] 梅耶爾（S. Meyer），《杜威與羅素的交往》（Dewey and Russell: an Exchange），第 36 ~ 39 頁

of inquiry）」。羅素的哲學分析概念是為了證明非分析哲學的被取消，而杜威的哲學概念則為選擇性地比較、評價和互動提供一個理論的框架。[41]

當時，杜威的綜合主義滿足了中國的思維方式。在早期研究中，黑格爾主義的確影響了杜威。[42]杜威在密執安大學的指導教授莫瑞斯（G. S. Morris）就是一位著名黑格爾哲學的學者，他的哲學觀點最接近德國客觀理想主義。在「從絕對主義到實驗主義」的短文中，杜威說明了黑格爾哲學對自己的感染力以及原因。從黑格爾的唯心主義，在青春後期，他獲得了情與理智的融合，但在幼年的宗教經驗中卻沒有找到。在杜威早年對辯證法的信心讓位給懷疑論之後，對有關更技術的哲學問題，他的那種黑格爾式對連續性與衝突作用的強調堅持了經驗主義的基礎。在芝加哥的一次有關黑格爾邏輯的研討會上，杜威試圖重新用「重新調整（readjustment）」與「重建（reconstruction）」來解釋黑格爾的範疇。謝爾普（A. Schilpp）認為凱爾德（Edward・Caird）從黑格爾辯證法思辨中機智地解放出來，這對杜威有極大的影響。[43]杜威本人說過：「然而，黑格爾對主觀與客觀，物質與精神，神靈與人類的綜合並非單純是一個理智的公式；它作為一種巨大的釋放和解放而運作。黑格爾對人類文化、機構和藝術的治療，涉及了嚴格地分開牆壁的同樣消解，而對我有一種特別的吸引力。」[44]他還說道：「在1890年代早期，實際上所有英語中的重要哲學都受到新康德主義與黑格爾唯心主義的影響。實用主義與所有實在論的派別都是後來成長起來的。」[45]

杜威從早期的黑格爾唯心主義轉到後來的實用工具主義，而我們仍能發現一些與黑格爾主義相連的「胎記」。一、他將哲學視為某種理智工具的觀點本身就是一種傳統的重建，這就是主要來自黑格爾的歷史觀；二、他對衝突的理解來自黑格爾，儘管它並非僅僅是在經濟，而且也在心理和文化感覺上；三、他有關連續性的理論與黑格爾相似，這種連續性被看作為彌漫與包容一切；四、他的實用概念包括黑格爾的連續性，而他對主觀與客觀的描述是受到黑格爾的影響被包含在一個經驗整體中；五、他將個

---

[41]　Scott L. Pratt. 1998. "Inquiry and Analysis: Dewey and Russell on Philosophy," *Studies in Philosophy and Education*，Volume 17, Issue 2-3, pp 101-122.

[42]　謝爾普（P. Schilpp）：《杜威的哲學》（*The Philosophy of John Dewy*，Northwestern University Press, 1944），英文版第 16～21 頁

[43]　同上，第 22 頁。

[44]　同上，第 138 頁。

[45]　同上，第 521 頁。

體看作一個唯一的歷史特徵，也是受到黑格爾的影響；六、他的社會心理學認為黑格爾的觀點，即個人不能與歷史、文化、或環境分開是根本上正確的。[46]

　　杜威對中國影響的一個重要原因就是他思想中的「整體」性質，這與中國思想的性質有異曲同工之妙。例如，陳獨秀對儒家全面抨擊的其中一個因素，就是將儒家傳統視為一種基本整體論，並由它引導了所有後來儒家的發展。另一方面，他瞭解到，黑格爾哲學的確深遠地影響了現代中國文化，因為它不僅與傳統思維方式，而且也是與共產主義需要相投機。對這種親合力有兩個基本的原因：一是中國思維方式真正地強調辯證，如易經將變化、對立統一以及事物相互作用看作對自然與社會發展最主要的動力；二是馬克思主義將德國古典哲學，尤其是黑格爾的辯證法，當作自己最重要的來源之一。

羅素的「浪漫主義」與杜威的「現實主義」

　　羅素與杜威都是哲學家、自由思想家以及教育家，但他們有非常不同的教育理念。

　　在當時，羅素的教育浪漫主義與中國理想主義的教育有著異曲同工之處。在1920年10月14日上海七團體歡迎宴會上，羅素在即席演講中談到，中國改造社會的第一步是教育。他強調，百年以來的歐洲思想多有違反良知、傾向破壞、獎勵貪婪掠奪的流弊。中國人不可移植此不純正的歐洲思想，以蹈歐洲覆轍。以往歐洲盡力獎勵生產，開發實業，追求物質文明，至今已破綻畢露。中國不必效法歐洲的錯誤經驗。欲改造中國社會，各種改造方法中以教育為第一義。[47]1920年11月9日，在抵達北京後，羅素在講學會歡迎會的答詞中，表示目前暫不主張社會主義；中國的當務之急，是開發財源和發展平民教育。宜先增高人民知識，再實行社會主義。否則，如俄國那樣大多數人民知識尚未發達，一旦實行社會主義、共產主義，也難免於失敗。[48]

　　對杜威來說，教育的理想的目標必須被定義為在一種現代民主制中的社會有效性，並採用與羅素完全不同的方式。羅素贊同任何學校都是一種社會制度的說法，但他同樣主張，由於沒有方式改進它，以致它體現了自

---

[46]　同上，英文版第 88 ～ 89、107、181、266、498 頁。
[47]　《滬七團體歡迎羅素記》，《晨報》1920 年 10 月 16 日。
[48]　《講學社歡迎羅素之盛會》，《晨報》1920 年 11 月 10 日。

由的新奇想法。羅素指出公立學校具有「現代世界的邪惡特性：民族主義、競爭與成功的讚美、機制崇拜、偏愛同一以及蔑視個性等。」他也指出教會學校的目標在於「通過早期和頻繁重複的催眠作用，造就對權威的服從以及對臆說的信仰，只敬仰高貴的個人而非下層群體的精神。」[49]這些惡質為破壞教室中教學有效性提供了一個機會。因此，我們不能允許由家庭、學校以及社區對兒童施加壓力來製造輕信、迷信以及殘暴的成人。那些社會壓力也許來源於宗教，對愛國主義的訴求，以及兒童訓練傳統習俗。這意味，教育必須與既定信仰為真的做法相脫離。兒童的自由必須受到保護並形成建立在第一手經驗的那些道德問題的獨立評斷。[50]

與杜威相比，羅素強調：一、建立一所小型的「貴族」式私立學校，它包括一個鄉野莊園作為它的校園、一組謙和教職員、一些僕人以及其父母贊同此項計畫的一小組學生；在那裡，他的教育理念可以得到貫徹。二、學校不應教育學生為競爭或為物質和功利的需要。三、學校不應僅是手段或工具，而是目的。四、學校應多教「想法」而不是「做法」。五、學校應設法儘量減少「社會」的功能和壓力。羅素的教育哲學並未對中國有多大的影響。在一定的意義上，他的「學校」與中國傳統私立學校有些相似。它甚而仿造了孔子的教育模式：包括一個鄉野莊園作為它的校園、一組謙和教職員、一些僕人以及其父母贊同此項計畫的一小組學生；在那裡，孔子的教育理念可以得到貫徹。

然而，在羅素與孔子的學校有三大區別：一、前者主張自由思想，而後者則反對；二、前者忽視嚴格紀律與懲戒，而後者則極力強調；三、前者倡導開放的性教育，而後者則嚴禁。為中國新教育家而言，最重要的任務是以科學、技術、工業化以及民主來維護和重建中國。他們企圖擴大和發展「大眾教育」，而不是貴族教育。對他們中的大多數，迫切任務是為自己的祖國消滅貧窮、軟弱和落後。因而，對當時的國民黨與共產黨兩大政黨來說，民族主義與愛國主義比個人主義和自由主義更為重要。

杜威在實用與現實基礎上結合了教育理論與實踐。正如他的總體社會理想一樣，羅素將自己的教育觀建立在烏托邦式與浪漫理想主義之上。在

---

[49] 羅素：《工業文明的前景》（*The Prospect of Industrial Civilization*, The Century Co., 1923），第243頁。

[50] 布拉姆堡（R. S. Brumbaugh），《作為教育家的杜威、羅素與懷特海》（*Dewey, Russell. Whitehead: Philosophers as Educators*, Carbondale: University of Southern Illinois Press, 1985），第 xvii-xxi 頁。

當時，杜威的教育現實主義的確影響了中國的現代教育。杜威在中國的真正的成功在中國是在他的教育思想方面。幾乎所有他在哥侖比亞大學的中國門徒在中國教育界都有著主導地位。通過那些杜威化的教育家，杜威的影響放射從大學到農村學校和幼稚園的整個國家。杜威的理論，如自我經驗中心的原則（the Own Experience-centered Principle），教、學、做相結合的原則（the Teaching-Learning-Doing Combination Principle）、學校即社會原則（the School as a Society Principle）、以及教育為生存原則（Education for Living Principle）等主張都被他的學生所延伸和發展；例如陶行知就是其中最有影響的中國教育家之一。對新型中國知識分子，杜威的主要原則是，教育是社會變化與發展的工具。杜威聲稱：「在今日中國年輕知識分子最常說的一句話就是，教育是重建中國的唯一手段。」[51]相應地，在新教育制度下成長的的學生可能被考慮作為未來不同政治的一支力量。

在1920年代，隨著杜威訪華，似乎整個美國教育系統轉移了到中國，美國人目的、方法以及材料成為主導。杜威化實驗性學校和培訓計畫在這個國家盛行。甚至中國教育的目的根據杜威的進步主義而重新得到界定，如以做為學，因材施教，以及由學生管理學校等。1922年，全國教育會議通過的聲明如下：一、使自身適應一個新型與改變的社會；二、促進民主精神；三、發展個性；四、著重考慮普通公民的經濟狀況；五、根據生活需要調整教育；六、促進普及教育的推廣；七、使自身足夠靈活地應付地方變異。[52]1919年底，顯然，1911年革命失敗了，因為政治變革脫離了智力與道德準備；那次政治革命是正式和外在的；在名義上的政府革命得到實現之前，一場智力革命是必需的。很清楚，中國的重建應該通過「擴展民主教育，提高生活水平，改進工業以及消除貧窮等。」[53]杜威總結道：「中國若沒有一個建立在觀念改變上社會轉型是不可能改變的。政治革命是失敗的，因為它是外在的、正式的，觸及到社會行動的機制，但不影響真正控制社會的生活觀念。」[54]他斷言中國人應從西方科學方法。有趣的

---

[51]　拜瑞（T. Berry）：〈杜威在中國的影響〉（Dewey's Influence in China），載布勒維特（John Blewett）：《杜威的思想及其影響》（*John Dewey: His Thought and Influence*，Greenwood Press，1973），第 215 頁。

[52]　胡格斯（E. R. Hughes）：《西方世界對中國的侵略》（*The Invasion of China by the Western World*, Macmillan, 1938），英文版第 185 頁。

[53]　杜威：〈學生反叛的後果〉（The Sequel of the Student Revolt），《新共和》（*The New Republic*），XXI, 273, March 3, 1920，英文版第 380 ～ 381 頁。

[54]　杜威：〈中國的新文化〉（New Culture in China），《亞洲》雜誌（*Asian*），1921 年 7 期，英文版第 581 頁。

是，胡適的杜威化在哲學和社會變革上並不成功，而在唯在教育上有成效。

不過，很難準確地估計杜威對中國的影響：其一，需要更多時間客觀地評估一位傑出思想家的工作及影響。其二，從杜威訪華後，中國曾遭受了連續的動亂，並經並經歷了巨大變動；因此，在這樣一個激烈變化的情形下，很難評估一個思想家的影響。其三，杜威作為哲學家與教育家的名聲遭受某些貶低。其四，就像在美國一樣，在中國，杜威的教導經常被誤解和誤用。其五，在中國大陸有關檔案曾一度不對學者開放。[55]對杜威對中國的教育影響可以總結為：一、中國教育目標根據杜威的主張曾進行了重新考慮；二、全國學校系統根據美國模式曾進行了改革；三、以兒童為中心的教育在教學大綱中占了優勢；四、與杜威相符合的教學新方法得到創立；五、實驗性學校得到擴展了；六、學生政府（杜威做過一定數量的報告）被廣泛擴大為學校訓練方式；七、文學改革得到鼓勵，而且小學課本採用了白話文。[56]公正地說，儘管中國大陸也曾一度嚴厲批判了杜威的教育理論，但仍應用了他的某些普遍適用的原則。

羅素的「激進主義」與杜威的「保守主義」

有意思的是，有些中國知識分子認為，杜威是保守的，而羅素則是激進的。1920年10月6日，羅素收到來自中國無政府主義者共產主義協會秘書的一封信：「我們非常興奮，有您這位世界最傑出的社會哲學家來到中國，以便救治中國學生思想上的慢性疾病。自1919年以來，學生的圈子似乎是未來中國最巨大的希望；因為他們已準備歡迎中國社會的一個革命時代。就在那一年，杜威博士極為成功地影響了中國的知識階層。然而我斗膽代表大多數中國學生對您說幾句話：儘管杜威博士在這裡是成功的，但我們大多數學生並不滿意他保守的主張。由於我們大多數想要獲得無政府主義、工團主義（Syndicalism）、社會主義等知識；一言以蔽之，我們渴望得到有關社會革命哲學的知識。我們是克魯泡特金的先生追隨者，而我們的目標是在中國建立一個無政府主義的社會。我們希望您，先生，從根本上給我們建立在無政府主義上的徹底的社會哲學。而且，我們想要您糾正美國哲學家杜威博士的理論。我們希望您在中國有與英國不同的絕對自

---

[55]　克勞普頓與歐（R. W. Clopton and T. Ou）：《杜威在中國的講演》（*John Dewey Lectures in China, 1919-1920*），英文版第10頁。

[56]　克勞普頓與歐（R. W. Clopton and T. Ou）：《杜威在中國的講演》（*John Dewey Lectures in China, 1919-1920*），英文版第22～25頁。

由。因而我們希望您比杜威博士有更巨大的成功……。」[57]

　　什麼是羅素的「激進主義」與中國革命主義的關係？羅素的哲學可被劃分為兩種類型：一是「理論哲學」；另一是「實際哲學」。前者顯得冷靜、理性而無任何個人情感；後者顯得溫暖，而具有宗教狂熱般的情感。的確，對許多中國知識分子而言，羅素是一位非常熱情和革命性社會改革者。在北京大學的講演中，他將自己說成是一個共產主義者，並聲稱在共產主義實現之後，將會有真正的幸福與享樂。他指出，自己相信馬克思主義倡導的許多社會主張。後來，中國知識分子中的不同派別都請求羅素加入他們的」陣線」，或用他們自己的需要和想像來解釋了他的理論。溫和的改革者希望羅素是一個溫和改革者；無政府主義者希望他是無政府主義者；共產主義者希望他是共產主義者。1896年，羅素開始成為一個社會主義者，這以後，在第一世界大戰期間，他成為了一個付諸行動的社會主義者。俄國革命的勝利使他更認真地擁護社會主義。對他來說，最初為進步資本主義的東西變得越來越反動，最終會成為社會災難，例如戰爭。當時的羅素非常激進，以致呼籲英國工人階級毫不延緩地建立蘇維埃政權。但在他訪問俄國發現許多問題之後，開始對布爾什維克、共產主義和社會主義作了新的考察。一方面，他繼續支持蘇俄；另一方面，他開始批評它。結果，在當時中國所謂有關社會主義大辯論中，他受到左右兩個方面的攻擊。[58]

　　什麼是杜威的「保守主義」對當時中國改革的影響？根據杜威主張，民主只有通過一個緩慢的過程才能達到，而且社會目標是相對的。他特別對科學方法感到興趣，並將它描述為根據時間和空間迫切性而解決具體問題的具體方法。正如邁克爾（F. H. Michael）和泰勒（G. E. Taylor）所說的，與杜威一般社會哲學明顯的不確定性相比，「共產主義理論提供中國知識分子一種體系，即科學的並建立在對人生唯物的與反形而上學的解釋體系。此外，共產主義理論為精英提供了行動綱領、確定目標以及一個歷史所決定的角色。」[59]

　　相比較而言，杜威的社會理論比羅素的要保守；他沒有注意那些」主

---

[57]　羅素：《羅素自傳》第 2 卷（*The Autobiography of Bertrand Russell*, George Allen and Unwin LTD, 1967, 1968, 1969），英文版第 136 頁。

[58]　馮崇義：《羅素與中國》，三聯出版社，1994 年，第 166 ～ 202 頁。

[59]　米謝爾與泰勒（F. H. Michael and G. E. Taylor）：《現代世界中的遠東》（*The Far East in the Modern World*, Holt, Reinhart and Winston, Inc., 1965），英文版第 232 頁。

義」，也沒有主張任何激進的革命。對於杜威，俄國布爾什維克主義並不適合中國，而這個國家唯一可採取的是民主制度。只要民眾在整體上沒有徹底地被灌輸民主態度，而不參與民主生活的過程，甚至一個民主制度、內閣機構以及議會組織都是虛幻的。必須一步步逐漸發展民主，應從每個村莊和每個城市街區開始。[60]實際上，杜威的民主在中國從未獲得成功。孫逸仙及國民黨人並不相信，這類民主政府能在中國得到實現。而陳獨秀及共產黨人也徹底地批判了這個理論架構。

二、「羅素化」與「杜威化」的「失利」與「復興」

1920年代以後，對激進的知識分子來說，「馬克思列寧化」逐漸取代了「羅素化」與「杜威化」。馮友蘭指出，杜威和羅素在中國所演講的內容是主要是他們自己的哲學。他說道：「這給了他們的聽眾這樣的印象，所有的傳統哲學體系都受到替代與擯棄。因只有西方哲學史的有限知識，大多數聽眾並沒有明白他們理論的意義。除非他們同時理解得到贊同或反駁的早期傳統，否則人們無法理解一種哲學。於是，這兩位哲學家，雖為很多人所接受，但僅有少數能夠理解。然而，他們的訪華，還是為當時大多數學生開拓了新智力的天際。對此，他們的逗留具有卓越的文化與教育價值。」[61]但他們的思想不可能替代馬克思主義和列寧主義在中國1920年代的傳播。在杜威與羅素訪華之前，在俄國發生了歷史轉折，並產生了一個新的社會形式。這如毛澤東所說的：「十月革命的一聲炮響給我們送來了馬克思列寧主義。」[62]對現代化的中國知識分子來說，作為自由民主的美國與作為無產階級專政的俄國都是非常有吸引力，而且對將來也都同樣有可能的。郭湛波指出：「杜威的實驗論理學，和羅素的數學邏輯雖曾盛行一時；現在卻失掉了權威。繼之而起的新思想方法，就算辯證法了」。[63]

在五四運動期間，胡適、陳獨秀以及魯迅是三位傑出的領導人。但在這場運動以後，他們為中國的未來發展選擇了不同的方向。在1920年代的中國有一種非常有趣的社會現象，在美國和英國受到訓練的知識分子幾乎都支持個人主義、自由主義以及民主主義；相反，在中國、日本或法國受

---

[60] 史瓦茲（B.I. Schwartz）：《中國的共產主義與毛澤東的興起》（*Chinese Communism and the Rise of Mao*, Harvard University Press, 1989），英文版第 19 ～ 20 頁。

[61] 馮友蘭：《中國哲學簡史》，北京大學出版社，1985 年，第 329 頁。

[62] 毛澤東：〈論人民民主專政〉，《毛澤東選集》第一卷，第 1359 ～ 1360 頁。

[63] 郭湛波：《近五十年中國思想史》，上海古籍出版社，2010 年版，第 259 頁。

到教育的知識分子，卻有很多擁護馬克思列寧主義、蘇維埃主義以及共產主義。作為中共創始人的李大釗與毛澤東是中國土生土長的知識分子；陳獨秀在日本呆過數年；周恩來、朱德、鄧小平則在法國勤工儉學。正如拜瑞（T. Berry）所說的：「在那些受到西方訓練的學生們並不覺得共產主義有什麼吸引力。而那些更激進的人們則是在中國本土受到教育，而且只能說中文。只有少數例外的是那些在法國接受教育，並從法國大革命吸取無政府主義的人們。」[64]

在開始階段，那些激進的共產主義支持者或多或少受到杜威與羅素的影響。在新文化運動以及五四運動期間，兩位最重要的共產主義領導人陳獨秀與李大釗也受到杜威實用主義或實驗主義的影響；例如，從《新青年》雜誌宣言中，可以看到杜威的實用主義得到大多數中國知識分子領導任務的青睞。當時，馬克思列寧主義的理想並非陳獨秀和李大釗等《新青年》成員的主宰因素，但不久之後，他們變成了中國共產黨締造者。實際上，在這一期間，作為哲學與科學方法的杜威實驗主義比辨證唯物主義更受重視。在當時，陳獨秀、李大釗以及多數激進的中國知識分子領導人拒絕了階級鬥爭的理論。[65]杜威有關「社會哲學和政治哲學」的演講極大影響了陳獨秀。當時，追隨杜威的陳獨秀相信，民主必須有草根似的社會基礎，而必須在地方基層開始，然後從那裡通過連續地更廣闊的應用達到政治權威更高的領域。

貝林頓（M. Billington）指出：「羅素與杜威在中國在關鍵的1919至1921年期間，一起帶領了從孫逸仙博士的共和原則到五四運動轉向的努力。這兩人著述已經在1910年代的中國得到翻譯與廣泛傳播。從他們在北京和上海的講課中出現共產主義運動的核心領導。」[66]不過，這個評論並非正確。實際上，那些重要共產主義領導，例如陳獨秀、李大釗以及毛澤東等人，對他們的理論徹底失望。在很短的時間之後，陳獨秀與李大釗成為真正激進的馬克思列寧主義者，並開始推出他們自己全面的哲學以及社會與政治體系來批判杜威與羅素。旅美華裔學者周策縱指出：「在五四運

---

[64]　拜瑞（T. Berry）：〈杜威在中國的影響〉（Dewey's Influence in China），載布勒維特（John Blewett）：《杜威的思想及其影響》（*John Dewey: His Thought and Influence*，Greenwood Press，1973），英文版第 207 頁。

[65]　周策縱（Tse-tung Chow）：《五四運動》（*The May Fourth Movement*, Harvard University Press, 1980），第 175 ～ 176 頁。

[66]　貝林頓（M. Billington）：〈英國在毛澤東主義興起時的作用〉（The British Role in Creating Maoism），《實施理智評論》（*Executive Intelligence Review*），1995 年，英文版第 22 ～ 16 頁。

動後的兩年中,中國人在有關政治經濟制度以及文明觀念上的衝突,真正受到杜威與羅素的影響,最初產生了一種各體之間互相贊同的混合局面。然而,後來逐漸在政治經濟主張的分道揚鑣導致了運動的分裂;這在現實政治的影響下得到加速。」[67]

羅素的理想被一些中國知識分子、傳統主義者以及保守分子從各自的利益出發加以解釋甚至歪曲的時候,那些激進左翼分子對這個西方思想家失望了,並於1920年和1921年發動了對所謂基爾特社會主義者和無政府主義者的一次嚴厲攻擊。為了這個目的,陳獨秀給羅素寫了一封信,詢問他有關資本主義評論的真正含義。[68]

很多中國知識分子對杜威與羅素的訪華有著深刻的印象,例如,在1921年7月11日的晨報上,曾熱衷報導並翻譯杜威和羅素的孫伏園感慨地寫道:杜威今天離開了,他實際上留下了多少東西?他在中國停留了兩年,對中國社會產生廣泛的影響,因而他沒有真正離開;大病痊癒只有幾個月羅素也是如此;感謝他們沒有嫌棄我們這樣一個落後民族;人們希望再見到他們的時候中國就會變樣了。然而,對激進的馬克思列寧主義者而言,任何一種西方哲學以及社會和政治的理論,包括杜威與羅素,都是偏見、陳腐,甚至反革命的。在1921年7月1日,就在杜威與羅素離開中國的前10天,中國共產黨在上海正式成立。在激進的知識分子中「馬克思列寧化」逐漸取代了「杜威化」與「羅素化」。據說原為密友兼五四同路人的胡適與陳獨秀在政治上分手時,前者對後者說:「你相信你的馬克思,我相信我的杜威,各不相強,何必都走一條路。」

牟宗三曾很不樂觀地評價當年的羅素化與杜威化,他如此說到:張申府先生最崇拜羅素,對羅素生活的情調與思考問題的格調很熟悉,但是羅素本人的學問,張先生卻講不出來。所以,羅素那一套哲學沒有傳到中國來。胡適之先生宣傳杜威,可是對於杜威,他並不瞭解,他還達不到那個程度。胡先生所瞭解的杜威只是「How we think」中的杜威,杜氏後來的著作他大概都無興趣,或甚至根本沒有讀過。杜氏的學問相當扎實,自成一家之言,美國將來能不能出像杜威這樣的哲學家都有問題。瞭解杜氏的那一套並不是容易的。所以胡先生當年所宣傳的杜威,根本就沒有傳到中國來。實用主義成瞭望文生意的實用主義。當代的羅素、杜威無法講,18

---

[67] 周策縱(Tse-tung Chow):《五四運動》(*The May Fourth Movement*, Harvard University Press, 1980),英文版第 239 頁。

[68] 陳獨秀:〈致羅素的信〉,《新青年》,1920 年 12 月 1 日,第 8 頁。.

世紀的康德，就更難了，要講清楚都辦不到。所以北大對西方哲學無所成就，進不了西方哲學之門。以後變成專門講中國哲學。[69]

杜威以兒童為中心、以經驗的重組為教學本質、以活動和練習為基本教學組織方式等主張，首開現代教學論的先河，但在中國還算曇花一現。就在中華人民共和國建立之後，為了思想需要，中國共產黨開展全國性重大運動批判杜威的實用主義及其中國追隨者，例如胡適。從1954年到1955年，為了清除和驅邪「胡適的幽靈」以及「杜威實用主義流毒的來源」，一共出版了超過300萬字的各種著述。在那些最具批判性的文章上，主要針對杜威哲學和方法邪惡影響的坦率認識，其中也有一些是有關羅素消極影響的評論。

1956年6月7日，陸定一給毛澤東寫了一封信，其中有這樣一段：「在大學哲學系、經濟學系的高年級，我們的意見，應當設黑格爾哲學、杜威哲學、羅素哲學、凱恩斯經濟學等課程，以增長知識，知己知彼。要學點唯心主義，才能在反唯心主義的鬥爭中反出些名堂來，而不是越反唯心主義越僵化，越學越教條主義。這個主意，如中央同意，那麼，現在開始準備，秋季開始就可以做了。」第二天，毛澤東即批語：「退陸定一同志。此件很好，可以發表。」。[70]

著名翻譯家何兆武先生在回憶自己在文革中為何被打成反革命時說到：因為有以下兩條：

一條是我們排長宣布我「惡毒攻擊我們敬愛的江青同志」。為什麼這麼說？因為我不喜歡看樣板戲……。另一條是我翻譯了羅素的《西方哲學史》，是「為中國復辟資本主義招魂」。羅素這本書是商務印書館交給我的，他們的副總編輯駱靜蘭女士和我是同班同學，很熟，在運動以前常有來往。運動期間不敢接觸，互相都怕連累對方。運動以後恢復聯繫，她告訴我，這本書是毛澤東交譯的。二戰以後，羅素和愛因斯坦兩個人合搞世界和平運動，搞得很火熱，實際是針對美帝的世界霸權，所以我們很欣賞。尤其毛澤東、周恩來兩位都是親身經歷過「五四」的，「五四」時期羅素到中國

[69] 王興國，〈牟宗三論中國現代哲學界〉，加拿大《文化中國》2000年3月號和6月號，第七卷第1～2期，總第24～25期。
[70] 毛澤東：《建國以來毛澤東文稿》，中央文獻出版社，1992年，第6冊。轉引自龔育之；〈陸定一雙百報告再解讀——我所知道的陸定一（之五）〉，《學習時報》，2006-8-14。

來過一年，非常欣賞中國文明不過他的欣賞跟我們也不盡相同，他是因為中國文明沒有被現代化所污染。後來毛周聯名邀請他到中國訪問，他也很願意來，但他已97歲，身體不好，就把《西方哲學史》送給毛澤東，毛澤東就吩咐下面翻譯出來。那個時候出版非常嚴格，凡是翻譯國外的書，都由商務印書館出版。凡是馬克思以前的著作，可以公開出版，馬克思以後的西方著作，都是內部發行。所以這本《西方哲學史》只能內部發行。當時我不知道這是毛澤東交譯的，後來知道了，覺得軍宣隊很荒唐，他們定我罪的時候竟然不考慮這書從哪裡來的。[71]

1980年代以來，中國大陸開始了巨大社會變革與轉型。商業化以及大眾消費文化的哲學反應——杜威化的實用主義越來越流行。改革開放後，人們開始逐漸重新認識杜威及其教育理論的歷史價值。同時，也有一些中國知識分子試圖以羅素化來實現更加理想主義的西方價值。最近30年來，對於西方大哲，恐怕羅素及其著作在中國大陸不是介紹和翻譯最多的，也是排列前幾位的之一。在此結語裡，主要多談一點杜威研究的現狀，因為在極左年代，他比羅素受到更多的不公平對待，成了西方帝國主義腐朽思想的代名詞。

在哲學方面，杜威哲學的研究大致經歷了兩個階段，主要以1987年劉放桐發表的《重新評價實用主義》一文和1988年在成都召開的「實用主義哲學討論會」作為劃界。第一階段，是「左」的模式的影響逐步清除的階段。劉放桐的體會道出了這個研究階段的一些普遍性，他說：「我自己近幾年來在談論實用主義時雖然已感到這種模式不實事求是，也企圖有所突破，但終因種種顧慮而未敢邁出大步。」第二階段，是全面評價階段。學術界不僅採取實事求是的研究態度，而且拓展了杜威哲學的研究廣度。[72]

在教育方面，趙祥麟在《上海師範大學學報》（社科版）1980年第2期上推出了〈重新評價杜威的實用主義教育思想〉一文，將杜威思想的研究推向一個新的里程碑。在此之後，湧現了大量的論文，並出版不少的譯著和專著。特別應指出，2002年7月，作為全國教育科學「九五」規劃教育部重點課題的研究成果，華東師範大學改革和發展研究所單中惠教授的

---

[71] http://news.ifeng.com/history/zhongguoxiandaishi/detail_2012_11/08/18965543_1.shtml。

[72] 顧紅亮：〈近20年來杜威哲學研究綜述〉，《哲學動態》1997年第10期。

《現代教育的探索——杜威與實用主義教育思想》一書，由人民教育出版社隆重推出。在有關杜威的專著中，它被公認為研究杜威教育思想最為系統和最為完整的一部。此書分6章共46萬餘字，分別討論了「杜威的大學時代和教授生涯」、「杜威實用主義教育思想的形成」、「傳統教育與杜威」、「進步教育與杜威」、「杜威實用主義教育思想體系」、「杜威實用主義教育思想與世界教育」等6個專題，所涉及的內容幾乎包括了杜威教育思想的每一方面：實用主義哲學、機能主義心理學、教育目的論、課程論、方法論、道德教育、職業教育、兒童觀、教師觀、實驗學校、杜威與傳統教育和進步教育的關係、杜威教育思想對各國的影響等等。「對杜威教育思想進行如此廣泛的探索，並將探索的成果以專著的形式系統地表述出來，該書應是國內的第一本。」[73]

　　客觀、全面、公正、理性地對待所有的西方大哲及其思想，可視為一個開放社會的學術界所必有的治學態度與專業精神。90多年前訪華的羅素與杜威早已作古，但這兩位思想偉人在今天的中國繼續受到了應得的尊敬與高度評價，也不虛他們當年還算風風光光的神州之行。

---

[73]　洪明：〈讓對杜威教育思想的研究進一步走向深入〉，《教育研究》，2004 年 9 月。

第九章　悲情歷史的承載：羅素祖孫與中國的不同「對話」

> 1876年父親去世後，我被接到祖父的府邸。那時，祖父83歲的高齡，身體意境非常虛弱。我記得，有時有人推著他坐在輪椅上到室外轉遊，有時他在屋子裡讀英國國會議事錄。他對我總是很和善，似乎從不厭煩孩子們的喧鬧。但他畢竟太年邁了，所以不能對我有直接的影響。祖父於1878年去世，而我對他的瞭解，是通過他的遺孀——我的祖母，她總是那麼敬仰他的聲望。……在祖母看來，祖父為人類的利益而做的一些重要事業似乎是無可非議的。——羅素[1]

鮮為人知的是，這位對中國充滿感情甚至作出貢獻的大哲伯特蘭・羅素，其祖父約翰・羅素竟是對中國有著歷史罪責的重要人物，而無論研究中國或英國近代史的中英學者都忽略了這一點，全沒有提及這兩個著名「羅素」是有著血緣關係的祖孫。

一、約翰・羅素：兩次鴉片戰爭的重要決策者

伯特蘭・羅素晚年風趣地建議說，要謹慎地挑選祖先。這只是玩笑之說。他一出生當然就在不可避免的家族血脈中成長。

亨利八世是文學中常常出現文學形象，如莎士比亞就創作了有關他的歷史劇。因政治利益而與教皇鬧翻了的他先後有過6位妻子，但都沒有好下場，其中最著名的就是第二位王后安妮・博林，她竟然被丈夫以叛國罪兼通姦罪處死。安妮・博林是博林勳爵與霍華德之女。1533年1月與亨利祕密結婚，4個月後宣布合法；但3個月後開始失寵，直到1533年9月生下女兒，即後來的伊莉莎白女王一世後處境稍加改善。1536年1月，因流產導致她與亨利關係惡化。據說安妮脖子細長，而有「俏脖子姑娘」的美稱，她的笑聲如銀鈴一般清脆，儘管並非傾城國色，但卻有一股令人心醉

---

[1] 羅素：〈我的思想發展〉，丁子江譯，載《哲學譯叢》，1981 年第 5 期，原載 P. Schilpp (ed). *The Philosophy of Bertrand Russell*, Northwestern University Press, 1944, pp. 3-20。

的魅力；她曾在法國接受過良好的教育與訓練，並擔任過法國王后的侍女，回到英國便當上了王后凱薩琳的侍女，後被亨利看上，成了斷頭悲劇的開始。國王與大臣們捏造了莫須有的罪名，誣衊安妮‧博林與包括其親生哥哥喬治‧博林在內的5個男人私通，而被囚於倫敦塔。做了三年半的王后便因國王的厭倦而遭斬首，刑場就設在倫敦塔中。作為首名被砍頭的王后，安妮‧博林在斷頭之日身著優雅的灰禮服，罩上黑色的面紗，笑道：「我聽說這個劍子手很優秀，我的脖子很細呀！一劍下去就不再任何痛苦了。」她沒有抱怨，因害怕國王迫害她的家人。告別演講完畢，她安然的躺在了斷頭臺上，行刑用的是國王恩准的法國長劍。現在看來，對這件冤案，羅素的遠祖老約翰‧羅素曾起過不光彩的角色。根據記載，1533年，當安妮‧博林懷孕時，亨利八世與她關係好轉。老約翰‧羅素爵士是亨利八世是王廷老臣，也是他的私人密友，「同其他任何人一樣熟知這個君主」，他認為，自己從來沒有看到國王如此「興奮」。[2]

　　安妮‧博林死後剛過24小時，亨利便立即與簡‧塞穆（Jane Seymour）訂立婚約，11天後結婚，但新皇后不久便在難產中死去，不過終於生下了一個兒子，即後來的愛德華六世；亨利以殺妻的代價獲得子嗣，即王位繼承人。當亨利八世與簡‧塞穆結婚後，老約翰‧羅素獻媚地稱她為「國王王后中最美好的」，當然這可能是肯定這位新皇后在王宮中的重要性。關於王后們的很多事務似乎都與老約翰‧羅素有關，例如Seymour病危時，都由他來傳達國王的意旨。[3]亨利又先後娶了三位王后，其中第五位皇后凱薩琳‧霍華德，也因姦情而被推到了斷頭臺，不過安妮‧博林是清白的，而凱薩琳‧霍華德似乎卻有其事。在亨利八世、愛德華6世與瑪莉女王後，安妮‧博林的女兒伊莉莎白繼位當上了女王，經過她英明的治理，都鐸王朝逐漸強盛，但三歲時親遭母親的怨死，故始終未婚，後世尊其為「童貞女王」。有意思的是，安妮‧博林被稱為第一位培姆布羅克候爵（1st Marchioness of Pembroke），而這也正是羅素祖父府邸的名稱。難怪乎，羅素在這裡感到了某種吊詭的玄機和過去歷史悲劇的陰影。

　　從這個悲情的歷史故事，也可以從側面瞭解羅素家族的脈絡。與舊貴族不同，羅素家族是英國近代史上發跡的新貴族。15世紀末到16世紀初，

---

[2]　弗拉瑟：《亨利八世的王后們》（*Antonia Fraser: The Wives of Henry VIII*. New YorkL Alfred A. Knopf, 1993.），英文版第 198 頁。

[3]　弗拉瑟：《亨利八世的王后們》（*Antonia Fraser: The Wives of Henry VIII*. New YorkL Alfred A. Knopf, 1993.），第 235 ~ 236 頁，英文版第 280 頁。

處於歷史轉折關口的英國，剛剛從中世紀的「千年黑暗」中掙脫出來，逐漸強盛的王權越來越有實力與羅馬教權分庭抗禮，像上面所說的那個亨利八世就是在婚姻上企圖擺脫教皇的控制，既為政治經濟利益，又為非道德的私欲而另搞一套；結果終於與教廷決裂。羅素對亨利八世的評介總體上是負面的。在王權與教權的鬥爭問題上，他當然肯定世俗的權力，並認為，從宗教改革一開始，新教徒對國家在宗教事務中的許可權問題就爭論不休。在這個運動精神領袖的馬丁·路德看來，任何只要信奉新教的君主都可認可為本國的宗教首腦；「在英國，亨利八世與伊莉莎白一世都堅持自己的這種權力。」羅素指出，從亨利八世以後，以英王為首腦的教會一面反對天主教，另一面又反對大部分新教宗派，因而它自詡為折衷派；瑪利女王和詹姆士二世力圖將國民拖回羅馬教廷，內戰的贏家則極力將國民引向日內瓦。但在1688年以後，英國教會具有了穩固的地位，同時反對實力也得到倖存。

羅素闡述到，中世紀教會的整個勢力總是干預各個王室的離婚問題，而國王們均為趾高氣昂的人，都將婚姻不可解約的教規只是為臣民所設。然而教會將婚姻視為具有宗教的神聖性，始終將之當作制約王權的有效手段，因此總能佔據有利地位。但在「在亨利八世統治下的英格蘭，教會喪失了這種地位……。」[4]後來羅素在討論幾位英國近代重要思想家時，總是斥責亨利八世。在談到《烏托邦》（Utopia，1518）的作者莫爾（Thomas More）時，提到他雖受亨利八世的寵信，但並不願意為之效勞，也不對之抱有幻想，並看透了這個國王的邪惡本性。某次有人祝賀他受國王的青睞，他言辭犀利地說：「我的頭顱若真能幫他獲得一座法國城池，那它篤定落地。」不久，亨利八世為了與前面說到的斷頭皇后安妮·博林結婚，便謀劃休掉阿拉貢的凱薩林（Catherine of Aragon），莫爾堅決抵制這樁離婚案，便於1532年告退，並拒不參加婚禮。1534年，宣布自己（而非教皇）是英國教會的首領的亨利八世，製造藉口，終於將不願配合的摩爾送上了斷頭臺，並將他的財產轉送伊莉莎白公主，即後來的女王，但後者一直將它保存到她逝世。[5]

所謂新貴族與新型工商階級最初是在專制君主們或多或少的保護傘下積聚力量，因此尚能為都鐸王朝所確立的新君主制所包容。老約翰·羅素

---

[4]　羅素：《西方哲學史》（*A History of Western Philosophy*, Touchstone, 1972）第一卷，英文版第545，第二卷第415頁。
[5]　同上，第二卷，英文版第539～540頁。

就是於1549年愛德華六世時期參加鎮壓叛亂有功而被封為貝德福德伯爵，並繼續為亨利八世效力。羅素在討論英國大哲霍布士時，認為他鼓吹國家的最良好形式是君主制，但真正的焦點在於國家權力的絕對性。宗教改革使新教國家中的王權能夠壓過教權，例如「亨利八世就掌握了以往任何英王所沒有的大權」。但後來清教徒又將亨利八世的霸業完全否定，這樣一來，霍布士就得出了結論，「對抗主權必出現無政府狀態」。羅素指出，從亨利八世以後，以英王為首腦的教會一面反對天主教，另一面又反對大部分新教宗派，因而它自詡為折衷派；瑪利女王和詹姆士二世力圖將國民拖回羅馬教廷，內戰的贏家則極力將國民引向日內瓦。但在1688年以後，英國教會具有了穩固的地位，同時反對實力也得到倖存。

在較為開明的伊莉莎白一世時代，清教的產生反映英國的自由傳統首先在宗教領域得到相當的突破。這一新教派別代表了新貴族和工商階級的利益。伊莉莎白一世於1558年11月17日至1603年3月24日任英格蘭與愛爾蘭女王，她是亨利七世、亨利八世、愛德華六世以及同父異母姐姐瑪莉一世之後，都鐸王朝的第五位也是最後一位君主。這位女王的統治史稱「伊莉莎白時期」，亦稱「黃金時代」：她改變了宗教分裂引起的混亂狀態，成功地維護了英格蘭的統一，並在近半個世紀的統治後，使英格蘭成為歐洲最強盛的國家之一，並在北美建立了英國殖民地，美國的維吉尼亞州就是以她「童貞女王」的稱號來命名的；同時，英格蘭的文化也達到了一個頂峰，湧現如劇作家莎士比亞、哲學家培根等許多傑出人物。羅素對伊莉莎白一世的評價是很高的，曾指出，優秀的知識分子與當時社會的關係，在不同的時代裡有十分不同的境遇。這些人在幸運的時代大致能與環境合拍，他們對自己所提出的改革提議，甚至激烈變革主張，都有樂觀的希望；但在不幸的年代，他們僅能陷於失望，甚至是徹底的絕望。不過在大多數時期，偉大作家們盛行一種共同的格調；「在英國的伊莉莎白時代以及18世紀，他們是快樂的；在1750年前後的法國，他們是革命的；而在1813年之後的德國，他們卻是民族主義的。」[6]

隨著經濟尤其是工商資本的發展，新型階級羽翼漸豐，要求先是產權後是人權上的法律界定和保障。爭取權利的意識更物化為社會民主運動的具體操作，於是在議會中抗衡王權的力量日益強大，同時與王權的衝突也日益激化。都鐸王朝完結後的斯圖亞特王朝也是逆社會潮流而動，羅素的

---

[6]　同上，第一卷，英文版第253頁。

祖先威廉・羅素就是於1681年被人告發參與密謀刺殺查理二世，而被送上了斷頭臺。英國內戰和革命便以自己獨特的途徑展開，即用「溫和——暴力——溫和」的模式演進，結果就是1688年所謂光榮革命後帶來的妥協——君主立憲制。羅素家族在這期間，始終或多或少地進行了參與。百年之後，羅素的祖父約翰・羅素就是在其祖先政治意識和價值觀的引導下走向了政治舞臺，並有所作為。

　　羅素的父親安貝里是一名極為開放的無神論者。家人曾希望他從事家族傳統的政治事業，他的確願意並也在國會中待了一個很短的時間（1867～1868）；然而他一點也不具備這個世道上可能獲得成功的那種稟性與主張。當他21歲時，便擯棄了基督教，並在耶誕節那天拒絕上教堂。起初他成為穆勒（J. S. Mill）的信徒，後來又成了他的朋友。在一種非宗教的意義上，穆勒成了羅素的教父。羅素的父親採納了穆勒的不少主張，其中不僅有那些較為通俗的，而且還有那些始終令公眾震驚的內容，例如婦女參政權等。1868年大選，他成為一名候選人。但當人們得知在一個小團體的集會上，他說過節育是醫學專業的一個重要問題時，誹謗與中傷便立即向他襲來。一個天主教的大主教攻擊他提倡殺嬰；還有人在報刊上咒罵他是「長著一張臭嘴的放蕩鬼」。在投票的那一天，人們將他醜化成缺德鬼的漫畫到處都是，並將他蔑稱為「邪惡的異邦伯爵安貝里」[7]，還斥責他鼓吹「法蘭西與美利堅制度」，這是因為他與其妻在美國時研究過歐奈達人社區（Oneida community），故被歸罪為企圖散布大洋彼岸非英國化的邪暴來腐蝕英國純潔的家庭生活。在這種情況下，他當然落選了。對這個事件，羅素後來提到，「從事比較社會研究的學生也許會對1868年英國的鄉村與1940年紐約的城市之間的類似事件感到興趣」。此處羅素指自己於1940年代在美國時因婚姻與道德等的非傳統觀念而受到了攻擊和迫害，這些情況與當年他父親的遭遇很相似。

　　羅素的祖母也力圖培養這個孫子繼承家族的傳統，這是不難理解的。羅素多少還是繼承了祖先的一些遺傳，他的血液裡流淌著家族特有的某種叛逆因素，也有一定參與政治的熱情，但多次競選議員均告失敗。值得慶倖的是，從此英國現代史上，少了一個可能平庸也許有點作為的政客，而多了一位劃時代的哲學宗師。儘管未能直接參政，不過他還是成為了一個

---

[7]　英文原文為「Vice-Count Amberley」。Count 是西歐除英國外的各國對伯爵的稱呼，本來羅素父親的稱號是子爵（viscount），這裡改為 vice-count 為貶義。

世界知名的社會活動家。

　　1920年訪華過的羅素，在他後來的人生經歷中，始終有著對這個東方文明古國不可磨滅的情結。有意思的是，史家們都沒有作這樣的聯想，就連羅素本人都忽略了自己家族與中國有一段歷史的不解孽緣。正由於這個孽緣，使原來的東方巨龍從此陷入了長達一個多世紀的屈辱、怯弱、無能、落後、挨打，以及更加腐敗醜齷的黑暗。

　　作者訪問在英國時，有學者告知，劍橋大學屬於羅素大學集團（The Russell Group）。作者就問道，這是否與大哲羅素有關，那學者不甚清楚來龍去脈，便語焉不詳答曰，也許是間接有關。作者好奇起來，便四處打聽，得知所謂羅素大學集團成立於1994年，由牛津、劍橋等19所英國研究型的大學組成，包含了所謂的金三角名校，被稱為英國的常春藤聯盟，代表著英國的頂尖大學；它與美國的「常青藤聯盟」（Ivy League，即東海岸八所歷史悠久的名牌私立大學的統稱，包括哈佛、布朗、哥倫比亞、康奈爾、達特茅斯、賓夕法尼亞、普林斯頓以及耶魯）在貴族化、精英化為宗旨的盎格魯─薩克森「紳士教育」（gentlemanly education）的模式上是一致的，但有一點不同的是，他們都是由國家資助的；其目的是要代表這些機構的觀點、遊說政府國會、提出研究報告來支持它的立場。後來又得知羅素集團名稱的由來，是因為這19所院校的校長，每年春季固定在倫敦羅素廣場旁的羅素飯店舉行研究經費會議而得名；這個集團關心的焦點在於提升研究、增加學校收入、招聘最優秀的教職員與學生、降低政府干預及提倡大學合作等。

　　在倫敦時，作者到過羅素廣場（這裡因2006年連環恐怖爆炸，而更舉世聞名），當時心想這個名字恐怕以大哲羅素命名。後來一打聽，倒是與他本人並非直接相關，而是與其家族的驕傲──約翰・羅素伯爵（John Russell，1792～1878）有關，也就是這個廣場以這位政治家命名的。這樣看來，那位學者說的對，這都與哲學家羅素間接有關。

　　由此我想到，羅素家族是英格蘭著名的輝格黨家族，開初幾代享有貝德福德公爵的稱號。老約翰・羅素（？～1555）因1549年參加鎮壓叛亂有功而被封為貝德福德伯爵。他的兒子威廉・羅素是一悲劇人物，於1681年被告發參與密謀刺殺查理二世，而被送上了斷頭臺；因此被追思為宗教與政治自由的先烈。

　　政治家約翰・羅素（1792～1878）是哲學家伯特蘭・羅素的祖父，是第六代貝德福公爵J・羅素的兒子。這個約翰・羅素在愛丁堡大學讀書時，

曾對蘇格蘭哲學異常著迷，也許這也是對孫子伯特蘭所帶來的某種「遺傳基因」。約翰・羅素並未將哲學當成職業，而是走上了政壇，1813年任國會議員，接著于1819年12月倡導議會改革，並著手實施。19世紀30～40年代，在輝格黨上臺執政後，他作為這個黨自由改革派的主要人物，曾於30年代任軍需大臣和內政國務秘書；還曾於1839～1841任殖民大臣；並於兩度擔任首相（1846～1852和1865～1866）。1852年，作為首相的他發表著名而強硬的聲明：「一個多世紀以來，在歐洲整個體系中，我們是互相聯繫的，任何一種勢力的擴張，任何破壞歐洲勢力總平衡的擴張儘管還未直接引發戰爭，都決不可能對這個國家是一個漠不關心的事；倘若平衡嚴重受到威脅，那麼最終就會引發戰爭！」另外，他還兩度擔任過外交大臣（1852～1853和1859～1865）。約翰・羅素在政治上頗有建樹，也相當開明，如促進各大城市行政民主化，減少處決刑事死刑犯，建立國家檢查體制，發展公共教育，主張徹底的自由貿易，制定10小時工作制，建立全國衛生委員會等等。他在第二次任首相期間，因擴大選舉權問題而倒臺。約翰・羅素在美國內戰中支持北方。約翰・羅素還有一個「遺傳基因」帶給了伯特蘭・羅素，這就是熱衷寫作，沒有另一個英國首相象他那樣留下大量的作品，如詩歌、傳記和史學論文等。

羅素的祖父曾兩度出任英國首相。

　　約翰・羅素在英國近代史還算是舉足輕重的政治人物，就連馬克思在著作中也間接提到過他。1821年，馬克思在《根據政治經濟學基本原理得出的國民困難的原因及其解決辦法。致約翰・羅素勳爵的一封信》中對這個英國政治家提到：「一個國家只有在使用資本而不支付任何利息的時候，只有在勞動6小時而不是12小時的時候，才是真正富裕的。財富就是可以自由支配的時間，如此而已。」[8]

　　作者到過新西蘭北邊一個叫作羅素的海濱小城——它竟然是這個島國最早的首都。當作者第一次聽到這個小城名字的時候，心裡動了一下，它會不會與大哲羅素的家族有沒有什麼關聯呢？經過詢問，果然這個城名的確也是紀念羅素的祖父約翰・羅素——當時任大布列顛王國殖民大臣，正因為他主持制定的殖民政策，大英帝國佔據了新西蘭和澳大利亞等一系列新的殖民疆土。

　　作者年輕時讀過一本有關中國近代史的名著《從鴉片戰爭到五四運動》，那上面有這樣一段話：「1840年2月（道光二十年正月），英國政府決定派出所謂『東方遠征軍』開往中國。當時英國議會曾辯論對中國出兵是否合理的問題。……下院中僅以微弱多數通過支持政府的立場。內務大臣羅素向議會發言為政府的立場辯護，說明英國開戰的目的是：『為商務監督及女王陛下的臣民所忍受的暴行與虐待要求賠償，為英國商人們在恐嚇與暴力之下所受到的損失要求賠償，為英國商人們的人身和財產獲得保證，使今後勉受暴虐與殘忍的待遇，並能夠在正常的情況之下經商。』……當時英國官方對作戰原因的公開說明，例如上舉羅素的話，的確都小心避免提到鴉片煙，但是所謂』英國商人們在恐嚇和暴力之下所受到的損失』，很明顯就是針對林則徐迫使英國商人交出鴉片煙而言，所謂『為英國商人的人身和財產獲得保證』，就是針對林則徐提出的如果以後再販煙『貨盡沒官，人既正法』的要求而說的。既然如此，怎麼能說不是為保護鴉片走私呢？」[9]正是在此以後，鴉片戰爭爆發了。這段引言最初引自法國漢學家馬斯裴若（Henri Maspero）的《古代中國China in Antiquity》一書。讀到這段歷史，作者才恍然大悟，原來大哲羅素的祖父就是鴉片戰爭的始作俑者之一，當然並不一定是最主要的。

　　當前，中國大陸中學歷史課本以及2008年成人高考高起點歷史模擬試

8　馬克思：《馬克思恩格斯全集》，人民出版社，第263～280頁；英國經濟學家李嘉圖（1772～1823）：《政治經濟學及賦稅原理》，中文版第6頁

9　胡繩：《從鴉片戰爭到五四運動》，人民出版社，1981年版，第35頁。

題有關鴉片戰爭一節也將上述內務大臣羅素的講話作為材料來源，並列出的一個重要問題是「羅素是怎樣說明英國發動鴉片戰爭的目的的？他極力掩蓋了什麼問題？」標準答案是：污蔑中國人民反侵略的禁煙運動是「暴行」，掩蓋了罪惡的鴉片貿易活動的非法性。

英國歷史學家馬歇爾在《劍橋插圖大英帝國史》記載到：「1870年，羅素伯爵（以前的約翰・羅素勳爵兼英國前首相）回顧了帝國的發展時最後總結：『我們可能作為英格蘭、蘇格蘭和愛爾蘭聯合王國單獨採取行動的時期已經過去。我們征服了加拿大，並繁衍生息在這片土地上；我們佔有了整個澳大利亞和新西蘭；我們吞併了印度，從此它處於王國政府的管轄之下。我們決不後退。』」[10]

在英國近代史書上，無論在國內事務還是在國際事務上，約翰・羅素無疑是很重要的。尤其鴉片戰爭與南京條約的簽訂上，他都起著某種重要作用，當時他就是執政的輝格黨的靈魂人物，而這個政黨最重視的是所謂大英帝國在全世界「自由貿易」。例如《英格蘭史》一書就這樣評價：「由約翰・羅素領導的輝格黨是有能力的、可期待的，而且是又勇氣的。……很幸運，約翰・羅素的輝格黨內閣是由很有能力和政治經驗的人們所組成，因為他們的人物是非常艱巨的。」[11]

有一部名叫《新鴉片戰爭》的歷史小說，有以下很有意思的描寫，似乎鴉片戰爭爆發的10年前，約翰・羅素對立即發動戰爭還有所保留：

> 1830年的年底，加爾各答已經是一座典型的殖民城市，巍然聳立的歐式建築在城中不時可見，與之反襯的是狹窄暗仄的街道和數不清的貧民窟交織在一起。冬天的空氣中恍惚有了夏天的濕熱，還有一些莫可名狀的腐壞氣息。
>
> 在加爾各答的總督府中，印度總督奧克蘭勳爵在他圓形的大會議廳中正舉行著一次重要會議。這已經是第二次受到中國人的打擊了，鴉片船不在能安全的行駛在中國的海岸。作為一名英國紳士必須做出一定的姿態來，他有些惱怒的在會議桌上揮舞著拳頭喉道：大不列顛應該對中國海岸線全面進攻，打進京城，將皇帝逐出皇

---

[10] 馬歇爾（P. J. Marshall）：《劍橋插圖大英帝國史》（*Cambridge Illustrated History*, Cambridge University Press, 2001），英文版第 24 頁。

[11] 斯密斯：《英格蘭史》（Goldwin Smith: *A History of England*. New York: Charles Scribner's Sons. 1957.）英文版第 609 ～ 610 頁。

宮，取得物質上的保證，以免將來再受侵犯。我們應該用九尾鞭抽打每一個敢於侮辱我國民族象徵的蟒衣官吏，應該把他們（中國將軍們）個個都當作海盜和兇手，吊在英艦的桅杆上。把這些渾身鈕扣、滿面殺氣、穿著丑角服裝的壞蛋，在桅杆上吊上十來個示眾，讓他們隨風飄動，倒是令人開心和大有裨益的場面。無論如何總得採取恐怖手段，我們已經過分寬大了！應該教訓中國人尊重英國人，英國人高中國人一等，應該做他們的主人。我們會像zhan有加爾各答那樣把廣州保持在自己手裡，把它變為我們在東方最東端的商業中心，奠定一個新領地的基礎。

　　奧克蘭勳爵雖然說出如此豪言壯語，不過正值英王喬治四世逝世的國喪期，英國上下兩院的議員大多不太贊同此事。新上任的英國首相格雷伯爵已經派來了赴中國的外交使節羅素勳爵調解此事，此時他正出席了這一次的會議。對於奧克蘭勳爵豪邁的口氣，他禮貌的問道：「請問奧克蘭先生有把握攻進中國的皇宮嗎？那裡的珍寶倒是令人羨慕，不過中國皇帝一定會派出他的數億國民阻擋閣下，希望閣下帶上足夠的子彈。」

　　奧克蘭勳爵對於羅素勳爵的問話有些惱怒，這次輝格黨重新組閣，英國國內的視線放在了雷伯首相的改革法案上，國內的輝格黨和托利黨相互鬥爭的如同水火一般，所以對於遠東的局勢兩黨都希望能平靜下來。而奧克蘭勳爵嘗到了鴉片貿易的甜頭，中國人如此打擊鴉片貿易豈能不令奧克蘭勳爵起火。此刻聽到羅素勳爵的話，奧克蘭勳爵的拳頭又揮舞了起來，口沫四濺的說道：「中國不過是一隻龐大的麋鹿，麋鹿再大也不過是鹿，日不落帝國只消排遣一隻艦隊，在下有能力讓中國人的一片木板也不能出海，卑賤的中國人所擁有的幾艘小船隻配在小河裡釣魚，大英國的艦隊一旦開過去，不消一次炮擊便可以讓他們永遠沉在海底。」

　　「那奧克蘭先生是不準備和中國人交易了，也不打算登上中國的國土上，如果那樣中國的皇宮照樣還是安然的坐落在那裡。」

　　「我的海軍陸戰隊既然可以征服印度，也不會忘記中國，我只需要數千人便可以讓中國的皇宮從地圖上摸去。」

　　羅素勳爵不打算繼續和奧克蘭勳爵爭辯了，他必須執行格雷伯爵的命令，羅素勳爵擦掉了飛在自己臉上的唾沫子向奧克蘭勳爵說道：「格雷伯爵有更重要的事情要做，我們不能因為遙遠的遠東而

忘記了國內的事情。即使要攻打中國，也不應該在這個時侯，現在應該按照首相閣下的命令行事。」

……

羅素勳爵乘坐著一艘兩層甲板的英國二級戰列艦「查林傑」號到達了廣東，當朝陽從海面上升騰起來時，這一天已經是1830年的耶誕節後第三天12月28日，在艦船正要靠近珠江口時，中國艦隊出現在艦長佛里曼特爾的視野裡。

三艘戰艦呈品字形的出現在海面上，火紅的朝陽將戰艦的林立的桅帆映的紅彤彤的，靠後的一艘戰艦高出前兩艘戰艦一頭，船側面的炮口整齊的從船頭延伸到船尾，上下兩層密集的有些炫目。

佛里曼特爾這位傲慢的英國海軍少將有些吃驚的揉了揉自己的眼睛，沒錯他的視野裡出現了一艘二級戰列艦，二艘巡防艦，而且懸掛著中國的龍旗。三艘船隻向英國艦船靠攏了過來，並且打出了讓「查林傑」號停船的旗語。

佛里曼特爾終於沒能靠近中國的領土，他遺憾的看著羅素勳爵登上了中國的戰艦航向了珠江。那邊海岸上正在改建的炮臺，落在了佛里曼特爾的眼中，從望遠鏡可以清楚看到，中國的海岸炮臺用上了水泥加固，而且所使用的岸炮已經不是前次來到中國看到的老式舊炮了。

羅素勳爵很容易找到前來迎接他的英國商人，他們在碼頭舉著寫上了英文的牌子，英國式的燕尾服輕易的和周圍的人群區別了出來。和這些熱烈歡呼他的英國商人到達了落腳處，羅素勳爵聽到了很多不滿的聲音。商人們抱怨長期以來在中國受到很多限制：不能和法國商人一樣乘坐中國式的轎子，不能將讓女性家眷駐留在中國，更不可以在中國的任何一座城內購買房屋居住。

羅素勳爵從廣州帶著這些不滿到達北京已經是1931年2月，此時英國首相格雷伯爵正在英國下院宣讀代表英國工業資產階級利益的改革法案，這次看似平常的一次改革法案為英國的憲章運動拉開了序幕。部分貴族議員大肆鼓噪，拍桌子頓腳，使宣讀議案的過程不時被喧嘩聲打斷。由於托利黨保守議員的搗亂，議會沒有通過改革法案。格雷伯爵隨後晉見了國王，他要求解散議會重選。畢竟在當時英國的改革呼聲已占了上風，輝格黨在議會選舉中大獲全勝，新議會很快通過議案。

……

　　幾乎和所有第一次看到圓明園美景的外國人一樣，羅素勳爵被這童話中才能想想到的美景深深的吸引。

　　第一次見到中國皇帝，羅素勳爵不禁多看了幾眼，這位看起來似乎只有二三十歲的皇帝不像報告中說的四十多歲，其一身繡滿龍的黃袍做工精美，似乎每一條龍都可以活過來，細看龍袍的圖案不止有龍，還有日、月、星辰、山等等，繡有龍的地方往往配以雲彩，這件外套讓眼前的中國皇帝看起來雍容華貴。羅素勳爵以叩見英皇的禮節，單腿下拜了中國皇帝。

　　現任的禮部尚書穆彰阿跟隨劉寄出席了這次接見英國使節，陪同的還有總理衙門的大臣戴蘭芬，大學士曹振鏞、英和。穆彰阿本想喝斥英人的禮節不符合天朝的禮儀，可權衡之後他明白皇上是不會計較的，自己又何必去挑刺頭，乾脆閉口緘默。

　　與往常一樣，接見了英使後留下了一干大臣以戴蘭芬率頭與英國人談判。

　　由於兩次擊沉英國鴉片船的事件中，林則徐都繳獲了英國人的航海日記，而日記上確鑿的留下英國人走私鴉片的證據。這為談判取得了主動。畢竟以前的中英協定中，雙方都明確規定了不得支持鴉片商人。因此羅素勳爵的這次交涉頗為被動，在他看來中英貿易的矛盾，只有靠其他手段來調解。相對於鴉片貿易的交涉，羅素勳爵關於英國人在中國境內受到歧視的交涉，受到了主持談判的中國官員戴蘭芬的重視，他答應將這些內容轉告到中國皇帝那裡。

　　這場不愉快的談判之後，羅素勳爵回到了英國駐北京領事館。他沉思著，現在的中國已經取消了英國東印度公司管貨人委員會代管其他所有外國商人的資格，這種變化使得英國人在對華貿易中不在zhan有絕對優勢，相反法國人往往受到中國的關照。那麼如何才能確保大英帝國在中國的利益呢？看來只有鴉片貿易，鴉片貿易不僅可以扭轉中英貿易中的逆差，而且可以削弱中國人。羅素勳爵又想到，中國人對鴉片貿易的打擊必定越來越沉重，與之相反的是那些在鴉片貿易中獲利的商人正在向英國政府請求保護，這樣發展下去一場戰爭實在是不可避免的。

　　在隨後幾天的談判中，羅素勳爵得到了一些額外的收穫，中國人同意英國人可以在中國座轎、可以在城內購買宅第、英國商人

可以在中國開放的口岸自由經商，只是允許英國婦女進入中國這一條，因為和中國的習俗有衝突而被禁止。

羅素勳爵患得患失的離開了中國，這一趟中國之行，留給了他深刻的印像。這是一個古老而龐大的國家，這個國家正在吸取來自歐洲的養分，首先發生的變化便在他們的軍隊身上。更準確的說，是在中國首都的軍隊身上發生了變化，在離開中國首都後羅素勳爵在沿途發現中國境內其他地區的軍隊並沒有發生什麼變化。[12]

這部號稱「經典修真小說」以網路文學的虛構繪聲繪色地描寫了這個羅素勳爵是如何代表大英帝國出使中國，以及如何與滿清皇帝和政府高層鬥智鬥勇的經過。當然，文學畢竟是文學，而史學卻根本不同，當然不能捕風捉影，更不能憑空捏造。不管如何，無論文學還是史學，都從某一側面反映了這位羅素勳爵的顯赫地位與作用。

約翰‧羅素在清廷鎮壓太平天國中也起過相當的作用，因為這符合大英帝國的利益，而且還有過控制中國海軍的企圖。據《盛世之毀：甲午戰爭110年祭》考證，1861年，咸豐之死、同治登基和北京政變，顧命八臣被兩宮垂簾賀恭親王議政所取代；這一期間，李秀成大軍攻克寧波、杭州，兵鋒直逼上海。恭親王作為洋務運動在清廷中央的總代表和曾國番、李鴻章等人在中央的總後台，其意義和影響也是比較深遠的；但李秀成大軍的勝利對於清廷卻是極為沉重的打擊。由於當時西方列強普遍觀望中國大地的這場內戰，並都想從中漁利，清廷不能不考慮到太平軍與西方列強合作的可能。而李秀成兵指上海的目的，在清廷得到的情報中其中一條就是借此向外國購買一批炮船。這不能不使得恭親王等清廷中樞震驚。因此，1862年1月31日、2月1日連續兩天之內，恭親王即以總理衙門名義致信江蘇巡撫薛煥、兩廣總督勞崇光、福州將軍文清，令其迅速籌款購艦。3月14日，繼任海關總監的赫德接到總理衙門的指示，命其通知李泰國，立即在英國購買並裝備艦隊，並迅速開往中國，已備戰事。李泰國接到赫德的信後，與英國外交大臣羅素進行了多次謀劃，最後計畫組建一支「英中聯合艦隊」。英國外交部和海軍部先後同意了這個計畫，任命參加過第二次鴉片戰爭的海軍上校阿思本為艦隊司令，並很快購齊了7艘炮艦（「北京」號、「中國」號、「廈門」號、「廣東」號、「天津」號、

12　海之舟：《新鴉片戰爭》，http://forum.qidian.com/BookForumNew.aspx?bookId=68499

「江蘇」號，另有供應船1艘、快艇1艘等）。

　　1863年1月，李泰國擅自與阿思本簽了十三條合同。阿思本在致羅素的信中說：該合同「是經過長時間深思熟慮而決定下來的行動計畫，可以不致在今後迷失方向」。合同主要內容有：一、中國建立外海水師，阿思本允做總統四年。除阿思本外，中國不得另延外國人做總統。中國所有外國樣式船隻，或內地雇外國人管理者，或中國調用官民所置各輪船，議定嗣後均歸阿思本一律管轄調度。二、阿思本只執行李泰國轉交的中國皇帝命令。若由別人轉諭，則未能遵行。如有阿思本不便照辦之事，則李泰國未便轉諭。三、所有此項水師各船員弁、兵丁、水手均由阿思本選用，仍須李泰國應允，方可准行。四、此項水師，俱是外國水師，應掛外國樣式旗號……。兩人還參照英國海軍章程，制定了《英中聯合艦隊章程》：凡捕獲船隻、財貨，三分之一歸廷，其餘歸艦船人員分配。李泰國強調：「我對中國人的態度是這樣的：如果我幫助你們徵稅，只要外國人的質疑是對的，你們必須去做。如果你們不做的話，我就停止幫助你們……中國政府太腐朽了，不能依靠。我正努力要建造的結構的基礎，得人工來創造。我的地位是作為一個外國人受中國政府雇傭來替他們執行某些工作，而不是受他們的差遣。我根本不需要說，一個高貴的人受亞洲野蠻人差遣的想法是非常荒謬的。我不是中國官員，而是一個沒有頭銜但有很高的地位和影響力的外國顧問。因為我受到信任，受到尊重。」艦隊由阿思本指揮。這就是後來眾所周知的「阿思本艦隊」。李泰國所設想的不僅僅是英帝國主義者控制中國軍事力量的企圖，也包含了另外一種觀念──中央集權觀念。艦隊不聽從各省督撫大員，而直接接受中央政權──皇帝的命令，類似湘軍、淮軍這樣的由地方編練、對地方負責的武裝是不能也不應該存在的。這是英國法權觀念的一種另類體現。然而，晚清時期內外困頓，中樞積弱，實權更多的分掌在各地方漢族大員的手中。清廷既沒有決心、信心，也沒有實力來推動這一重大的、根本性的改革，更何況清廷本身對於兵權問題也是同樣警惕，明確照會英國公使卜魯斯：「中國兵權不可假於外人」。甚至赫德也在日記中明確表示：「李泰國不會成功」（赫德《至金登幹》）。結果是：阿思本艦隊被解散，船隻被撤回變價出售，李泰國的總稅務司被赫德接替。[13]

---

[13]　參見〈北洋海軍──同光興盛之李鴻章時代〉，《盛世之毀：甲午戰爭110年祭》，弘治、張鑫典、孫大超編著，華文出版社，2004年。

　　1859年9月3日，也就是第二次鴉片戰爭的第3年，英國駐華公使卜魯斯（Bruce）于北京向英國外交大臣羅素的發了一封信，寫道：「中國政府仍然還未達到對外國使節權利的認可，他們在檔上可以承認，但他們實際上拒絕接受在民族平等基礎上的外交關係，而且只有成為奉承傲慢的手段，並知曉皇帝至高無上時，才被允許訪問北京。」[14]1860年4月間，也就是第二次鴉片戰爭結束前的幾個月，維多利亞女王通過外交大臣羅素通知卜魯斯，說她期盼他說服中國政府接受天津條約；同一期間，羅素在致格蘭特（Grant）的祕密指示中，讓他準備兩手，即侵略與談判，但儘量縮小前者，而擴大後者，「我們去中國的目的是貿易，因此我們中國難題的儘早結束是最渴望的」。[15]1861年11月12日，也就是第二次鴉片戰爭結束後的一年，卜魯斯在致外交大臣羅素的信中提到：「恭親王及其同僚之操權，乃是對外國人維持友好使然。這個令人滿意的結果，全是幾個月來私人交際所造成的……我們下一步驟是應該在他們心目中造成同等深刻的信念，我們不是為了和帝國政府來作對的。在不妨礙物質利益時，我們是準備以朋友之誼對中國的困難與損害予以考慮的。」這封信露骨地談到在當時北京政變前後，英國如何培養像恭親王奕訢這樣更為馴順的奴才，並支持他同西太后合作奪取政權的情況。[16]

　　約翰・羅素似乎在一些對華政策中，也有某些溫和的態度，如馬克思在〈議會關於對華軍事行動的辯論〉一文中，評述過：得比伯爵和科布頓先生譴責對華軍事行動的兩個議案，都按照早先所作的聲明被提出了，一個是2月24日在上院提出的，另一個是2月27日在下院提出的。上院的辯論是在下院開始辯論的那一天結束的。上院的辯論給帕麥斯頓內閣以沉重的打擊，使它只得到36票比較微弱的多數。下院的辯論也許會以內閣的失敗而結束。「但是不管下院的討論將引起多麼大的興趣，上院的爭論已經把論戰雙方的理由講盡了，而得比和林德赫斯特兩位勳爵的精彩演說已經預先說出了能言善辯的科布頓先生、愛・布林韋爾爵士、約翰・羅素勳爵以及tuttiquanti〔諸如此類的人〕所要說的話。」政府方面唯一的法學權威——大法官說過：「如果英國在『亞羅號』事件上沒有充分的根據，那麼

---

[14]　漢內斯（W. T. Hanes）和桑尼祿（F. Sanello）（*The Opium Wars*，Sourcebooks, Inc. 2004），英文版第 237 頁。

[15]　漢內斯（W. T. Hanes）和桑尼祿（F. Sanello）：《鴉片戰爭》（*The Opium Wars*，Sourcebooks, Inc. 2004），英文版第 244 ～ 245 頁。

[16]　〈卜魯斯致羅素〉，嚴中平譯，《歷史教學》月刊，1952 年 4、5 月號。

英國的一切行動自始至終都是錯誤的。」得比和林德赫斯特無疑地都證明了英國在這划艇事件上沒有任何法律根據。英方為推卸廣州屠殺的罪責而硬加在中國政府身上的罪名是什麼呢？那就是：違背了1843年的善後補充條約第九款。該款規定，凡逃抵香港殖民地或潛藏於英國軍艦或商船上的中國罪犯，中國當局不得自行逮捕，而應通過英國領事提取，由英國領事將罪犯引渡給地方當局。[17]馬克思還在〈新的對華戰爭〉一文中，提到印度的糾紛使英國感到不安，同時英國又得武裝自己以防萬一發生歐洲戰爭，因而在中國發生的這場新災難──這大概是帕麥斯頓一手製造的──也許會使英國遭到巨大的危險。最近將來的結果必然是現政府的垮臺，因為該政府的首腦是這次對華戰爭的罪魁，而它的主要成員卻因為這次戰爭而對他們現在的首腦表示了不信任。「無論如何，米爾納‧基卜生先生和曼徹斯特學派應該採取下列行動：或者是退出現在的自由派聯盟，或者是（這很少有可能）與約翰‧羅素勳爵、格萊斯頓先生及其同道皮爾分子聯合，迫使政府的首腦服從他們自己的政策。……既然英國人曾為鴉片走私的利益而發動了第一次對華戰爭，為保護一個海盜的划艇而進行了第二次對華戰爭，那麼，現在要想達到一個高潮，只需馬上發動一次旨在以公使常駐北京這件麻煩事情來和中國為難的戰爭就是了。」[18]

　　父母去世後，3歲的羅素被接到祖父約翰‧羅素伯爵培姆布羅克府邸，並在那裡長大，一直到18歲進入劍橋。這個地方就是羅素整個童年和少年時代的搖籃。培姆布羅克府邸是一棟兩層小樓，位於麗茲蒙花園，是由維多利亞女王賞賜給他祖父的。他的首相祖父在這個地方曾多次召開過內閣會議。1853年至1856年英俄之間爆發的克里米亞戰爭，就是在這裡召開的內閣會議上決定的。羅素後來回憶，自己還能記起金萊克也曾在這裡住過，還有不少內閣成員以及英國政府高官都曾拜訪過這裡。童年的羅素同這些人有過很多次有趣交談，儘管他才是7、8歲的男孩，但與他們的話題已涉及了大量有關國際事務與歷史問題的探討，例如還很幼小的他，某次與史本塞爵士的聊天中，居然討論了有關金萊克反對拿破崙三世的話題。

　　羅素這樣回憶：「1876年父親去世後，我被接到祖父的府邸。那時，祖父83歲的高齡，身體意境非常虛弱。我記得，有時有人推著他坐在輪椅上到室外轉游，有時他在屋子裡讀英國國會議事錄。他對我總是很和善，

---

[17]　馬克思：《馬克思恩格斯全集》，第 12 卷第 148 － 152 頁。
[18]　同上，第 13 卷第 568 － 585 頁。

似乎從不厭煩孩子們的喧鬧。但他畢竟太年邁了，所以不能對我有直接的影響。祖父于1878年去世，而我對他的瞭解，是通過他的遺孀——我的祖母，她總是那麼敬仰他的聲望。……在祖母看來，祖父為人類的利益而做的一些重要事業似乎是無可非議的。他對我講述有關祖父1832年提出的議會選舉法的情況。在祖父去世前不久，一個著名的新教徒代表團集會頌揚他。人們告訴我，50多年前，祖父曾是改變她們無政治地位狀況的領導人之一。在他的起居室內，有一尊來自義大利的雕像，是義大利政府贈送的，上面還刻有一句題詞：『約翰·羅素勳爵——義大利敬贈』。我當然很想知道這是什麼意思，於是後來聽說了有關加里波第[19]和義大利統一的整個故事。諸如此類的事情激發了我為某種目的而奮鬥的雄心。」[20]

祖父的府邸浸透了以往歷史的印記，各種各樣的擺設反射著英國社會的折光；大廳裡陳列祖父在議院辯論時所依據的多種檔。這裡擴展了羅素的想像力和求知欲，使他對歷史和整個人類社會發生了濃厚的興趣。在羅素眼裡，這座處庭院彷彿回味著昔日的輝煌，漫步在綠茵中的外國大使，以及嫉羨精心護養花圃的王子們……。他說自己也隨著它生活在往日的歲月中。

祖父的圖書室變成了羅素的學習間，它以另一種方式激勵著他。那裡有許多歷史書，其中有一些是非常古舊的。他記得有某個16世紀的圭察狄尼[21]；還有三大卷題為《考證日期的藝術》的書，它們重得無法搬動。羅素猜想它們像是查找祈禱書中復活節日期的表格。後來隨著年齡的增長，他終於有力氣將其中一本從書架上取了下來；但使他感到有些厭惡，原來所謂藝術不過是查找書中年代的藝術。此外，還有署名四位大師撰寫的《意愛爾蘭編年史》，其中一個故事講述了人們在大洪水到來之前到了愛爾蘭島，後來又淹死的事。他便納悶這些作者是怎麼知道這些事的，因而也就沒有再讀下去。那裡也有許多像馬基雅弗利、吉本和斯威夫特的著作那樣普通的書籍。此外，還有一套羅素從未打開過四大卷書，題為《下院議員安德魯·馬維爾先生著作集》。直到成年，他才知道這個人是詩人而非政治家。「家人都沒有料到我會讀那些書，否則我連一本也讀不成了。那些書使我對歷史發生了興趣，毋庸置疑，這種興趣是由於我的家族自16

---

[19] 1807 年～ 1882 年，義大利著名愛國者和軍事家，曾為義大利統一作出傑出貢獻。

[20] 羅素：〈我的思想發展〉，丁子江譯，載《哲學譯叢》，1981 年第 5 期，原載 P. Schilpp（ed）. *The Philosophy of Bertrand Russell*，Northwestern University Press, 1944，pp. 3-20。

[21] 圭察狄尼（1483 ～ 1540），義大利法律學家兼外交家，著有《義大利史》。

世紀初葉以來在英國歷史上地位顯赫這一事實而增強的。我所受的英國歷史教育，正是反對國王，爭取立憲自由鬥爭的記錄。威廉・羅素勳爵是被查理二世處死的，他受到特別的讚揚。因而反抗往往值得稱頌這一事實使我受到鼓舞。」[22]

二、伯特蘭・羅素對鴉片戰爭的批判

對祖父的景仰是景仰，但作為約翰・羅素孫子的伯特蘭・羅素本人對鴉片戰爭還是深惡痛覺，曾在不同的著作和文章裡多次加以譴責。他曾指出：「1840年，西方對中國發動了第一次戰爭原因是中國政府力圖禁止鴉片的進口。戰爭以奪取香港，以及對英國還有法國、美國以及斯堪德納維亞開放五個口岸。1856至1860年，英法聯軍又發動戰爭燒毀了圓明園……。」[23]1951年，在〈當前的困惑〉一文中，他對朝鮮戰爭中的美國總司令麥克亞瑟（MacArthur）斥責道：「我們必須都必須回到鴉片戰爭的年代，在我們屠殺數百萬中國人之後，那些倖存者還要接受我們道德的高尚性，還要將麥克亞瑟作為救世主加以歡迎。」[24]當然，羅素本人並沒有直接提過自己祖父的這段與中國有關的往事。是忽略而未予注意？還是刻意加以迴避？這就無從查考了。

羅素在自傳中曾指出，1926年，在三處不同地方，英軍向手無寸鐵的青年學生開火，製造了重大傷亡。為此，羅素萬分憤慨在英國發表《中國的白禍》等文章加以聲討強烈譴責這種暴行，後來中國媒體加以廣泛轉載。當時一名在華美國傳教士來英國時告知他，群情激昂的中國民眾使所有駐華的英國人都感到死亡的恐懼。這位傳教士還說到，幸虧是羅素，「在華的英國人才生命無虞，因為憤怒的中國人有這樣一個結論：決不是所有英國人都是惡徒。但不管怎樣，我既受到在華英國人的不滿，又招到英國政府的仇視」。[25]也許是羅素記憶有誤，還是輕描淡寫了的英軍的罪行，實際上1926年9月5日，英艦「嘉禾」號、「威警」號和「柯克捷夫」號以扣船事件為藉口，竟開炮轟擊萬縣人口稠密的繁華市區近3個小時，

---

[22] 羅素：〈我的思想發展〉，丁子江譯，載《哲學譯叢》，1981 年第 5 期，原載 P. Schilpp (ed). *The Philosophy of Bertrand Russell*, Northwestern University Press, 1944, pp. 3-20。

[23] 羅素：《中國問題》（*The Problem of China*, New York: The Century Co., 1922），英文版第 52 頁。

[24] 羅素：〈當前的困惑〉（1951），《羅素重要文選》（*The Basic Writings of Bertrand Russell, 1903-1959*, ed. by R. Egner and L. Denonn, Simon and Schuster, 1961），英文版第 694 頁。

[25] 羅素：《羅素自傳》第二卷（*The Autobiography of Bertrand Russell*, George Allen and Unwin LTD, 1967, 1968, 1969），英文版第 184 頁。

發射炮彈和燃燒彈300餘發，中國軍民死傷以千計，民房商店被毀千餘家，造成了震驚世界「萬縣慘案」。

從研究羅素開始，本書作者曾對美國與英國的國際政治作了一個比較，發現後者的確老謀深算，儘管後來大布列顛日趨沒落。可能作為作者一家之言，英國的所有殖民地，幾乎沒有一個發生共產主義並得到成功的，也沒有發生激烈的反英情緒，反而大都是「英聯邦」成員。後來羅素這樣說過：「我所想到的是與大英帝國主義的崩潰相關。從拿破崙的倒臺一直到第一次世界大戰，英國世界的主導力量。大英帝國是最大的存在體，而不列顛主導著世界的潮流；但所有這一切都成為歷史的過去。這個帝國變成了英聯邦。現在是美國主導世界潮流。英國與中國的貿易幾乎停頓⋯⋯。」[26]所謂英聯邦（The Commonwealth）乃英國與已經獨立的前英國殖民地或附屬國組成的聯合體。第一次世界大戰後，英國為解決日益高漲殖民地民族解放運動而帶來的危機，「識時務為俊傑」，從現實的態度調整了與原英帝國其他成員之間的關係。1926年「英帝國會議」的帝國內部關係委員會提出，英國與已經由殖民地成為自治共和國的加拿大、澳大利亞、新西蘭和南非是「自由結合的英聯邦的成員」，「地位平等，在內政和外交的任何方面互不隸屬，唯有依靠對英王的共同效忠精神統一在一起」。1931年，《威斯敏斯特法案》從法律上對此予以確認，英聯邦正式形成；1947年，印度、巴基斯坦各自宣布獨立並加入英聯邦。1949年，印度成為共和國，選舉了自己的國家元首。從此英聯邦成員由需對英王效忠的原則演變為英聯邦成員「接受英王為獨立成員國自由聯合體的象徵」，英王是「英聯邦的元首」。到2004年5月為止，英聯邦現有53個成員。每年4月27日為英聯邦日。至今為止只有辛巴威於2003年12月正式宣布退出英聯邦。就拿香港來說，作為99年的英國殖民地，那裡的人們似乎對英國並無惡感，相反多有好感。當然中國政府決不會讓香港成為英聯邦的成員。相反，原來與美國有關的，即它支援或援助的地區卻不是爆發共產主義革命，就是產生強烈的反美情緒。

客觀地說，回顧近代史，可謂除了日本以外，最初使中國人深感恥辱的是英國，即第一次鴉片戰爭，後來又有了第二次鴉片戰爭（包括英法聯軍攻佔北京，焚毀圓明園等）、八國聯軍攻陷北京，還有後來的萬縣慘

---

[26]　羅素：〈英國的反美情緒〉（1957），《羅素文集》（*The Collected Papers of Bertrand Russell*, Routledge, 2000），29卷，英文版第 191 頁。

案，五卅慘案[27]以及長江事件[28]等，它對中國直接犯下罪惡和血債很多。羅素本人很清楚這一點，他對自己的祖國——大英帝國的本性看得還算透徹。羅素曾回憶道，他訪華回英以後，英國政府準備解決庚子賠款的問題，當時美國已明智地決定放棄這筆錢，英國卻不願這樣做，而採取某種折中變相的方式繼續索款。當時的英國首相麥克唐納對華態度比較溫和，特邀請羅素為專門處理這項事務一個委員會的成員；羅素等人便推薦了丁文江和胡適為中方成員。但不久工黨政府倒臺，保守黨執政立即推翻上述決定。於是一次改善同中國人民友好的一點努力也遭到葬送。後來，羅素因反戰以及反對英國政府的政策而多次遭到各種迫害。

不過，羅素也談到，自從中國共產黨掌權以後，英國的對華政策一反常態，相反卻比美國開明。作者同意羅素的部分說法，他確實為當時的中國知識分子留下了英國人的一個正面形象，再加上英國純熟而又現實的國際政治手腕，的確使中國人對英國並沒有感到多少深仇大恨，反而都將仇恨傾瀉到美國頭上。這也是美國的不高明之處。其實平心而論，在近代史上，美國參與了西方列強的瓜分，也獲得不少利益，但在二次大戰前並非主導，而且是第一個將庚子賠款用於中國教育的八國列強；並且在抗戰中確實幫助了中國人民的正義戰爭。美國為什麼在中國有此結局？本文作者在美國芝加哥大學的一個恩師鄒讜教授的名著《美國在中國的失敗1941-1945》（*America's Failure in China,1941-1950*）就揭示了其中的一些來龍去脈。

忠誠與叛逆是羅素家族血脈中兩種不同的混合要素，他繼承更多的是父親而非祖父的價值觀，他曾將此作為祕密，一直沒有向家人透露。決定羅素一生的有「六大叛逆」。一是對「家族權威」的叛逆：如他的家庭理念就是儘量擴展每一個兒童的獨立和自由；二是對「道德權威」的叛逆：如他拒絕將邪惡與快樂尤其是性快樂等同起來；三是對「政治權威」的叛逆：如反對由統治者以愛國與國家利益為藉口而發動的戰爭；四是對「財富權威」的叛逆：如抨擊因出身而造成的人為不平等，尤其是遺產繼承造

---

[27] 1925 年 5 月 30 日，上海學生兩千餘人在租界內散發傳單，發表演說，抗議日本紗廠資本家鎮壓工人大罷工、打死工人顧正紅，聲援工人，並號召收回租界，被英國巡捕逮捕一百餘人。下午萬餘群眾聚集在英租界南京路老閘巡捕房門首，要求釋放被捕學生，高呼「打倒帝國主義」等口號。英國巡捕竟開槍射擊，當場打死十三人，重傷數十人，逮捕一百五十餘人，造成震驚中外的五卅慘案。

[28] 1949 年 4 月 26 日，邱吉爾在英國下院，要求英國政府派兩艘航空母艦去遠東，「實行武力的報復」。於是，英國的軍艦闖入中國人民解放軍的防區，並開炮，致使 252 名指戰員傷亡。

成的不平等；五是對「教育權威」的叛逆：如抗議對兒童硬行灌輸任何宗教、政治以及意識形態的價值觀；六是對「學術權威」的叛逆：如批判各種舊有哲學體系和方法，並開創了新的方向。

就其本來目標而言，祖母代表家族對羅素的貴族式定向培養是失敗的，它沒有引導出一個成功的政治家，也沒有馴化出一個虔誠的清教徒。然而，「有心栽花花不活，無意插柳成蔭」，最終一個客觀結果是造就了一個充滿正義感、懷疑精神以及百科全書式的一代哲人和智者。

羅素的政治理論與社會理想不能說完全正確，但他對被壓迫者的同情、對不公正社會各種罪惡的揭露和鞭撻，以及他力圖改革社會的善良願望，仍是十分真誠的。羅素對各種社會問題的分析中不少是有啟發性的，他的一些預見，例如對中國在世界上的重要作用的估計等，已被後來的歷史發展證明是符合實際的。

第十章　羅素非凡的寫作及其著作中譯本

> 對我來說，是為了那些優秀作家的韻律，而去讀他們的作品，並且也為了豐富我的辭彙；我決不會因文法的緣故去讀他們的東西。……沒有必要對說與寫加以區別，否則就會陷入中國文學家的窘況，我認識一位中國學者，他非常熱望用白話文（the vernacular）取代文言文。我問他這個運動是否取得進展，他回答說，有時取得，有時則沒有。他說到；「例如，在13世紀時就有巨大的進展。」——羅素[1]

一、因思想著述和優美寫作而獲諾貝爾文學獎的大哲

羅素不僅注意繼承，更重要的是他還注意創新。他在各個領域中都做出了許多使那些領域的行家們也感到驚訝的獨特見解。他的不少著作都成為該領域很有價值的經典文獻。此外，他那出色而優美的文筆也成了現代英語的典範。愛因斯坦就認為讀羅素的書是一件極為愉快的事情，因為它具有其他科學家和作家所不能說明的東西。羅素善於吸取一切他認為有價值的東西，他從少年時起就渴望探知自然界和人類社會的奧秘。他在整個學生時代打下了堅實的自然科學的基礎，並廣泛涉獵了人文和社會科學的各個領域。在知識的廣度上，幾乎沒有任何西方學者能與他相媲美。勤奮治學和努力探索的一生，使他逐步成為博學多才、百科全書式的一代哲人。

1950年，在美國普林斯頓大學講演期間，羅素出席一位物理學家家宴時收到11月10日宣布的諾貝爾獲獎電話通知。羅素說自己有兩點感到特別意外，一是獲獎因文學，而並非哲學或數學；二是獲獎因《婚姻與道德》一書；[2]但一些文獻記載主要是因《西方哲學史》一書。其實，評委會並

---

[1] 羅素：《羅素自傳》第 2 卷（*The Autobiography of Bertrand Russell*, George Allen and Unwin LTD, 1968），英文版第 305 頁。

[2] 羅素：《羅素自傳》第 3 卷（*The Autobiography of Bertrand Russell*, George Allen and Unwin LTD, 1969），英文版第 25 頁。

沒有特指哪一部著作。1950年諾貝爾文學獎授予羅素,授獎原因在於他那些「倡導人道理念與思想自由的多產而有意義的著作」,以及作為「當代理性和人道主義的傑出代言人,西方世界言論自由和思想自由的無畏戰士」,而與諾貝爾本人的人生觀有著驚人的相似之處,因為「兩者皆為懷疑論者和理想主義者,他們對現存世界都抱悲觀的態度,但都又同樣深信人類的行為規範仍有可能實現」。BBC廣播電臺將他譽為「人道與自由演講的使徒」;《新政治家》雜誌稱他為:「最風趣和最純正的英文文體家(stylist)」。[3]

根據諾貝爾本人的遺囑,獎金每年分發給那些在「前一年裡曾賦予人類最大利益的人」,其中「一份給予在文學方面創作出具有理想主義傾向的最傑出作品的人」。1900年的6月29日,在瑞典國王批准下,諾貝爾基金會正式成立,並頒布了《諾貝爾基金會章程》,對遺囑原條款加以解釋,詳列了具體實施的細則;如將「文學」一詞解讀為「不僅包括純文學,而且包括在形式和風格上具有文學價值的其他文學作品」,這樣一來便使文學獎包容了整個人文學科;同時將「前一年裡曾賦予人類最大利益」則從可實際操作的角度解讀為「應該為遺囑中所提及的學科領域內最近的成就,和那些最近才顯露出重要價值的較早的工作進行授獎」。2005年10月20日,在斯特林堡國際學術會議上,瑞典學院院士並曾任秘書長的斯圖爾·阿蘭教授誦讀了本年諾貝爾文學獎頒獎詞,他在25年年任職期間一共頒發過十三次諾貝爾文學獎。阿蘭教授重提了諾貝爾遺囑的有關文學獎的五個標準:對人類作出重大貢獻、為前些年的工作、不考慮國籍、作品有出色貢獻、體現出理想主義色彩;他從語義學的角度分析了理想主義的含義,並指出並不一定是純文學才能獲得文學獎,這個獎項也曾頒發給作為哲學家的羅素和作為傳記作者的邱吉爾。

從今天的眼光再來衡定一下,羅素當年獲獎的資格,可以看出他是當之無愧的,因為完全符合上述五項標準。五項標準之一是「前些年的工作」,這個標準有點模糊,究竟是最近5年、10年、20年,還是30年或50年?從1940至1949年,羅素共出版了《對意義與真理的探究》(1940)、《讓人們思想》(1941)、《西方哲學史》(1945)、《物理與經驗》(1946)、《人類知識,它的範圍與限度》(1948)、《權威與個人》(1949)、《非通俗文章》(1950)等七部著作;而從他1896年第一部書

---

[3] 摩爾海德:《羅素一生》(*Bertrand Russell: A Life*, Viking, 1993),英文版第466~467頁。

算起，到1949年他已經出版了約50部著作以及大量文章。確實正評委會所說的獲獎原因之一是「多產」。無疑，羅素的作品充滿這理想主義的色彩，並對人類有過重大的貢獻。

1950年底，羅素來到斯德哥爾摩參加頒獎儀式。當時那裡正值嚴冬，他竟然聯想起，300多年前，笛卡爾應克瑞斯婷娜女王之招來到斯堪德那維亞，竟因寒冷而死。與其他獲獎者不同，他非常享受在那裡與皇家以及媒體接觸的每一分鐘，並詼諧地說道：「被當作一棵聖誕樹的感覺很美妙！」在題為《政治意義上的重要欲求》的受獎演說中，羅素提道：「如果政治能變成科學……那我們的政治思想就必然更深地滲入人類行動的來源」，政治家應當發展和掌握民眾心理的科學，因為「政治考慮的是人群而非個人，所以作為政治上重要的激情就是特定人群的各種成員能感覺一致的東西」。政治上重要的欲望就是促使我們與自己人群中其他成員合作的東西，並恐懼和仇恨其他人群。羅素勸導那些不願與自己人群其他成員合作的人多加寬容，並告誡那些恐懼和仇恨的人不要打仗而要與其他人群和平相處。他總結說：「能使世界幸福的主要東西是理智。這是一個樂觀的結論，因為理智是已知的教育方法所培育的東西。」[4]這篇演說充滿了理想主義，但更像一篇諾貝爾和平獎的感言。

在諾貝爾文學獎後，羅素又出版了約30多部著作以及大量文章。1960年代，羅素出版了自己的三卷本自傳（1967、1968、1969）。最值得一提的是，在80高齡時，羅素創作了第一部短篇小說集《郊區的撒旦》（1953），它描寫了一個邪惡的科學家利用狡猾的手段，使人們在某一人偏離德行後而陷入不能自拔的墮落；第二年又出版了另一部小說集《傑出人們的夢魘》（1954），它表現了某些名人深藏的恐懼。他樂觀而自信地說：「前80歲獻給哲學，後80歲獻給小說」。其實，他在1902年，就寫過一篇題為《約翰‧弗斯提斯的困惑》的小說，因不太滿意，而一直沒有推出，並且希望在他死後也不要出版。

羅素的大多數著作做到了雅俗共賞，將深刻的理論與通俗的表達完美結合，既充滿思辨，又洋溢文采。羅素的《西方哲學史》不斷再版並譯成了許多種文字，這為他後半生提供了穩定的經濟保障。有評論說，這本巨著打破僧侶式文體的晦澀難懂，而充滿超俗脫凡的魅力。即便從純文學標

4　蒙克：《羅素：熱狂的幽靈》（*Bertrand Russell: the Ghost of Madness*, Free Press, 2000），英文版第 334～335 頁。

準看，羅素的《西方哲學史》也當屬「永恆不朽的力作。」愛因斯坦創立了「相對論」，但絕大多數人卻根本不明白說的是什麼。愛因斯坦徹底改變了宇宙的概念，而這包含在層層繁複的數學程式之中，而羅素能用最通俗語言解釋相對論。《相對論ABC》（1925）與他的《原子論ABC》（1923）一樣是他為物理專業學生所寫的導讀，迄今仍是簡明實用的指南；他的散文體寫作風格，既使讀者得以睿智、清晰、流暢、詼諧的樂趣，又讓他們精確而透徹地理解高深的科學奧秘。

他在1931年5月19日的一封信中寫道：美國的文學家傾向於像學習死語言那樣學習英文，他們沒有注意到書面用詞可用口語表達。「對我來說，是為了那些優秀作家的韻律，而去讀他們的作品，並且也為了豐富我的辭彙；我決不會因文法的緣故去讀他們的東西。」他還接著提到，沒有必要對說與寫加以區別，否則就會陷入中國文學家的窘況，「我認識一位中國學者，他非常熱望用白話文（the vernacular）取代文言文。我問他這個運動是否取得進展，他回答說，有時取得，有時則沒有。他說到：『例如，在13世紀時就有巨大的進展。』」[5]

在〈我怎樣寫作〉一文中，羅素談到：「我不能假裝知道文字應怎樣完成，或某一明智的評論家能開導我改進寫作。我最多能做的是有關我自己的打算。直到21歲時，我希望或多或少以穆勒的辦法寫作；我喜歡他的句子結構以及展開主題的方式。然而，我已有一種不同的理念，我想也許是從數學得來的。我希望用最少量的詞來清楚地說明任何事物。我認為，一個人或許你應該模仿貝德格爾手冊（Baedeker）而不是文學模式。我會用上數小時力圖發現最短的方式而又沒有歧義地說明某事，並為此，我情願犧牲所有對審美的要求。……我的姐夫羅根（Logan Pearsall Smith）提供了一些簡單格言也許對散文作家很有用。首先，如果一個短詞可以表達意思，就決不用一個長詞；其次，如果你想提出一個陳述包含了很多重大的條件，那麼其中的某些就要用分開的句子來表達；第三：不要讓你句子開頭將讀者引向一個與結尾相矛盾的期望。」[6]羅素拿自己開心，說他是憑單詞的詞數來賺錢的，當然每個詞越短越好。

臺灣著名學者余光中說過：「西方的好散文往往出於小說家之手，如

5　羅素：《羅素自傳》第 2 卷（*The Autobiography of Bertrand Russell*, George Allen and Unwin LTD, 1968），英文版第 305 頁。

6　羅素：〈我怎樣寫作〉，《羅素重要文選》（*The Basic Writings of Bertrand Russell*,1903-1959, ed. by R. Egner and L. Denonn, Simon and Schuster, 1961），英文版第 64 ～ 65 頁。

康拉德與勞倫斯；哲人之手，羅素的散文乃清暢之典範。」在談到所謂學者散文（scholar's prose）時，他指出：「這一型的散文限於較少數的作者。它包括抒情小品、幽默小品、遊記、傳記、序文、書評、論文等等，尤以融合情趣、智慧和學問的文章為主。它反映一個有深厚的文化背景的心靈，往往令讀者心曠神怡，既羨且敬。……這種散文……它變得清醒而明快像羅素……羅素勸年輕的教授們把第一本著作寫得晦澀難解，只讓少數的飽學之士看懂；等莫測高深的權威已經豎立，他們才可以從心所欲，開始用『張三李四都懂』的文字來寫書。羅素的文字素來清暢有力，他深惡那些咬文嚼字彎來繞去的散文。」[7]

羅素曾舉過這樣一個例子：Human beings are completely exempt from undesirable behavior pattern only when certain prerequisites, not satisfied except in a small percentage of actual cases, have, through some fortuitous concourse of favorable circumstances, whether congenital or environmental, chanced to combine in producing an individual in whom many factors deviate from the norm in a socially advantageous manner.（只有當某些先決條件，除非在實際案例中有很小的百分比未得到滿足，並通過某些有利情況的偶然聚集，無論是天生的還是環境造成的，碰巧結合為有許多因素偏離社會有益人格規範所造成的個人的時候，人類才能完全從不希望有的行為方式中擺脫出來。——本書作者譯）羅素指出，此段話原意不過是：All men are scoundrels, or at any rate almost all. The men who are not must have had unusual luck, both in their birth and in their upbringing（凡人皆惡棍，或至少幾乎都是；非此類者必在出身與教育上有特殊的運氣——本書作者譯）。[8]

余光中對此評論道：「羅素只用28個字就說清楚的道理，社會學家卻用了55個字，其中還動員了prerequisites、concourse一類大名詞，卻愈說愈糊塗。這種偽學術論文在英文裡多得很，表面上看起來字斟句酌，術語森嚴，其實徒亂人意，並不『精密』」。……這種迂迴冗贅的語法，正是『精密』的大敵。英文裡冠冕堂皇、冗長而又空洞的公文體，所謂『高拔的固格』（gobbledygook）皆屬此類文字污染。」

在羅素《宗教與科學》一書的引言中，麥克‧洛斯（Michael Ruse）寫道：「專業哲學家常常對羅素的通俗作品很少重視，而恰由這些作品為他

---

[7]　余光中：〈剪掉散文的辮子〉，《左手的繆思》，1963 年。
[8]　羅素：〈我怎樣寫作〉，《羅素重要文選》（*The Basic Writings of Bertrand Russell,1903-1959*, ed. by R. Egner and L. Denonn, Simon and Schuster, 1961），英文版第 65 頁。

造就了大量的讀者。羅素寫作的速度令人驚歎，一天能夠打出3000餘詞，而無須作一詞的修改；他在三周內就能夠完成一部65000詞的著述書。然而這種快速寫作決不犧牲質量，他的作品明瞭、坦承、結構合理，方顯大師文采，而不愧為諾貝爾文學獎得主。」愛因斯坦就說過，「閱讀羅素的作品是我一生中最快樂的時光之一」。羅素的文體風格在英國文學中也佔有一席享譽的地位。

1949年，羅素獲得英王六世頒發的不列顛最高聲望公民「榮譽勳章（the Order of Merit）」；此外，他還獲得加林卡獎（the Kalinga Prize，1958），丹麥索寧獎（Soning Prize，1960），德國奧西斯基獎（Ossietzky Medal，1963），美國湯姆‧潘恩獎（Tom. Paine Award，1963），以及耶魯薩冷獎（the Jerusalem Prize）等。

正因為羅素的人文性、思想性、哲理性、激情性以及文筆的優美性，他的著述是世界各種文字爭相翻譯的原因，當然也會受到中國出版界的青睞。

二、羅素著作中譯本的出版概況

五四運動以來，隨著一大批留學生從國外學成回國從事教學研究，西方哲學理論著作翻譯在中國有了較大的發展。1920年梁啟超、張東蓀從歐洲訪問歸來，曾與上海商務印書館負責人張元濟磋商，希望對他們組織的講學社邀請歐美名人來華講演給予資助。張元濟在同年致梁啟超先生的信中說：「前面談講學社延聘歐美名人來華演講，囑由敝館歲助若干，所有演講稿由敝館出版各節已由同人商定，均遵照尊意辦理。自十年分起，每年歲助講學社5千元，專為聘員來華講演之用，三年為限，以後再另作計議。演講稿既承交敝館出版，仍照給講學社版稅，此次羅素演講稿即照此辦法辦理，另由編譯所直接函商。柏格森如可來華，亦統由講學社聘訂，敝館不另擔承，以歸畫一。」[9]不久，羅素、杜里舒相繼訪華，演講稿陸續由商務印書館出版。西方現代哲學在我國有了較深入的翻譯傳播。

有學者考證，1921年5月，北京大學新知書社出版的姚文林筆記《物的分析》似乎是羅素著作在中國的第一次出版。本書作者認為，其實在1920年，羅素的一些著作就得到翻譯出版。如《哲學問題》（新青年叢書，黃凌霜譯，新青年社，1920年版）；《算理哲學》（萬有文庫第一

---

[9]　丁文江編：《梁啟超年譜長編》，上海人民出版社出版 1983 年第 926 頁。

集，付種孫、張邦銘譯，1920年版）；《社會改造之原理》（晨報叢書，余家菊譯，晨報出版部，1920年版）；以及《社會改造原理》（公民叢書，岫廬譯，群益書社&伊文思圖書公司，1920年版）等。羅素訪華中的1921年，《羅素五大講演哲學問題》，《羅素五大講演心之分析》，《羅素五大講演物之分析》，《羅素五大講演數理邏輯》，《羅素五大講演社會結構學》等，均由北京大學新知書社出版。此外，出版的還有羅素的《物的分析》附《數理邏輯》（北京惟一日報社叢書，宗錫鈞、李小峰編，北京惟一日報社，1921）、《社會結構學五講》（晨報社，1921）、《羅素勃拉克講演合刊》（北京大學新知書社，1921）、《社會結構學》（晨報社，1921版）、《政治理想》（程振基譯，商務印書館，1921）、《社會改造之原理》（余家菊譯，晨報社，1921）。

1920年由晨報社出版余家菊翻譯的羅素《社會改造之原理》。

　　上述幾位早期羅素著作譯者都是很有作為的人：姚文林（1897～1980），1921年畢業於北京大學，後留學美國芝加哥大學、康乃基工學院。1928年回國，任東北大學化學系教授，後成為化學家。黃凌霜（黃文山1898～1988）當時是北大外文系學生，並成為無政府主義和自由社會主義的著名代表，參與了有關社會主義的論戰；1922年赴美留學，獲哥倫比亞大學文學碩士學位，從1922年至1928年在美國留學期間，黃文山曾經師從人類學家阿爾弗雷德‧路易士‧克魯伯（Alfred L. Kroeber）學習文化理論，後成為文化學、社會學、人類學、民族學以及中國文化史學家。余家菊（1898～1976）是臺灣著名教育家、臺灣原「中央大學」校長余傳韜先生的父親，乃著名國家主義教育學派思想家；惲代英的中華大學同班同學，李大釗是他的「二傳手」，胡適是他的「鐵杆」，梁漱溟是他的紅顏知己。余家菊曾在華中師範大學的前身——私立武昌中華大學完成大學學業；在這期間，他曾擔任武昌中華大學附設中學部監學，惲代英則任該中學部主任；隨後赴英國入倫敦大學，主修心理學，後轉入愛丁堡大學研究哲學。他翻譯了羅素的《社會改造之原理》，是由李大釗介紹在《北京晨報》上發表的。付種孫（1898～1962）是數學家，他的《大衍（求一術）》就是國內用現代數學觀點研究中國古算的首例。他所譯維布倫（O. Veblen）的《幾何學的基礎》是在中國發表的第一部幾何基礎理論著作。付種孫事前給羅素的《數學哲學引論》（Introduction to Mathematical Philosophy）寫了一篇摘要《羅素算理哲學入門》刊於《數理雜誌》，後來又與張邦銘將全書譯為中文，書名《羅素算理哲學》；這是植入我國的第一株數理邏輯新苗。付種孫曾任北京師範大學副校長，57年被打成右派。岫廬，即王雲五（1888～1979）1907年春任振群學社社長，1909年任閘北留美預備學堂教務長，1912年底任北京英文《民主報》主編及北京大學、國民大學、中國公學大學部等英語教授，1912年，由胡適推薦到商務編譯所工作，後成為著名出版家及臺灣政治人物。宗錫鈞（宗真甫）1917年入北京大學哲學系。在校期間，參加了「五四」愛國運動；1923年，以儉學方式赴法國里昂讀書，1924年在巴黎經周恩來介紹加入中國社會主義青年團；曾先後任青年團旅法支部的組織部和宣傳部主任；1926年夏天被法國當局逮捕驅逐至德國。當年秋輾轉來到比利時，入列日大學學習；不久由於繼續從事革命活動被比利時當局發覺，故轉往莫斯科東方大學；1927年擔任民族班組織部主任，並被吸收為聯共（布）黨員。後任西南師範大學中文系教授。程振基是英國格拉斯科大學、愛丁堡大學經濟碩士，曾在北

京大學、北京女子高等師範學校任教，1927年起任國立第四中山大學商學院、江蘇大學商學院、國立中央大學商學院院長等。

　　1921年之後，商務印書館出版的《共學社叢書》裡列有」羅素叢書」共有5種，如《哲學中的科學方法》（王星拱譯，1921）、《算理哲學》（付種孫等譯，1923）、《政治理想》（程振基譯，1921）、《戰時之正義》（鄭太樸譯，1921）及《德國社會民主黨》（陳與漪譯，1922）等。在此前後出版的有《物的分析》（任鴻雋等譯記，1922）、《羅素論文集（上、下）》（楊端六等譯，1923）。1926年又出版了《我的信仰》（何道生譯，1926）。商務印書館出版的《東方雜誌》發表了胡愈之譯的《社會主義與自由主義》（1920）、《羅素的相對原理觀》（關桐華譯，1922）、《哲學問題》（黃凌霜譯，新青年社，1920）。30年代以後，我國的現代西方哲學翻譯進入了全面吸收原理的時期。從整個趨勢來看，西方哲學東漸已不再具有五四時期那樣的力度。不過，總的來說，羅素、杜威的著作翻譯仍然很多，羅素的有8種，杜威有5種，尼采有5種：《我的人生觀》羅素，丘瑾璋譯，正中書局1936年。《懷疑論集》羅素，嚴既澄譯，商務印書館1932年。《快樂的心理》羅素，於照倫譯，商務印書館1932年。《科學觀》羅素，王光煦等譯，商務印書館1935年。《哲學大綱》羅素，高名凱譯，正中書局1937年。《贊閑》羅素，柯碩亭譯，正中書局1937年。《婚姻革命》羅素，野廬譯，世界學會1930年。《婚姻與道德》羅素，李惟運譯，中華書局1935年。1950至1980年代，主要有羅素的兩種重譯本《哲學問題》（何明譯，商務印書館，1959）、《心的分析》（李季譯，商務印書館，1964）；還有羅素的《西方哲學史》》（上下）（何兆武、李約瑟、馬元德譯，商務印書館，1981）。[10]

　　不少名家都曾翻譯過羅素的著述，如傅雷（1908～1966）在抗戰期間，為避免向日本憲兵行禮，「東不至黃浦江，北不至白渡橋」，把翻譯作為抗戰的特殊武器，先後翻譯了不少西方作品，其中包括羅素的《幸福之路》。通常認為傅雷的這個譯本較為準確，也比較有文采。金庸年輕時讀的是外文系，讀過大量西方19世紀的文學作品，酷愛英國哲學家羅素的作品，還翻譯過羅素的《人類的前途》。1960年代，文豪李敖陷入謀生困境。自己的書沒人敢出，他只能偷著做些文字方面的事，如在水牛出版社匿名編《羅素選集》等，正如他說的：「我編了《羅素選集》，水牛出版

[10]　參見陳應年和陳兆福：〈20世紀西方哲學理論東漸述要〉，《哲學譯叢》2001年第2期。

社彭誠晃卻不敢掛我的名字，而是由他們的股東劉福增坐享其成的。所以我不得不另想其他生路，其中一個，就是賣洋人舊電器。」[11]

　　以本書著者見，翻譯羅素著作最有成就的應是何兆武，他早年曾在西南聯大師從吳宓、陳寅恪、胡適等學問大家，經其手翻譯的西方哲學名著業已成為哲學系學生的必讀書。1921年，48歲的羅素到北京大學擔任客座教授一年。這一年，何兆武降生在北京的一個工程師家庭。40年後，何兆武翻譯了羅素的3本著作，分別是《西方哲學史》兩卷、《哲學問題》以及《論歷史》，這是他自己最滿意的幾本譯著。[12]在一次訪談中，何兆武回憶了自己翻譯羅素《西方哲學史》的戲劇性經過：「當時我不知道這是上邊交的任務，毛澤東、周恩來聯名請羅素到中國來訪問，羅素同意了，可是一直身體不好，就把他的《西方哲學史》送給毛澤東。當時商務印書館找我來翻譯這本書，我還不知道這是上邊交的任務。文革的時候說我這是『為中國復辟資本主義招魂』，因為羅素是資產階級。幸虧那時候我也不知道這個書是毛澤東交給譯的，我想給我這個帽子的人也不知道，如果知道的話，那他也是反毛澤東的啦。」九十二高齡的何兆武先生長期從事歷史理論、歷史哲學及思想史的研究和西方經典著作的翻譯工作。有學者說，何先生翻譯的西方經典，「影響了一代甚至好幾代人」。2011年10月31日，《中國社會科學報》專門就學術翻譯這一話題採訪了何先生。以下為訪談對話：

　　　　《中國社會科學報》：何先生，您好！您是學術翻譯界的泰斗，您翻譯的西方經典，像《社會契約論》、《思想錄》、《歷史的觀念》等可以說影響了幾代人。今天我們想請您聊一聊有關學術翻譯的問題。首先我們想明確一下我們說的學術翻譯是指什麼。國內在學科劃分上採取的是兩分法，一個是自然科學，一個是人文社會科學。我們這裡說的「學術翻譯」，是人文社會科學的翻譯，像政治學、經濟學、社會學、法學等學科的翻譯。但是，像小說、詩歌翻譯這樣的文學翻譯似乎不在我們所說的學術翻譯之列。

　　　　何兆武：是的，但文學理論的翻譯，應該也屬於學術翻譯。

　　　　《中國社會科學報》：是的。有這麼一種說法：中國歷史上曾

---

[11]　李敖：《李敖快意恩仇錄》，中國友誼出版公司，1997年版。

[12]　高任飛：〈哲學家何兆武：自由在心中〉，2006年9月3日南方人物週刊。

有四次翻譯高潮，第一次是東漢至唐的佛經翻譯，第二次是明末清初的西學翻譯，第三次是鴉片戰爭到「五四」的西學翻譯，第四次就是改革開放以來的翻譯。我們所說的學術翻譯應該是從什麼時候開始的？

何兆武：其實，清末就開始大規模地介紹西方學術了，這其中就包括梁啟超。但梁啟超的工作都是轉手的，轉自日本人。前幾十年都說梁啟超翻譯的淺薄，我認為不能那麼看。拿今天的水平來說，他是相對淺薄。可當時知識界剛開通，那個條件下，他只能「粗製濫造」，這也是他的貢獻。看這個問題要有歷史眼光，就好像對小孩子一樣，你不能用成人的標準來要求他。新中國成立後，馬恩列斯著作翻譯得很多。此外還有一些其他的學術翻譯。到了「文革」，這類翻譯就基本上停下來了。改革開放以來，各學科的翻譯非常多。

《中國社會科學報》：您是從「文革」前就開始做學術翻譯了。

何兆武：是的。那時候有規定，凡是馬克思以前的都可以翻譯，作為歷史資料參考。所以我就挑了一些馬克思以前的，利用晚上時間來翻譯，但晚上精力總是差一些，進度很慢。一個晚上能翻譯一頁就不錯了。因為總免不了有疏漏，翻譯完之後，總要再看幾遍才放心。

翻譯時，抓不住具體意思，就很難譯好。比如，有個美國歷史學家的文章，譯成中文的題目是「批著馬克思主義外衣的中國歷史學」。而他的原意是「被馬克思主義喬裝打扮了的中國歷史學」，就是說，經過馬克思主義改造，中國歷史學就不再是原裝了。可是我們卻翻譯成「披著馬克思外衣的中國歷史學」，就是說你冒充馬克思主義，其實並不是馬克思主義。意思完全不一樣。

《中國社會科學報》：您覺得，學術翻譯方面的人才應該怎麼培養？

何兆武：外語學院應該重視學生知識的培養，而不光是外語的培養。沒有專業知識，翻譯出的東西可能就會錯誤百出。做學術翻譯，最好是由研究某個領域的來做該領域的翻譯，比較能保證不出錯誤。現在翻譯的書，有的很好，有的則錯誤百出，還有的純粹是胡編亂造。缺少正式的質量審查制度把關，很多根本就不能用的譯稿也刊了出來。

　　《中國社會科學報》：現在倡導「走出去」戰略，包括中國學術」走出去」。您認為對外介紹什麼比較好？

　　何兆武：當然有好的知識是值得向國外介紹的。從儒家到毛澤東，都可以翻譯。卡斯楚就繼承了毛澤東思想。我們以前搞運動，寫過多少文章，那些東西作為史料，有些是非常可貴的。「文革」以後，我在西雅圖還看見一個「革命書店」，裡面全是賣「革命書籍」，還有好些照片。

　　《中國社會科學報》：從歷史上看，您認為學術翻譯發揮了怎樣的影響？

　　何兆武：影響還是大的。不但在學術上，在社會上、政治上的影響都是比較大的。嚴譯名著就有八種，像《天演論》、《原富》、《群學肄言》、《名學》、《法意》等。他翻譯的幾部書，要比一大批傳教士和洋務人士30年間所出的全部作品和書籍更能適應時代的要求。後來對馬恩著作的翻譯，也影響了一個時代。改革開放以來的翻譯，對學術和社會也有一定的影響。究竟影響到什麼程度，還要我們去研究。牛頓說，「我是站在巨人的肩膀上。」我們做的工作其實就是提供巨人的肩膀，讓別人可以上得更高。

　　何兆武這最後一句話具有畫龍點睛之妙，也是他一生境界、視角、學識、造詣和業績五位一體的寫照。

　　羅素著作的中文翻譯成了當今一些學者的研究範例。語言學家許國璋（1915～1994）曾回憶自己的老師吳獻書（柏拉圖理想國的早期譯者）時，提到：「吳師曾譯柏拉圖《理想國》，余1989年因講述『西方文化史』曾細讀之，深感譯意精到，遠勝今日之白話譯本，誠同儒也。……余在中學，問吳師讀書之事，曰：閒書則柯南道爾，學問則羅素哲學。」[13]許國璋曾以筆名「古莊」，在上海外國語大學學報《外國語》1983年第1期上，發表了〈學術論著的翻譯：一種文體的探索—以羅索《西方哲學史》論歐洲文藝復興諸則譯文為例〉一文，其很有啟示意義。他對羅素《西方哲學史》加以闡譯，強調「譯文力求醒豁，不按詞典譯義，而按詞的文化史涵義翻譯。不按單句翻譯，而按句段譯出。用流水句法，不用三四十字的竹節句。」羅素原文平易通脫，謹嚴而自有韻致，他本人自述：

---

[13]　許國璋：〈飲水思源，敢忘所自〉，蘇州大學網。

「能用短詞，決不用長詞；句子有若干附加語，須將附加語分散於各句之中。如以幾十字長句譯之，是大煞風景。feudal不譯『封建』，譯『擁據領地（之諸侯）』；anarchy不譯『無政府』（當時無中央政府），而譯『諸侯紛爭』；adventure不譯『冒險』，或譯『獵奇於遠方』，或譯『探無涯之知』，視上下文而定。此而不濟，則作『釋譯』以為助。」[14]有學者通過對鄭延國和胡作玄，趙慧琪幾位翻譯家對羅素的「Three Passions I have Lived for」中英譯文的對比分析，揭示了譯文所挖掘和再現的美學方面的特徵：意境美、忠實美及原作者的性格美，給讀者以美的享受。[15]

羅素作品臺灣翻印和翻譯不少，《西方哲學史》等許多暢銷書，兩岸都有翻譯本，甚至一書多譯。1968年，僅臺灣水牛出版社就出版了李敖主編的《羅素選集》四卷，《羅素論選集》五卷等。本書著者在美國普渡大學哲學系攻讀博士時的同窗蔣年豐教授，早年就翻譯了羅素的《心的分析》（協志工業出版，1982），並成為臺灣哲學界的一個教研範本。[16]

作者粗略地計算了一下，自1920年以來，羅素各種著作的中譯本約180種（見本書附件「羅素著作中譯本列單」）。其中1949年以前出版、再版或翻版的約54種；1949年之後，由臺灣地區出版、再版或翻版的約70種；1949年以來由中國大陸出版、再版或翻版的約56種。

1980年代後，隨著改革開放，各種版本羅素譯著就如雨後春筍般出現，但其中不少是粗製濫造。有學者尖銳地指出：「自從這是真正的危險，是國內文化界必須正視的翻譯危局。百年以來，中國大陸上曾經掀起過兩次翻譯熱潮：第一次是上世紀20、30年代，通過嚴復、梁啟超、魯迅等翻譯大師的努力，斯賓塞的社會進化論、馬克思的資本論、洪堡的大學觀、羅素的哲學被介紹到了苦難深重的中國；第二次是1980年代，《悲慘世界》、《戰爭與和平》等名著的開禁，讓剛剛從文革中走出的中國人呼吸到了新鮮自由的空氣，看到了一個個原先被遮罩的世界。而現在，在全球經濟日趨一體但地區文化衝突愈演愈烈的今天，翻譯的狀況卻讓中國人很容易陷入新式的、自覺自願的閉目塞聽與故步自封中。」[17]

---

[14] 鄭延國：〈許國璋翻譯觀旁箚〉，中國翻譯，1996 年第 5 期。

[15] 雷國紅：〈從審美的角度比較羅素的 Three Passions I Have Lived For 兩譯文〉，《中國新技術新產品》，2009 年，第 14 期。

[16] 遺憾的是，身為臺灣東海大學哲學系教授的蔣年豐（1955～1996）博士，正當英年之際，卻尋了短見，告別了人世。我想，倘若年豐兄若真有羅素那樣的人生觀，或許現在也成就了一番大事業，因為他博學、智慧、勤勉，可謂哲學界難得的人才。

[17] 吳海云：「大陸翻譯危局：翻譯作品粗劣浮躁」，2012 年 8 月 16 日《鳳凰週刊》。

　　有學者經過盤點羅素的中譯本，談到自己「心中不免有一些失落的感覺。因為素來為世人所景仰的羅素，其著作在中國的翻譯和出版似乎還不太活躍，以上所述六十種譯作中，真正實現了重印的並沒有幾種，而許多權威著作的一書多譯也只是寥寥幾家。無奈之下，我只好到陝西師範大學圖書館專門就商務印書館出版過的品種的版次作了查詢和記錄，畢竟經過了這樣的補充，羅素著作的出版狀況才算不太冷清啊。」[18]

　　羅素與中國思想界進行東西方對話，是一個通過語言或文字的對譯，來傳遞話語或文本意思，即參與雙方傳遞思想理念的過程。這種對話是指在互動或溝通的情況下使用語言和話語的信號。例如，瞭解羅素及其特定的著作，不僅需要他所闡明的哲學論證，而且也需要瞭解在這羅素研究的特定語境及其特定的時代背景。對於理解羅素著作的書面文字，譯者和讀者都最好瞭解當時羅素訪華時社會，政治，或歷史背景下的真實含義，而並非字面意思。這意味著不僅注意文字本身，還要重視作者羅素的態度、思想和社會背景。當解譯羅素某一著述文本時，譯者和讀者都會產生偏見。我們必須審察整個畫面來理解羅素的語言，演講或著述，而不僅僅是文字本身。這意味著應當試圖拋開自己的偏見，而同時考慮到羅素的獨特思維過程及其信念與個人歷史背景；也需要使用所有可用的線索，解釋羅素演講與著述背後的真實含義，並試圖從虛構或個人偏見中分離出事實。鑒於每個人的經驗和觀點不斷在變化，在特定的時間點，當讀到或聽到由羅素作為同一演講者或著述者所說或所寫的東西時，文字可能有不同的含義。

　　本書著者認為，在翻譯羅素著述時，嚴復的「信達雅」仍是總的指導原則。還應著重注意：一、譯者應採取「全譯本」的認真態度，而避免「編譯」的方式；有的譯者避難就易，避重就輕，避實就虛，若如此主觀的取捨，往往產生斷章取義或望文生義，從而誤導讀者。[19]二、譯者應首先加強自身的學養，儘量將通才知識與專才知識相結合，才能全面和深刻地理解作者的原意；有的譯者僅具備一定的外語訓練或專業知識，但人文知識和綜合知識素養不夠。三、譯者應格外注意解決「不可通約性」和「不可翻譯性」的問題；有的譯者在進行「變通性」意譯時，過於離

18　洪光榮：〞對羅素及其相關著作中譯本的一點介紹〞，http://blog.tianya.cn/blogger/post_read.asp?BlogID=3486235&PostID=35193070。

19　由於研究的需要，著者在比對中發現，甚至在某文學巨著的英譯本中，譯者有不少重要的段落或句子沒有翻譯。一些羅素著作中譯本也存在這種情況。

譜，而違背作者的本意。四、譯者應避免過於「即興式」或「浪漫式」發揮；有的譯者的表達顯得不嚴謹，甚至出現自相矛盾的翻譯。五、譯者應不斷同時提高翻譯中兩種語言的修養；有的譯者外文很好，但中文水平跟不上，結果是生澀乾癟，甚至語句不通，言不達意，更談不上文筆優美。「沒有金剛鑽，別攬瓷器活」，說實在的，著者很佩服眾多的翻譯工作者，但自己始終不敢碰觸西方經典著作的翻譯工作，因為這是一個極易錯引社會、誤導思想，甚至貽誤子孫的行當。

後記　在大師遨遊的歷史時空穿越

「與造物者遊」追尋著莊子的瀟灑心境，掛在這場轟轟烈烈思想對話者們所舒展的巨翅上，在羅素等中西大師們遨遊的歷史時空穿越了一遭，宛若升騰到了一個從未達到的境界。在那之上，俯視大地人間，萬事萬物萬景似乎盡收眼底，一覽無遺，但匆匆掠過，這一切又如此模糊不定。在交織混雜的陽光與陰霾下，冷熱空氣對流生風，微風颶風糾纏變換。當飛到自己的能力極致，頓感搖搖欲墜的恐懼。但不管如何，在思想巨擘的內力穿透下，追求知識與真理的底氣大增。

在時空的穿越中，彷彿聽到，有人問及湯因比希望出生在哪個國家時，這位大歷史學家面帶笑容地回答，他希望出生在「西元1世紀佛教已經傳入的中國新疆」；[1]接著又似乎聽到季羨林先生不約而至地為此作了一個注腳：「世界歷史悠久、地域廣闊、自成體系、影響深遠的文化體系只有四個：中國、印度、希臘、伊斯蘭，再沒有第五個，而這四個文化體系匯流的地方只有一個，就是中國的敦煌和新疆地區，再沒有第二個。」[2]

「會當凌絕頂，一覽眾山小」。湯恩比以寬廣的視角，高瞻遠矚地注視著人類東西方文明開始撞擊與融合的最初發源地，並在過去、現在、未來的歷史大時空中，縱橫馳騁著他無以倫比的想像、理念與預言。不愧為一代大師！而這本書的主人公羅素這一類的巨匠，就是東西方思想對話的最佳載體和溝通者。

無論何時何處，下至個人、家庭、團體、行業，上至國家、民族、社會、世界，各種人們都在進行著從微觀到宏觀不同的「對話」：政治的、經濟的、文化的、宗教的、教育的、文藝的、日常生活的。其中最高層次一定是思想與思想的對話。「不知別國語言者，對自己的語言便也一無所知」，這是大文豪歌德的一句名言。同樣，不知別國文化者，對自己的文化便也一無所知。這種比法，似乎有些武斷，但沉思之後，它的蘊義確可發人深省。

「這是最好的時代，也是最壞的時代（It was the best of times, it was

---

[1]　《展望二十一世紀——湯恩比與池田大作對話錄》序，日本聖教新聞社 1984 年出版，荀春生、朱繼征、陳國樑譯，國際文化出版公司 1985 年出版。

[2]　季羨林：〞敦煌學、吐魯番學在中國文化史上的地位和作用〞，1986 年《紅旗》第 3 期。

the worst of times）」——大文豪狄更斯《雙城記》中的一句警示，如同留給身後160餘年的預言。人類當今的時代，充滿悲情、困境、危機、挑戰，但同時也充滿驚人的成就與希望。在世界歷史的滾滾長河中，物質與精神的雙重文明，經過東西方不斷的撞擊與融合，而得到發展。在世代相傳的時空貫穿中，人類精神文明的正能量，就是思想與思想良性互動的對話。

　　整個世界處於一個歷史的拐點；整個東西方關係處於一個歷史的拐點；與此相應，整個東西方思想的對話當然也處於一個歷史的拐點。尤其20世紀90年代以來，天災人禍紛踏而至，經濟狀況危機四伏：前蘇聯東歐陣營的崩潰，冷戰的終結，9/11恐怖攻擊，阿富汗與伊拉克戰爭，阿拉伯之春等，把世界引向另一種失掉相對均衡的格局。當代社會的種種「怪物」及其變種：私有化、工業化、都市化、高科技化、全商品化、高消費化、強競爭化、泛福利化、職業白領化、以及族裔衝突化等給人們帶來了形形色色的社會、政治與精神危機。當前，社會的衝突、政治的衝突、經濟的衝突、軍事的衝突、宗教的衝突、道德的衝突，以及資源和能源的爭奪，環境的全方位破壞，人類生存條件的急劇惡化，另外還有數不盡的禍端災變等等，讓人類進行了價值、理念以及各種訴求的重構，這一切都是不斷影響東西方思想對話的宏觀條件。

　　當高科技電子化數位化浪潮鋪天蓋地壓來之時，人們猛然驚覺，很多事情都已改變。娛樂化網路化商業化消費化，還有一些什麼「化」，似乎漫不經心地聯手塗抹了我們頭頂的星空，使人類有所追求的「精神本體」，退到繁複的重彩後面。在這個觀念似乎新潮而又失向和錯位的年代，許多像我們一樣的人，基於某種固執的信念，繼續在天空質樸的原色中跋涉。來自蒼穹的光波，本初而強勁！

　　在主編一套叢書時，著者這樣說過：在色彩學中，質樸的藍色與紅、黃兩色同為三原色，天然而成，無法分解成其他顏色，卻可融合成無數新的色彩；而在思想與思想的對話中，這種「三原色」正是良知、智慧、理性；它們因人、因時、因地、因事而異，融合成無數引領潮流的新思想，而使人文精神發揚得越加光大。這正是人類文明和文化純淨而透徹的結晶。正是這一結晶，賦予社會發展以靈魂、動力、脊樑和血脈，而它們的肉身顯現或人格載體就是一代代的東西方大思想家。以此觀察歷史、現狀和未來，便有了一種理智、公正、犀利的洞穿。這種洞穿，是致力於東西方思想對話的作者在無止境的跋涉間隙，真誠奉獻給讀者的禮物，微薄而又厚重。它將反觀那些連貫古今思想上的一步步累積過程，及其不斷爆發

的聚變；正是這些累積與聚變，引起了人類社會巨大的發展與進步。為了實現這種洞穿，這本題為《羅素與中西思想對話》的著述應運而生。

羅素一生的所說所為，就是由人類精神和人文底蘊的「原色」，即良知、智慧、理性，所凝成的結晶。評說羅素，對他洞若觀火的睿智，獨闢蹊徑的創力，百科全書式的博學，同情人世苦難的良知以及充滿戲劇張力的整個生涯，不可能也沒必要全部包攬到位；也許多留一些未完成的遺憾，也是一種令人滿足的「成就」，因為可以啟迪更多的人繼續走下去，走下去……。

羅素向世人宣告：「世界上再沒有任何事物，甚至包括毀滅與死亡，比思想更令人畏懼。思想具有顛覆性、革命性、破壞性及可怕性。思想不會偏袒那些特權，既定制度以及安逸的習俗。思想直窺地獄深處而不畏縮。思想是偉大的、疾速的、自由的，它是世界之光，也是全人類的榮耀之首。」[3]他還斷言：許多人寧願死，也不願思考，事實上他們也確實至死都沒有思考。他就是一位一直到死都始終堅持思考著的人。

沒有思想的民族是沒有希望的民族，沒有東西方思想對話的世界是沒有希望的世界。

社會生活如此豐富和精彩，而我們的時代卻是一個浮躁的時代，也是缺乏思想大師的時代！是精神低下、急功近利、夜郎自大、素質欠缺、眼界狹窄、閱歷短淺、天分不夠、環境惡劣、經濟窘困，還是物質貧乏？是其中之一，數項並列，還是全部因素的綜合？對別人不敢妄加評論，但本書著者自歎不是全部，而是幾乎集中了其中大部分。

---

[3]　羅素：《社會重建的原理》（*Principle of Social Reconstruction*，Routledge, 1997），英文版115頁。

本書著者所收藏的有關羅素逝世的英文報紙。

　　最後，以羅素《自由思想十誡（Liberal Decalogue）》作為本書的終結注腳吧！

一、切勿認為任何事物是絕對確定的。

二、切勿認為其有價值而掩蓋證據，因為證據必定帶來光明。

三、切勿覺得一定會成功而放棄思考。

四、當遇到反對意見時，即使它可能來自你的丈夫或孩子，也要努力用論證而不是權威去克服它，因為依賴權威的勝利是不可靠而虛妄的。

五、切勿屈從任何權威，因為總會發現相反的權威。

六、切勿用權力去壓制你認為不利的意見，因為如果你發表意見時也
　　會遭到壓制。

七、切勿為自己離經叛道的想法而恐懼，因為我們現在所接受的任何
　　想法都曾經是離經叛道的。

八、從理智的異議中尋找樂趣，因為只有尊重理智，才能比消極的服
　　從帶來更深刻的一致。

九、即便真理沒有帶來便利，也要恪守它，因為你若企圖掩蓋真理，
　　就會帶來更多的麻煩。

十、切勿羨慕那些生活在愚昧「天堂」的人們，因為只有傻瓜才認為
　　那裡是幸福的。[4]

丁子江

2015年11月16日於美國洛杉磯

---

[4] Bertrand Russell. *The Autobiography of Bertrand Russell,* Vol. 3: 1944-1969, pp. 71—72.

參考文獻

艾耶爾（A. J. Ayer）:《語言、真理和邏輯》（*Language, Truth and Logic*, Dover Publications，1952）。

勃拉克（D. Black）:《我對自由與愛情的探索》（*The Tamarisk: My Quest for Liberty and Love*，1975）。

布勒維特（John Blewett）:《杜威的思想及其影響》（*John Dewey: His Thought and Influence*，Greenwood Press Reprint，1973）。

布拉姆堡（R. S. Brumbaugh），《作為教育家的杜威、羅素與懷特海》（*Dewey, Russell. Whitehead: Philosophers as Educators*，Carbondale: University of Southern Illinois Press，1985）。

蔡尚思主編:《中國現代思想史資料簡編》，浙江人民出版社，1981 年。

陳獨秀:《陳獨秀文章選編》，三聯書店，1984 年。

陳獨秀:《陳獨秀著作選》，任建樹等編，上海人民出版社，1993 年。

陳獨秀:《獨秀文存》，安徽人民出版社，1988 年。

陳軍:《北大之父蔡元培》，人民文學出版社，1999 年。

鄧九平主編:《文化名人憶學生時代》，同心出版社，2002 年。

迪庫曾（G. Dykhuizen）《杜威的生平與思想》（The Life and Mind of John Dewey, Southern Illinois University Press, 1973）。

卡爾納普（R. Carnap）、《邏輯句法》（*Logical Syntax*，Harcourt, Brace, and Company，1937）。

大衛斯（M. Davis）:《邏輯的引擎》，張蔔天譯，湖南科學技術出版社，2005 年。

丁文江編:《梁啟超年譜長編》，上海人民出版社出版，1983 年。

德雷克（D. Drake）:《批判的實在論論文集》（*Essays in Critical Realism*, Macmillan, 1920）。

杜威（J. Dewey）:《實在論簡論》（*Brief Studies of Realism, Journal of Philosophy* 8, 1911）。

杜威（J. Dewey）:《杜威五大演講》，晨報社印行，中譯本，1920 年。

杜威（J. Dewey）:《發自中國和日本的信件》（*Letters from China and Japan*，J.M. Dent & Sons, 1920）。

杜威（J. Dewey）：《學校與社會》（The School and Society & The Child and the Curriculum, Dover Publications，2001）

杜威與卡倫（J. Dewey and H. M. Kallen）編：《羅素案件》（*The Bertrand Russell Case,* Da Capo Press, 1972）。

道格拉斯（D. Douglas）編：《分析文集》（*Essays in Analysis*. New York: George Braziller, 1973）。

恩格斯：《反杜林論》，人民出版社，中譯本。

馮崇義：《羅素與中國》，三聯出版社，1994 年。

馮友蘭：《中國哲學簡史》，北京大學出版社，1985 年。

馮友蘭：《馮友蘭自述》，中國人民大學出版社，2004 年。

弗拉瑟（A. Fraser）：《亨利八世的王后們》（*The Wives of Henry VIII*, Weidenfeld & Nicholson history, 1993）。

弗雷格（G. Frege）：《弗雷格的哲學著作》（Philosophical Writings of Gottlob Frege, edited by P. Geach & M. Black, Totowa, Rowman & Littlefield, 1980）。

嘎西亞狄格（A. Garciadiego）：《羅素與理論悖論的起源》（*Bertrand Russell and the Origin of the 'Set-Theoretic' Paradoxes*, Birkhauser, 1992）。

格瑞德（J. B. Grieder）：《胡適與中國的文藝復興：中國革命中的自由主義，1917 ～ 1937》（*Hu Shih and the Chinese Renaissance: Liberalism in the Chinese Revolution, 1917-1937*, Cambridge: Harvard University Press, 1970）。

郭湛波：《近五十年中國思想史》，上海古籍出版社，2010 年版。

哈格（P. Hager）：《羅素哲學發展中連續與演變》（*Continuity and Change in the Development of Russell's Philosophy*, Springer, 1899）。

漢內斯（W. T. Hanes）和桑尼祿（F. Sanello）：《鴉片戰爭》（The Opium Wars, Sourcebooks, Inc., 2004）。

赫赫：《太空驚雷——張太雷》，中國戲劇出版社出版，2000 年。

賀麟：《現代西方哲學講演集》，上海人民出版社，1984 年。

黑格爾：《哲學全書》，商務印書館，中譯版。

黑格爾：《小邏輯》，商務印書館，中譯版。

洪謙：《論邏輯經驗主義》，商務印書館，1994 年。

霍布斯（T. Hobbes）：《霍布斯的英文著作》（*The English Works of Thomas Hobbes*. London: John Bohn, 1989）。

霍爾特（E. B. Holt）等：《新實在論》（*The New Realism*, Periodicals Service Co, 1974）。

胡格斯（E. R. Hughes）：《西方世界對中國的侵略》（*The Invasion of China by the Western World*, Macmillan, 1938）。

胡軍：《分析哲學——回顧與展望》，四川教育出版社，2001 年。

胡軍：《金岳霖思想研究》，社科出版社，2004 年。

胡塞爾（E. Husserl）：《邏輯研究》（*Logical Investigations*, Routledge, 2001）。

胡繩：《從鴉片戰爭到五四運動》，人民出版社，1981 年。

胡適：《胡適文集》，北京大學出版社，1998 年。

胡適：《胡適書信集》（上），耿雲志、歐陽哲生編，北京大學出版社，1996 年。

胡適：《中國的文藝復興》，外語教學與研究出版社，2001 年。

紮格（R. Jager）：《羅素哲學的發展》（*The Development of Bertrand Russell's Philosophy*, Routledge, 2004）。

懷特（M. White）：《分析的時代》（*The Age of Analysis*, The New American Library, 1955）。

蔣夢麟：第十五章〈北京大學和學生運動〉，《西潮與新潮》，東方出版社，2006 年。

金岳霖：《金岳霖文集》，甘肅人民出版社，1995 年。

金岳霖：《論道》，中國人民大學出版社，2005 年。

詹森（Paul Johnson）：《知識分子》（*Intellectuals*, New York: Harper & Row,1988）。

凱恩斯（J. M. Keynes）：《兩則回憶》（*Two Memoirs*, London: Rupert Hart-Davis, 1949）。

康蘇格拉（F. Rodriguez-Consuegra）：《羅素的數理哲學》（*The Mathematical Philosophy of Bertrand Russell*, Birkhauser, 1991）。

克拉克（R. Clark）：《羅素生平》（*The Life of Bertrand Russell*，Knopf，1981）。

克拉克（R. Clark）：《羅素與他的世界》（*Bertrand Russell and His World*，Thamas and Hundson,1960）。

克勞普頓與歐（R. W. Clopton and T. Ou）：《杜威在中國的講演》（*John Dewey Lectures in China, 1919-1920*）。

克雷姆克（E. D. Klemke）:《有關羅素的論文》(*Essays on Bertrand Russell*, 1971)。

克里普克（S. A. Kripke）:《命名與必然性》(*Naming and Necessity*, Harvard University Press, 2006)。

克拉沙－威廉姆（Crawshay-Williams）:《羅素回憶》(*Russell Remembered*, Oxford University Press, 1970)。

蒯因（W. V. Quine）:《從邏輯的觀點看》(*From a Logical Point of View*, Harvard University Press, 1980)。

昆茲（P. G. Kuntz）:《羅素》(*Russell*, Boston: Twayne Publishers, 1986)。

雷格（J. Legge, translator）:《中國的神聖之書：道家經典》(*The Sacred Books of China: The Texts of Taoism, Part I.* 1891)。

賴特（G. H. von Wright）《知識之樹及其他論文》(*Tree of Knowledge and Other Essays*, Brill Academic Publishers, 1993)。

李大釗:《李大釗文集》(下)，人民出版社，1984年。

李嘉圖:《政治經濟學及賦稅原理》，商務印書館，中譯本，1962年。

李澤厚:《中國思想史論》，安徽文藝出版社，1999年。

梁啟超:《梁啟超文集》，陳書良編，北京燕山出版社，1997年。

梁實秋:《梁實秋文集》，鷺江出版社，2002年。

梁漱溟:《梁漱溟全集》，山東人民出版社，1990年。

梁漱溟:《東西文化及其哲學》，商務印書館，1987年。

梁漱溟:《中國文化要義》，學林出版社，1987年。

梁漱溟:《人心與人生》，上海學林出版社，1984年。

林毓生:《中國意識的危機》(*The Crisis of Chinese Consciousness*, Univ of Wisconsin Press, 1979)

林語堂:《林語堂自傳》，中國戲劇出版社，1990年。

林語堂:《林語堂名著全集》，東北師範大學出版社，1994年。

劉介民:《風流才子徐志摩》，廣東人民出版社，2002年。

劉培育主編:《金岳霖的回憶與回憶金岳霖》，四川教育出版社，1995年。

羅素:《德國社會民主》(*German Social Democracy*, Allen & Unwin, 1965)。

羅素:《幾何學的基礎》(*An Essay on the Foundation of Geometry*, Scholarly Publishing Office, University of Michigan Library, 2005)。

羅素:《對萊布尼茲哲學的批判解說》(*A Critical Exposition of Philosophy of Leibniz*, The University Press, 1900)。

羅素：《數學的原則》（*The Principles of Mathematics*, W. W. Norton & Company, INC., 1931）。

羅素與懷特海：《數學原理》（*Principia Mathematica*, Cambridge University Press,1960）。

羅素：《哲學問題》（*The Problems of Philosophy*, Prometheus Books, 1988）。

羅素：《我們對於外界的知識》（*Our Knowledge of the External World*, Routledge, 1993）。

羅素：《戰爭是恐懼的源泉》（*War, the Offspring of Fear*, The Union of Democratic Control, 1916）。

羅素：《戰時的正義》（*Justice in War-time*, Spokesman Books, 2005）。

羅素：《社會重建的原理》（*Principle of Social Reconstruction*, Routledge, 1997）。

羅素：《政治理想》（*Political Ideals*，1917）。

羅素：《自由之路》（*Roads to Freedom*, Routledge, 1970）。

羅素：《神祕主義與邏輯》（*Mysticism and Logic*, Dover Publications, 2004）。

羅素：《數理哲學引論》（*Introduction to Mathematical Philosophy*，George Allen and Unwin LTD, 1956）。

羅素：《布林塞維克主義的理論與實踐》（*The Practice and Theory of Bolshevism*, Simon and Schuster, 1964）。

羅素：《心的分析》（*The Analysis of Mind*, George Allen and Unwin LTD, 1956）。

羅素：《中國問題》（*The Problem of China*, New York: The Century Co., 1922）。

羅素：《自由思想與官方宣傳》（*Free thought and Official Propaganda*, Huebsch, 1924）。

羅素：《工業文明的前景》（*The Prospect of Industrial Civilization*, The Century Co., 1923）。

羅素：《怎樣獲得自由和幸福》（*How to be Free and Happy*, The Rand School of Social Science, 1924）。

羅素：《我信仰什麼》（*What I believe*, Routledge, 2004）。

羅素：《相對論 ABC》（*The ABC of Relativity*, Routledge, 2001）。

羅素：《論教育，尤其是幼稚教育》（*On education, Especially in Early Childhood*, Taylor & Francis Books Ltd, 1985）。

羅素：《哲學大綱》（*An Outline of Philosophy*, W. W. Norton & Company, INC., 1927）。

羅素：《我為什麼不是一個基督徒》（*Why I am not a Christian*，Simon and Schuster, 1957）。

羅素：《物的分析》（*The Analysis of Matter*，Dover Publication, Inc., 1954）。

羅素：《懷疑論集》（*Sceptical Essays*, Routledge, 2004 ）。

羅素：《婚姻與道德》（*Marriage and Morals*, Liveright Publishing Corporation, 1970）。

羅素：《贏得快樂》，（*The Conquest Happiness*, Liveright Publishing Corporation, 1996）。

羅素：《科學觀》（*The Scientific Outlook*, NORTON, 1970）。

羅素：《教育與社會秩序》（*Education and the Social Order*, 1932）。

羅素：《自由與組織》（*Freedom and Organization*, G. Allen & Unwin ltd, 1934）。

羅素：《閒散頌》（*In Praise of Idleness*, W. W. Norton & Company, INC., 1935）。

羅素：《宗教與科學》（*Religion and Science*, Oxford University Press, 1997）。

羅素：《什麼樣的途徑通向和平》（*Which Way to Peace?*, M. Joseph Ltd, 1936）。

羅素：《權力：一種新的社會分析》（*Power; A New Social Analysis*, Allen, 1948）。

羅素：《對意義與真理的探究》（*An Inquiry into Meaning and Truth*, Unwin Paperbacks, 1980）。

羅素：《西方哲學史》（*A History of Western Philosophy*, Touchstone, 1972）。

羅素：《哲學與政治》（*Philosophy and Politics*, London, 1947）。

羅素：《人類知識》（*Human Knowledge: Its Scope and Limits*, Simon and Schuster, 1948）。

羅素：《權威與個人》（*Authority and the Individual*, Beacon Press, 1960）。

羅素：《非通俗文選》（*Unpopular Essays*, Simon and Schuster, 1950）。

羅素：《科學對社會的影響》（*The Impact of Science on Society*，Routledge，1985）。

羅素：《變化中世界的新希望》（*New Hopes for a Changing World*, 1951）。

羅素：《郊區的撒旦》（*Satan in the Suburbs*, Simon and Schuster, 1953）。

羅素：《在道德和政治中的人類社會》（*Human Society in Ethics and Politics*, Simon and Schuster, 1955）。

羅素：《傑出人們的夢魘》（*Nightmares of Eminent Persons*, Simon and Schuster, 1955）。

羅素：《記憶的肖像》（*Portraits from Memory*, Allen & Unwin London, 1956）。

羅素：《西方的智慧》（*Wisdom of the West*, Penguin Books Ltd, 1989）。

羅素：《我的哲學發展》（*My Philosophical Development*, Simon and Schuster, 1959）。

羅素：《人類有將來嗎？》（*Has Man a Future?*, Spokesman Books, 2001）。

羅素：《性格的教育》（*Education of Character*, Philosophical Library, 1961）。

羅素：《羅素重要文選》（The Basic Writings of Bertrand Russell,1903-1959, ed. by R. Egner and L. Denonn, Simon and Schuster, 1961）。

羅素：《哲學論文集》（Philosophical Essays, Simon and Schuster, 1966）。

羅素：《邏輯與知識》（*Logic and Knowledge* George Allen and Unwin LTD,1977）。

羅素：《羅素自傳》（*The Autobiography of Bertrand Russell*, George Allen and Unwin LTD, 1967, 1968, 1969）三卷。

羅素：《羅素小說集》（*The Collected Stories of Bertrand Russell*, G. Allen & Unwin, 1972）。

羅素：《論分析》（*Essays in Analysis*, George Braziller, 1973）。

羅素：《哲學化的藝術》（*The Art of Philosophizing : and other Essays*，Littlefield, Adams & Co., 1977）。

羅素：《羅素文集》（*The Collected Papers of Bertrand Russell*, Routledge, 2000）第 11、15、28、29 卷。

馬歇爾（P. J. Marshall）：《劍橋插圖大英帝國史》（*Cambridge Illustrated History*, Cambridge University Press, 2001）。

馬克思：《馬克思恩格斯全集》，人民出版社，中譯本，1956 年。

馬克思：《費爾巴哈論綱》，人民出版社，中譯本，1975 年。

馬勇：《一九二〇年代的中國》，社會科學文獻出版社，2005 年。

毛澤東：《毛澤東著作選讀》，人民出版社，1986 年。

毛澤東：《建國以來毛澤東文稿》，中央文獻出版社，1992 年。

米謝爾與泰勒（F. H. Michael and G. E. Taylor）：《現代世界中的遠東》（*The Far East in the Modern World*, Holt, Reinhart and Winston, Inc., 1965）。

梅耶爾（S. Meyer）：《杜威與羅素的交往》（*Dewey and Russell: an Exchange*，1995）。

摩爾海德（Caroline Moorhead）：《羅素一生》（*Bertrand Russell: A Life*, Viking, 1993）。

蒙克（R. Monk）:《羅素：熱狂的幽靈》（*Bertrand Russell: the Ghost of Madness*, Free Press, 2000）。

蒙克（R. Monk）:《維根斯坦：天才的職責》（*Ludwig Wittgenstein: the Duty of Genius*, Free Press, 1990）。

牟宗三:《中國哲學十九講》，臺灣學生書局，1983年。

繆爾黑德（J. H. Muirhead）:《現代英國哲學》（*Contemporary British Philosophy*, Routledge, 1976）。

派特森（W. Patterson）:《羅素邏輯原子論的哲學》（*Bertrand Russell's Philosophy of Logical Atomism*, Peter Lang Publishing, 1967）。

皮亞斯（D. Pears）:《羅素與英國哲學傳統》（*Bertrand Russell and the British Tradition in Philosophy*, New York: Random House, 1967）。

皮亞斯（D. Pears）:《邏輯原子論的哲學》（*The Philosophy of Logical Atomism*, Peter Lang Publishing, 1993）。

培理（R. B. Perry）:《現代哲學傾向》（*Present Philosophical Tendencies*, Athena University Press, 2004）。

錢穆:《中國歷代政治得失》，生活・讀書・新知三聯書店，2004版。

喬治與維勒曼（A. George and D. Velleman）:《數學的哲學》（*Philosophy of Mathematics*, Blackwell Publishing, 2002）。

瞿秋白:《瞿秋白文集》，人民文學出版社，1953年。

拉姆西（F. Ramsey）:《數學的基礎及其他邏輯論文》（*The Foundation of Mathematics and other Logical Essays*，Routledge, 1931）。

桑斯布瑞（R. M. Sainsbury）:《羅素》（*Russell*, Routledge & Kegan Pail, 1979）。

薩瓦格與安德森（C. Savage and C. Anderson）:《再讀羅素》（*Rereading Russell*, University of Minnesota Press, 1989）。

沈益洪編:《羅素談中國》，浙江文藝出版社，2001年。

史瓦茲（B.I. Schwartz）:《中國的共產主義與毛澤東的興起》（*Chinese Communism and the Rise of Mao*, Harvard University Press, 1989）。

舒衡哲（美）:《張申府訪談錄》，李紹明譯，北京圖書館出版社2001年。

斯密斯（G. Smith）:《英格蘭史》（*A History of England*, C. Scribner's Sons, 1957）。

斯本斯（J. D. Spence）:《探究現代中國》（*The Search for Modern China*, W. W. Norton & Company, 1990。

孫中山:《孫中山全集》第9卷。

泰特（K. Tait）：《我的父親羅素》（*My Father Bertrand Russell*, Thoemmes Press , 1975）。

唐君毅：《唐君毅全集》，臺灣學生書局，1988 年。

田中裕：《懷特海有機哲學》，包國光譯，河北教育出版社，2001 年。

魏斯曼（F. Waismann）：《哲學論文集》（*Philosophical Papers*, Reidel, 1977），英文版。

維德克尼（A. D. Wedekind）：《羅素與分析哲學》（*Russell and Analytic Philosophy*, Toronto: University of Toronto Press, 1993）。

維茲（M. Weitz）：《20 世紀哲學引論：分析的傳統》（*Introduction to Twentieth Century Philosophy: The Analytical Tradition*，Free Press，2000）。

維斯特布魯克（R. B. Westbrook）：《杜威與美國民主》（John Dewey and American Democracy, Cornell University Press, 1991）。

威特根斯坦（L. Wittgenstein）：《邏輯哲學論》（*Tractatus logico-philosophicus,* Routledge, 2001）。

伍德（A. Wood）：《羅素——熱情的懷疑論者》（*Bertrand Russell—the Passionate Skeptic*，Simon and Schuster, 1958）。

謝爾普（P. Schilpp）：《羅素的哲學》（*The Philosophy of Bertrand Russell*，Northwestern University Press, 1944）。

謝爾普（P. Schilpp）：《摩爾的哲學》（*The Philosophy of G. E. Moore*, Tudor Publishing Company, 1952）。

謝爾普（P. Schilpp）：《懷特海的哲學》（*The Philosophy of Alfred North Whitehead*，Tudor Publishing Company, 1941）。

謝爾普（P. Schilpp）：《杜威的哲學》（*The Philosophy of John Dewey*，Open Court Publishing Company, 1989）。

希爾（C. Hill）：《胡塞爾、弗雷格與羅素的言語與對象》（*Word and Object in Husserl, Frege, and Russell*, Ohio Univ Press, 1991）。

希爾頓（P. Hylton）：《羅素：唯心主義與分析哲學的誕生》（*Russell, Idealism and the Emergence of Analytic Philosophy*, 1993）。

《新民學會會務報告》，第 2 號。

《新民學會會員通訊集》，第 3 集。

休謨：《人性論》，商務印書館，中譯本。

《一大前後》（一），人民出版社，1980 年。

伊姆斯（E. R. Eames）：《羅素的知識論》（*Bertrand Russell's Theory of Knowledge,*
　　George Braziller, 1969）

葉秀山等編：《西方著名哲學家評傳》，第8卷，山東人民出版社1984年。

余光中：《左手的繆思》，時代文藝出版社，1997年。

余世存編：《非常道——1840～的中國話語》，社會科學文獻出版社，
　　1005年。

詹姆斯（W. James）：《多元的宇宙》（*A Pluralistic Universe,* Longmans,
　　Green and Co., 1909）。

張岱年：《張岱年論文集》，安徽教育出版社，1998年。

張岱年：《張岱年文集》，清華大學出版社，1989年。

張申府：《所憶》，中國文史出版社，1993年。

張者：《文化自白書》，北京廣播學院出版社，2004年。

趙元任：《從家鄉到美國》，關鴻、魏平譯，學林出版社，1997年。

周策縱（Tse-tung Chow）：《五四運動》（*The May Fourth Movement,* Harvard University
　　Press, 1980）。

周恩來：《周恩來選集》，人民出版社,1984年。

朱光潛：《自傳》，江蘇文藝出版社，1998年。

朱傑人等編：《程俊英紀念文集》，華東師大出版社，2004年。

羅素著作列表

《德國社會民主》（*German Social Democracy*），1896 年。

《幾何學的基礎》（*An Essay on the Foundation of Geometry*），1897 年。

《萊布尼茲哲學的批判解說》（*A Critical Exposition of Philosophy of Leibniz,*），
 1900 年。

《數學的原則》（*The Principles of Mathematics*），1903 年。

《自由人的崇拜》（A Free Man's Worship），1903 年。

《論指稱》（*On Denoting*），1905 年。

《數學原理》（*Principia Mathematica*），與懷特海合著，1910 年。

《哲學論文集》（*Philosophical Essays*），1910 年。

《反選舉權的焦慮》（*Anti-Suffragist Anxieties*），1910 年。

《哲學問題》（*The Problems of Philosophy* ），1912 年。

《我們對於外界的知識》（*Our Knowledge of the External World*），1914 年。

《哲學中的科學方法》（*Scientific Method in Philosophy* ），1914 年。

《柏格森的哲學》（*The Philosophy of Bergson* ），1914 年。

《戰爭是恐懼的源泉》（*War, the Offspring of Fear*），1914 年。

《戰時的正義》（*Justice in War-time*），1916 年。

《協議的政策：對基爾伯特・穆瑞教授的答復》（*The Policy of the
 Entente: A Reply to Professor Gilbert Murray*），1916 年。

《社會重建的原理》（*Principle of Social Reconstruction*），1916 年。

《政治理想》（*Political Ideals*），1917 年。

《無政府主義與公團主義》（*Anarchism and Syndicalism*），1917 年。

《為什麼人會打仗》（*Why Men Fight: A Method of Abolishing the International
 Duel*），1917 年。

《自由之路》（*Roads to Freedom*），1918 年。

《神祕主義與邏輯》（*Mysticism and Logic*），1918 年。

《邏輯原子論的哲學》（*The Philosophy of Logical Atomism*），1918 年。

《數理哲學引論》（*Introduction to Mathematical Philosophy*），1919 年。

《布林塞維克主義的理論與實踐》，（The Practice and Theory of Bolshevism）
 1920 年。

《心的分析》（*The Analysis of Mind*），1921 年。

《中國問題》（*The Problem of China*），1922 年。

《三種途徑走向世界》（*Tree Ways to World*），1922 年。

《自由思想與官方宣傳》（*Free thought and Official Propaganda*），1922年。

《工業文明的前景》（*The Prospect of Industrial Civilization*），合著，1923年。

《原子論 ABC》（*The ABC of Adams*），1923 年。

《伊卡羅斯或科學的未來》（*Icarus, or The Future of Science*），1924 年。

《布林塞維克主義與西方》（*Bolshevism and the West*），1924 年。

《怎樣獲得自由和幸福》（*How to be Free and Happy*），1924 年。

《邏輯原子論》（*Logical Adamism*），1924 年。

《我信仰什麼》（*What I believe*），1925 年。

《相對論 ABC》（*The ABC of Relativity*），1925 年。

《論教育，尤其是幼稚教育》（*On education, Especially in Early Childhood*），
　　1926 年。

《教育與善的生活》（*Education and the Good Life*），1926 年。

《羅素文選》（*Selected Papers of Bertrand Russell*），1927 年。

《哲學大綱》（*An Outline of Philosophy*），1927 年。

《物的分析》（*The Analysis of Matter*），1927 年。

《我為什麼不是一個基督徒》（*Why I am not a Christian*），1927 年。

《懷疑論集》（*Skeptical Essays*），1928 年。

《婚姻與道德》（*Marriage and Morals*），1929 年。

《贏得快樂》，（*The Conquest Happiness*），1930 年。

《哲學對文明作過有益的貢獻嗎？》（*Has Religion Made Contribution to
　　Civilization?*），1930 年。

《科學觀》（*The Scientific Outlook*），1931 年。

《教育與社會秩序》（*Education and the Social Order*），1932 年。

《數學的性質》（*The Nature of Mathematics*），1933 年。

《自由與組織》（*Freedom and Organization*），1934 年。

《閒散頌》（*In Praise of Idleness*），1935 年。

《宗教與科學》（*Religion and Science*），1935 年。

《什麼樣的途徑通向和平》（*Which Way to Peace?*），1936 年。

《決定論與物理學》（*Determinism and Physics*），1936 年。

《安伯雷文獻》（*The Amberley Papers*），1937 年。

《權力：一種新的社會分析》（*Power; A New Social Analysis*），1938 年。

《意義與真理的探索》（*An Inquiry into Meaning and Truth*），1940 年。

《讓人們思維》（*let the People think*），1941 年。

《西方哲學史》（*A History of Western Philosophy*），1945 年。

《物理與經驗》（*Physics and Experience*），1946 年。

《哲學與政治》（*Philosophy and Politics*），1947 年。

《人類知識》（*Human Knowledge: Its Scope and Limits*），1948 年。

《權威與個人》（*Authority and the Individual*），1949 年。

《非通俗文選》（*Unpopular Essays*），1950 年。

《科學對社會的影響》（*The Impact of Science on Society*），1951 年。

《變化中世界的新希望》（*New Hopes for a Changing World*），1951 年。

《善良公民的字母表》（*The Good Citizen's Alphabet*），1953 年。

《郊區的撒旦》（*Satan in the Suburbs*），1953 年。

《在道德和政治中的人類社會》（*Human Society in Ethics and Politics*），
　　1954 年。

《傑出人們的夢魘》（*Nightmares of Eminent Persons*），1954 年。

《約翰 · 斯圖特 · 穆勒》（*John Stuart Mill*），1955 年。

《記憶的肖像》（*Portraits from Memory*），1956 年。

《理解歷史及其他論文》（*Understanding History and other Essays*），1957年。

《羅素、赫魯雪夫和杜勒斯之間的通信》（*The Vital Letters of Russell,
　　Khrushchev, Dulles*），1958 年。

《懷疑的意願》（*The Will to Doubt*），1958 年。

《常識與核戰爭》（*Common Sense and Nuclear Warfare*），1959 年。

《西方的智慧》（*Wisdom of the West*），1959 年。

《我的哲學發展》（*My Philosophical Development*），1959 年。

《科學的未來》（*The Future of Science*），1959 年。

《羅素談他的心靈》（*Bertrand Russell Speaks His Mind*），1960 年。

《事實與虛構》（*Fact and Fiction*），1961 年。

《人類有將來嗎？》（*Has Man a Future?*），1961 年。

《羅素重要文選》（*The Basic Writings of Bertrand Russell*, 1903-1959, ed. by
　　R.Egner and L. Denonn），1961 年。

《性格的教育》（*Education of Character*），1961 年。

《非武裝力量的勝利》（*Unarmed Victory*），1963 年。

《論科學哲學》（*On the Philosophy of Science*），1965 年。

《在越南的戰爭與殘暴》（*War and Atrocity in Vietnam*），1965 年。

《邏輯與知識》（*Logic and Knowledge*），1966 年。

《哲學論文集》（Philosophical Essays, Simon and Schuster），1966 年。

《在越南的戰爭罪行》（*War Crime in Vietnam*），1967 年。

《羅素自傳》（*The Autobiography of Bertrand Russell*），共 3 卷，1967 年，
　　1968 年，1969 年。

《哲學化的藝術》（*The Art of Philosophizing : and other Essays*），1968 年。

《親愛的羅素》（*Dear Bertrand Russell*），1969 年。

《我自己的哲學》（*My Own Philosophy*），1970 年。

《羅素小說集》（*The Collected Stories of Bertrand Russell*），1972 年。

《論分析》（*Essays in Analysis*），1973 年。

《羅素文集》（*The Collected Papers of Bertrand Russell*），共 29 卷，2000 年。

羅素有關中國的部分英文文章列表（1919~1927）

"An Englishman's China," Review of E.T.C. Werner, *China of the Chinese*, *The Athenaeum* no. 4,658 (Aug 8 1919), 715-6

"Industry in Undeveloped Countries," *The Chinese Social and Political Science Review* (Beijing), 5a (Dec 1920), 239-54. Repr. *The Atlantic Monthly* 127 (Jun 1921), 787-95

"Bertrand Russell Gives Impressions of China," *The Peking Leader*, Dec 16 1920

"The Happiness of China," *The Nation* (London), 28 (Jan 8 1921), 505-6. Repr. *ABR* vol. 2, 137-9

"The Prospects of Bolshevik Russia," *The Kaizo* 3, no. 2 (Feb 1921), 1-14

"Causes of the Present Chaos," *The Kaizo* 3, no. 3 (Mar 1921), 116. Repr. ch. 1, *PIC*

"What Makes a Social System Good or Bad?" *The Kaizo* 3, no. 4 (Apr 1921), 1-16. Repr. ch. 8, *PIC*

"China's Road to Freedom," *The Peking Leader*, Jul 7 1921, 3

"Inherent Tendencies of Industrialism," *The Kaizo* 3, no. 9 (Aug 1921), 1-15. Repr. ch. 2, *PIC*

"Industrialism and Private Property," *The Kaizo* 3, no. 10 (Sep 1921), 109-19. Repr. ch. 3, *PIC*

"Interactions of Industrialism and Nationalism," *The Kaizo* 3 (Oct 1921), 123-37. Repr. ch. 4, *PIC*

"Communist Ideals," *The Daily Herald* (London), Oct 19 1921, 4. Repr. *The New York Call*, Dec 11 1921, sec. 11, 8

"A People Who Value Wisdom above Rubies," *The Review of Reviews* (London), 64 (Nov 1921), 349-53. Repr. ch. 13, *PC*

"China and the Powers," *Foreign Affairs* (London), 3 (Nov 1921), 69-70

"The Future of China," *The Labour News* (London), Nov 10 1921, 1

"A Plea for China," *The Sun* (Baltimore), Nov 24 1921, 8

"China and Chinese Influence," *The Manchester Guardian*, Nov 29 1921, 6

"The Problems of China," *The Manchester Guardian*, Nov 30 1921, 6

"Some Traits in the Chinese Character," *The Atlantic Monthly* 128 (Dec 1921), 771-7. Repr. ch. 12, *PC*

"Chinese Independence," *The Manchester Guardian*, Dec 2 1921, 16

"Sketches of Modern China," *The Nation and the Athenaeum* (London), 30 (Dec 3, 10, 17 1921), 375-6, 429-30, 461-3. Repr.

"Modern China" , *The Nation* (New York), 113 (Dec 14, 21, 28 1921), 701-2,726-7,756-7

"How Washington Could Help China," *Dairy Herald*, Dec 16 1921, 4，1922

"The Chinese Intelligentsia," *Time and Tide* (London), 3 (Jan 13 1922), 29-31

"Present Anglo-American Policy in China," *Daily Herald* (London), Jan 26 1922, 4. Repr. (with omissions) ch. 10, *PC*

"Reconstruction in China," *The Chinese Students' Monthly* (Baltimore), 17 (Feb 1922), 283-5

"China's Entanglements," Review of G. Reid, *China, Captive or Free?*, *Foreign Affairs* 3, no. 9 (Mar 1922), lit. supp., pp. iii-iv

"As a European Radical Sees It," *The Freeman* 4 (Mar 8 1922), 608-10. On the US and China

"Chinese Civilization and the West," *The Dial* 72 (Apr 1922), 356-64. Repr. ch. 11, 'Chinese and Western Civilization Contrasted', *PC*

"Communism And Society," *Daily Herald*, Apr 19 1922, 7

"Socialism in Undeveloped Countries," *The Atlantic Monthly* 129 (May 1922), 664-71. Repr. ch. 6, *The PIC*

"Chinese Problems," *The Labour Magazine* (London), 1 (Sep 1922), 229-31

"Toward an Understanding of China," *The Century Magazine* 104 (Oct 1922), 912-16. Repr. ch. 1 *PIC*

"The Outlook for China," *The Century Magazine* 105 (Nov 1922), 141-6. Repr. ch. 15, *PIC*.

"The Boxer Indemnity and Chinese Education," *The Manchester Guardian*, Apr 4 1923, 12

"Philosophy in India and China," *The Nation and the Athenaeum* 33 (Sep 15 1923), 748-9.

"Early Chinese Philosophy," *The Nation and the Athenaeum* 33 (22 Sep 1923), 778-9. Review of Hu Shih, *The Development of the Logical Method in Ancient China*. Repr. *CPBR* 9

"British Imperialism in China," *The New Leader* (London), 8, no. 12 (Sep 19 1924), 3

"What Really Is Happening in China: Will the Meek Inherit the Earth?" *Daily Herald,* Nov 19 1924, 9. Review of Stephen King-Hall, *Western Civilization and the Far East*

"A Dawes Plan for China?" *The New Leader* (London), 9, no. 13 (Dec 26 1924), 6

"The Chinese Amritsar," *The New Leader* (London), 11, no. 12 (Jun 19 1925), 9

"Deliver China from Her Bondage: Peace or Shame for Britain," *The New Leader* (London), 12, no. 2 (Jul 10 1925), 3-4

"British Policy in China," *The Nation and the Athenaeum* 37 (Jul 18 1925), 480-2.

"Fair Play for the Chinese: We Can Only Hurt Ourselves as well as Them by Refusing It," *Daily Herald*, Jul 18 1925, 7

"China Asserts Herself," *The New Leader* (London), 12, no. 9 (Aug 28 1925), 9

"What is Happening in China?" *The Socialist Review*, n.s. no. 2 (Mar 1926), 11-18

"The Foreign Wolf in the Chinese Sheepfold," *Daily Herald*, Apr 7 1926, 9. Review Gilbert, *What's Wrong with China?*

"The White Peril in China," *The New Leader* (London), 13, no. 49 (Sep 17 1926), 9-10

"Where Is China Going?" *Jewish Daily Forward*, 13 Feb. 1927, E1

"British Folly in China," *The Nation* 124 (Mar 2 1927), 227-8

"England in China," *Abendland Monatshefte*, 1927, 232-3. In German

羅素著作中文譯本列表

羅素：《哲學問題》，新青年叢書，黃凌霜譯，新青年社，1920 年版。

羅素：《算理哲學》，萬有文庫第一集，付種孫、張邦銘譯，1920 年版。

羅素：《社會改造之原理》，晨報叢書，余家菊譯，晨報出版部，1920 年版。

羅素：《社會改造原理》，公民叢書，岫廬譯，群益書社 & 伊文思圖書公司，1920 年版。

羅素：《羅素五大講演哲學問題》，北京大學新知書社，1921 年版

羅素：《羅素五大講演心之分析》，北京大學新知書社，1921 年版。

羅素：《羅素五大講演物之分析》，北京大學新知書社，1921 年版。

羅素：《羅素五大講演數理邏輯》，北京大學新知書社，1921 年版。

羅素：《羅素五大講演社會結構學》，北京大學新知書社，1921 年版。

羅素：《物的分析》附《數理邏輯》，北京惟一日報社叢書，宗錫鈞、李小峰編，北京惟一日報社，1921 年版

羅素：《社會結構學五講》，晨報社，1921 年版。

羅素、勃拉克：《羅素勃拉克講演合刊》，北京大學新知書社，1921 年版。

羅素：《社會結構學》，晨報社，1921 年版。

羅素：《政治理想》，程振基譯，商務印書館，1921 年版。

羅素：《社會改造之原理》，余家菊譯，晨報社，1921 年版。

羅素：《哲學中之科學方法》，羅素叢書，王星拱譯，1922 年版。1995 年 4 月，臺灣聯經出版公司據以重印。

羅素：《德國社會民主黨》，陳與漪譯，商務印書館，1922 年版。

羅素：《物的分析》，任鴻雋等譯記，商務印書館，1922 年版。

羅素：《羅素的相對原理觀》，關桐華譯，商務印書館，1922 年版。

羅素：《羅素論文集》，東方文庫叢書，楊端六等譯，東方雜誌社，1923 年版。

羅素：《戰時之正義》，羅素叢書，鄭太樸譯，1921，1923 年版。

羅素：《政治理想》，羅素叢書，程振基譯，1924 年版。

羅素：《羅素論思想自由》，新中國叢書，朱枕薪譯，民智書局，1924 年版。

羅素：《哲學問題》，東方文庫叢書，東方雜誌社，1924 年版。

羅素：《哲學中之科學方法》，共學社羅素叢書，王星拱譯，1926 年版。

羅素：《物的分析》，羅素講演錄，任鴻雋（筆記），1926 年版。

羅素：《我的信仰》，何道生譯，1926 年版。

羅素：《社會結構學》，羅素講演錄，伏廬（筆記），1926 年版。

羅素：《工業文明的景況》，鄧家彥編，1927 年版。

羅素：《心的分析》，北京惟一日報社叢書，羅素講演，宗錫鈞、李小峰筆記，北京惟一日報社，1928 年版。

羅素：《婚姻革命》，世界學會叢書，野廬譯，世界學會，1930 年版。

羅素：《教育論》，北平文化學社，1930 年版。

羅素：《羅素教育論》，師範叢書，柳其偉譯，1931 版。

羅素：《快樂的心理》，於照倫譯，商務印書館，1932 年版。

羅素：《幼兒之教育》，錢星海編，1932 年版。

羅素：《兒童教育原理》，新兒童教育叢書，謝曼譯，新中國書局，1933 年版。

羅素：《懷疑論集》，萬有文庫第一集，嚴既澄譯，1933 年版。

羅素：《快樂的心理》，社會科學叢書，於熙儉譯，1933 年版。

羅素：《自由與組織》，陳瘦石譯，商務印書館，1934 年版。

羅素：《科學觀》，王光煦等譯，商務印書館，1935 年版。

羅素：《婚姻與道德》，李惟運譯，中華書局，1935 年版；此為《性愛與婚姻》的第二個譯本。

羅素：《科學之將來》，百科小叢書，1935 年版。

羅素：《哲學問題》，黃凌霜譯，上海新文化書社，1935 年版，該書撰寫於 1917 年，此為《哲學問題》目前所知之最早譯本。

羅素：《我的人生觀》，哲學叢刊，丘瑾璋譯，正中書局，1936 年版。

羅素：〈哲學問題〉，葉青譯，辛墾書店，1936 年版。

羅素：《中國之問題》，趙文銳譯，上海中華書局，1936 年版。

羅素：《哲學大綱》，高名凱譯，正中書局，1937 年版。

羅素：《贊閑》，柯碩亭譯，正中書局，1937 年版。

羅素：《罪人之書》，廣學會，1939 年版。

羅素：《結婚與道德》，程希亮譯，上海商務印書館，1940 年版；此為《性愛與婚姻》的第三個譯本。1990 年 1 月，商務印書館據以影印再版。

羅素：《羅素與迪肯生對於中國文化的批判》，張引翼編，1942 年版。

羅素：《幸福之路：貝特蘭・羅素通情達理集》，傅雷譯，海南國出版社，1947 年版。截至目前，陝西師範大學出版社（2003 年 4 月）、文

化藝術出版社（2005 年 8 月）、天津人民出版社（2007 年 7 月）等數家出版社已陸續有重印本問世。2005 年 1 月，團結出版社據以重印，書名改作《羅素論幸福》。

羅素：《兒童教育原理》，新中國教育叢書，新中國書局，1948 年版。

羅素：《羅素之西方文化論》，現代文庫，張其昀編，華夏圖書出版公司，1948 年版。

羅素：《西方哲學史》，鍾建閎譯，臺北：中華文化出版事業委員會，1955 年版。

羅素：《哲學大綱》，高名凱譯，臺北：正中書局，1959 年版。

羅素：《世界之希望》，張易譯，臺北：正中書局，1959 年版。

羅素：《哲學中之科學方法》，臺北：文星書店，1955 年版。

羅素：《幸福之路》，臺北：水牛出版社，1956 年版。

羅素：《苦惱之克服》，方略、牛惠臨譯，臺北：啟智出版社，1957 年版。

羅素：《羅素算理哲學》，臺北：正文出版社，1958 年版。

羅素：《羅素論選集》，張菘年等譯，臺北：水牛出版社，1958 年版。

羅素：《羅素選集》，楊端六等譯，臺北：水牛出版社，1958 年版。

羅素：《西方哲學史（上卷）》，何兆武、李約瑟譯，商務印書館，1959 年版。該書撰寫於 1945 年，截止 2010 年 8 月已第 25 次印刷。

羅素：《哲學問題》，何兆武譯（當時譯者署名「何明」），商務印書館，1959 年。版；2007 年 4 月，經過譯者大幅修訂後，出版新一版，截止 2010 年 10 月也已第 4 次印刷。

羅素：《社會改造原理》，張師竹譯，上海人民出版社，1959 年版；截止 2001 年 10 月已第 3 次再版。

羅素：《自由之路》，何新譯，商務印書館，1959 年版。

羅素：《常識與核武器戰爭》，張師竹譯，商務印書館，1959 年版。

羅素：《哲學大綱》，高名凱譯，臺北：正中書局，1959 年版。

羅素：《世界之希望》，張易譯，臺北：正中書局，1959 年版

羅素：《羅素自傳》，宋瑞、賴永松譯，臺北：水牛出版社，1962 年版。

羅素：《科學對社會的影響》，鄧宗培譯，臺北：協志工業叢書出版公司，1962 年版。

羅素：《西方哲學史（下卷）》，馬元德譯，商務印書館，1963 年；截止 2010 年 8 月，《西方哲學史（下卷）》已第 25 次印刷。

羅素：《羅素回憶錄》，林衡哲譯，臺北：志文出版社，1963 年版。

羅素:《人類有前途嗎?》,吳憶萱譯,商務印書館,1964 年版。

羅素:《算理哲學》,傅鍾孫、張邦銘譯,臺北:臺灣商務出版社。1965 年版。

羅素:《婚姻與道德》,水牛出版社,1966 年版。

羅素:《哲學中的科學方法》,王星拱譯,臺北:臺灣商務印書館,1966 年版。

羅素:《我為什麼不是基督徒》,王若璧譯,臺北:牧童出版社,1966 年版。

羅素:《羅素回憶集》,林衡哲譯,臺北:水牛出版社,1967 年版。

羅素:《羅素教育論》,柳其偉譯,臺北:臺灣商務印書館,1967 年版。

羅素:《哲學與科學知識》,張雄俊譯,臺北:正文出版社,1967 年版。

羅素:《人類的命運》,黃興宙譯,臺北:正文出版社,1968 年版。

羅素:〈羅素選集》,李敖主編,臺北:水牛出版社,1968 年版。

羅素:《羅素論社會主義與自由主義》,劉福增主編,水牛出版社,1968 年版。

羅素:《羅素的戰爭倫理學》,劉福增主編,水牛出版社,1968 年版。

羅素:《羅素論哲學與政治》,福曾主編,水牛出版社,1968 年版。

羅素:《哲學問題》,黃凌霜譯,臺北:水牛出版社,1968 年版。

羅素:《羅素論文集》,大方出版社編譯,臺北:大方出版社,1968 年版。

羅素:《科學觀》,王光熙、蔡賓车譯,臺北:臺灣商務印書館,1969 年版。

羅素:《論科學》,黃興宙譯,臺北:正文出版社,1969 年版。

羅素:《羅素論世界的新希望》,劉福增主編,水牛出版社,1970 年版。

羅素:《懶散頌》,許麗玉譯,臺北:牧童出版社,1970 年版。

羅素:《羅素雜文集》,蔡伸章譯,臺北:幼獅書店,1970 年版。

羅素:《權威與個人》,李欣、李安迪譯,臺北:晨鐘出版社,1970 年版。

羅素:《羅素書簡》,裴少青譯,臺北:牧童出版社,1972 年版。

羅素:《宗教與科學》,臺北:牧童出版社,1972 年版。

羅素:《羅素散文集》,牟治中譯,臺北:志文出版社,1973 年版。

羅素:《社會重建原理》,鄭緯民譯,臺北:世界文物出版社,1973 年版。

羅素:《懷疑論集》,楊耐冬譯,臺北:志文出版社,1974 年版。

羅素:《人類的將來》,杜若洲譯,臺北:志文出版社,1975 年版。

羅素:《羅素論快樂》,法迪譯,德華出版社,1976 年版。

羅素:《廿世紀命運與展望》,臺北:志文出版社,1977 年版。

羅素:《羅素》,臺北:書華出版事業公司,1980 年版。

羅素：《西洋哲學史及其有關的政治與社會》，邱言曦譯，臺北：臺灣中華
　　書局，1980 年版。

羅素：《婚姻與道德》肖瑞松譯，臺北：輔新書局，1982 年版。

羅素：《羅素短論集》，梁祥美譯，臺北：志文出版，1984 年。

羅素：《西洋哲學史》，臺北：遠景出版事業公司，1982 年版。

羅素：《懷疑論集》，臺北：志文出版社，1987 年版。

羅素：《羅素論中西文化》，胡品清譯，劉福增主編，水牛出版社，1988
　　年版。

羅素：《羅素論現代教育》，劉福增主編，水牛出版社，1988 年版。

羅素：《羅素論權威與個體》，劉福增主編，水牛出版社，1988 年版。

羅素：《真與愛：羅素散文集》，江燕譯，生活、讀書、新知上海三聯書
　　店，1988 年版。

羅素：《羅素論哲學與政治》，劉福增譯，臺北：水牛出版社，1989 年版。

羅素：《婚姻革命》，靳建國譯，臺北：遠流出版事業公司，2000 年版。

羅素：《羅素的回憶：來自記憶裡的肖像》，吳凱琳譯，左岸文化，2002
　　年版。

羅素：《來自記憶裡的肖像：羅素的回憶》，容士毅譯，左岸文化，2006
　　年版。

羅素：《為什麼我不是基督徒》，沈海康譯，商務印書館，1982 年版。

羅素：《數理哲學導論》，晏成書譯，科學出版社，1982 年版；該書撰寫
　　於 1919 年，1982 年 6 月商務印書館據以重印並收入《漢譯世界學術
　　名著叢書》。

羅素：《我的哲學的發展》，溫錫增譯，商務印書館，1982 年版；該書撰
　　寫於 1959 年，截止 2008 年 9 月已第 10 次印刷。

羅素：《心之分析》，蔣年豐譯，協志工業出版社，1982 年版。

羅素：《人類的知識──其範圍與限度》，張金言譯，商務印書館，1983
　　年版；該書撰寫於 1948 年，1989 年收入《漢譯世界學術名著叢書》，
　　截止 2008 年 9 月已第 8 次印刷。

羅素：《懷疑論集》，楊耐冬譯，臺北：志文出版社，1984 年版。

羅素：《西方的智慧》，何保中等譯，臺北：志文出版社，1986 年版。

羅素：《西方的智慧》，何保中譯，臺北：業強出版社，1986 年版。

羅素：《哲學問題》，張素璟、簡貞貞譯，臺北：業強出版社，1987 年版。

羅素：《權力論》，靳建東譯，東方出版社，1988 年版。

羅素:《權威與個人》,肖巍譯,中國社會科學出版社,1990 年版。

羅素:《教育論》,靳建國譯,東方出版社,1990 年版。

羅素:《權力論——一個新的社會分析》,吳友三譯,商務印書館,1991 年版。

羅素:《論歷史》,何兆武、肖巍、張文傑譯,生活‧讀書‧新知三聯書店,1991 年版;2001 年 1 月廣西師範大學出版社據以重印。

羅素:《西方的智慧:西方哲學在它的社會和政治背景中的歷史考察》,馬家駒譯,世界知識出版社,1992 年版。

羅素:《走向幸福》,臺北:林鬱圖書事業公司,1992 年版。

羅素:《我們關於外在世界的知識》,任曉明譯,東方出版社,1992 年。

羅素:《中國人的性格》,王正平譯,中國工人出版社,1993 年版。

羅素:《邏輯與知識》,苑莉均譯、張家龍校,商務印書館,1996 年版;截止 2009 年 7 月,已第 3 次印刷。

羅素:《中國問題》,秦悅譯,學林出版社,1996 年版。

羅素:《哲學問題及精彩附集》臺北:心理出版社,1997 年版。

羅素:《對萊布尼茨哲學的批評性解釋》,段德智、張傳有、陳家琪譯,陳修齋、段德智校,商務印書館,1997 年版;該書撰寫於 1900 年,2010 年 12 月收入《漢譯世界學術名著叢書》後再版。

羅素:《西方的智慧》,崔權醴譯,文化藝術出版社,1997 年版。

羅素:《羅素短論集》,梁祥美譯,臺北:志文出版社,1998 年版。

羅素:《自由之路》,李國山譯,文化藝術出版社,1998 年版;2003 年 1 月,西苑出版社據以重印。

羅素:《拋棄煩惱掌握快樂》,劉楨譯,臺北:業強出版社,1998 年版。

羅素:《西方的智慧:從社會政治背景對西方哲學所作的歷史考察》,溫錫增譯,商務印書館,1999 年版。

羅素:《教育與美好生活》,河北人民出版社,1999 年版。

羅素:《宗教與科學》,徐奕春、林國夫譯,商務印書館,2000 年版;2010 年 9 月,收入《漢譯世界學術名著叢書》後再版。

羅素:《社會改造原理》,張師竹譯,上海人民出版社,2001 年版。

羅素:《羅素自傳(第一卷)》,胡作玄、趙慧琪譯,商務印書館,2002 年版。

羅素:《中國問題》,李靜譯,中國工人出版社,2002 年版。

羅素:《倫理學和政治學中的人類社會》,肖巍譯,河北教育出版社,2003 年版。

羅素：《羅素自傳（第二卷）》，陳啟偉譯，商務印書館，2003 年版。

羅素：《衝突的原由》，趙宗金譯，吉林大學出版社，2004 年版。

羅素：《羅素自傳（第三卷）》，徐奕春譯，商務印書館，2004 年版。

羅素：《羅素道德哲學》，李國山、張永紅、張志明、許峰譯，九州出版社，2004 年版。

羅素：《中國到自由之路：羅素在華講演集》，袁剛編，北京大學出版社，2004 年版。

羅素：《自由之路》，李國山譯，西苑出版社，2004 年版。

羅素：《俗物的道德與幸福》，文良文化譯，華文出版，2004 年。

羅素：《西方哲學史》，何兆武、李約瑟譯，左岸文化，2005 年版。

羅素：《自由之路》，李國山譯，文化藝術出版社，2005 年版。

羅素：《邏輯與智識：1901 ～ 1905 年論文集》，苑莉均譯 商務印書館，2005 年版。

羅素：《西方哲學史》，錢發平譯，重慶出版社，2006 年版。

羅素：《羅素回憶錄：來自記憶裡的肖像》，吳凱琳譯，希望出版社，2006 年版。

羅素：《羅素自選文集》，戴玉慶譯，商務印書館，2006 年版，《神祕主義與邏輯》、《人類為何戰鬥》和《自由之路》等著名篇章均收錄在內。

羅素：《我們關於外間世界的知識：哲學上科學方法應用的一個領域》，陳啟偉譯，上海譯文出版社，2006 年版。

羅素：《羅素快樂智慧書》，荷蘭譯，中國國際廣播出版社，2006 年版。

羅素：《羅素論幸福人生》，楊玉成、崔人元合譯，世界知識出版社，2007 年版，即《幸福之路》一書之譯。

羅素：《羅素論自由》，郭義貴譯，世界知識出版社，2007 年版；此譯本或與《自由之路》密切相關。

羅素：《幸福之路：貝特蘭 · 羅素通情達理集》，傅雷，天津人民出版社，2007 年版。

羅素：《西方哲學史》，張作成譯，北京出版社，2007 年版。

羅素：《西方的智慧》，亞北譯，中央編譯出版社，2007 年版。

羅素：《哲學盛宴：羅素在華十大講演》，薑繼為編，安徽教育出版社，2007 年版。

羅素：《我們關於外間世界的知識—哲學上科學方法應用的一個領域》，陳啟偉譯，上海譯文出版社，2008 年版。

羅素：《西方的智慧》，亞北譯，中央編譯出版社，2008 年版。

羅素：《幸福之路》，吳默朗、金劍譯，中央編譯出版社，2009 年版。

羅素：《羅素論教育》，楊漢麟譯，人民教育出版社，2009 年版。

羅素：《性愛與婚姻》，文良、文化譯，中央編譯出版社，2009 年版。

羅素：《羅素道德哲學》（包括西方的智慧、我的信仰、社會改造原理、自由之路、論權力、幸福之路、道德與婚姻等部分），李國山譯，九州出版社，2009 年版。

羅素：《性愛與婚姻》，文良文化譯。中央編譯出版社，2009 年版。

羅素：《心的分析》，賈可春譯，商務印書館，2009 年版；2010 年 10 月收入《漢譯世界學術名著叢書》後再版。

羅素：《意義與真理的探究》，賈可春譯，商務印書館，2009 年版；書撰寫於 1940 年。

羅素：《西方哲學史》，程舒偉等編譯，中國商業出版社，2009 年版。

羅素：《西方的智慧》，王嵐譯，中國致公出版社，2010 年版。

羅素：《西方哲學史》，錢遜譯，重慶出版社，2010 年版。

羅素：《權威與個人》，儲智勇譯，商務印書館，2010 年版。

羅素：《我的哲學的發展》，楊洋譯，江蘇文藝出版社，2010 年版。

羅素：《為什麼我不是基督徒》，徐奕春譯，商務印書館，2010 年版（商務印書館關於此書的第二個譯本）。

羅素：《羅素論自由》，郭義貴譯，世界知識出版社，2010 年版。

羅素：《羅素說幸福人生》，李子勳譯，現代出版社，2010 年版。

羅素：《羅素論中西文化》，楊發庭譯，北京出版社，2010 年版。

羅素：《羅素談人生智慧》，丹明子譯，中國工人出版社，2011 年版。

羅素訪華大事記

1920 年 10 月 8 日，羅素與後來的第二任妻子勃拉克乘海輪到達上海。

1920 年 10 月 9 日，江蘇教育總會、中華職業教育社、新教育共進社、中國公學、時事新報、申報、基督教救國會等團體在大東旅社召開歡迎晚會，超過百位的各界人士蒞臨。羅素發表即興演講。

1920 年 10 月 13 日，應江蘇教育會、中國公學、《時事新報》等團體的邀請，羅素在上海大東旅社發表」中國應保存固有之國粹」的演講。

1920 年 10 月 14 日，羅素在上海的中國公學發表題為「社會改造原理」的演講。

1920 年 10 月 16 日，羅素在上海中華職業教育社等三團體的會上，發表了題為「教育之效能」的演講。

1920 年 10 月 19 日，在杭州作了《教育問題》的講演。

1920 年 10 月 20 日，從杭州回上海，然後轉道南京。

1920 年 10 月 21 日，在南京大學作了「關於哲學」的講演，還在南京講了」愛因斯坦引力說」的講演。

1920 年 10 月 26 日，羅素訪問漢口後，轉道長沙。

1920 年 10 月 26～27 日，羅素在長沙發表題為「布爾什維克與世界政治」的演講。

1920 年 10 月 31 日，羅素到達北京。

1920 年 11 月 7 日，羅素在北大發表「哲學問題」的講演。在此之後，還陸續做了「心之分析」、「物之分析」、「社會結構學」、「數理邏輯」等五大講演。

1920 年 11 月 9 日，在北京講學社的歡迎會上，發表有關中西方文化比較的演講。

1920 年 11 月 9 日，羅素在北京女師大發表「布爾什維克之思想」的演講。

1920 年 12 月 10 日，在中國社會政治學會，發表「未開發國的工業」的講演。

1920 年 12 月 14 日，21 日以及 28 日，羅素參與了「真理的客觀性」和「共產主義何以不能實現於現在的中國」的討論。

1921 年 3 月 14 日，羅素在河北保定的育德中學演講時受到風寒，感染了肺炎。他在一家德國醫院治療多日。

1921 年 3 月 26 日，羅素瀕於死亡。同在北京的杜威還為他擬好了遺囑草稿。羅素掙扎著簽了字。

1921 年 4 月 17 日，羅素竟奇跡般地好起來了。此時，勃拉克已經有了身孕，羅素決定回國。

1921 年 7 月 6 日，在教育部會場舉行歡送大會上，發表題為「中國的到自由之路」最後演講。

1921 年 7 月 11 日，羅素離開中國。

羅素生平年表

1872 年：5 月 18 日出生於英國威爾士的拉文斯克羅夫特（Ravenscroft, Wales）。

1874 年：兩歲的羅素與他的姐姐訪問祖父母的府邸時，見到維多利亞女王。母親與 6 歲的姐姐病故。

1876 年：父親去世。羅素的祖父約翰 · 羅素爵士（前英國首相）和祖母推翻羅素父親的遺囑，而獲得羅素兄弟的監護權。

1878 年：祖父去世；羅素的祖母培育他的成長。

1883 年：向哥哥弗蘭克學習歐幾裡德幾何學，這是他少年時代一個重大的事件。

1886 年：產生了與笛卡爾主義者十分相似的想法。

1889 年：夏季來到叔叔羅洛家中住了 3 個月，認識了美國人斯密斯夫婦以及他們的女兒阿莉絲 · 斯密斯（Alys Smith）。

1890 年：羅素進入劍橋大學三一學院學習。

1891 年：加入劍橋祕密團體「社團（The Society）」，也也稱「使徒（The Apostles）」

1893 年：獲得數學畢業考試（Tripos）甲等（Wrangler）第七名。

1894 年：通過道德科學考試（Moral Sciences Tripos，Part II）。成為了黑格爾主義者。大學畢業，擔任了英國駐巴黎使館的名譽隨員。與阿莉絲結婚。

1895 年：在柏林研究經濟學和德國社會民主黨。

1896 年：第一次訪美 3 個月。出版第一部著作《德國社會民主》（German Social Democracy）一書。

1897 年：發表一篇有關幾何基礎的論文。

1898 年，羅素追隨摩爾反叛黑格爾主義。在劍橋代課。

1900 年：在巴黎國際會議上遇到皮阿諾（Peano）；出版《萊布尼茲哲學的批判解說》（*A Critical Exposition of Philosophy of Leibniz*）一書。

1901 年：發現羅素悖論。開始反對第一次世界大戰。

1902 年：與弗雷格（Frege）聯繫。

1903 年：出版《數學的原則》（*The Principles of Mathematics*）一書。

1905 年：在《心靈》雜誌上發表〈論指稱〉（On Denoting）一文。

1908 年：被選為皇家學會會員。

1910 年：與懷特海合著出版了《數學原理》（*Principia Mathematica*）第一卷。希望參政競選議員，但未實現。受聘三一學院擔任數學講師。結識奧托琳 ‧ 莫瑞爾（Ottoline Morrell）夫人。

1911 年：與阿莉絲分居。

1912 年：與懷特海合著出版了《數學原理》（*Principia Mathematica*）第二卷；並出版《哲學問題》（*The Problems of Philosophy*）。

1913 年：與懷特海合著出版了《數學原理》（*Principia Mathematica*）第三卷。

1914 年：出版了《我們對於外界的知識》（*Our Knowledge of the External World*）一書。

1915 年：出版了《戰爭是恐懼的源泉》（*War, the Offspring of Fear*）一書。

1916 年：因反戰而被罰款 110 英鎊，並遭到三一學院的開除；出版了《社會重建的原理》（*Principle of Social Reconstruction*）一書。結識考萊特 ‧ 奧尼爾（Collette O'Neil）。

1917 年：出版了《政治理想》（*Political Ideals*）一書。

1918 年：因反戰遭監禁 6 個月；在獄中撰寫並出版了《神祕主義與邏輯》（*Mysticism and Logic*）、《自由之路》（*Roads to Freedom*）等書。

1919 年：出版了《數理哲學引論》（*Introduction to Mathematical Philosophy*）一書。

1920 年：在西班牙講學後訪問俄國，接著又訪問了中國，並在那裡停留近一年。

1921 年：在保定育德中學講演後，突然患病，瀕臨死亡，傳言散布到了全世界。7 月 11 日離開中國。與阿莉斯離婚，並與朵拉 ‧ 勃拉克（Dora Black）結婚。出版了《心的分析》（*The Analysis of Mind*）一書。11 月 16 日他們的第一個孩子約翰出生。

1922 年：出版了《中國問題》（*The Problem of China*）一書。

1924 年：12 月 29 日，女兒凱薩琳出生。

1927 年：與朵拉開辦了燈塔山實驗學校。出版了《物的分析》（*The Analysis of Matter*）一書。

1929 年：出版了《婚姻與道德》（*Marriage and Morals*）一書。

1931 年：在哥哥弗蘭可去世後繼承了伯爵的稱號。

1934 年：由於數學上的成就，獲得了英國皇家學會的西爾威斯特獎和皇家數學會的德摩根獎。

1935 年：與朵拉離婚。

1936 年：與皮特・斯本斯（Peter Helen Spence）結婚。

1937 年：羅素親筆寫了一篇自我訃告。最小的兒子康拉德（Conrad）出生。

1938 年：應聘到美國芝加哥大學開了一個大型研討班。

1939 年：第二次世界大戰爆發，利用暑假探望父親的約翰和凱特無法返英，便留美上學。

1940 年：受聘於紐約市立學院，但遭到公眾的抗議，並糾纏於官司之中；出版了《意義與真理的探索》（*An Inquiry into Meaning and Truth*）一書。與發明家巴恩斯博士與他簽了 5 年的約到費城授課。

1943 年：遭到賓西法尼亞巴恩斯基金毀約。

1944 年：返英並重新執教於三一學院。

1945 年：出版了《西方哲學史》（*A History of Western Philosophy*）一書。1948 年：出版了《人類知識》（*Human Knowledge: Its Scope and Limits*）一書。11 月 20 日，發表威斯敏斯特演講。在從挪威奧斯陸到特隆赫姆大學的講演途中，竟遭遇風暴而飛艇失事，掉入海中，後被救起。

1949 年：榮獲英王六世頒發的不列顛最高聲望公民「榮譽勳章（the Order of Merit）」。

1950 年：夏季第三次訪美。榮獲諾貝爾文學獎。年底，來到斯德哥爾摩參加頒獎儀式。

1952 年：與皮特離婚，並與艾蒂斯・芬奇（Edith Finch）結婚。

1954 年：12 月 23 日，在 BBC 廣播電臺發表針對核威脅的」人類的危險」演說。

1955 年：公布羅素～愛因斯坦宣言（Russell-Einstein Manifesto）。

1957 年：組織了第一屆普格瓦斯大會（Pugwash Conference）。

1958 年：成為取消核軍備運動的主席。因將科學普及化而獲得加聯合國教科文組織頒發的林達獎（the Kalinga Prize）。

1960 年：獲丹麥索寧獎（Soning Prize）。成立「百人委員會」，並開展「公民反戰不服從行動」。

1961 年：因反核活動遭監禁一個星期。

1962 年：參與古巴導彈危機的國際調停。參與中印邊界衝突的調停。

1963 年：獲德國奧西斯基獎（Ossietzky Medal）和美國湯姆・潘恩獎（Tom・Paine Award）。創立和平基金會。

1966 年：5 月 24 日，通過民族解放陣線電臺對美國士兵發表演說，宣講越戰的非正義性。建立了由各國的傑出人物組成的國際戰爭罪行特別法庭（後來稱為「羅素法庭」）

1967 年：出版了《羅素自傳》（*The Autobiography of Bertrand Russell*）第一卷。羅素法庭在瑞典和丹麥分別開庭，象徵性地傳訊美國總統詹森。撰寫了最後一篇只注了「1967」而沒有標題的文章。

1968 年：出版了《羅素自傳》（*The Autobiography of Bertrand Russell*）第二卷。發表聲明抗議蘇聯入侵捷克斯洛伐克。重新見到離別 14 年的小兒子康拉德。

1969 年：出版了《羅素自傳》（*The Autobiography of Bertrand Russell*）第三卷。

1970 年：2 月 2 日於英國威爾士的彭林德拉特去世（Penrhyndeudraeth, Wales）；骨灰撒在群山中。

史地傳記類　PC0585　秀威文哲叢書17

羅素與中西思想對話

作　　者/丁子江
叢書主編/韓　晗
責任編輯/陳倚峰
圖文排版/周政緯
封面設計/蔡瑋筠

發 行 人/宋政坤
法律顧問/毛國樑　律師
出版發行/秀威資訊科技股份有限公司
　　　　　114台北市內湖區瑞光路76巷65號1樓
　　　　　電話：+886-2-2796-3638　傳真：+886-2-2796-1377
　　　　　http://www.showwe.com.tw
劃撥帳號/19563868　戶名：秀威資訊科技股份有限公司
　　　　　讀者服務信箱：service@showwe.com.tw
展售門市/國家書店（松江門市）
　　　　　104台北市中山區松江路209號1樓
　　　　　電話：+886-2-2518-0207　傳真：+886-2-2518-0778
網路訂購/秀威網路書店：http://www.bodbooks.com.tw
　　　　　國家網路書店：http://www.govbooks.com.tw

2016年8月　BOD一版
定價：490元
版權所有　翻印必究
本書如有缺頁、破損或裝訂錯誤，請寄回更換

國家圖書館出版品預行編目

羅素與中西思想對話 / 丁子江著. -- 一版. -- 臺
北市 : 秀威資訊科技, 2016.08
    面； 公分. -- (秀威文哲叢書 ; 17)
BOD版
ISBN 978-986-326-379-1(平裝)

  1. 羅素(Russell, Bertrand, 1872-1970) 2. 學術
思想 3. 哲學

144.71   105007382

讀 者 回 函 卡

感謝您購買本書，為提升服務品質，請填妥以下資料，將讀者回函卡直接寄回或傳真本公司，收到您的寶貴意見後，我們會收藏記錄及檢討，謝謝！如您需要了解本公司最新出版書目、購書優惠或企劃活動，歡迎您上網查詢或下載相關資料：http:// www.showwe.com.tw

您購買的書名：＿＿＿＿＿＿＿＿＿＿＿＿＿＿＿＿＿＿＿＿＿＿＿＿＿＿＿

出生日期：＿＿＿＿＿年＿＿＿＿＿月＿＿＿＿＿日

學歷：□高中 (含) 以下　　□大專　　□研究所 (含) 以上

職業：□製造業　□金融業　□資訊業　□軍警　□傳播業　□自由業
　　　□服務業　□公務員　□教職　　□學生　□家管　　□其它＿＿＿

購書地點：□網路書店　□實體書店　□書展　□郵購　□贈閱　□其他

您從何得知本書的消息？

　　□網路書店　□實體書店　□網路搜尋　□電子報　□書訊　□雜誌

　　□傳播媒體　□親友推薦　□網站推薦　□部落格　□其他＿＿＿＿＿

您對本書的評價：(請填代號　1.非常滿意　2.滿意　3.尚可　4.再改進)

　　封面設計＿＿＿　版面編排＿＿＿　內容＿＿＿　文／譯筆＿＿＿　價格＿＿＿

讀完書後您覺得：

　　□很有收穫　□有收穫　□收穫不多　□沒收穫

對我們的建議：＿＿＿＿＿＿＿＿＿＿＿＿＿＿＿＿＿＿＿＿＿＿＿＿＿

＿＿＿＿＿＿＿＿＿＿＿＿＿＿＿＿＿＿＿＿＿＿＿＿＿＿＿＿＿＿＿＿＿

＿＿＿＿＿＿＿＿＿＿＿＿＿＿＿＿＿＿＿＿＿＿＿＿＿＿＿＿＿＿＿＿＿

＿＿＿＿＿＿＿＿＿＿＿＿＿＿＿＿＿＿＿＿＿＿＿＿＿＿＿＿＿＿＿＿＿

11466
台北市內湖區瑞光路 76 巷 65 號 1 樓

秀威資訊科技股份有限公司 　收

BOD 數位出版事業部

....

（請沿線對折寄回，謝謝！）

姓　　名：＿＿＿＿＿＿＿＿＿　年齡：＿＿＿＿　性別：□女　□男

郵遞區號：□□□□□

地　　址：＿＿＿＿＿＿＿＿＿＿＿＿＿＿＿＿＿＿＿＿＿

聯絡電話：(日)＿＿＿＿＿＿＿＿＿　(夜)＿＿＿＿＿＿＿＿＿

E-mail：＿＿＿＿＿＿＿＿＿＿＿＿＿＿＿＿＿＿＿＿